불필요한 목회자

하나님의 부르심, 다시 깊이 생각해보기

불필요한 목회자

유진 피터슨 · 마르바 던

좋은씨앗

The Unnecessary Pastor: Rediscovering the Call

by

Eugene Peterson & Marva Dawn

목회자들의 목회자 유진 피터슨과 마르바 던이

신실하게 사역하기를 힘쓰는 목회자들과

함께 나누고 싶은 이야기

차 례

★ 이 책은 『껍데기 목회자는 가라』의 개정판입니다.

성경적인 목회자의 정체성을 세우라

책을 한 권 펴낼 때마다 나는 언제나 두려움을 느낀다. 책이란 놀라운 물건이다. 나는 책 읽는 것을 좋아하고 쓰는 것도 좋아한다. 하지만 마르바 던과 내가 지금 함께 이 책을 저술하는 일에는 일종의 허구가 붙박이장처럼 항상 내재되어 있다. 책이란 필연적으로 오해를 일으키는 매체이기 때문이다.

모든 문장은 마침표로 끝난다. 세미콜론이 정확한 위치에 온다. 모든 문장을 문법적으로 분석할 수 있다. 모든 페이지는 순서에 따라 번호가 매겨진다. 아라비아 숫자의 서열을 무시하고 함부로 순서를 정할 수는 없다. 모든 장은 일정한 형식에 따라 나름대로의 제목을 맨 앞에 제시해놓는다. 어떤 책이든 표지를 내세우고 있는데, 그 표지들은 마치 그 속의 내용이 완벽할 것이라는 오해를 불러일으킨다. 너무나 멋지고 깔끔하게 디자인되어 있기 때문이다.

우리의 삶은 그렇지 않다. 사역이나 영성 또한 그런 식으로 정리되지 않는다. 이 책을 저술하는 나와 마르바 던 역시 그렇지 못하다. 인생은 무수한 시작과 끝, 막다른 골목, 실망스러운 우회, 그릇된 추측들로 가득하다. 결국 하나님의 은혜에 힘입어 우리는 순종과 찬양으로 이르는 길을 찾게 되지만, 그 길을 가는 동안에도 우리는 가시덤불 속에서 몸부림치거나 머리를 긁적이며 망설이느라 많은 시간을 허비한다. 그와 같은 역경에 부딪혔을 때 잠시 가던 길을 멈추고 이 책을 읽으며 기도하는 것은 유익을 가져다줄 것이라고 확신한다. 더할나위 없이 좋은 선택은 그 일을 동료나 배우자 또는 친구들과 함께하는 것이다.

마르바와 내가 당신보다 더욱 고상한 수준에서 사역하고 있다는 생각은 절대로 하지 말기 바란다. 그리스도와 함께하는 삶에 더 고상한 수준이란 없다. 단지 예수님을 따르고, 그분에게 순종하며, 날마다 죄와 씨름하고, 하나님의 은혜와 그리스도의 부활에 대해 놀라며 감사하는 삶만 있을 뿐이다.

여기에서 내가 밝히고 싶은 요점은 이렇다. '영성'과 '사역'은 언제나 구체적인 현장과 특정한 상황 속에서 이루어진다. 목회자들은 추상적인 진리나 일반적인 개념을 다루는 자들이 아니다. 오히려 목회자들은 그동안 나름대로 길러온 마음의 습관과 결단력을 가지고 자신이 속한 자리에서, 자신에게 맡겨진 이들에게 집중한다. 예수님께서 갈릴리와 예루살렘에서 그렇게 하셨듯, 바울이 로마에서, 디모데

불필요한 목회자

가 에베소에서, 디도가 그레데에서 그랬듯, 목회자들도 자신에게 허락된 그곳에 깊숙이 들어가 결단하며 사역하는 것이다.

그래서 '사역'에 관한 책을 쓸 때마다, 나는 마치 누군가 나를 평생 차고에서 일하게 만든 것 같은 기분이 든다. 차 밑에 들어가 얼굴에 기름칠을 하고 손톱 밑에 까만 기름때가 낀 모습을 연상해보라.

그는 나를 샤워실로 데려가 깨끗이 씻기고 말끔하게 차려입힌 다음, 사람들 앞에 세워놓고 이렇게 요구한다.

"사람들에게 당신이 하는 일을 말해보세요."

"저는 자동차 정비를 합니다."

"아, 그래요. 그런데 당신은 자동차를 다루는 사람처럼 보이지 않는군요. 구체적으로 무슨 일을 하시나요?"

"음, 그건 상황에 따라 다릅니다. 차가 폰티악인지, 크라이슬러인지, 아니면 BMW인지에 따라 문제가 다를 테니까요. 이상이 있는 부분이 변속기인지, 기화기인지, 점화플러그인지도 중요합니다. 또한, 필요한 공구가 반달형 렌치인지, 아니면 3/16 소켓 렌치인지에 따라서도 달라지겠지요. 다른 질문은 없습니까?"

누군가 정말로 질문을 해온다면, 그러면 나는 "그건 잘 모르겠네요"라고 대답한다.

〈자동차 이야기(Car Talk)〉라는 멋진 라디오 프로그램이 있다. 나는 비록 차에 대해서는 많은 것을 알지 못하지만 그 프로그램을 즐겨 듣는다. 그 프로그램에는 클릭과 클락이라는 두 형제가 나오는데, 그들은 청취자들이 던지는 자동차에 관한 문제들을 상담해준다. 그들은 재치 있고 때로는 불손하게 농담을 주고받지만 자동차에 대해서라면 모르는 것이 없다.

1932년에 만들어진 자동차에 대해 질문하더라도 무슨 내용인지 정확히 알아듣는다. 그리고 30초나 40초 또는 50초 안에 그 자동차의 문제를 진단해준다. 그들은 이론적으로 설명하지 않는다. 거창한 판결을 내리는 것처럼 말하지도 않는다. 자동차의 일반적인 특성에 대해서도 언급하지 않는다. 그들은 세밀한 부분에 집중해 거기에 대해서만 설명한다. 나는 그들의 설명이 맞는지 아니면 틀렸는지 알지 못한다. 하지만 그들은 아주 자신만만하게 말하며, 전화를 걸었던 사람들은 그들의 대답을 듣고 매우 만족하는 것 같다.

나는 그 프로그램을 들을 때마다 그 형제들 같은 목회자가 되고 싶다고 생각한다. 사람들의 영혼에 대해 광범위하고 자세하게 파악하고 있어서 영혼의 문제를 진단하고 재빨리 문제점을 파악한 후 내가 해야 할 일을 정확하게 깨닫는 그런 목회자가 되고 싶었다. 그와 동시에 자동차의 종류가 모두 다르고 여러 가지지만, 사람의 영혼은 그보다 훨씬 다양하고 다르다는 생각도 했다. 자동차와 관련된 문제들은 기계적인 것이다. 그런 문제들이 발생하고 정비되는 경우의 수는 물리학이나 자동차 정비에 관한 지식을 바탕으로 정확히 파악할 수 있다는 말이다.

그러나 죄와 관련된 경우의 수는 무궁무진하다. 인생을 파괴시키는 죄의 무수한 방법을 모두 생각해낼 수 있는 사람은 아무도 없다. 따라서 나는 차량을 정비하듯이 죄를 대하는 태도를 포기했고, 그저

불필요한 목회자

내가 많은 것을 모르고 있다는 것을 인정하고 또한 알고 있는 범위 안에서 문제를 해결하고자 애쓰는 목회자가 되는 수준에서 만족하기로 했다.

하지만 클릭과 클락 형제는 적어도 다음과 같은 사실만은 내게 말해주는 것 같았다. 거대한 개념이나 장엄한 비전 또는 광범위하고 영원한 진리로 허세를 부리거나 자신의 길을 속이려 하지 말고, 세밀한 부분에 몰두하라. 일반적으로 또는 객관적인 위치에서 목회 사역을 감당할 수는 없다. 목회자는 엄연히 상황 속에 있다.

학교를 다닐 때 '과학적인 방법'에 대해 들었던 기억이 난다. 과학자들은 실험실 안에서 주관적인 개인의 견해에 오염되지 않은 완전히 객관적인 실험을 수행할 수 있다고 주장했다. 그들의 목적은 순수한 사실만을 결과로 추출하는 것을 보장해주는 절대 무균 환경을 만들어내는 것이었다. 그러면 언제 어디서나 동일한 결과가 정확하게 나온다고 했다. 하지만 그들은 관찰자가 그 자리에 있다는 사실 자체가 실험에 영향을 미칠 수 있음을 발견했다. 그 자리에 있기만 했는데 변화가 일어났다는 것이다.

통제된 환경 속에 있는 과학자들도 정확한 예측을 가능케 하는 순수한 객관성에 도달하지 못했다면, 우리는 더더욱 그럴 수 없다. 우리는 그들과 정반대의 상황 속에서 사역하기 때문이다. 목회자와 교인들을 한데 뒤섞어놓으면 혼돈만 가중될 것이다. 창세기 1장 2절에서 "혼돈하고 공허하며"라고 말했던 그 상태가 이어질 것이다.

이 말은 무척이나 암울한 느낌을 주지만, 당신 역시 하나님의 영과 하나님의 말씀을 가지고 있으므로 힘을 얻기 바란다. 하나님의 영은 혼돈된 수면 위를 운행했으며, 하나님의 말씀은 창조와 구원의 세상을 존재하게 했다. 모든 목회 사역은 죄의 상황 속에서 이루어진다. 하나님의 영은 그러한 상황에서 운행하시며, 그러한 상황 속에서 세상을 만들고 인생을 변화시키는 하나님의 말씀이 선포된다.

나는 서재에서 책을 쓰거나 강의안을 작성한다. 마치 명쾌하고 객관적인 대답을 잔뜩 지니고 있는 클릭과 클락 형제—바로 나 유진 피터슨과 마르바 던—가 된 느낌이다. 아마 마르바와 나는 실제로 알고 있는 것보다 훨씬 많은 것을 알고 있는 것처럼 말할 것이다. 하지만 다행히도 그것이 전부는 아니다. 우리의 목표는 몇몇 성경 본문(목회서신과 에베소서)을 통해 목회자와 평신도 사역자로 부르심을 받은 소명에 대한 이해를 구체화하도록 돕는 것이다.

우리는 당신이 성경적 목회자의 정체성을 세워가기를 원한다. 그러한 정체성을 단단히 부여잡고 있으면 하나님께서 당신에게 맡겨주신 영혼들의 복잡하고 산만한 일상들 속에서 흔들림 없이 사역할 수 있다.

클릭과 클락처럼 재치 있으며 쉽고 구체적인 해답을 주는 방법을 모방하고도 싶었지만, 마르바와 나는 최대한 정확하게 사실을 그려내는 데 노력하는 것으로 만족하기로 했다. 그럼으로써 이 책을 읽는 이들이 세밀한 부분까지 사역을 감당할 수 있기를 원했다. 당신이 그런 사역을 수행한다면, 우리는 더없이 기쁠 것이다.

목회자들은 자신들이 교회 공동체를 하나로 묶는 연결핀과도 같은 본질적 존재라고 느끼는 것에 대하여 '불필요하다'. 어떤 목회자들은 목사가 되는 것이 기독교 사역의 정점이라는 생각 속에서 성장했다. 예수님의 이름으로 섬기는 사람들 가운데 목회자가 가장 높은 자리를 차지하고 있다고 생각한다. 물론 목회자는 하나님의 말씀과 많은 영혼들을 위임받은 자들이다. 목회자들처럼 남다른 특권을 누리는 자들도 없다. 목회자는 자기 자신을 상당히 중요한 존재로 여긴다. 하지만 목회자들은 그와 같은 거만한 방식으로는 굳이 필요한 자들이 아니다. 목회자들 가운데 그 자리에 없어서는 안 되는 반드시 필요한 사람은 아무도 없다.

모르드개가 에스더에게 했던 말이 목회자들에게도 그대로 적용된다. "이때에 네가 만일 잠잠하여 말이 없으면 유다인은 다른 데로 말미암아 놓임과 구원을 얻으려니와"(에 4:14). 목회자는 정말 중요한 일을 하는 사람들이다. 하지만 목회자가 그 일을 하지 않으면 하나님께서는 얼마든지 다른 사람―목회자가 아니더라도―을 찾아내실 것이다.

1
불필요한 존재가 된다는 것

유진 피터슨

우리는 "예수 그리스도의 복음은 상당히 반(反)문화적"이라는 명백한 사실에서 시작하려고 한다. 예수님께서는 이렇게 말씀하셨다. "내가 불을 땅에 던지러 왔노니 이 불이 이미 붙었으면 내가 무엇을 원하리요"(눅 12:49).

예수님을 정처없이 돌아다니는 시골 현자 정도로 제한하려는 사람들이 있다. 그들은 예수님께서 이리저리 다니며 바르게 사는 법을 가르치고, 소박한 지혜를 나눠주고, 하나님을 향한 열망을 일으키고, 고상한 진리를 위한 욕구를 자극했다고 주장한다. 그들이 말하는 내용은 모두 좋은 것들이다. 하지만 그렇게 주장하는 사람들은 교회의 목회자들과 지도자들을 친절한 종교인 정도로 한정하려 한다. 고난에 처한 사람들을 위로하고, 주간 계획표에 따라 교훈적인 말을 전하고 기운을 북돋아주는 일을 하며, "하나님은 하늘에 계신다"는 사실을 밝은 얼굴로 확신시키고, 성도들로 하여금 자존감을 높일 수 있는 일들에 매진하도록 이끄는 자들이라는 식으로 강조한다. 물론 그런 일들이 나쁜 것은 아니다.

하지만 목회자들을 단순히 좋은 사람으로만 한정하고 만나면, 권력과 영향력과 특권을 추구하는 데 몰입하는 문화 인플루언서들의 한 부류 정도로 여기게 될지도 모르겠다. 목회자도 성공한 사업가나 연예인들에 필적하는 인물로 최고의 자리에 올라야 한다는 소리에 귀를 기울이게 되면, 어느새 자신들이 섬기는 교회를 사람들 입에 오르내리는 유명한 스팟으로 만들려고 애쓰게 된다.

이와 같은 문화 속에서는, 십자가에 못박히셨다가 부활하신 예수 그리스도를 따르는 자의 정체성을 날마다 기억하고 연마하는 것은 거의 불가능하다. 우리가 아무리 십자가 목걸이를 차고 다니고, 그럴 듯한 스티커를 자동차 범퍼나 교회 곳곳에 붙여놓아도, 근본적으로 회개와 세례가 요구하는 삶을 영위하기란 거의 어렵다.

그리스도인은 영원히 세상 문화에 맞서는 새로운 진리의 증인이다. 기독교 신앙은 하나님 나라가 예수님 안에서 도래했다는 선포이며, 세상을 위험한 상태에 처하게 하는 도전이다. 예수님께서 직접 선포하시고 우리가 증인이 된 이 진리는 죄에 물들어 있고 자기 중심적인 세상에 대한 유죄 선고나 다름없기 때문이다.

목회자들은 세상의 거짓과 복음의 진리 사이에 있는 차이점을 선명하게 드러내는 책임을 맡고 있다. 목회자뿐만 아니라 세례받은 모든 그리스도인은 세상 문화를 거스르는 중요한 위치에 전략적으로 배치되어 있다. 사회 속에서 목회자의 위치는 매우 독특하다. 목회자들처럼 해를 끼치지 않을 것처럼 보이면서도 실제로는 그 자리에 있다는 사실만으로 사회에 위협이 되는 자들은 어디에도 없다. 목회자들은 말씀을 생명력 있게 선포하면서, 인간의 영혼을 무시하고 하향 평준화시키는 이 시대에 진심으로 영혼을 돌봐야 하는 자들이다.

하지만 영혼을 돌보는 일은 그리 쉽지 않다. 강력한 세상의 권세들은 교묘하면서도 노골적으로 목회자들을 길들이려 한다. 그리하여 목회자를 문화에 봉사하는 자로 변질시키거나, 목회자라는 위치를 세상적으로 영향력을 끼치는 중요한 직위처럼 전용하도록 유도한다. 그러므로 목회자들은 복음의 정체성을 지켜내기 위해 필요한 모든 도움을 구해야 한다.

'불필요한 목회자'에 대한 설명과 그 의도

이 책의 목표는 목회자들을 성경의 권위 있는 말씀과 바른 신학에 다시 연결시켜 예수 그리스도의 종으로서 세상 문화에 맞서는 자리에 서도록 돕는 데 있다. 우리는 이집트의 노예 상태와 다름없는 문화에서 해방되어 예수님 안에서 광야 생활을 자유롭게 하기를 원한다.

여기서의 주된 전제는 목회자가 특정한 의미에서 '불필요하다'는 것이다. 그 말은 무가치하거나 무의미하거나 또는 무기력하다는 뜻이 아니다. 나는 목회자들이 종종 '필요한' 존재처럼 여겨지는 세 가지 측면에서의 '불필요함'을 말하고자 한다.

첫째, 목회자들은 오늘의 문화가 중요하다고 여기는 것에 대해서는 '불필요한' 존재들이다. 세상은 목회자가 누구보다 친절하고 좋은 사람들이어야 한다고 생각한다. 문화는 목회자들을 도덕과 질서의 파수꾼으로 보는 경향이 있다. 목회자들은 사회적인 안녕의 바탕을 제공하는 사람들이고, 위기의 때에 쓸모 있는 사람들이며, 의미와 목적의 상징으로서 봉사하는 자들이라고 여겨진다. 그러나 목회자들은 그런 측면에서 '필요한' 자들이 아니다.

나는 몇 년 전에 미 국방부의 초청으로 다양한 부대에서 사역하고 있는 군목들과 함께 그들의 어려운 처지에 대해 이야기할 기회가 있었다. 여러 해 동안 평화로운 시기를 거쳐온 국방부는 군목들을 위한 예산을 삭감하려 했다. 군목들이 부대 내에서 확실히 눈에 띄게 필요한 존재가 아니라고 여겼던 것이다.

군목들은 나를 초청해 군 고위층에 자신들이 '필요한' 존재라는 점을 부각시켜 계속 군목으로 일할 수 있게 해달라고 부탁했다. 그들은 부대 내에서 모든 프로그램을 담당하고 있었다. 마약 상담, 결혼 상담도 그들의 직무였다. 그들은 자기 자리를 지킬 수 있는 온갖 일들을 찾아냈다. 하지만 그런 일들은 처음부터 군목이 해야 할 직무는 아니다. 나는 그들에게 많은 도움을 주지 못했다. 앞에서 말했던 바를 항상 염두에 두고 있었기 때문이다. 이런 저런 대화를 나누는 중에 누군가 말하기를 전시에는 모든 부대의 지휘관들이 군목들을 보내달라고 요청한다고 했다. 총탄이 날아다니고 폭탄이 터질 때, 병사들은 군목이 함께 있어주기를 원한다는 것이다. 군목은 아주 중요하다. 모든 사람들이 군목의 중요성을 알고 있다. 그들은 생사 문제와 관련 있는 아주 중요한 인물들이다. 하지만 전쟁이 없는 평상시에, 누가 군목을 필요로 하겠는가? 그러자 어떤 군목이 주먹으로 책상을 내리치며 말했다. "그렇다면 우리에게 필요한 것은 전쟁입니다."

그로부터 3주 후에 걸프 전쟁이 발발했고 군목들의 지위는 확실하게 보장되었다.

둘째, 목회자들은 자신들이 교회 공동체를 하나로 묶는 연결핀과도 같은 본질적 존재라고 느끼는 것에 대하여 '불필요하다'. 어떤 목회자들은 목사가 되는 것이 기독교 사역의 정점이라는 생각 속에서 성장했다. 예수님의 이름으로 섬기는 사람들 가운데 목회자가 가장 높은 자리를 차지하고 있다고 생각한다. 물론 목회자는 하나님의 말씀과 많은 영혼들을 위임받은 자들이다. 목회자들처럼 남다른 특권을 누리는 자들도 없다. 목회자는 자기 자신을 상당히 중요한 존재로 여긴다. 하지만 목회자들은 그와 같은 거만한 방식으로는 굳이 필요한 자들이 아니다. 목회자들 가운데 그 자리에 없어서는 안 되는 반드시 필요한 사람은 아무도 없다.

모르드개가 에스더에게 했던 말이 목회자들에게도 그대로 적용된다. "이때에 네가 만일 잠잠하여 말이 없으면 유다인은 다른 데로 말미암아 놓임과 구원을 얻으려니와"(에 4:14). 목회자는 정말 중요한 일을 하는 사람들이다. 하지만 목회자가 그 일을 하지 않으면 하나님께서는 얼마든지 다른 사람—목회자가 아니더라도—을 찾아내실

불필요한 목회자

것이다.

셋째, 목회자는 교인들이 요구하고 강력하게 원하는 그런 측면에 대해서는 '불필요한' 자들이다. 그들은 목회자를 자신들이 경쟁에서 앞서가도록 도와주는 전문가라고 여긴다. 교인들은 종교적으로도 경쟁이 벌어지는 세상에서 그들을 이끌어주고 세상의 방법과 다른 안전한 대안을 제공해주는 목회자를 원한다. 그들은 자기들 앞에 서서 그들을 지휘하는 목회자를 원한다. 이스라엘이 왕을 원했던 것—블레셋을 박살내기 위해—과 같은 이유에서 목회자를 원한다. 교인들은 성경이 아닌 세상 문화로부터 목회자에 관한 개념을 끌어온다. 승리자를 원하는 것이다. 그들은 자신들의 목회자라면 응당 자신들의 욕구를 충족시켜줄 존재여야 한다고 생각한다. 그들은 목회자도 세상에서 자극적이고 매력적인 무언가가 되기를 원한다.

나는 요즘 목회자가 되기 위해 준비하며 청빙을 기다리는 몇몇 사역자들과 자주 대화를 나누었다. 또한 나는 여러 교회들이 그들의 예비 목회자들에게 바라는 요구 사항들을 들으면서 침울한 기분을 느낀다. 거의 예외 없이 요즘 교회들은 '목회자'를 원하지 않는다. 그들은 자신이 속해 있는 종교 기업을 이끌어나갈 전문 경영인을 원한다. 그들은 예수님을 따르는 일에서 귀찮고 번거로운 부분들을 깔끔하게 제거해주고 발걸음을 가볍게 해줄 만능 일꾼을 구한다.

마르바와 나, 유진 피터슨

마르바와 나는 목회자들이 세상 문화와 자아와 교인들로부터 오는 이와 같은 기대에 부응하지 않기 위해 '불필요함'의 정체성을 함께 세워나가려 한다. 우리가 확신하는 바는, 목회자들이 자신이 얼마나 '불필요한' 존재인지를 깨달으면 그제야 비로소 '정말 필요한 한 가지', 즉 영광스럽지만 고되고 상처받는 목회자의 삶에 복음의 필수성을 최우선 순위에 놓는 일을 자유함으로 감당할 수 있으리라는 것이다.

마르바와 내가 이렇게 책 한 권으로 머리와 마음을 모아 함께 작업하는 것은 이번이 처음이다. 하지만 몇 년 동안 쌓아온 우정이 우리를 여기까지 오게 했다. 해마다 마르바는 몬태나에 있는 루터교 여름 캠프에 와서 사역자들을 훈련시킨다. 그 캠프는 아내인 잔과 내가 살고 있는 지역에서 그리 멀지 않다. 우리는 오래전부터 서로의 책을 읽어왔고, 그러다 보니 매년 일주일은 이웃처럼 지내게 되었다.

그래서 이제는 매년 6월 초가 되면 함께 만나 풍성한 식탁과 깊이 있는 대화를 나누는 것이 우리의 습관이 되었다. 비록 각자의 배경은 다르지만, 독서와 대화를 통해 점차 우리는 복음에 대한 공통된 확신과 이해에 이르렀음을 알게 되었다. 우리의 만남은 '몬태나 커넥션'이라 불러도 무방할 것이다.

이 책을 함께 저술하도록 우리를 이끈 것은 '목회'라는 사역이 예수 그리스도 안에서 계시된 하나님에 의해 시작되고 형성된다는 이해와 확신이었다. 비록 우리의 목회 사역이 세상의 문화 속에서 이루

불필요한 목회자

어지지만, 세상 문화에 의해 생겨나지는 않았다. 목회 사역은 세상과 긴밀하게 얽혀 있지만, 세상에 의해 규정되어서도 안 된다.

복음은, 그것을 얻기 위해 우리가 대가를 지불할 필요가 없다는 의미에서뿐 아니라, 보다 근본적으로는 그것이 하나님의 자유함의 표출이라는 점에서 자유롭다. 복음은 인간의 필요 때문에 억지로 주어진 것이 아니라 오직 하나님의 은혜로 주어진 것이다. 우리가 이 책에서 목회의 부르심을 새롭게 이해하고 다지기 위한 출발점으로서 근본 배경은 문화도 아니고 교인도 아니다. 오직 삼위일체 하나님이시다.

기독교 전통에서는 하나님의 자유에 관한 방대한 신학적 토론이 이어지고 있다. 하나님은 절대적으로 자유로운 분이다. 하나님은 의무감에 얽매여 일하지 않으신다. 하나님 안에 숙명이란 없다. 그분은 사물의 인과 관계에 아무런 영향을 받지 않으신다. 그분은 자유로운 사랑으로 모든 일을 행하신다. 그분에게 억지란 있을 수 없다. 우리 인간은 누구도 하나님처럼 자유로울 수 없지만, 예배와 순종을 통해 그분의 자유함에 참예하게 되고 거기서부터 사역을 감당하기 시작한다. 우리는 억지나 충동 또는 불가피한 것에 따라 살아가지 않고, 은혜와 사랑으로 말미암아 살아간다. 은혜와 사랑은 자유함 속에 있는 두 가지 근본적인 요소다. 이와 같은 신학적 성찰이 앞으로 이어질 내용의 기초를 이루게 될 것이다.

목회자가 아닌 이들을 위한 제언

본론으로 들어가기 전에 목회자가 아닌 이들에게 전하고 싶은 말이 있다. 세상의 일터에서 일하는 대부분의 사람들은 '목회자'라는 직함 없이 복음의 사역을 감당하고 있다.

내가 아는 친구들 중에는 오늘날의 문화 속에서 하나님을 경외하는 신실한 목회자가 되는 일이 실제로는 불가능하다고 생각하는 이들이 있다. 그들은 (사람들의 문제를 쉽게 해결하려는 심리학 제일주의와 소비주의가 팽배한 시대 속에서) 목회자라는 역할이 너무나 버거운 것으로 변해버렸기 때문에 목회 사역에 쏟는 개인적인 모든 노력이 좌절되고 만다고 우려한다. 목회자의 역할은 이제는 세상 문화에 의해 세속화되고 정치적으로 변질되었으므로, 목회자라는 위치는 아무리 노력한다 하더라도 더 이상 진정한 기독교 신앙을 위한 자리로 이용될 수 없다는 것이 그들의 판단이다.

그와 같은 주장은 심지어 오래전 16세기 때도 있어 왔다. 종교 개혁자들은 수도사나 수녀 또는 신부가 그리스도의 교회를 이끌어가는 것은 불가능하다고 확신했다. 그로부터 100년 후, 성직자들에게 저주를 퍼부었던 조지 폭스(George Fox) 역시 다음과 같은 비평을 내놓았다. 폭스는 그 시대의 진정한 리더십은 목회 사역을 전업으로 삼지 않는 하나님의 사람들인 평신도 무리에서 시작되어야 한다고 주장했다.

이와 같은 주장도 분명 타당한 측면이 있기에 나는 굳이 외면하

불필요한 목회자

려 하지 않는다. 지금 시대는 자신의 삶에 대한 통제권을 전문가들에게 넘겨주는 것이 일반화되어 있으므로, 우리가 인간적인 면모를 들여다볼 수 있는 유일한 창구는 아마추어들, 즉 평범한 사람들이다. 우리 시대는 인간의 모든 지식이 전산화되고 조직화되어 이제는 지혜조차 거기서 흘러나오는 때가 되었다. 그런 시대적인 흐름에 따라 실질적인 지혜는 학교나 학교에서 훈련받은 사람들의 범주를 넘어서는 다른 곳에서 찾아야 하는 상황이 오고야 말았다.

하지만 기독교 2천 년 역사에서 일어난 대부분의 신앙 부흥운동은 평신도 계층에서 비롯되었다. 심지어 기독교 신앙은 종교 지도자들과의 대척점에서 종종 형성되고 개혁되었다. 소위 평신도라 일컫는 사람들은 직업이나 신분이 종교인으로 분류되지 않는 하나님의 사람들로서, 위기의 시대마다 예기치 않은 방법으로 지도자를 배출해내는 인력 풀이라 할 수 있다. 그들은 구습에 찌든 세상에 예수 그리스도의 복음이 지닌 긴급성과 투명함을 밝히 드러내는 자들이다.

예수님 자신도 베드로와 다른 열두 제자와 더불어 평신도 계층에 속해, 당시 종교 지도자들의 범주 밖에서 직분을 감당하셨다. 예수님이나 제자들은 모두 종교적인 교육을 받은 사람들도 아니고 직업적으로 종교인 출신도 아니었다.

그렇다고 여기서 논의를 종결하고 싶지는 않다. 나는 목회자들이 예수 그리스도의 종으로서 살아가며 신실하게 사역할 수 있다는 가능성에 비관적이지 않다. 그렇지만 목회자는 목회자가 아닌 사람들, 즉 목회자와 다른 형태로 사역하도록 부르심을 받은 사람들로부터 많은 도움을 받아야 한다. 지금 시대에 목회자가 사역하고 있으며, 앞으로도 계속 사역할 것이라는 사실에는 변함이 없다. 이러한 상황 속에서 내가 택한 접근법은 예수님의 이름으로 행해지는 모든 평신도들의 사역을 최대한 존중하고, 동시에 교회에서 사역하는 모든 목회자들 사이에 겸손을 배양하는 것이다.

신앙의 사역은 누가 수행하든 간에 예수님의 이름으로 행해지기만 하면 된다. 하지만 목회자들은 좀더 특수한 환경에서 사역하고 있으며, 어느 누구보다 더 많은 책임을 지고 있다. 평신도와 목회자가 함께 힘을 합쳐 일할 때 그들은 각자에게 주어진 사역을 제대로 이해하고 수행할 수 있을 것이다.

어렸을 적 여름 캠프에 참가하면 온통 여자 아이들 이야기만 했던 것이 기억난다. 캠프에 참석한 남녀 아이들은 서로 완전히 격리된 상태로 지냈다. 우리는 여자 아이들이 자기네 방에서 우리에 대해 어떤 이야기를 하는지 궁금해서 견딜 수가 없었다. 성(性)이란 이성이라는 존재나 이성에 대한 지식 없이 온전한 의미를 가질 수 없다. 우리는 사역에 대해 이야기할 때도 그와 유사한 방법을 쓴다. 전문가와 비전문가를 구분하고, 목회자와 평신도를 나누어놓음으로써 상대방에 대한 잘못된 정보를 잔뜩 지닌 상태로 끝나버릴 때가 많다.

이 책은 그와 같은 이분법적 접근 방식을 따르지 않을 것이다. 앞으로 제시할 내용은 목회자의 삶은 물론이고 평신도의 삶과도 분명하게 관련되어 있다. 또한 목회자를 돕기 위한 기도와 격려를 위한 통찰도 제공해보려 한다.

이 책의 핵심 목표는 목회자에게 겸손함을 불러일으키는 것이지만, 어휘를 조금만 바꾸면 일상의 사역을 통해 하나님의 일에 동참하는 모든 사람들에게 자존감을 심어주는 데도 사용될 수 있다.

목회서신

나는 목사가 되고 나서 그때까지 받았던 대부분의 충고와 지침들이 성경이 아닌 세상 문화에 뿌리를 내리고 있다는 것을 알았다. 물론 그 모든 조언들은 나름대로 의미가 있었고 근거도 확실했다. 내가 그 지침들을 따르면 어느 누구에게도 해를 끼치지는 않을 것이다. 하지만 나는 따라가지 않았다. 나의 삶은 물론이고 나의 사역도 예수님 안에서 계시된 복음으로 구체화되기를 원했다.

많은 학식을 쌓은 조언자 중에 나에게 성공적인 목회 사업가가 되라고 충고한 사람은 아무도 없었다. 그러나 그들의 조언 속에는 이땅에서 목회 사역을 제대로 감당하려면 성경을 포기해야 한다는 듯한 암시가 담겨 있었다. 성경은 설교를 위한 필수 도구다. 하지만 성경은 교회를 운영하고, 교인들을 조직화하며, 교회 내의 갈등을 처리하고, 교회학교 교사들을 훈련시키고, 새로운 사역의 중요성을 널리 알리기 위한 자료들을 그리 많이 제공해주지는 않는다.

이사야는 청지기 학교를 운영한 적이 없고, 예레미야는 갈등 해소의 첫 번째 단계가 무엇인지 알지 못했다. 오히려 그는 예루살렘에 있는 사람들과 평생토록 갈등을 겪으며 지냈다. 하지만 나를 위해 조언한다는 사람들은 특정 분야의 전문가로 통하는 여러 사람들이 저술한 최신 서적들을 건네주면서, 우리 문화와 적절히 관계 맺는 법을 알려주고자 했다.

그러다가 나는 성경에서 비롯된 목회 사역의 기본 개념을 굳게 지켜가는 이들이 있다는 것을 알게 되었다. 그들을 무척 존경하면서, 나 역시 그러한 목회자가 되고 싶었다. 내가 존경했던 그 대부분의 인물들은 이미 이 세상에 없지만, 여러 권의 훌륭한 저서들을 남겼다. 그들의 저서는 세상 문화가 아니라 성경이 목회 사역의 분명한 출발점이라는 확신을 심어주기에 충분했다.

나는 주일이 아닌 나머지 엿새 동안의 삶에 내게 필요한 도움을 찾기 위해 성경을 샅샅이 뒤졌다. 그리 오래지 않아 원하는 내용을 발견할 수 있었고, 내가 저술한 여러 책들은 그와 같은 도움을 찾는 과정에서 하나둘 발견한 것들이다.

먼저, 나는 시편과 예레미야를 발견했고, 그 다음에 구약의 다섯 책(아가, 룻기, 예레미야애가, 전도서, 에스더) 을 발견했다. 그리고 지금부터 몇 년 전에는 요나서에서 깜짝 놀랄 만한 사실을 발견했다. 그러나 나는 그런 모든 과정에 앞서 목회서신에서 깊은 감동을 받았다.

오래전부터 나는 만일 신학교에서 목회 사역에 관한 강의를 부탁해 온다면, 목회서신을 주교재로 사용하겠다고 마음먹었다. 하지만 아무도 그런 부탁을 하지 않았던 터라, 목회서신인 디모데전후서와 디도서는 몇 년 동안 기회만 기다리고 있었다.

그러던 중에 리젠트신학교에서 목회자들을 대상으로 강의를 해달라는 요청을 받았다. 그 부탁을 받자마자 목회서신을 사용할 수 있는 절호의 기회가 왔음을 직감했다. 나는 그 문제를 마르바와 상의했다. 그녀 역시 동일한 부탁을 받은 직후였다.

마르바는 에베소서가 목회 사역에 관한 적절한 내용을 제공해줄 것이라고 생각하고 있었다. '불필요한 목회자(The Unnecessary Pastor)'라는 주제는 우리 두 사람이 대화를 나누는 가운데 나온 것이다. 그렇게 해서 우리 두 사람은 이 책을 공동으로 집필하게 되었다.

그러므로 목회서신은 이 책에서 우리의 길잡이 본문이 될 것이다. 목회서신에 등장하는 세 명의 초대 교회 목회자들은 서로 매우 다른 상황 속에서 사역했음에도 불구하고, 공통적으로 기도하고 지성을 발휘하면서 단호하게 그 시대의 지배적 문화에 맞섰다. 특히 마르바의 에베소서 주해는 목회자뿐 아니라 모든 그리스도인들의 삶과 사역이 이루어지는 더 큰 맥락에 대해 자세히 다룰 것이다.

오늘날의 목회 사역과 관련해 목회서신에 그토록 관심을 쏟는 이유가 있다. 목사 안수를 받을 때, 나는 목회의 본질에 깊이 뿌리를 내린 철저한 목회자가 되기로 결심했다. 목회와 관련된 모든 일들을 초대 교회 때의 방식으로 처리하고 싶었다. 20세기의 쓰레기더미에는 절대 의존하지 않고, 우리 문화에서 파생된 요소가 나의 사역 속에 들어오지 못하게 하면서 전통을 존중할 작정이었다. 예배 시간에는 아무도 졸지 않고, 우리 교회의 교인으로 등록한 사람은 어느 누구도 두 주인을 섬기지 못하게 하겠다고 다짐했다.

하지만 목회 현장에 뛰어들어 몇 달이 지난 후에, 교회에도 전기

세와 가스비 청구서가 날아오고 어린아이들을 위한 유아실이 필요하다는 사실을 알게 되었다. 어느 주일날엔 무릎 높이까지 쌓인 눈길을 걸어가며, 전에 목회 계획을 세우면서 폭설을 예상하지 못했다는 것과 눈 치우는 일을 누군가에게 맡기지 않았음을 뼈저리게 깨달았다. 그날 나는 예배를 드리기 전에 세 시간 동안 혼자서 눈을 치웠다. 교인들 중에는 자녀 양육이나 배우자와의 문제를 해결하는 데 도움을 주었으면 하고 바라는 사람들도 있었다. 유아실에 어떤 카펫을 깔 것인지 결정하기 위해 회의를 여러 번 소집하기도 했다.

금요일 저녁이면 청년 집회에 참석해 그들이 연주하는 음악을 들으며 함께 어울려야 하고, 토요일에는 집사들과 만나 헌신예배 예산을 얼마나 책정해야 하는지 논의해야 했다. 목회자로 신실하게 사역하고 싶었지만, 또한 수시로 그런 일들을 외면하지 않아야 했다. 그런 상황 속에서 "내가 그리스도와 함께 십자가에 못박혔나니"라는 구절을 주해하기 위해 어떻게 사흘이나 할애할 수 있으며, 주일 아침이면 어떻게 철저한 목회자로 설교단에 설 수 있겠는가?

목사가 되려면, 나는 공동체에 속한 이들의 삶과 관련한 책임을 떠안아야 했다. 자신의 일을 중요하게 여기고, 아이들의 치아 건강을 위해 꾸준히 치과에 다니며, 매달 온갖 결제 대금을 납부해야 하는 이들을 대상으로 사역해야 했다. 그렇다면 나는 어떻게 목회의 본질에 깊이 뿌리를 내린 철저한 목회자가 될 수 있을까? 도덕적이고 정의로운 교회 공동체 생활에 대한 책임을 떠안기로 동의하는 순간, '철저한' 목회자가 되는 일은 포기해야 하는 것인가?

바로 그때쯤 목회서신을 새롭게 바라보았다.

그러나 겸손한 체하는 신약 학자들이 과거 150년 동안 목회 사역에 관한 몇 개의 서신들을 갈기갈기 찢어낸 바람에 목회서신은 온갖 상처투성이였다. 최근까지 널리 유행한 견해는 목회서신들이 바울서신의 아류이며 바울의 생각이 재탕되어 기록되었다는 것이었다. 바울이 그런 글을 쓸 수 없으리라는 것이 학자들의 주장이었다.

그들은 바울에 대해 이렇게 말한다. 바울은 급진적이고, 성격이 불 같고, 타협을 모르는 전도자/선교사였다. 감옥을 숱하게 드나들었고, 평화를 깨뜨리며, 사람들을 불안하게 하고 저항감을 불러일으킨 선교사였으며, 이 도시 저 도시를 돌아다니며 분란을 야기시켰다. 그가 조용히 지낸 유일한 기간은 감옥에 갇혀 있을 때뿐이었다.

그들은 비록 바울이 저술했다고 주장할 만한 몇몇 바울식 표현과 개념들을 목회서신이 담고 있긴 하지만, 거기서 바울의 열정을 전혀 찾아볼 수 없다고 말한다. 그들은 사자가 애완용 고양이로 변했다고 비아냥거린다. 진짜 바울은 어떠한 순간에도 그리스도의 재림을 고대하고 있었지만, 목회서신은 교회 공동체의 질서를 바로잡고 지속성을 유지하기 위한 장기적인 방안들을 제시하고 있다. 그 서신들은 세상과 타협한 교회의 모습을 반영하고 있다. 따라서 목회서신이 바울의 작품이 될 수 없다는 것이다.

독일 학자들은 목회서신을 설명하기 위해 부르주아적 기독교, 중산층의 기독교, 점잔 빼는 기독교라는 표현들을 사용했다. 교회와 세상 사이의 긴장이 사라졌다. 교회가 세상 속에 자리를 잡았다. 그들은 '고요하고 평안한 생활'(딤전 2:2)이라는 구절을 목회서신의 표본으로 삼았다. 배를 흔들지 말라. 물살을 일으키지 말라. 필립 타우너(Philip Towner)는 "그리스도 안에서의 생활이 세상 속에서의 삶과 결합되었다"[1]고 했다.

디도서 2장 11-14절을 보자. "모든 사람에게 구원을 주시는 하나님의 은혜가 나타나 우리를 양육하시되 경건하지 않은 것과 이 세상 정욕을 다 버리고 신중함과 의로움과 경건함으로 이 세상에 살고 복스러운 소망과 우리의 크신 하나님 구주 예수 그리스도의 영광이 나타나심을 기다리게 하셨으니 그가 우리를 대신하여 자신을 주심은 모든 불법에서 우리를 속량하시고 우리를 깨끗하게 하사 선한 일을 열심히 하는 자기 백성이 되게 하려 하심이라." 또한 디도서 3장 1절을 보자. "너는 그들로 하여금 통치자들과 권세 잡은 자들에게 복종하며 순종하며 모든 선한 일 행하기를 준비하게 하며."

그러나 가장 최근의 학설은 목회서신이 무기력한 바울 사도의 모습을 드러내는 것이 아니라고 말한다. 목회서신 역시 언제나 동일한 복음—재림을 기대하고, 근본적이며, 강렬한 복음—을 말하고 있다. 하지만 장기적으로 바라봐야 하는 가정과 공동체의 문제가 산적한 목회적인 상황 속에서 복음을 말하고 있다는 것이다. 그 속에는 바울적인 열정, 목회적인 열정이 그대로 담겨 있다. 신선하고 새롭고 강렬하지만, 세상 속에서 그리고 세상이라는 상황 속에서 복음을 다루고

---

1   Philip Towner, *The Goal of Our Instruction*(Sheffield, Eng.: JSOT Press, 1989), p. 10.

있다. 나 역시 그러한 관점에 입각해 이 글을 써나갈 것이다.

예전에 리젠트의 한 학생이 결혼하면서 아내와 맺은 약속에 대해 말한 적이 있다. 그와 아내는 '예수님을 위한 집시'처럼 살기로 했다는 것이다. 말하자면, 넥타이를 매지 않고, 편하고 자유롭게 활동하면서, 오직 예수님을 증거하며 사는 것. 하지만 학교를 졸업한 지금에 와서는 이렇게 말한다. "지금 제가 진정으로 원하는 것은 목회자가 되는 것입니다. 저는 성도들의 공동체에 깊이 뿌리내리고, 그들을 제대로 이해하고, 그들을 돌보며, 그들을 섬기고 싶을 뿐입니다. 아내와 제가 전에 비해 철저하지 못한 신앙심으로 느슨해졌다고 생각하지는 않습니다. 단지 우리는 더 이상 집시가 되고 싶지 않습니다. 우리는 하나님의 가족 공동체의 일원이 되기를 원합니다."

그것이 바로 우리가 추구하는 바다. 우리는 부르주아적 기독교에 몸담고 있는 자들이 아니라, 부르주아적이며 편안하고 안정된 세상 속에서도 그리스도를 위한 열정으로 사역하며 살아가야 하는 자들이다. 바울이 목회서신 속에서 추구했던 목표가 바로 그것이었다.

서약 – 안전 장치

나는 최근에 목회 사역 40년을 기념하는 행사를 치렀다. 40년의 세월 동안 목회자라는 위치에서 예수님을 섬기기 위해 정직하고 기도에 힘쓰며 성경적인 마음 자세를 잃지 않으려고 부단히 애썼다. 오랜 세월을 거치며 많은 친구들이 바알과 아스다롯 종교에 빠져드는 모습을 보며 당황하기도 했다. 가나안 종교는 엄청난 기세로 힘을 얻고 있다. 엘리야와 이사야, 그리고 예레미야에 관한 이야기를 자세히 알고 있는 사람들이라면, 인간의 욕구 충족을 위해 진화한 이방 종교에 응당 대적하는 자리에 서야 한다. 하지만 많은 목회자들이 사람들의 교만함을 부추기고 탐욕을 채워주며, 진실하고 헌신하는 관계를 깨고 사역을 훼방하는 도피주의적인 환상에 사로잡혔다. 맹렬하게 하나님의 뜻을 선포했던 선지자들의 모습과 요즘 시대의 성공주의적인 목회자들의 모습 사이에 일치점은 그리 많지 않다.

내가 리젠트신학교에서 목회자들을 위한 세미나의 주제를 '불필요한 목회자'라고 정하려 하자, 누군가 이렇게 말했다. "그런 표현을 쓰면 안 됩니다. 아마 한 사람도 오지 않을 겁니다. 사역하는 목회자 가운데 자신이 불필요한 존재라고 생각하는 것을 좋아할 사람은 하나도 없을 테니까요." 하지만 그 세미나의 신청자는 정해진 인원을 넘었고, 세상 문화의 틀을 벗어버리고 성경적인 사역을 회복하고자 하는 사역자들로 가득 들어찼다.

목회 사역 40주년을 기념하는 날이 다가오자, 목사 안수를 받던 당시에 다짐했던 8가지 서약이 새롭게 되살아났다. 그 가운데 여섯 번째 서약은 모든 목회자에게 포괄적으로 적용될 수 있는 내용이다. 따라서 나는 지금 우리가 살펴보려는 목회서신에 담긴 의미를 파악하기 위해 그 서약을 잠시 인용하려 한다.

서약은 다음과 같다. "당신은, 당신 자신의 삶 속에서, 주 되신 예수 그리스도를 따라가고, 이웃을 사랑하며, 세상의 화목을 위해 헌신

불필요한 목회자

하겠는가?"

밴쿠버에서 해안을 따라 북쪽으로 100킬로미터 떨어진 스쿼미시 일대에 암벽 등반가들에게 인기 좋은 화강암 절벽이 있다. 바로 스타와머스 치프다. 수직으로 세워놓은 부드러운 화강암 판처럼 보이는데, 높이가 610미터에 달한다. 여름이 되면 암벽 등반가들이 변화 무쌍한 바위 절벽을 오르내리느라 사방에 흩어져 있는 모습이 한눈에 들어온다. 가끔씩 등반가들은 그물 침대를 걸어놓고 밤을 지새기도 한다. 마치 외양간의 판자벽에 붙어 있는 거미의 알집처럼 매달려 있다. 그것은 내게는 가장 위험한 방식으로 즐기는 것처럼 보인다.

내가 등반하는 사람들의 모습에 매료되는 이유는, 그저 시야에 보이는 풍경 때문이 아니다. 차를 세우고 망원경을 꺼내 한참을 바라보는 이유는, 그곳에는 그리 많은 움직임이 없기 때문이다. 등반가들은 느리고 조심스럽게 움직이며, 모든 동작이 신중하고 계산적이다. 이 스포츠에는 즉흥성도, 스릴도 거의 없다. 아마도 유일한 스릴이라면 '떨어지지 않는 것', '죽지 않는 것', 즉 삶이 가느다란 밧줄 하나에 매달린 상태라는 것 정도다. 어쩌면 내가 주목하는 것은 바로 '죽음', '죽음의 위험', '삶이 아슬아슬하게 유지되는 그 순간'이라고 해야겠다.

나는 암벽 등반이 위험한 것은 사실이나, 겉으로 보이는 것처럼 심각할 정도로 위험하지는 않다는 것을 알게 되었다. 계곡 아래서 육안으로 쳐다보면 암벽 등반가들은 중력의 영향을 받지 않는 것처럼 보인다. 하지만 쌍안경을 통해서 보면, 모든 등반가는 밧줄과 카라비너, 그리고 하켄 등의 장비를 갖추고 있다. 특히 하켄은 가벼운 금속으로 만들어진 튼튼한 못으로 가장 기본적인 장비다.

나의 두 아들은 모두 암벽 등반을 즐긴다. 나는 그 아이들이 등반 계획을 짜는 것을 자주 듣는다. 그 아이들은 실제 등반하는 것보다 등반 계획을 짜는 데에 더 많은 시간을 할애한다. 신중하게 등반 경로를 정하고 '보호 장치'라고 부르는 하켄을 암벽 표면의 갈라진 틈에 박는다. 거기에 밧줄을 연결해놓으면 예기치 못한 추락이 가져올 죽음을 면할 수 있다. 보호 장치를 바위에 단단히 박지 않는 사람은 틀림없이 등반 경력이 일천한 사람일 것이다.

나는 얼마 전에 암벽을 오르는 사람들의 모습을 보다가, 목사 안수 때 했던 서약이 지난 40년간 가파른 절벽 표면에 단단히 박혀 있는 하켄 같은 기능을 해왔다는 사실을 불현듯 깨달았다. 서약은 감정이나 기후, 계산 착오와 피곤함에 상관없이 사역에 임할 수 있도록 지탱해준 걸이못과 같았다. 비전과 소명, 위기와 영감 등은 목사가 되거나 교회에서 지도자의 위치에 이를 때 누구나 인식하고 깨닫는 것이다. 하지만 거기에 '안전 장치'가 없으면 살아남을 가능성은 희박해진다. 그렇기 때문에 우리는 서약을 한다. 교파에 따라 서약의 표현 방식은 약간씩 다르지만, 결과적으로 모두 동일한 기능을 담당한다. 서약은 안전 장치인 것이다.

그 서약의 여섯 번째 내용을 다시 한번 살펴보자. "당신은, 당신 자신의 삶 속에서, 주 되신 예수 그리스도를 따라가고, 이웃을 사랑하며, 세상의 화목을 위해 헌신하겠는가?"

이런 질문을 목사 안수를 위한 서약에 포함시킨 것은 이상해 보

불필요한 목회자

인다. 이것은 그리스도인의 삶을 시작하려는 사람, 즉 세례를 받는 사람에게 물어야 할 질문이다. 이것은 출발선과 같다. 안수받는 자로 하여금 올바른 바탕에서 출발하도록 준비시키는 서약인 것이다.

그런데 안수를 받는 당사자는 단지 그리스도인이 아닌 목사가 되려 하는 상황인데, 정작 목회 사역과는 전혀 관련 없는 질문(여섯 번째 질문)이 등장한 것이다. 안수받을 사람의 입장은 분명하게 밝혀졌지만, 그래도 그는 신앙을 고백하고(#1), 성경의 권위에 복종하고(#2), 교회의 전통에 동의하고(#3), 안수받을 목사 직무에 관한 지식이 있음(#4)과 기꺼이 동료 공동체의 일원이 될 것(#5)을 다짐한다. 여섯 번째 서약 다음에도 두 가지가 더 있다. 그 두 가지 서약은 안수받는 이로 하여금 예수님은 물론이고 다른 사람들을 섬기며(#7) 목사의 위치가 특권을 누리는 자리가 아니라 평생토록 힘을 다하고 결단력 있게 그리고 성실하게 봉사해야 하는 직분임을(#8) 분명히 한다.

여덟 가지의 서약 속에 들어 있는 여섯 번째 서약은 목사 안수라는 상황에 꼭 들어맞는 것처럼 보이지는 않는다. 목사 안수를 위한 바탕은 다른 일곱 개의 서약 속에 충분히 포함되어 있지 않은가? 기본적인 헌신은 당연한 것으로 여겨지지 않는가? 그렇다면 여섯 번째 서약은 필요없는 것 아닌가?

한편으로는 그렇고, 다른 한편으로는 그렇지 않다. 먼저, 여섯 번째 서약의 모든 내용이 다른 서약에 포함되어 있다는 말은 옳다. 그러나 목사라는 직분에 오래 몸담고 있다 보면 예상치 못한 곳에 틈이 생길 위험이 있다. 그 틈이란 열심을 다해 목회에 임하는 태도와 관련 있다. 예수님을 위한 일은 예수님을 위해 살아가는 무수한 다른 사람들의 삶과 도저히 분리될 수 없는 관계에 있다. 하지만 여섯 번째 서약에 담긴 주된 표현은 "당신 자신의 삶 속에서"다.

목회자로 부름 받은 자들이 끊임없이 직면하는 위험은 자신의 역할에 충실한 나머지 직업적인 종교인이 되어 차츰 영적인 생활을 영위하지 못하게 되는 것이다.

여섯 번째 서약은 이러한 위험으로부터 보호해주는 세 가지 영역을 제시한다. 그 세 가지는 첫째, 주 되신 예수 그리스도를 따라가고, 둘째, 이웃을 사랑하며, 셋째, 세상의 화목을 위해 헌신하는 것이다. 이 서약은 마치 목사가 되는 것과는 별 상관이 없는 것처럼 보이며, 그저 한 사람의 그리스도인으로서 신실하게 헌신하며 성장해가겠다는 기본 서약처럼 여겨진다. 하지만 많은 그리스도인들이 목회자가 되어 사역하는 과정에서 자신의 영혼을 잃어버린다. 따라서 이 서약은 우리 같은 목회자들이 단지 그리스도인, 그저 순전한 그리스도인으로서의 본질적인 소명으로 되돌아가도록 이끌어준다.

목사 안수를 받는다고 해서 목회자들이 그리스도인이라는 처음 상태보다 더 고차원적이거나 초월적인 신앙 단계로 올라가는 것은 아니다. 하지만 그러한 인식을 늘 마음에 새기기란 쉽지 않다. 칼 바르트는 목회자들이 그리스도인으로서의 삶이라는 영역에서 언제나 초심자(novices)라는 사실을 일관되게 강조했다. "아무리 설교를 잘하고 신학에 능통하며, 조직을 능란하게 움직이고, 자신에게 부여된 의무를 성실하게 수행한다 하더라도, 목회자는 언제나 초심자일 뿐이다. 목회자는 결코 '그리스도인'이라는 범주에서 벗어나 고차원의 '사역자'로 올라가는 게 아니다. 그리스도인으로서의 삶과 사역 모두 초심자의 마음으로 접근하지 않는 경우는 결코 있을 수 없다… 그리스도인으로서 목회자들이 감당하는 일이 만일 훈련되고 숙달된 일상의 루틴이 되고, 배우고 익힌 전문기술의 형태를 띠게 된다면, 그것은 스스로 모순에 빠지게 된다. 그리스도인으로서 우리 모두는 여러 가지 일에서 대가나 거장이 될 수 있지만, 하나님의 자녀인 그리스도인으로 살아가는 영역에서만큼은 대가나 거장이란 있을 수 없다."[2]

여섯 번째 서약은, 우리가 그리스도의 이름으로 안수를 받았음에도 불구하고 '전문가' 행세를 하면서 그리스도께 속한 지도력마저 가로채 자기 주도로 뛰쳐나가는 것을 막기 위한 보호 장치다.

"당신은, 당신 자신의 삶 속에서, 주 되신 예수 그리스도를 따라가겠는가?"

안수를 받은 목회자는 누군가를 지도하는 위치에 있다. 지도력을 행사하는 데 익숙해지면, 사람들도 목회자를 따르기 마련이다. 그들은 목회자들에게 지도를 구하고, 목회자들이 주도권을 가지고 행동하는 것을 기대하지만, 한편으로는 자신들의 삶에 대한 책임을 종종 목회자들에게 떠넘긴다. 즉 자신들의 나태함과 수동적인 태도의 결과로 생겨난 찌꺼기들을 목회자들이 치워주었으면 하고 기대하는 것이다.

---

2 Karl Barth, *The Christian Life: Church Dogmatics IV*, 4 Lecture Fragments, trans. Geoffrey W. Bromiley(Grand Rapids: Wm. B. Eerdmans Publishing Co., 1981), p. 79.

일반적으로 지도자들은 자신을 따르는 자들보다 훨씬 힘든 일을 담당한다. 지도자들이 맡은 직무의 특성상 그가 이끄는 사람들보다 더 많은 책임을 감수한다. 그래서 교인들은 목회자를 존경하기도 하지만 비난할 때도 있다. 어떤 경우든 간에 목회자들은 이른바 '지도자'라는 이유로 교인들과 별개의 계층에 속한 사람들로 간주된다.

"너희가 돌이켜 어린아이들과 같이 되지 아니하면"(마 18:3)이라는 예수님의 말씀은 목사 안수를 받는 순간에도 여전히 유효한 말씀이다. 그러나 일단 안수를 받고 나면 그 구절을 교인들에게만 적용하려는 잘못을 범하기 쉽다. 어린아이와 같이 된다는 것은 지도자로서 목회자를 따르는 교인들에게 있어 바람직한 성품으로 제시될 수 있다. 특히 교인들로부터 전폭적인 신뢰를 받고 있는 목회자라면 그 구절을 더욱 수월하게 강조할 수 있다. 그러나 하나님의 자녀들을 책임지면서 몇 년을 사역하고 나면, 목회자 자신이 하나님 앞에서 다시 어린아이와 같이 되기란 정말 어려워진다. 리더십이 향상될수록 겸손은 서서히 자취를 감춘다.

어린아이가 되는 것은 매우 어려운 일이며 그런 상태에 도달하려면 오랜 세월이 걸리기도 한다. 하지만 '안전 장치'가 없으면—바위 표면에 단단히 박아두는 하켄이 없다면—필연적으로 지도자의 역할이 '그리스도를 따르는 자'의 역할을 대체하게 된다. 목회자들은 주 예수 그리스도를 따라가는 자의 삶을 계속 이어가기보다, 주 예수 그리스도를 대신해 명령하는 우두머리가 되고 만다. 때때로 목회자들은 직원들의 복지에 관심을 갖는 유능한 사장처럼 보이지만, 다른 때에는 경건으로 위장하고 남을 괴롭히고 착취하는 자가 되기도 한다.

"당신은, 당신 자신의 삶 속에서, 이웃을 사랑하겠는가?"

목사로 안수받은 자가 수행하는 리더십의 영역에서 가장 먼저 상처를 입는 사람은 거의 대부분 그와 제일 가까운 사람들이다. 이상한 일이 아닐 수 없다. 목회자와 함께 일하던 사람들은 목회 사역 과정에서 점차 대상화된다. 그들은 본래 자연스러운 애정을 통해 목회자가 사랑해야 할 사람들(배우자, 자녀, 친구)이거나 예수님의 명령(네 이웃을 네 몸과 같이 사랑하라)에 따라 사랑해야 할 이웃이지만, 시간이 흐를수록 점점 기능적인 존재로 변해간다.

'예수님을 위한 사역' 또는 '교회의 사명 수행'이라는 압박감 때문에 예전에 친밀했던 이들이 기능적인 관점에서 취급되기 시작한다. 이제 그들은 사역을 위한 '자원' 아니면 '부담'이 되거나, '핵심 인물' 아니면 '문제 인물'로 여겨진다. 나는 이 '문제 있는(dysfunctional, 기능장애, 불량)'이라는 표현이 사람들에게, 그것도 세례를 받고 교회의 일원이 된 이들을 가리킬 때 언급되는 것이 너무나 싫다. 그 단어는 사람이 아닌 기계를 설명할 때나 쓰는 말이다.

예수님께서 명령하신 사랑은 효율성 위주의 평가에 따라 구석으로 밀려나고, 계획이나 프로그램, 목표와 비전, 복음 전도 전략과 선교 전략과 같은 추상의 개념들이 사랑으로 포장되고 대체된다. 결국 목회자들은 순전한 '그리스도인'이 되는 것 말고도, 더 대단한 어떤 일을 하도록 안수를 받았기 때문에 분명 해야 할 일이 있다는 확신에 사로잡힌다. 지도자로서 책임을 맡은 목회자들 곁에서 함께하는 사람들이라면 하나님 나라를 위한 사역, 최소한 교회를 위한 사역에 동원되어야 한다고 믿는다.

그런 와중에 이웃을 사랑하는 일은 목회 사역의 이면으로 사라진다. 과다한 업무가 그 자리를 대신한다. 새로운 신자를 교육하고 전화로 심방하며, 반대하는 자들을 설득하고, 무력한 이들에게 동기를 부여하며, 프로젝트의 성공을 위해 참여자를 모집하는 데 몰두한다. 그리고 만일 함께하는 사람들이 목회자의 그러한 기대에 부응하지 못하면, 그들은 '문제가 있는 사람'으로 낙인찍힌다.

'죄인'이라는 성경의 용어가 '문제 인물'이라는 세속적 용어로 대치될 때 어떤 일이 벌어지는지 아는가? 죄인이 범한 잘못은 그와 하나님의 관계에서 발생한 것이다. 그러나 '문제 인물'의 잘못은 목회자가 세운 계획에 제대로 반응하지 못한 것이다. 우리는 언어 사용에 신중을 기해야 한다. 우리가 사용하는 언어는, 삶을 대하는 우리의 관점과 삶을 살아가는 우리의 방식을 고스란히 드러내기 때문이다.

마르틴 부버(Martin Buber)는 특별히 목회자들에게 중요한 책으로 꼽히는 『나와 너(I and Thou)』(대한기독교서회, 2020)를 저술했다. 부버는 그 책에서 사람들을 '너' 아닌 '그것'으로 취급하는 일이 얼마나 쉽고 또한 얼마나 일반화되어 있는지 잘 보여준다. 그는 하나님께서 만드신 인간 공동체가 비인간화된 폐허로 변질되는 무서운 세태에 대해 말하기도 했다. 하나님께서는 인간이 서로 사랑함으로써 하나님께 영광을 돌리는 공동체를 만들어주셨는데, 사회는 역할의 중요성과 기능의 효율성만을 중시하는 비인간적인 집단으로 변해간다는 것이다.

부버는 또한 인간 관계 속에서 '나와 너'라는 허물 없는 친밀감을 지속적으로 유지할 수 없다는 것을 인정했다. 그것은 너무도 소모적인 일이기 때문이다. 따라서 우리는 때때로 역할과 기능이 심각하게 요구되지 않는 영역으로 도피할 필요가 있다. 그래야 우리의 기본적인 일상을 수행할 수 있을 것이다. 그러나 기능과 역할을 강조하는 영역이 인간의 '영구적인 거처'가 되고, 친밀했던 이들이 하나의 '대상' 즉 '사용되는 그것(It)'이 되는 순간, '그것'이 아무리 공의롭고 고귀하게 사용된다 하더라도, 일단 사용되었다는 사실만으로도 신성 모독에 해당하는 죄악이 자행된 것이다.

여섯 번째 서약은, 목사 안수가 악용되어 그리스도가 우리에게 사랑하라고 맡겨주신 이들을 온갖 업무와 계획으로 교묘하게 비인간화시키는 계기로 변질되는 것을 방지하는 보호 장치다.

"당신은, 당신 자신의 삶 속에서, 세상의 화목을 위해 헌신하겠는가?"

"하나님이 세상을 이처럼 사랑하사"(요 3:16). 요한복음의 이 말씀은 목회자들이 안수를 받으면서 시작하는 특별한 사역의 환경이 어디인지 잘 보여준다. 목회 사역을 수행해야 하는 환경은 바로 '세상'이다. 이 구절에서 말하는 '세상'이란 우리가 상상할 수 있는 모든 것을 포괄하는 광대하고 폭넓은 맥락이다. 이 땅의 모든 것, 대륙과 대양, 도시의 빈민가와 시골의 텃밭, 생계를 위해 애쓰는 많은 사람들과 그 영혼, 엄마 뱃속에 있는 태아까지 모두 세상이라는 범주에 들어간다. 이 '세상'에서 살아가는 이들의 모습은 정말 다양하다. 돈을 벌 수만 있다면 어디든 달려가고, 가난한 이들을 도우며, 권력을 탐하고, 약자를 착취하고, 진리를 추구하며, 농사를 짓고, 예술 활동을 하며, 노래하고 연주하는 사람들까지 각양각색이다. 이 '세상'은 선과 악이 뒤섞인 공간이다. 그리스도가 오셔서 죽으신 대상이 바로 이 '세상'이고, 우리가 보냄을 받아 사람들에게 세례를 주고 제자를 삼으며 '화목의 사역'을 감당해야 하는 대상 또한 이 '세상'이다.

하지만 왜 목사로 안수를 받는 일이, 이렇게 광대한 세상으로부터 종종 우리를 분리시키고 동떨어지게 함으로써, 교회라는 종교 기관의 업무에만 몰두하게 만드는 결과를 낳는가? 어쩌다 그런 일이 가능해졌는가? 목회자의 세계에 들어가 활동하다 보면, 하나님께서 사랑하신 세상을 외부의 적으로 보거나 경쟁자로, 또는 방해 요소로 인식하게 되는 일이 생기기 쉽다. 목사로 안수받은 이들은 여러 위원회와 프로젝트에 참여해야 하는 형편상, 세상과 연결될 시간이나 에너지를 잃게 되고 그러다가 세상에 대한 관심조차 점점 줄어들게 된다. 교회라는 조직은 그 자체의 시스템을 운영하기 위해 수많은 전문 사역자를 필요로 하고, 결국 안수를 받고 난 이후부터 목회자는 세상 속 화목의 최전선으로 보내지는 것이 아니라, 도리어 세상으로부터 멀어지게 되고 교회의 과중한 업무와 회의와 프로젝트를 위해 소집되고 만다. 교회의 분주한 업무는 세상을 위해 세움을 받은 목회자들을 바

불필요한 목회자

로 그 세상으로부터 실질적으로 소외시키는 힘을 발휘한다. 목회자들로 하여금 세상과 싸우거나 회피하거나 또는 경쟁하는 데 급급하게 함으로써 더 이상 화목을 위한 중요한 사역—그것은 예수님의 사역이며 목회자들은 그 사역을 위해 세움 받았다—에 임하지 못하게 만드는 것은 마귀의 교묘한 술책과도 같다.

그렇다고 목회자들이 세상 속에서 의도적으로 자신의 모습을 드러내야 한다는 말은 아니다. 일부러 기자 회견을 열고 시위대와 함께 행진을 해야 할 필요는 없다. 오히려 세상의 화목을 위한 사역은 세상이 결코 눈치채지 못하는 방법으로 은밀한 장소에서 진행된다. 고독한 기도, 부단한 연구, 생명력 회복을 위한 피정, 비전을 명확히 다듬기 위한 모임 등에서 이루어진다. 그럼에도 불구하고 목회자인 우리가 행동하고 말하고 생각하고 기도하는 모든 것은, 언제나 세상을 위한 하나님의 사랑과 세상 속에서 성취된 그리스도의 화목 사역을 끊임없이 믿고 순종하려는 태도를 요구한다.

목회자와 증인으로서 우리가 예수님을 위해 행하는 사역이 오히려 세상에 대한 인식을 무디게 하고, 세상으로부터 마음을 떠나게 하며, 세상과 경쟁하게 하고, 세상을 회피하도록 만든다면, 우리를 목회자로 부르신 하나님의 뜻은 심각하게 왜곡된다.

여섯 번째 서약은 그리스도가 직접 행하시고 목회자들에게 맡기신 본질적인 사역으로부터 멀어지는 것을 방지하는 중요한 안전 장치다. 목회자들은 그 서약을 통해 자신의 사역에 책임을 다하려는 결심을 하게 되고 바른 지침도 얻게 된다.

나는 신약성경에 언급된 '불필요한' 세 명의 목회자를 소개하려
한다. 그들은 세상 문화와 자아 또는 성도들에게 적절히 반응하면서
도, 그것들에 의해 규정되지는 않은 사람들이다. 목회서신에 함께 등
장하는 바울과 디모데와 디도 세 사람이다. 마르바 던이 기록한 다른
장에서는 이 세 명의 '불필요한 목회자들'을 이해하기 위한 복음적인
정황을 최대한 광범위하게 제시할 것이다.

먼저, 로마에서 사역을 마무리하는 바울이다. 목회 소명의 마지막
순간이 다가오자 그는 자발적으로 자신의 권위와 지위를 내려놓았다.
목회의 본질은 바울 자신 안에 있지 않았다. 그는 겸손의 리더십을
보여주었다.

그 다음은 에베소 교회를 맡은 디모데다. 그는 혼란스러운 에베소
교회 상황에 뛰어들어 그것을 바로잡는 사명을 받았다. 그는 (바울의)
유산과 (후메내오와 알렉산더가 일으킨) 문제까지 넘겨받았다. 목회 소명
은 말끔한 빈 종이에서 시작되지 않는다. 고통은 목회의 본질적 일부
다. 그렇게 디모데는 죄로 물든 교회를 새롭게 했다.

마지막으로, 그레데에 남겨진 디도다. 복음이 막 전파되었으나 아
직 신앙 공동체나 제자의 삶에 대해 알지 못하는 그레데의 문화와 분
위기 속에서 디도는 그리스도인 공동체의 기초를 놓는다. 그는 든든
한 기초를 세우기 위해 파송받았다.

이 세 사람은 지금까지 목회 사역을 수행한 모든 목회자들의 대표
자가 되기에 충분하다. 그들은 사역을 완벽하게 수행하지는 않았지만,
자신의 사역 속에서 하나님의 진리가 드러나도록 사역을 감당했다.

목회자들이 자신의 진정한 자아를 분명히 드러낼 수 있다면 목회 사역은 훨씬 수월해질 것이다(또한 모든 교회도 더욱 많은 유익을 얻게 된다). 그렇게 솔직하고 정직한 사람만이 진정한 성장과 안정을 맛볼 수 있다. 내가 이상한 모습으로 리젠트신학교 컨퍼런스에 나타난 이후로, 그 자리에 참석했던 목회자들은 교정용 신발을 볼 때마다 우리가 하나님의 자녀로서 온전히 행하려면 겉만 화려한 이미지를 과감하게 벗어버리고 저마다의 장애를 뛰어넘어야 한다는 사실을 떠올렸다고 한다.

당신도 자신이 겉으로는 그럴듯한 모습을 보여주는 온갖 방법과 장치들을 애써 동원하려는 이유를 곰곰이 생각해보기 바란다. 우리는 때때로 자신의 실체와 다른 모습으로 가장하려 하지는 않는가? 자신의 '사역'을 위해서라는 이유로 그렇게 행동하고 있는가? 그렇다면 우리는 유진 피터슨이 1장에서 말한 것처럼, '불필요한' 역할 속에서 자신의 모습을 드러내려 애쓰면서, 정작 '필요한' 목회자로 살지 못하는 건 아닌가? 어떻게 하면 우리의 진정한 정체성을 되찾고 회복할 수 있는지 생각해보자.

2
회복을 위한 전주곡

마르바 던

수백 년 동안 교회[1]가 예배에서 고백한 두 가지 표현을 생각해보는 것으로 이야기를 시작하려 한다. 그 표현들은 알지 못하는 사람들이 많이 참석한 모임에서 강연할 때 참석자들과 나를 연결시켜주는 능력이 있다.

　내가 참석자들에게 이렇게 말한다. "하나님께서 여러분과 함께하십니다." 그러면 그 자리에 모인 사람들도 이렇게 화답한다. "하나님께서 목사님과 함께하십니다." 이렇게 인사하는 이유는, 우리가 함께 하

1　나는 '교회(Church)'라는 단어를 시간과 공간을 막론하고 하나님의 진실된 "하나의, 거룩하고, 보편적이며, 사도적인 교회"에 속한 모든 구성원이라는 의미로 사용할 때 대문자로 표기한다. 반면, 단일 지역의 신앙 공동체를 언급할 때는 소문자로 쓴다. 그 속에는 "교회(Church)가 되고자" 진심으로 헌신하지 않은 이들이 포함되어 있을 수 있기 때문이다.

　　　　　불필요한 목회자

나님께 귀를 기울이는 한 공동체(a community)라는 사실을 기억하기 위함이다. 참석자들이 나와 한 마음으로 함께하지 않는다면, 그들을 제대로 가르치기란 거의 불가능할 것이기 때문이다.

당신과 내가 같은 장소에 있을 때, 당신이 나와 한 마음으로 함께한다는 사실은 내가 말하려는 내용 못지않게 중요하다. 왜냐하면 그렇게 화답함으로써, 당신은 성령이 나를 통해 역사하실 것이라는 강력한 소망을 일깨워주기 때문이다. 원래 이 책은 많은 참석자들 앞에서 강연한 내용이다. 따라서 이 책을 처음 접하는 독자들은 마치 나와 함께 있으면서 한 마음으로 대화를 나눈다는 느낌으로 이 책을 읽어나가기를 기대한다.

주일학교 예배 시간에 어린아이들에게 설교를 하다가 질문을 던졌다. "목사님이 '하나님께서 여러분과 함께하십니다'라고 말할 때 어떤 자세를 취하시지요?" 아이들은 목사님이 마치 축도하듯이 두 팔을 쭉 내뻗는다고 대답했다. 그 다음에 다시 물었다. "그러면 여러분은 어떻게 반응하나요?" 상당히 흥미로운 대답들이 여기 저기에서 들려왔지만, 전반적으로 아이들은 그들 자신도 목사님을 축복해야 한다는 것을 깨닫지 못하고 있었다. 그렇기 때문에 나는 항상 아이들에게 손을 뻗어 목사님을 축복하라고 강조한다.

실제로 내가 다니는 교회의 성도 중에는 목사님의 축복에 화답할 때 자기 손을 들어 표하는 이들이 많다. 우리가 온몸으로 반응을 보이는 것은, 목회자나 지도자들이 사역을 잘 감당하고 성령의 인도하심을 위해 기도하고 있으며, 그들에게 사랑과 관심을 쏟고 있음을 알리는 표시다.

지금까지는 내가 "하나님께서 당신과 함께하십니다"라는 축복의 말을 하기 위한 서론이었다. 당신도 이 책을 읽으면서 마음속으로 "하나님께서 목사님과도 함께하십니다"라고 응답하며 적극적인 태도로 나와의 대화에 함께했으면 좋겠다.

주님이 당신과 함께하시기를 위해 먼저 기도로 시작해보자.

삼위일체이신 성부, 성자, 성령 하나님, 주님의 장엄하신 은혜에 압도되어 엎드립니다. 우리가 한 마음을 품고 이 자리에 함께 모일 수 있는 것은 오로지 주님의 자비하심으로 말미암음을 깨닫습니다. 또한 우리가 하는 모든 일이 전적으로 주님께 의존하고 있음을 고백합니다. 그러므로 오늘 성령께서 교회에 전하고자 하는 말씀에 방해가 되는 모든 것을 우리의 몸과 마음과 영혼에서 제거해주시기를 간구합니다. 우리 마음을 오직 주님의 말씀에만 고정시키게 하옵시고, 그 말씀을 통해 우리의 삶을 변화시켜 주옵소서. 주님의 말씀은 결코 헛되지 아니할 것이라는 약속을 신뢰하며, 우리가 그 말씀을 듣고 읽음으로써 변화될 것을 믿습니다. 또한 우리가 주님의 부르심에 합당한 종이 되어, 주님의 영광과 찬송을 위해, 주님의 나라를 위해 살아가도록 우리를 변화시켜 주옵소서. 주님의 나라와 영광이 세세토록 무궁하기를 원합니다. 아멘.

〈바울의 에베소서〉[2]라는 멋진 음악에서 어떻게 목회자의 정체성을 표현하고 있는지 알아보기 전에, 예비적으로 먼저 거쳐야 할 단계가 있다. 그 악보는 전통적 선율에서 비롯된 음을 비롯해 몇몇 경고음도 포함하고 있다. 우리는 그 모든 것을 바탕으로 새로운 멜로디와 음악을 만들어나갈 것이다.

겉만 화려한 모습

이 책을 펴낸 계기가 된 컨퍼런스에서 유진 피터슨 교수와 함께 가르친 일은 정말 경외심을 불러일으키는 경험이었음을 고백하지 않을 수 없다. 오랫동안 그를 존경해왔으므로 그와 동등한 자격으로 강의한다는 것을 알았을 때 나는 두려웠다. 하지만 이러한 열등감이 있었기에 내가 말하고자 하는 첫 번째 요점을 쉽게 제시할 수 있다. 그것은 수전 하위치(Susan Howatch)의 『화려한 이미지(Glittering Images)』[3]라는

---

2 초기 그리스도인들의 정경 전통에서는 바울이 에베소서의 저자라고 말한다. 이 책에 실린 에베소서에 대한 묵상은 교회를 섬기는 목회자와 여러 사역자들의 삶을 위해 기록되었다. 따라서 이 책에 실린 내용은 주석은 아니다. 그러므로 에베소서의 역사적인 정확성이나 정경적인 논의를 여기에서 제기할 필요는 없으리라 생각한다. 대신 이 책을 통해 우리는 에베소서에 나타난 바울의 감정과 상황을 면밀히 살핌으로써 깊은 유익을 얻게 될 것이다. 설령 바울이 에베소서를 기록하지 않았다는 생각을 가진 사람이라도, 그 서신의 저자에게 끼친 바울의 영향력을 마음에 그려보기 바란다.

3 Susan Howatch, *Glittering Images*(New York: Alfred A. Knopf, 1987). 나는 이 책을 반드시 읽어야 한다고 강요하지는 않는다. 물론 영적 지도자인 존 대로우(Jon Darrow)를 통해 드러나는 통찰이 나에게 상당한 도움을 주었고, 이 책에 담긴 유용성과 성경적인 깊이는 놀라운 것이었다. 그럼에도 이 책이 묘사하는 광범위한 성적인 부도덕성과 그로 인한 결과들은 심각한 수준이다.

소설 제목에 잘 담겨 있다.

소설의 주인공인 찰스 애쉬워스(Charles Ashworth, 주인공의 이름만으로도 그가 자기 자신을 어떻게 생각하는지 짐작할 수 있다)는 뛰어난 영적 지도자의 능숙한 도움을 받아, 자신이 '화려한 이미지' 뒤에 숨어 살아왔음을 깨달았다. 그러나 그의 진정한 자아는 본 모습을 드러내지 않았다. 영적 지도자가 그를 지속적으로 인도했음에도, 그는 다른 사람들의 인정을 받기 위해 다양한 기술과 도구를 사용해 겉만 화려한 모습을 만드는 방법에 심취해 있었다. 반면 그의 진정한 자아는 다른 사람의 반응과 상관없이 하나님을 신실하게 섬기고 싶어했다.

나 역시 최근에 화려한 이미지 뒤로 몸을 숨기고 싶은 유혹을 느꼈다. 교단에서 제법 큰 교회의 담임 목회자들이 모인 자리에서 강연하면서 예언자적인 메시지를 선포해야 한다는 생각에 사로잡혔다. 내 속에서 나 자신을 그럴듯한 모습이나 매력적인 말로 감추어야 한다는 강박 관념이 밀려왔다. 아마 목회자들에게 설교단이나 강연하는 자리는 화려한 이미지 뒤에 몸을 숨기기 쉬운 장소일 것이다.

리젠트신학교에서 열린 집회 현장에서 첫날 보여준 나의 모습은 우리 인간이 지닌 일반적인 문제들을 생생하게 보여주는 좋은 사례였다. 나의 한쪽 다리는 '그럴듯한 모습'이었지만 다른 한쪽 다리는 절뚝거리고 있었기 때문이다. 절뚝거리는 다리에는 부목을 댔다. 부목은 어색하고 보기 흉했지만 내 다리가 다시 부러져서 절단해야 하는 상황에 처하지 않도록 지켜주는 유용한 물건이었다. 한번 다친 다리를 제대로 받쳐주지 않으면 절대로 완치되지 않는다. 그러니 부목을 대지 않고 다니는 것은 꿈도 꿀 수 없다. 예복용 구두를 신고 싶을 때에도, 정말 보기 어색한 교정용 신발을 신어야 했다. 그것은 굽은 다리 때문에 내가 넘어지는 것을 방지하기 위한 장치다. 다른 한쪽의 성한 다리를 위해 무거운 교정용 신발과 색깔은 같지만 좀더 멋진 신발을 준비했다. 하지만 문제는 그 신발이 좀더 편하게 걸을 수 있도록 안정감을 주지 못한다는 것이었다.

이런 모습은 목회 사역을 수행하는 이들에게도 해당하는 것이 아닐까?(여기에서 말하는 '목회 사역'이란 안수를 받은 목회자들뿐 아니라 다른 여러 방법으로 복음을 위해 일하는 사역자들이 행하는 사역을 말한다) 우리는 화려한 이미지 뒤로 숨고 싶은 유혹을 받고, 다른 이들이 그런 겉모습대로 우리를 인정해주기를 바란다. 우리는 자신의 부서진 자아를 인정하지 않으려 한다. 우리의 자아 속에는 많은 문제와 은밀한 잘못이 숨어 있는데, 우리는 모든 사람이 그것을 모르고 그냥 넘어가주기를 바란다.

목회자들이 자신의 진정한 자아를 분명히 드러낼 수 있다면 목회 사역은 훨씬 수월해질 것이다(또한 모든 교회도 더욱 많은 유익을 얻게 된다). 그렇게 솔직하고 정직한 사람만이 진정한 성장과 안정을 맛볼 수 있다. 내가 이상한 모습으로 리젠트신학교 컨퍼런스에 나타난 이후로, 그 자리에 참석했던 목회자들은 교정용 신발을 볼 때마다 우리가 하나님의 자녀로서 온전히 행하려면 겉만 화려한 이미지를 과감하게 벗어버리고 저마다의 장애를 뛰어넘어야 한다는 사실을 떠올렸다고 한다.

당신도 자신이 겉으로는 그럴듯한 모습을 보여주는 온갖 방법과 장치들을 애써 동원하려는 이유를 곰곰이 생각해보기 바란다. 우리는 때때로 자신의 실체와 다른 모습으로 가장하려 하지는 않는가? 자신의 '사역'을 위해서라는 이유로 그렇게 행동하고 있는가? 그렇다면 우리는 유진 피터슨이 1장에서 말한 것처럼, '불필요한' 역할 속에서 자신의 모습을 드러내려 애쓰면서, 정작 '필요한' 목회자로 살지 못하는 건 아닌가? 어떻게 하면 우리의 진정한 정체성을 되찾고 회복할 수 있는지 생각해보자.

찰스 애쉬워스는 영적 지도자의 가르침을 통해, 자신의 진정한 자아는 하나님을 섬기고 싶어한다는 것을 깨달았다. 하나님을 신실하게 섬기되 결과는 전적으로 하나님께 맡기는 삶이다. 물론 이것은 무분별하거나 대책 없는 태도를 옹호한다는 의미가 아니다. 때때로 우리가 부르심 받은 예언자적 역할이 사람들의 찬사가 아니라 분노를 불러일으킬 수도 있다는 점을 인정하는 것이다. 목회자들이 외적으로 화려한 겉모습을 버리고 살아갈 용기를 가질 수 있는 유일한 길은, 교회를 섬기는 종으로서 행하는 모든 일이 전적으로 하나님의 은혜에 의해서만 가능하다는 사실을 철저히 인식하는 것이다. 그리하면 우리는 더 이상 화려한 이미지를 필요로 하지 않게 되고, 우리를 통해 역사하시는 하나님의 권위와 자비하심이 목회의 진정한 능력으로 나타날 것이다.

원색

앞에서 말한 겉만 화려한 이미지에 대한 경고는 이 책에서 탐구하게 될 에베소서의 음악적 원색(primary colors)과 연결되어 있다. 하나님의 성품과 우리를 통해 역사하시는 것이 우리가 그분의 종으로서 자유롭게 살아갈 힘이자 근거가 되므로, 이제부터 우리가 다룰 첫 번째 핵심 주제는 송영(Doxology)이다.

하나님이 어떤 분이시며 그분이 어떻게 우리를 통해 일하시는지를 깊이 묵상하고 나면, 우리는 더 이상 거짓된 자아 뒤로 숨을 필요가 없다. 대신 우리는 하나님을 찬송하는 것의 영광과 신비를 깨달음으로, 이제껏 '불필요한' 일들을 감당하려 했던 우리 자신으로부터 자유함을 얻게 될 것이다.

이 책에서 에베소서 전체를 깊이 있게 연구하기란 불가능하다(그런 연구는 주해가 필요한데, 이 책은 목회적 역할에 대한 성찰을 목표로 하기 때문이다). 대신, 각 장마다 특정 본문을 중심으로 하나의 주제를 조명할 계획이다. 이 주제들은 '불필요한 것'에 초점을 맞추고 있으며, 우리가 처한 다양한 목회적 상황 속에서 각자 반추해볼 수 있는 음악적 기본 색조를 발견하게 될 것이다.

성직으로 안수를 받다

에베소서라는 음악을 아주 자세히 듣고 싶다면(모든 영역의 음악, 즉 하나님께서 이 세상을 향해 부르기 원하시는 모든 음악을 전반적으로 듣기 위해) 오케스트라의 모든 악기들이 필요하다. 목회자 개개인이 하나님의 종으로서 맡아야 할 역할을 제대로 인식하려면, 교회를 이룬다는 것이 무슨 의미인지 배워야 하고 목회자 각자가 바로 그 교회 안에서 성직자로 세움을 입었다는 사실이 얼마나 고귀한지 깨달아야 한다. 어떤 위치에서 사역하든 간에 — 전임 목회자로 교인들을 섬기든지, 또는 다른 직업을 가지고 하나님 나라를 전파하는 진정한 사명을 감당하든지 — 모든 사역자는 '모든 믿는 자들 가운데 성직자'로서 존경받는 자다.

나는 안수받은 목회자가 아니다. 그 주된 이유는 내가 신학대학원 과정을 마칠 때까지 청빙하는 교회가 없었기 때문이다. 지금 나는 큰 교회의 전임 사역자로서 각종 집회와 세미나를 인도하며 대학에서는 학생들을 가르치고 있다. 하지만 내가 안수받지 않은 것이 학생들을 가르치려는 목적을 위해서는 오히려 큰 장점으로 작용한다. 그 이유는 다음과 같다.

사람들이 내게 안수를 받았느냐고 물으면, 나는 태어난 지 29일 만에 세례를 받을 때 안수를 받았고 하나님의 부르심 받은 종으로서 그리스도인 공동체에서 환영을 받았다고 대답한다. 당신이 속한 교단이 유아 세례를 인정하든 인정하지 않든, 하나님의 성도로 부르심을 받은 모든 사람은 자신이 세례 받은 날을 '모든 믿는 자들 가운데 성직(priesthood)'으로 안수받은 날로 떳떳이 알릴 수 있어야 한다.

그릇된 주장: 과학 그리고 근대주의의 신화

여러 교회와 성경 학자들은 근대주의 시대(Modernist era, 지금의 포스트 모던 시대와 구별할 필요가 있다)로 넘어오면서 심각한 오류를 범했다. 역사 비평이라는 화려한 이미지 뒤로 숨어버린 것이다. 내가 그와 같은 방법이나 도구들이 가진 유용성을 부정하는 것은 아니지만, 그것들은 지금까지 지나치게 남용되고 오용되었다. 또한 계몽주의 프로젝트에 동참한 학자들이 모든 것을 과학적 방식으로만 재단하려는 헛된 야망을 이 성경 연구에 도입한 이후에 일어난 현상이다.

우리는 이성적인 과학주의만을 유일한 사고 방식으로 여기는 사람들에게 믿음을 지적으로 신뢰할 수 있는 것으로 보이게 만들려 애썼고, 그 결과로 신앙을 소위 객관적인 역사적 근거 위에서 증명하려 했다. 결과적으로 온갖 비평 방법들은 성경을 갈기갈기 찢어놓음으로써, 성경이 더 이상 변화의 능력을 발휘하지 못하게 만들었다. 여러 비평 방법들이 유용하긴 하지만, 그것들을 오용한다면 예수님은 '정처 없이 여기저기 떠돌아다니는 현자'[4] 정도로 인식될 것이다.

이와 유사한 관점으로 바울의 저술을 분석한 학자들은 에베소서를 바울이 기록하지 않았을 가능성도 주장한다. 그들은 에베소서의 첫 구절—"하나님의 뜻으로 말미암아 그리스도 예수의 사도 된 바

---

4 예수님을 지나치게 단순화시키려는 다양한 시도에 대한 탁월한 반박을 살펴보려면, N. T. Wright, *Jesus and the Victory of God*, vol. 2 of Christian Origins and the Question of God(Minneapolis: Fortress Press, 1996)을 참고하라.

울은 에베소에 있는 성도들과 그리스도 예수 안에 있는 신실한 자들에게 편지하노니"(엡 1:1)—을 비롯해 에베소서에 관한 정경 전승 연구를 통해 드러난 사실들을 전혀 참고하지 않는다.

우리는 이렇게 질문해볼 수 있다. 바울의 열정을 묵상하는 것이 어떻게 에베소서에 대한 우리의 해석을 새롭게 하고, 하나님의 교회가 되고 싶은 우리의 마음을 더욱 깊게 할 수 있을까?

몇 년 전에 에모리대학의 캔들러신학교에서 신약학을 가르치는 루크 티모시 존슨(Luke Timothy Johnson) 교수는 〈Christian Century〉에 게재한 논문에서 동료 교수를 비판해 학계를 놀라게 한 적이 있다.

정치학을 공부하는 학생들이 공화당 지지자라는 이유로 비판을 받았다고 해서, 그것 때문에 투표권을 박탈당하지는 않았다. 경제학을 공부하는 학생들이 자본주의에 대한 도전을 받았다고 해서, 그것 때문에 물건 하나 사는 자유까지 잃지는 않았다. 그러나 신학교 수업에서, 학생들이 지금까지 믿고 따르던 신앙의 내용이 모두 잘못되었다는 말을 들었을 때, 우리는 그들의 믿음의 삶이 무너지지 않았는지, 그들의 신앙 인격이 흔들리지 않았는지, 진지하게 고민해본 적이 있는가?[5]

존슨 교수는 그제야 비로소 자신이 가르쳐 온 역사비평적 성경 해석법에 대해 다시 생각하게 되었다고 고백했다. 많은 신학생들이 비

---

5   Luke Timothy Johnson, "The New Testament and the Examined Life: Thoughts on Teaching," *Christian Century* 112, no. 4(1-8 February 1995): 108-109.

판적으로 성경을 보기 전에, 먼저 기독교 신앙의 전통이 무엇인지를 배우고, 그 깊은 생명의 말씀을 믿음의 눈으로 바라보는 훈련이 필요했던 것이다. 한편, 학계 내부에서도 역사비평적 방법론에 대한 회의가 커지고 있었다. 여러 교수들이 묻기 시작했다. 과연 이 방법론이 추구하는 목표는 무엇이며, 그것은 진정 이루어질 수 있는 것인가?

존슨 교수는 이렇게 고백한다. "역사비평이 마치 과학적이고 객관적인 방법인 것처럼 주장하지만, 이제는 그것이 신학적 편향을 은폐하기 위한 외피에 불과하다는 점이 점점 분명해지고 있다."[6]

현직의 신학자가 이토록 중대한 고백을 내놓은 것은 이례적인 일이었다. 그러나 존슨은 거기서 멈추지 않았다. 그는 신앙을 약화시키고 단순화하는 시대적 흐름을 계속해서 정면으로 반박했다. 그는 "실제 예수는 믿음의 그리스도다(The Real Jesus Is the Christ of Faith)"라는 책을 통해, 역사적 예수 운동, 특히 악명 높은 예수 세미나[7]의 정체를 설득력 있게 폭로했다. 최근에 펴낸 『살아 계신 예수(Living Jesus)』에서는, 우리는 더 이상 죽은 예수를 다루어서는 안 되며, 오히려 부활하신 그리스도를 살아 계신 주로 받아들여야 한다고 강력히 주장한다. 예수님은 오늘도 여전히 살아 계시며, 그분의 백성 안에, 교회의 전통 속에, 그리고 성경의 말씀 가운데 살아 역사하고 계신다. 그리고 그분

---

6 Johnson, "The New Testament and the Examined Life," p. 109.

7 Luke Timothy Johnson, *The Real Jesus Is the Christ of Faith*(San Francisco: HarperSanFrancisco, 1997).

은 교회 공동체의 실천 속에서 배워가야 할 분이다.[8] 예수님은 살아 계신다! 그렇다면 우리는 이렇게 질문해야 한다. "그 사실이 오늘 우리 삶에 어떤 변화를 가져다주는가?"

오늘날 사회는 점점 포스트모던적인 사고 방식으로 기울어 가고 있으며, 그에 따라 근대주의적 질문들과 목표들은 점점 공허한 것으로 드러나고 있다. 우리는 하나님을 과학적으로 '증명'할 수 없다. 그리고 하나님 백성이 수 세대에 걸쳐 신실하게 전해온 성경 말씀을 무분별하게 해체해 버린다면, 우리는 그리스도를 따르는 삶이 어떤 모습인지조차 알 길이 없게 된다.

반면, 우리가 성령께서 성경의 전달 과정과 교회의 성장 가운데 역사하셨음을 믿고 신뢰할 수 있다면, 우리는 그 교회의 일부로서 이 거룩한 말씀들을 신뢰하며, 그 말씀 안으로 깊이 들어가 그 말씀에 의해 새로워질 수 있다.

이와 관련해 성경을 연구하는 새로운 도구들 또한 주목할 만하다. 이 도구들은 학자뿐만 아니라 평신도 모두에게, 우리 자신이 '불필요한' 존재가 될 필요성이 있음을 보여주기 때문이다. 즉, 우리가 말씀을 분석하고 통제하려 하기보다, 말씀 안에 깊이 잠기고 몰입함으로써 오히려 그 말씀이 우리 안에서 일하시도록 하는 것이다. 우리가 본문을 가지고 '우리의' 연구 활동을 하던 것과는 정반대 개념이다.

정경 비평(Canonical criticism)은 성경을 완전한 통일체로 이해하려

---

8 Luke Timothy Johnson, *Living Jesus: Learning the Heart of the Gospel*(San Francisco: HarperSanFrancisco, 1999).

불필요한 목회자

고 한다. 그것은 하나님의 백성들에 의해 역사 속에서 전해내려온 성경의 통일성과 성경 각 권의 통일성을 찾으려는 시도다.

정경 비평(canonical criticism)은, 성경 전체의 통일성과 그 안에 담긴 다양한 책들이 신앙 공동체 안에서 전승되어온 흐름을 통해 어떻게 하나로 엮이는지를 이해하도록 돕는다. 문학 비평(literary criticism)은 성경 본문의 구조와 문학적 특성을 관찰함으로써, 신앙의 선조들이 믿음을 어떻게 표현했는지를 배우게 한다. 우리가 에베소서의 음악적 흐름을 깊이 묵상할 때, 다양한 색채와 주제, 그리고 각 단어에 담긴 특별한 음조들을 발견하게 될 것이다. 그것은 하나의 곡조가 되어 우리 안에 쌓이고, 마침내 우리는 그 선율을 노래할 수 있게 되며, 그 노래 안에서 변화될 것이다. 성경의 조화로운 음율에 깊이 잠길수록, 우리는 그 말씀에 의해 새롭게 형성되고 변화되어 갈 것이다.

즉흥 연극

N. T. 라이트는 성경 본문을 오늘 우리의 삶에 어떻게 적용할 것인가라는 질문에 대해 특별히 유익한 비유를 제시한다. 종종 극단적인 보수주의자들은 성경 말씀을 그 본래의 역사적, 문화적 맥락을 무시한 채, 현재 상황에 그대로 덧붙이듯 적용한다. 이들은 성경이 기록된 시대와 오늘날의 문화 사이에 존재하는 차이를 전혀 고려하지 않음으로써, 본문을 왜곡하거나 지나치게 경직된 적용을 시도한다.

그와 반대로, 극단적인 자유주의자들은 성경이 오늘의 문화에 대해 직접적으로 말해주는 것이 없다고 주장하면서, 성경에서 단지 추상적이고 비물질적인 원리만을 끌어내려 한다. 라이트는 이러한 두 입장을 넘어, 창의적이면서도 신앙에 충실한 제3의 길을 제안한다. 그는 이를 놀랍고도 설득력 있는 비유로 설명한다.[9]

가령, 윌리엄 셰익스피어의 희곡 한 편이 발견되었다고 하자. 그런데 그 작품은 완성되지 않은 채, 처음 다섯 막과 마지막 일곱 번째 막의 일부만 남아 있다고 하자.[10] 우리는 그 중간에 빠진 부분을 어떻게 재구성할 수 있을까? 물론 그 공백을 메우기 위해 나머지 장면을 써볼 수도 있겠지만, 과연 누가 셰익스피어만큼 글을 잘 쓸 수 있겠는가? 게다가 셰익스피어는 이미 세상을 떠났기에 현대인의 손으로 복원된 자신의 대본을 점검해줄 수도 없다.

그렇다면 방법을 달리해보자. 미국 오리건 주의 애쉬랜드에서는 세계에서 가장 유명한 셰익스피어 축제가 열린다. 그곳에 가면 셰익

---

9 N. T. Wright, *The New Testament and the People of God*(Minneapolis: Fortress Press, 1992), pp. 140-143. 이처럼 놀라운 개념을 인용한 책이 여러 권 있다. J. Richard Middleton and Brian J. Walsh, *Truth Is Stranger Than It Used to Be*(Downers Grove, IL: InterVarsity Press, 1995), pp. 182-184, and Rodney Clapp, *A Peculiar People: The Church as Culture in a Post-Christian Society*(Downers Grove, IL: InterVarsity, 1996), pp. 138-139. 나는 그가 4장에서 현대의 포스트모던 문화가 지닌 욕구에 관하여 서술한 개념을 다음의 여러 책에서 해설해놓았다. "Pop Spirituality or Genuine Story? The Church's Gifts for Postmodern Times," in *A Royal "Waste" of Time: The Splendor of Worshiping God and Being Church for the World*(Grand Rapids: Wm. B. Eerdmans Publishing Co., 1999).

10 라이트는 5막으로 이루어진 연극을 비유로 사용했지만, 내가 보기에는 그의 5막을 둘로 나누는 것이 좀더 좋을 듯하다. 우리의 삶(내가 말하는 6막)과 예수님과 직접 접한 성경의 인물들(5막) 그리고 마지막 종말(7막) 사이의 차이점을 강조하면 전혀 새로운 차원의 드라마가 만들어지지 않을까?

불필요한 목회자

스피어의 작품을 가장 훌륭하게 연기하는 배우들을 어렵지 않게 찾을 수 있다. 그들은 셰익스피어의 작품에 무수히 출연했으므로, 작가의 특성과 비꼬는 듯한 그만의 표현 방식을 익히 잘 알고 있다. 그들에게 새로 발견된 작품을 연구하게 하고, 누락된 부분을 즉흥적으로 연기하게 했다고 하자. 연극이 상연될 때마다 관객들도 계속 달라질 것이므로, 연극이 공연되는 날에 어떤 관객들이 왔고 또 그날 무슨 일이 있었는가에 따라 매일 즉흥적으로 다른 내용이 공연될 것이다. 정말 놀랍지 않은가?

그와 비슷하게, 그리스도인 공동체는 하나님의 끝나지 않은 연극 대본을 넘겨받았다. 창조를 주된 내용으로 담고 있는 1막은 모든 인간이 동등하게 하나님의 형상을 지니고 창조되었기 때문에 서로 사랑하며 만물을 돌볼 책임이 있다고 가르친다. 2막은 타락에 관한 내용이다. 우리는 2막을 통해 불안정한 세상과 파멸의 원인을 깨달을 수 있다. 3막과 5막은 이스라엘 민족과 초기 기독교의 모습을 보여준다. 불순종과 믿음의 사례들을 보여주며, 인간의 반역과 순종의 결과를 상세히 설명하고 있다. 4막은 예수님의 삶과 수난과 죽음과 부활과 승천에 관한 내용이다. 4막은 3막에서 이스라엘 민족에게 주었던 하나님의 모든 약속들의 정점이며, 5막의 성도들을 통해 나타나신 성령의 모든 역사를 위한 든든한 기초다. 5막까지는 완전한 내용으로 보존되어 있지만, 6막은 없고, 연극의 마지막 내용(7막)의 일부는 요한계시록에서 찾아볼 수 있다. 우리가 알고 있는 이 세상의 대단원—그때에는 그리스도가 다시 오셔서 악과 죽음을 영구히 파멸시키실 것이다—은 현재의 싸움과 고통 속에서 용기를 잃지 않게 하는 정도의 내용만 담고 있다.

그렇다면 어떻게 성경을 적용할 것인가? 우리는 연극의 앞 부분 5막과 마지막 7막의 일부에 몰두한다. 성경이 하나님과 그분의 백성들에 대해 들려주는 장엄한 이야기에 푹 빠져든다. 성경에 제시된 명령, 가르침, 이야기, 시, 경고, 약속, 완전한 계시의 노래 등을 통해 우리는 하나님의 선하심을 닮아가는 그분의 백성들로 점차 변해간다.

세계 도처에서 모든 그리스도인들은 성경 이야기를 즉흥적으로 연기한다. 각각의 장소에서 공연되는 내용은 모두 다르다. 왜냐하면 그들을 둘러싼 관객과 상황이 전혀 다르기 때문이다. 그리스도인들은 셰익스피어의 연극을 공연하는 배우들보다 훨씬 더 유리한 위치에 있다. 우리는 연극의 주된 내용과 주제를 지속적으로 접하고 있으므로, 작가이신 하나님—그분은 여전히 살아 계신다—께 우리의 모습을 정기적으로 점검받을 수 있기 때문이다.

언어로서의 신앙

우리가 그리스도인의 삶을 '즉흥적으로' 살아가려면, 보수주의자들과 자유주의자들의 양극단을 넘어 다른 하나의 관점을 끌어와야 한다. 보수주의자들은 신앙을 교리와 신조에 대한 지적인 동의 정도로 오해하는 경우가 많았다. 그에 대한 반작용으로 자유주의자들은 신앙을 보편적인 종교적 경험의 다양한 표현으로 잘못 이해해 기독교와

불필요한 목회자

다른 세계 종교 사이에 차이가 없다고 주장했다. 첫 번째 견해는 지식적인 측면을 지나치게 강조한 반면, 두 번째 견해는 주로 감정적인 표현에 의존한다. (이는 요즘 예배에서 벌어지는 일, 즉 많은 복음주의 계열은 감정적 고취를 지나치게 강조하고, 자유주의 계열은 사회정의를 중요하게 여기는 것과는 혼동해서는 안 된다.)[11] 이러한 과잉과 결핍은, 신학자 조지 린드벡(George Lindbeck)의 말처럼, 신앙을 하나의 언어이자 문화, 그리고 삶의 방식으로 이해할 때 비로소 교정할 수 있다.[12]

우리는 그 언어 속에 완전히 몰입해야만 진정으로 그 언어를 배울 수 있다(7장을 보라). 신앙이라는 음악을 배울 수 있는 길은 그것을 실제로 실천하는 것이다. 우리가 그리스도인이 되는 법을 배우려면 온전한 그리스도인 공동체가 있어야 한다(9장을 보라). 우리는 성도들의 언어를 말하고, 가장 뛰어난 찬송가들이 그렇듯 신실한 언어를 노래하며, 예수님을 따른다는 것이 무엇인지 오랜 세월에 걸쳐 교회가 고백해온 그 대화에 참여해야 한다. 우리는 성경의 본문들 속에 평생

---

11 예배와 관련하여 교회 내부에 숨어 있는 우상 숭배의 여러 행태를 적나라하게 밝힌 내용이 내가 저술한 책에 제시되어 있다. *Reaching Out without Dumbing Down: A Theology of Worship for the Turn-of-the-Century Culture*(Grand Rapids: Wm. B. Eerdmans Publishing Co., 1995). 그 책에는 내가 저술한 다른 책들에 대한 각주를 달아놓았다. 이러한 주제에 관하여 좀더 자세히 연구하고 싶은 이들에게 도움이 될 것이다. Eerdman 출판사를 통해 나온 책들의 인세는 가난한 이들을 돕거나 장학금으로 사용되므로, 그 책들을 구입하여 읽는 것은 도움이 필요한 이들을 지원하는 또하나의 방법이 될 수 있다.

12 George Lindbeck, *The Nature of Doctrine: Religion and Theology in a Postliberal Age*(Philadelphia: Westminster Press, 1984). Timothy R. Phillips and Dennis L. Okholm, eds., *The Nature of Confession: Evangelicals and Postliberals in Conversation*(Downers Grove, IL: InterVarsity Press, 1996).

몰입해야 한다. 성경의 언어에 푹 잠겨야 한다. 그래야 성경을 덮은 뒤에도 우리가 맞닥뜨리는 모든 상황 속에서 그 언어를 즉흥적으로 살아낼 수 있다.

송영을 위한 조율

에베소서는 놀라운 송영으로 시작한다. 우리도 그래야 한다. '송영 (Doxology)'이라는 단어는 두 개의 헬라어 '영광(doxa, 독사)'과 '말씀(logos, 로고스)'에서 유래되었다. 따라서 간단히 정의하면 '송영'은 '영광에 관한 말', '참된 찬양을 표현하는 말'이라는 뜻이다.

21세기가 시작된 지금 이 시대에는 찬양이라는 말을 상당히 조심스럽게 사용해야 한다. 찬양을 하는 사람들 사이에 진정한 찬양과 즐거운 노래를 혼동하는 이들이 많기 때문이다. 찬양은 단순히 감정이 고조되는 것이나 기분이 들뜨는 것을 의미하지 않는다. 그것은 찬양받으시기에 합당한 유일하신 하나님의 속성과 인격과 행동을 하나하나 거론하는 것이다. 하나님에 대한 찬양은 그저 "내가 당신을 찬양합니다. 당신을 사랑합니다. 당신을 경배합니다"라고 말하는 것이 아니라, 무슨 이유 때문에 찬양하는지를 말하는 것이다.

여러 시편들은 종종 찬양에로의 부름과 찬양의 선포로 시작한다. 그러나 그 시편들은 거기에서 멈추지 않는다. 계속해서 찬양의 마음을 불러일으키는 하나님의 특별한 간섭하심을 구체적으로 언급한다. 또한 하나님께서 그 백성들과 어떻게 관계를 맺으며, 이 세상에서 그분이 어떻게 드러나는지 선포한다.[13] 그러므로 송영은 하나님의 영광을 구체적으로 나열하며, 그 영광을 보고 듣는 자들에게 힘을 주는 찬양이다.

장엄한 일몰 광경을 목격했다면, 마음 깊은 곳에서 우러나오는 벅찬 감동을 그저 그 자리에 앉아 "멋진 일몰이야"라고 중얼거리는 것으로 끝내지는 않을 것이다. 멋진 일몰은 우리 마음 깊은 곳으로부터 반응을 이끌어낸다. 그러면 우리는 그 광경을 다른 사람과 함께 나누고 싶어진다. 그와 마찬가지로 하나님이 어떤 분이시라는 것을 제대로 깨닫고 그분의 사랑과 자비와 신실하심과 정의로움을 목격한다면, 우리는 찬양하고 싶은 마음을 억누르지 못할 것이다. 우리가 거부할수 없을 정도로 강력하게 우리 속에서 찬양이 터져나온다. 우리의 하나님에 대해 선포하지 않고는 견디지 못한다.

에베소서 초두(1:3-14)에 나오는 특별한 송영은 6절("그의 은혜의 영광을 찬송하게 하려는 것이라"), 12절("그의 영광의 찬송이 되게 하려 하심이라"), 14절("그의 영광을 찬송하게 하려 하심이라")을 중심으로 울려퍼진다. 좀더 자세히 살펴보면, 3-6절의 주제는 하늘에 계신 아버지에 대한 고백이고, 7-12절은 하나님의 아들 예수 그리스도에 관한 내용이며, 13-14절은 성령에 관한 고백의 내용임을 알 수 있다.

---

13 월터 브루그만(Walter Brueggemann)은 시편에서 동사가 가장 먼저 제시된다는 사실을 강조했다. 그 다음에 형용사가 나오고 마지막으로 은유적인 명사가 그 뒤를 따른다. Brueggemann, *Theology of the Old Testament: Testimony, Dispute, Advocacy*(Minneapolis: Fortress Press, 1997), pp. 145-313.

첫 번째 부분에서 성부 하나님에 대해 말하는 내용은 너무 복되고 놀라워서 우리가 그분의 은혜의 영광을 찬송하지 않을 수 없다는 것이다. 그 다음 부분은 아들에 관한 내용으로, 그분이 우리를 위해 행하신 일들은 우리 마음을 벅차게 하여 찬송을 부르지 않고는 견딜 수 없음을 말한다. 성령께서 우리 안에 부어주시는 확신과 기쁨에 대한 마지막 내용은, 우리가 그분의 영광의 찬송이 되어 살아가게끔 우리를 이끈다는 사실을 밝힌다.

21세기가 시작된 현 시점에서 많은 교회들이 가진 약점 가운데 하나는 그들의 송영이 완전한 삼위일체를 이루지 못한다는 것이다. 어떤 교회는 성령에 대해 자세히 언급하지만 성부나 성자에 대해서는 거의 관심을 보이지 않는다. 반면에 어떤 교회는 삼위일체 하나님 가운데 예수님만 지나치게 강조하고 성부와 성령은 배제한다.

삼위일체의 세 위격을 동일하게 강조하지 않는다면, 우리의 신앙은 균형을 잃고 한쪽으로 기울어진다. 오로지 예수님과 긴밀한 관계를 유지하는 것에만 온 신경을 집중한다면, 성경이 말하는 '하나님에 대한 경외'[14]라는 본질적인 두려움을 잃어버리고 말 것이다. 성령과 그의 능력만 생각한다면, 예수 그리스도와 하나님 아버지를 가까이 하지 못하는 엄청난 희생을 별것 아닌 것처럼 여길지도 모르겠다. 나에게 능력 주시는 자이신 예수 그리스도를 놓친다면, 자기 아들을 세

---

14 이러한 성경적인 경외감을 깨닫는 일의 중요성을 알고 싶으면, 나의 책 *To Walk and Not Faint: A Month of Meditations on Isaiah 40*, 2nd ed.(Grand Rapids: Wm. B. Eerdmans Publishing Co., 1997), pp. 39-44를 참고하라. 『걸어가도 피곤치 아니하며』(복있는사람)

상에 보내신 하나님의 무한한 사랑을 잃어버리고 말 것이다.

삼위일체 신앙은 너무 쉽게 왜곡될 수 있기 때문에 그리스도인 공동체는 삼위일체에 뿌리박은 올바른 생각을 고취시키는 역할을 감당해야 한다. 그러면 공동체의 구성원들은 자신의 정체성을 제대로 인식하고 삼위일체 하나님에 대한 반응 안에서 지속적으로 새로워지고 개혁될 수 있다.

깊음의 소멸에 대한 애가

이번 장의 서두에서 우리는 찬송과 더불어 애가를 함께 불러야 한다. 오늘날 교회가 삼위일체 교리와 우리의 신앙 전통에서 중요한 본질적인 측면을 잃어버렸기 때문이다. 그 이유를 성찰해 본다면, 비탄스러운 슬픔의 고백은 피할 수 없다. 에드워드 팔리(Edward Farley)의 책 『깊은 상징들(Deep Symbols)』은 이러한 상실에 대한 진단을 내리는 데 유익한 통찰을 제공한다. 그는 오늘날의 문화가 '힘 있는 언어(words),' 곧 깊이를 지닌 말들을 잃어버렸다고 지적한다. 우리는 단편적인 정보와 파편적인 소리로 구성된 이른바 '저녁 뉴스'에 둘러싸여 살아가고 있다. 동시에 우리는 하루에도 수천 건의 광고에 노출된다. 이 광고들은 거리의 빌보드에서부터 휴대폰, 텔레비전, 인터넷에 이르기까지, 거의 모든 공간을 통해 우리의 감각에 침투한다. 이러한 소리의 홍수 속에서, 한때 사람의 심령을 움직이고 영혼을 일깨우던 '무게 있는 언어'들은 그 깊이를 빼앗기고 말았다. 놀랍게도, 히브리어로 '영광'을 뜻하는 카보드(*kabod*)는 바로 '무게'를 의미하는 단어이기도 하다. 이 언어적 비유는 오늘의 현실을 더욱 선명하게 보여준다. 영광은 가볍지 않다. 진리도 그렇다. 그러나 우리는 지금, 말의 무게가 사라진 시대를 통과하고 있다. 우리의 신앙은 그 깊이를 되찾기 위해 애통함 속에서 다시 시작해야 한다. 교회는 진실된 탄식을 회복해야 하며, 그 탄식 속에서 다시금 삼위 하나님의 영광을 향해 나아가야 한다.

이 시대의 말은 얕아지고, 우리의 대화도 점점 피상적인 수준으로 변해가고 있다. 지난 여름, 남편과 나는 호주에서 온 몇몇 친구들과 함께 깊이 있는 신학 토론을 벌이고 있었다. 그때 갑자기 한 사람이 이렇게 외쳤다. "미국에 온 이후로, 이렇게 오랫동안 중요한 주제를 끊지 않고 이야기한 건 처음이에요. 보통은 사람들이 도중에 딴소리로 화제를 돌리며 피하려 하거든요."

팔리는 이러한 현실의 심각성을 다음과 같이 지적한다.

오늘날의 무수한 사회적 문제들은 단순한 표면적 갈등이 아니라, 문화의 중심부에서 일어난 상실, 더 나아가 어떤 이들이 말하듯 문화 자체의 붕괴로부터 비롯되었다. 핵심은 이 사회가 '깊은 상징', 곧 인간됨의 본질을 가르치고 길잡이 역할을 하던 힘 있는 언어들을 잃어버렸다는 점이다. 그런 깊이 있는 상징들이 사라지면 사회는 과거의 지혜로부터 멀어지고, 인간성의 근원과 거의 관계 없는 제도들을 발전시키며, 순간적인 즐거움과 하찮은 안락을 주된 기능으로 하는 생활 양식을 조장한다. 삶의 방향을 제시하고 구속력을 지니던 '심오한 언어들'의 쇠퇴는 우

리 시대의 병든 문화 현상을 형성하는 핵심 원인이 되고 있다.[15]

그러므로 우리는 영적 지도자로서, 이러한 사회적 상실이 얼마나 중대한지를 명확히 인식해야 하며, 이 문화 속 '내용의 공허함'을 그냥 따라가지 않아야 한다. 오늘날 많은 교회들은 이 문화와의 접점을 좇으려다가 오히려 자신들의 깊은 상징들을 희생해버리고 말았다.

물론, 때로 사람들은 말한다. "그런 깊은 상징은 너무 어렵고 일반인들은 접근하기 힘들다." 아니다. 그렇지 않다. 우리는 가르치고, 훈련하고, 형성하고, 영적으로 양육할 수 있다. 그렇게 하여 하나님의 백성들이 그 상징들의 깊은 세계 속으로 들어가도록 도울 수 있다. 우리의 믿음을 가볍게 만들고, 얕은 신앙에 머무르게 만들어서는 안 된다. 많은 이들이 이미 지적했듯, 오늘날 대부분 교회의 현실은 "폭은 천 킬로미터인데, 깊이는 단 6센티미터"라는 비판을 받는다.

이 지점에서 나는 분명하고도 절실한 요청을 하는 바다. 교회의 상징들에 다시 투자하라. 목회자, 음악 사역자, 주일학교 교사, 교회 직분자나 리더, 또는 이들을 지지하는 모든 이들은 함께 힘을 모아야 한다. 우리가 믿음의 상징들을 회복하여 다음 세대와 교회 밖의 이들에게도 전수하려면, 공동체 전체가 이 일에 참여해야 한다. 그 상징들이 지녔던 본래의 다층적이고 풍성한 의미들을 다시금 담아내는 작업이 절실하다.

---

15 Edward Farley, *Deep Symbols: Their Postmodern Effacement and Reclamation*(Valley Forge, PA: Trinity Press International, 1996), p. x.

예를 들어 '전통'이라는 단어를 생각해 보자. 오늘날 이 단어는 마케팅 전문가들에 의해 반복적으로 비난받고 있다.[16] 왜 우리의 문화는 이토록 전통에 적대적인가?

그 배후에는 '전통'과 '전통주의(traditionalism)'를 혼동하는 데서 비롯된 반감이 자리하고 있다. 역사학자 야로슬라프 펠리칸(Jaroslav Pelikan)의 통찰은 이 문제에 있어 언제나 유효하다. 그는 이렇게 구분했다. "전통주의는 살아 있는 자들의 죽은 신앙이요, 전통은 죽은 자들의 살아 있는 신앙이다." 오늘날 예배 형식이나 스타일을 둘러싼 교회의 갈등을 보면, 전통주의는 종종 '늘 해오던 방식'에 대한 맹목적 집착으로 변질되어 우상이 되어버리곤 한다. 반면, 교회의 전통을 소중히 여기는 것은 단순한 보존이 아니라, 신앙의 선조들이 예배의 본질에 대해 어떤 통찰을 가졌는지 귀 기울이고, 그들의 찬송가와 예전, 그리고 상징들이 어떻게 신앙을 담아냈는지를 인정하는 일이다. 이 전통적인 도구들은 오늘 우리도 하나님의 임재 속으로 깊이 들어가도록 돕는 귀한 통로가 된다.

전통을 귀하게 여긴다고 해서 새로운 신앙의 표현을 배제하는 것은 아니다. 오히려 교회는 예나 지금이나 항상 '시와 찬미와 신령한 노래'라는 다양한 형태의 예배를 받아들여왔다(골 3:16, 엡 5:19). 그런데도 왜 교회는 '전통주의자'와 '현대주의자' 사이에 벌어지는 싸움에 갇혀버리는가? 문제는 양쪽 모두가 정작 더 근본적인 질문을 묻지 않

---

16 Philip Kenneson and James Street의 뛰어난 비평인 *Selling Out the Church: The Dangers of Church Marketing*(Nashville: Abingdon Press, 1997)을 보라.

불필요한 목회자

기 때문이다. "어떻게 해야 하나님의 말씀을 더 잘 듣고, 더 깊이 예배할 수 있을까?" 이 질문이 빠진 예배 논쟁은 방향을 잃기 쉽다. 하나님은 우리의 상상보다 훨씬 크신 분이시며, 우리가 어떠한 찬양으로도 온전히 묘사하거나 충분히 영광을 돌릴 수 없는 분이시다. 그러므로 오히려 우리는 다양한 음악과 예배 형식들을 통해 하나님의 광대하심에 더 가까이 다가가야 한다. 하나님은 틀림없이 다양한 예배의 향기를 기뻐하시는 분이시다.[17]

전통은 우리 신앙의 깊은 상징들을 이해하는 데 필수적인 요소다. 우리는 교회의 역사(현재를 포함하여)를 통해 전해 받은 모든 성도의 지혜를 가지고 신앙의 상징들을 새롭게 회복하고 풍성히 누릴 수 있다. 그렇다면 삼위일체나 찬양이나 목회자라는 말 속에 들어 있는 고귀한 의미를 어떻게 재발견할 수 있을까?

앞선 장에서 유진 피터슨은 우리가 목회자됨의 본질을 어떻게 상실했는지를 명확하게 밝혀주었다. 이 책은 그 상징을 교회를 위하여 다시 회복하고자 하는 의도를 담고 있다. 이어서 펼쳐질 장은 '찬양'이라는 단어에 더 깊고 풍성한 의미를 덧입히려는 나의 시도다.

신앙의 상징에 담긴 풍부한 의미를 재발견하는 한 가지 방법은, 훌륭한 미술 작품을 이용하는 것이다. 나는 수업 시간이나 세미나 시간에 톰 무셰(Tom Mouchet)라는 학생이 몇 년 전에 그려준 그림을 종종 사용한다.

---

17 예배에서 이와 같은 충만함을 실천하기 위한 공동체적 숙고와 실천 지침은 나의 책, *A Royal "Waste" of Time*을 참고하라. 『고귀한 시간 낭비-예배』(이레서원)

톰은 삼위일체를 다음과 같은 색으로 표현했다. 성부 하나님은 생명과 창조의 색인 초록으로 표현했다. 성자 하나님은 승리와 부활의 색인 흰색으로 나타냈고, 성령 하나님의 사역을 표현하기 위해서는 기쁨의 색인 분홍을 사용했다. 톰은 이 색들을 넓은 띠 형태로 구성하여 검은 보드 위에 정교한 십자가를 그렸다. 각각의 색이 독립된 십자가를 이루면서 동시에 다른 색들의 십자가 안팎에 겹쳐 교차하는 방식이었다. 그 결과, 삼위 하나님 간의 끊임없는 상호 관계와 얽힘, 즉 공동체적 신비를 놀랍도록 은유적으로 표현해 냈다.

우리는 종종 삼위일체의 위격들을 과도하게 분리하여, 성부, 성자, 성령을 단지 그 기능과 역할의 방식으로만 이해하는 "양태론적(modalism) 오류"에 빠지곤 한다. 삼위일체에 대한 우리의 모든 은유와 비유는 본질적으로 불완전하며, 결국에는 한계을 갖기 마련이다.

그러나 톰의 십자가 그림은 삼위일체를 마치 우리를 감싸며 초월적이고도 가까이 다가오는 신비로 상상하도록 돕는다. 그 신비는 우리의 이해와 설명을 뛰어넘는다.

목회자의 사명 가운데 가장 큰 부분은, 신앙의 깊은 상징들이 지닌 깊이에 스스로 놀라고 감탄하는 것이며, 동시에 그 상징의 실체 속으로 다른 이들을 초대하는 일이다. 지금 이 시대는 그 절박함조차 잊어버렸기에, 이 부르심은 더욱 중차대한 소명으로 다가온다.

마음과 생각의 회복, 감정의 복종

신앙의 상징들을 회복하기 위해 우리는 성경이 가르치는 '마음'과 '생각'의 조화를 반드시 되살려야 한다. 다시 말해, 지성, 감정, 의지를 올바른 균형 속에서 하나로 엮어내는 것이 필수적이다. 교회 안에서 우리는 '마음'이라는 성경적 개념의 원래 의도를 되찾아야 한다. 오늘날의 문화는 '마음'을 주로 감정의 은유로 사용하지만, 첫째 성경의[18] 저자들은 감정을 표현할 때 히브리어로 '신장(kidneys)'이라는 단어를 사용하고, 둘째 성경의 저자들은 '창자/내장(bowels)'이라는 단어를 사용했다. (개인적으로는 내 신장과 장이 기능을 잃어가고 있어서, 이 단어들이 감정을 신뢰하지 말라는 경고처럼 들린다. 감정은 중요하지만, 삶의 기반으로 삼기에는 쉽게 흔들릴 수 있기 때문이다).

성경 저자들이 사용하는 '마음'이라는 단어는 지적, 영적, 심리적 요소들이 의지 안에서 하나로 수렴되는 깊은 내면의 중심을 의미한다. 이와 같은 통찰을 C. S. 루이스는 〈가슴 없는 사람(Men Without Chests)〉이라는 에세이에서 강력하게 주장했다. 그는 이 글에서, 감정이 이성에 의해 그리고 고귀한 목표를 위해 조율되지 않을 때 의지의

---

18 나는 성경의 4분의 3을 차지하는 부분을 '첫째 성경' 또는 '히브리 성경'이라 부른다. 현대 문화가 구약(Old)이라는 명칭에 포함시키는 부정적인 의미를 피하기 위한 의도가 있다. 또한 모든 백성을 위한 하나님의 은혜의 일관성과 성경에 나타난 하나님 언약의 연속성 (먼저 이스라엘과 맺으신 언약, 그리고 그 위에 더해진 그리스도인들과의 언약)을 강조하려는 의도로, '첫 언약' 또는 '히브리 성경'이라고 부르는 걸 더 좋아한다.

상실이 일어나며, 결국 인간의 핵심이 사라진다고 탄식했다.[19]

오늘날 우리 사회는 감정보다 의지가 주도하는 삶을 회복할 절박한 필요 속에 놓여 있다. 인간은 충동이나 일그러진 욕망, 왜곡된 목표와 헛된 야망에 따라 살아가서는 안 된다. 오히려 우리는 우리가 알고 확신하는 바를 기준 삼아 살아가야 한다. 그리고 그리스도인이라면, 우리가 하나님에 대해 알고 있는 진리를 삶의 기준으로 삼을 수 있어야 한다.

이를 다시 '찬양'의 주제로 연결해보자. 우리가 로마서 12장 1-2절에서 말하는 성령의 변화를 통한 '마음의 새로워짐'(롬 12:1-2)으로부터 출발해, 그 변화가 우리 전 존재에까지 미치게 될 때, 우리는 하나님께 지성과 감정 그리고 가장 중요하게는 의지와 함께 나아가게 된다. 그것은 억지로 끌려가는 어린아이의 모습이 아니라, 알고 있는 바에 따라 행동하려는 온전한 성인의 강한 의지의 표현이다. 그리하여 나는 기분이 어떠하든지 하나님을 찬양할 것이다. 하나님은 언제나 찬양받으시기에 합당하신 분이기 때문이다. 하나님의 성품과 행하심을 더 많이 알면 알수록, 나는 더 많이 그분을 찬양하게 된다. 때때로 감정도 그 뒤를 따라올 것이다. 그것은 참으로 감사한 일이며 기쁘게 누릴 수 있는 은혜다. 감정이 뒤따르지 않을 때도 있을 텐데, 그것도 괜찮다. 중요한 것은 내가 아는 하나님을 향한 의지적 찬양이다. 어떤 경우든 다 합당한 찬양이다.

---

19 C. S. Lewis, *The Abolition of Man*(New York: Macmillan, 1947), pp. 13-35. 『인간 폐지』 (홍성사)

불필요한 목회자

나는 오늘날 우리 문화 속에서 닐 포스트먼(Neil Postman)이 지적한 '낮은 정보–실천 비율(Low Information-Action Ratio)'이라 부르는 현상에 대해 심각한 우려를 느낀다. 이는 우리 사회가 맥락 없이 넘쳐나는 수많은 정보들에 휩쓸려 살아감으로 인해 초래된 결과다. 너무 많은 정보를 한꺼번에 받아들인 결과 오히려 사회는 무력감이 만연해졌다. 우리는 듣고 보고 배운 것에 대해 행동하지 못하거나, 점차 그것을 실행하려는 의지조차 잃어가고 있다. 실제로 텔레비전은 우리가 배운 대로 실천하지 못하도록 우리를 훈련시켜 왔다.[20] 이처럼 정보는 많아지지만 그에 따른 실천은 점점 줄어들고, 결국 행동과 정보의 비율은 계속해서 하락하고 있다. 주목할 것은 '낮은 정보–실천 비율(Low Information-Action Ratio)'의 앞 글자만 모으면 'LIAR(거짓말)'가 된다는 것이다. 마찬가지로, 우리가 하나님의 말씀인 성경을 읽고도 그 명령에 순종하지 않는다면 거짓말하는 자가 되며, 설교를 듣고 삶에 적용하지 않는다면 이 역시 진리에서 벗어난 자가 되는 것이다.

이 글을 읽고도 삶의 방식이 여전히 이전과 같다면, 감정에 휘둘리며 하나님을 찬양하는 일조차 '느낌'이 올 때만 하려 한다면, 우리 또한 진리를 말하면서도 행하지 않는 자가 될 뿐이다. 그러나 찬양은 감정이 이끄는 행위가 아니라, 의지를 통한 결단이며 믿음의 표현이

---

20 Neil Postman, *Amusing Ourselves to Death: Public Discourse in the Age of Show Business*(New York: Viking Penguin, 1985). 이 책은 오늘날 교회 안에서 자원봉사자를 모집하기가 왜 그토록 어려운지, 또 교인들이 교회의 사역이나 하나님의 나라를 위한 사명에 대해 배우고도 왜 행동으로 옮기지 않는지를 이해하는 데 매우 유익하다. 모든 목회자들에게 필독서로 권할 만하다. 『죽도록 즐기기』(굿인포메이션)

다. 만일 모든 그리스도인들이 오히려 '높은 정보–실천 비율'을 추구하며, 진리의 말씀을 듣는 즉시 그것을 삶으로 살아내고자 한다면 어떻게 될까?

정확한 단어, 정확한 의미

앞으로 이 책의 3장, 5장, 7장, 9장에서 살펴볼 에베소서의 묵상에는 의미 영역(semantic domains)에 따른 단어 연구를 포함하고 있다. 이는 성경 번역을 위한 전 세계적 사역을 지원하기 위해, 연합성서공회(United Bible Societies)에서 새롭게 개발한 헬라어 사전의 도움을 받아 진행된 것이다. 이 사전은 기본적으로 같은 의미를 지닌 여러 개의 헬라어 단어들을 하나의 의미 영역으로 묶어, 각 단어가 지닌 미묘한 뉘앙스와 사용상의 차이를 분별할 수 있도록 돕는다. 우리는 그 과정을 통해 어떤 단어가 무엇을 뜻하는지뿐 아니라, 왜 성경의 저자가 다른 단어가 아닌 바로 그 단어를 선택했는지를 묻게 된다.

의미 영역이라는 개념을 보다 쉽게 설명하기 위해, '소(cow)'를 가리키는 단어들을 예로 들어보자. 우리는 여기에 steer(거세한 수소), ox(짐을 끄는 소), bull(수소), heifer(암송아지), beef(소고기), bovine(소과의 동물), calf(송아지) 등 여러 단어들을 포함시킬 수 있다. 만일 내가 이 전체 의미 영역 중에서 'calf(송아지)'라는 단어를 선택했다면, 왜 그랬을까? 아마도 나는 그 단어를 통해 '어림', '연약함', '무력함', 또는 '어미에 대한 의존성' 등을 강조하고자 했을 것이다.[21] 이와 유사한 맥락에서 바울은 그의 서신 곳곳에서 전략적으로 '사랑받는 자(beloved)'라는 단어를 택하여 사용한다. 그는 또한 수신자들을 '형제들'이라 부르는데, 그 역시 깊은 의도가 담긴 호칭이다.

대학원 시절, 나의 교수들 중 몇몇은 성경 속 단어 연구에 대한 나의 시도를 평가절하하며, 성경 저자들의 단어 선택이 그리 중요하지 않다고 주장했다. 그러나 작가인 나로서는 그 견해에 전적으로 동의할 수 없었다. 나의 안식일에 관한 책이 처음 출간되기 전, 본문 중에 "사슴의 도래 이전(before the advent of the deer)"이라는 표현이 있었는데, 교정 과정에서 편집자가 그것을 "사슴이 오기 전(before the deer came)"으로 바꾸어버렸다. 얼마나 심각한 축소였던가! 나는 단호히 원문을 복원해달라고 요청했다. 내가 '도래(advent)'라는 단어를 선택한 것은 상징성과 여운 때문이었다. 단순히 '오는 것'을 넘어, 신비롭게, 권능을 지니고, 오래 기다린 끝에 마침내 '오심'을 표현하고자 했던 것이다. 'advent'라는 단어에는 그런 다층적인 의미가 담겨 있다.

앞으로 이어지는 장들에서 우리는 에베소서 속 바울의 단어 선택을 주의 깊게 살펴보려 한다. 바울은 탁월한 논리 구성자였고, 하나

---

21 Johannes P. Louw and Eugene A. Nida, eds., *Greek-English Lexicon of the New Testament Based on Semantic Domains*(New York: United Bible Societies, 1988), vols. 1 and 2. 이 사전의 접근법과 방법론은 현대 언어학의 견해를 사용하며, 단어에 대한 정의는 같은 의미론적 영역에 있는 다른 단어들과 비교하거나 대조하여 의미를 찾아내는 특이한 방법에 따라 제시된다. 이 책에서는 그 사전을 꾸준히 사용할 것이다. 여러 의미론적인 영역과 많은 수의 단어들을 그 사전에서 인용했다. 예를 들어, SD 4.17은 calf로 번역된 단어를 가리킨다. 그 단어가 동물(#4) 부분에서 17번째 단어이기 때문이다.

님의 성령의 인도하심 아래 결코 가볍게 단어를 고르지 않았던 인물이다. 더욱이 바울은 자주 신학적 층쌓기를 시도한다. 그는 문장 위에 문장을, 정확한 단어 위에 더 정밀한 단어를 쌓아가며, 하나님을 찬양해야 할 이유들을 장엄하게 구성해낸다. 그러나 그렇게 많은 묘사를 쏟아내고도, 여전히 하나님을 온전히 선포하기엔 부족하며, 교회의 신비를 완전하게 설명하기엔 언제나 한계가 있다. 그래서 우리는 결국 경외 속으로 이끌려 들어간다. 고도의 기술 문명화된 이 시대에 가장 결여된 것이 있다면, 그것은 바로 '경외(wonder)'가 아닐까?

기도: 삼위일체의 하나님, 우리로 하여금 주님을 찬양할 언어를 부어주소서. 사랑하는 주님, 우리 삶을 주님의 영광을 반영하는 거울로 빚어주소서. 우리를 경외의 자리로 부르시고, 주님의 기쁨으로 충만케 하소서. 아멘.

나의 신실함은 무엇을 근거로 하는가? 내가 하나님께 신실한 것은 내가 '신실한 성품의 사람'이기 때문인가, 아니면 하나님께서 절대적으로 '신뢰할 만한 분'이시기 때문인가? 하나님의 크신 신실하심이 나를 자유롭게 하여 그분께 신실하게 하며, 내가 신실하지 못할 때에도 그분의 자비하심이 나를 용서하신다. 내 안에서 나타나는 신실함은 결국 하나님의 성품에서 흘러나온다. 내가 믿음을 가지는 것도, 내가 신실하게 살아가는 것도, 나의 능력 때문이 아니다. 오직 하나님께서 '믿을 수 있는 분'이시기 때문에 가능한 일이다.

　　이 진리는 또다시, 우리가 얼마나 '불필요한' 존재인지를 이해하는 데 큰 도움이 된다. 우리는 우리의 믿음을 스스로 만들어내지 않는다. 억지로 밀어부쳐 더 나은 믿음으로 고양시킬 수도 없으며, 스스로를 채근함으로써 더 나은 신실함을 습득할 수도 없다. 믿음은 전적으로 하나님께서 우리 안에 선물로 허락하시고, 우리를 통해 그 믿음을 나타내신다.

　　그렇다고 우리가 무의미하거나 무가치하다고 말하는 것은 아니다. 왜냐하면 하나님께서 실제로 우리 각 사람을 신실함의 자리로 이끌고 계시기 때문이다. 그렇기에 우리가 믿음뿐 아니라 신실함까지도 하나님께로부터 받아 누리는 복되고 사랑받는 존재라는 사실을 아는 것은 참으로 중요하다. 그곳이 우리가 서 있어야 하는 바른 자리다.

3
살아 있는 송영이 되라는 부르심

마르바 던

하나님의 임재 앞에서 우리가 한 공동체로서 함께 생각하며 살아가 겠다는 다짐을 새롭게 하자. 하나님께서 당신과 함께 계신다. [하나님 께서 당신과도 함께 하십니다!]

　기도: 삼위일체이신 하나님, 우리의 눈을 열어 주님의 은혜를 보게 하 소서. 우리의 삶을 드려 주님의 찬양이 되게 하소서. 아멘.

　나는 당신과 더불어 에베소서의 본문 속으로 깊이 들어가기를 열 망한다. 먼저 바울의 인사말부터 살펴보자.

　하나님의 뜻으로 말미암아 그리스도 예수의 사도 된 바울은 에베소에 있는 성도들과 그리스도 예수 안의 신실한 자들에게 편지하노니 하나님 우리 아버지와 주 예수 그리스도로 좇아 은혜와 평강이 너희에게 있을지어다(엡 1:1-2).[1]

바울은 자신이 누구인지, 무엇을 위해 부름받았는지를 분명히 알고 있다. 그는 사도로서의 사역이 전적으로 하나님의 뜻에 따른 것임을 분명히 밝히고 있다. 우리는 이 말씀을 묵상하며 '불필요한' 목회자로서의 우리의 정체성을 되돌아보게 된다. 세상의 기준으로 보면 하나님의 뜻은 때때로 '불필요한' 고려사항처럼 여겨질 수 있다. 그러나 신앙의 세계에서 하나님의 뜻은 모든 부르심의 근거이자 본질이다. 우리가 하나님의 뜻을 구한다는 것은 곧 소비주의 문화의 유혹과 거센 물살을 거슬러 올라가는 행위다. 우리가 지금 하고 있는 일이 분명 하나님의 뜻임을 확신하게 될 때, 우리는 더 이상 세상의 기준에서 '필요한 존재'처럼 보이기 위해 그럴듯한 화려한 이미지를 꾸미지 않아도 된다. 세상에서는 중요하지 않게 여겨질지라도, 하나님의 뜻 안에 거하는 자는 이미 참된 의미와 존재 가치를 가진 자다.

바울의 인사말에서 우리에게 새로운 통찰을 던지는 또 하나의 표현은 바로 "성도들(saints)"이다. 우리는 얼마나 자주 스스로를 성도라고 생각하는가? 만일 교회 공동체 안에 큰 패러다임의 전환이 일어나 모든 구성원들이 자신을 '성도'로 인식하게 된다면, 과연 어떤 변화

---

1 이 책 전반에 걸쳐 나는 대부분의 성경 본문을 직접 번역해 사용했다. 성경 본문을 직접 인용하는 경우에는 NRSV(New Revised Standard Version)를 주로 따랐다.

가 일어날까?

바울이 말한 '성도'는 우리가 성도답게 행동하느냐의 여부에 따라 결정되는 정체성이 아니다. 오히려 바울의 '성도 담론'은 우리 스스로 얼마나 '불필요한' 존재인지, 또 얼마나 은혜로 충만한 존재인지를 일깨운다. 우리 중 누구도 자신의 노력으로 성도가 된 이는 없다. 우리는 더 열심히 노력해서 성도가 된 것이 아니라, 오직 전적인 선물로, 아무런 조건 없는 하나님의 은혜로 성도가 되었다. 우리 안의 모든 자격과 수고는 전적으로 불필요하다.

이런 사실을 깨달을 때 비로소 1절의 다음 구절로 넘어갈 수 있다. "그리스도 예수 안의 신실한(faithful) 자들." 우리의 신실함 역시 노력해서 만들어내는 성품이 아니다. 그것 또한 거룩함처럼 전적으로 하나님의 선물이다. 많은 사람들이 '신실함'을 우리의 경건 상태나 신앙 수준을 평가하는 잣대로 여긴다. 그러나 우리는 멈추어 서서 질문해야 한다. 나의 신실함은 무엇을 근거로 하는가? 내가 하나님께 신실한 것은 내가 '신실한 성품의 사람'이기 때문인가, 아니면 하나님께서 절대적으로 '신뢰할 만한 분'이시기 때문인가? 하나님의 크신 신실하심이 나를 자유롭게 하여 그분께 신실하게 하며, 내가 신실하지 못할 때에도 그분의 자비하심이 나를 용서하신다. 내 안에서 나타나는 신실함은 결국 하나님의 성품에서 흘러나온다. 내가 믿음을 가지는 것도, 내가 신실하게 살아가는 것도, 나의 능력 때문이 아니다. 오직 하나님께서 '믿을 수 있는 분'이시기 때문에 가능한 일이다.

이 진리는 또다시, 우리가 얼마나 '불필요한' 존재인지를 이해하는 데 큰 도움이 된다. 우리는 우리의 믿음을 스스로 만들어내지 않는다. 억지로 밀어부쳐 더 나은 믿음으로 고양시킬 수도 없으며, 스스로를 채근함으로써 더 나은 신실함을 습득할 수도 없다. 믿음은 전적으로 하나님께서 우리 안에 선물로 허락하시고, 우리를 통해 그 믿음을 나타내신다.

그렇다고 우리가 무의미하거나 무가치하다고 말하는 것은 아니다. 왜냐하면 하나님께서 실제로 우리 각 사람을 신실함의 자리로 이끌고 계시기 때문이다. 그렇기에 우리가 믿음뿐 아니라 신실함까지도 하나님께로부터 받아 누리는 복되고 사랑받는 존재라는 사실을 아는 것은 참으로 중요하다. 그곳이 우리가 서 있어야 하는 바른 자리다.

2절의 말씀은 우리가 어떻게 그런 존재가 될 수 있었는지를 분명하게 밝힌다. 하나님의 "은혜와 평강" 때문이다. 은혜는 자격 없는 자에게 주시는 하나님의 호의요, 평강은 우리의 죄로 인한 모든 정죄로부터 우리를 해방시키는 하나님의 샬롬이다. 이 은혜와 평강이 우리로 하여금 성도요 신실한 자로 살게 한다. 우리가 타락한 존재에서 벗어나 자유로울 수 있다는 것, 그리고 타락의 결과로 인한 죄책감에서도 놓여날 수 있다는 사실은 얼마나 놀라운 은혜인가!

그렇다면 평강(peace, 평화, 평안)은 감정일까, 아니면 분명한 사실(fact)일까? 하나님의 평강에 관해서 말할 때, 그것은 무엇보다도 '사실'이다. 히브리어 샬롬(shalom)은 하나님과의 화목에서 시작된다. 이 속죄의 은총이 있어야만 우리는 비로소 자신과의 샬롬, 이웃과의 샬롬으로 나아갈 수 있다. 그리스도인인 우리는 하나님의 샬롬이 십자가 위에서 완성되었다는 사실을 알고 있기에, 이 샬롬을 삶의 '사실'로 받아들이며, 그것이 우리를 세상 속에서 평화를 실천하는 사명으로 이끈다는 것을 확신할 수 있다.[2]

이 진리는 특히 '불필요한 자'로 살아가는 우리의 부르심과 깊이 연결된다. 왜냐하면 우리가 하는 일이 세상 사람들의 시선에 곱게 보이지 않을 때가 많기 때문이다. 그럼에도 불구하고 우리는 평화를 주장할 수 있다. 비록 우리가 그것을 느끼지 못할 때에도, 하나님의 뜻 한가운데에 있다는 사실에서 오는 샬롬의 실재가 우리를 자유케 한다. 종종 우리는 실제로 외적 혼란 속에서도 내면의 평화를 느끼게 될 것이다. 평강의 '느낌'은 반드시 필요한 것이 아니다. 핵심은 하나님께서 샬롬을 창조하셨고, 우리를 그 안으로 초청하셨다는 명백한 사실을 기억하는 것이다.

에베소서 1장 2절을 다시 한번 보자. 그 말씀은 앞장에서 강조했던 삼위일체적 관점과 언뜻 모순되는 것처럼 보일 수 있다. 은혜와 평강은 "하나님 우리 아버지와 주 예수 그리스도로 좇아" 주어진다. 그렇다면 성령은 어디에 있는가? 내가 보기에 성령님은 그 은혜와 평강이 우리에게 전해지는 방식 속에 임하신다.

예수님께서는, "아버지께서 내 이름으로 보내실 성령 그가 너희에게 모든 것을 가르치고 내가 너희에게 말한 모든 것을 생각나게 하리

---

2 '평강'이라는 성경의 단어는 내가 저술한 책에 충분히 설명되어 있다. *I'm Lonely, Lord-How Long? Meditations on the Psalms*, rev. ed.(Grand Rapids: Wm. B. Eerdmans Publishing Co., 1998).

불필요한 목회자

라"(요 14:26)고 말씀하셨다. 이 말씀을 기억할 때, 나는 성령의 사역이 바로 하나님과 우리 사이를 잇는 은혜와 평강의 연결 고리로 역사하신다는 사실을 더 깊이 깨닫게 된다. 이처럼 삼위 하나님의 협력 안에서, 우리는 구원의 은총을 경험하게 되는 것이다.

에베소서의 서론 격에 해당하는 처음 두 구절은 우리의 소명과 관련된 깊은 묵상으로 초대한다. "나는 누구인가? 하나님의 뜻 안에서 나는 어떤 존재인가?" 이 질문은 목회자로, 또는 신자로 살아가며 끊임없이 부딪히는 고민일 것이다. 나 역시 늘 소명과 관련된 질문들을 안고 씨름한다. 인생의 다양한 상황들이 혼란을 야기할 때에도, 내가 분명하게 붙잡을 수 있는 단 한 가지 진리는 이것이다. 나는 '성도(sainthood)'라는 사실이다.

더 나아가, 우리의 성도됨은 삼위일체 하나님의 은혜와 평강 안에서 살아내야 할 부르심이다. 다시 말해, 나는 그 은혜와 평화를 어떻게 다른 이들에게 전할 수 있을지를 끊임없이 묻는 자로 부름받았다. 어떻게 해야 그것을 삶으로 보여줄 수 있을까? 어떻게 가르치고, 나누며, 다른 이들의 마음속에 불러일으킬 수 있을까? 이 모든 질문의 시작점은 송영(doxology)이 되어야 한다.

송영: 삼위일체의 첫 번째 위격

찬송하리로다. 하나님 곧 우리 주 예수 그리스도의 아버지께서 그리스도 안에서 하늘에 속한 모든 신령한 복을 우리에게 주시되(엡 1:3).

이 구절을 묵상할 때, "찬송하리로다(blessed be)"의 헬라어 '율로게
토스(eulogētós)'의 의미를 '칭송받을 만한 가치가 있음'이라는 의미 영
역 안에서 이해하는 것이 중요하다. 그렇지 않고 단순히 우리가 하나
님께 '복을 준다(blessing)'는 개념으로 이해하게 되면 혼란이 일어난다.
하나님께서는 우리 인간으로부터 복을 받을 필요가 전혀 없는 분이
시기 때문이다. 우리의 찬양도 하나님을 변화시킬 수 있는 것은 아니
다. 어쩌면 하나님을 찬양하는 일은 '고귀한 시간 낭비'처럼 보일 수
있다. 실제로 나는 그 표현을 얼마전 출간한 찬양에 관한 책 제목으
로 삼았다. 이 제목은 예배가 세속적인 의미에서 '유용하지 않을' 수
있음을, 그래서 오히려 참된 예배로 돌아가야 함을 환기시키기 위함
이었다. 요즘은 예배를 새신자 유치의 수단이나 매력적인 콘텐츠로
삼으려는 경향이 강하다. 그러나 예배는 본질적으로 하나님을 위한
것이며, 하나님만을 위한 것이다.[3]

하나님을 찬양하는 일은 우리의 유익을 위한 생산 활동이 아니
다. 하나님은 우리의 찬양 없이도 여전히 하나님이시다. 우리가 온전
히 자기를 비우고 하나님을 예배할 수 있다면, 우리는 그것을 통해 자
기감정의 만족이 아닌 하나님 그분 만으로 인한 기쁨에 참여하게 될
것이다. 기쁨이란 단순한 행복과는 다르다. 기쁨은 우리 존재 전체가
하나님 앞에 진실하게 반응하는 자리에서 흘러나온다!

---

3 *A Royal "Waste" of Time: The Splendor of Worshiping God and Being Church for the
World*(Grand Rapids: Wm. B. Eerdmans Publishing Co., 1999).『고귀한 시간 낭비-예배』
(이레서원)

우리는 과연 하나님의 풍성하심을 선포하는 에베소서 1장 3절에 이르지 않고도, 하나님을 단지 하나님이시기 때문에 찬양하는 성숙함에 이를 수 있을까? 물론 하나님께서 "그리스도 안에서 하늘에 속한 모든 신령한 복"을 우리에게 넘치도록 주신다는 사실을 생각하면, 우리는 당연히 감사와 경배로 응답하게 된다. 그러나 우리는 스스로에게 물어야 한다. 하나님이 나에게 아무런 유익을 주지 않으시더라도, 나는 그분을 찬양할 수 있는가? 오직 그분의 존재 자체만으로, 그분의 거룩하심과 영광스러우심 때문에, 나는 하나님을 예배할 수 있는가?

우리는 그에 대한 대답이 "아니오"라는 것을 알고 있다. 그 이유 가운데 하나는, 하나님의 성품 자체가 복을 주시는 분이시기 때문이다. 하나님은 자신의 본성에 신실하시기 위해서라도 우리에게 복을 주셔야만 한다. 또 다른 이유는, 마지막 날 하나님께서 우리를 "이 죄와 사망의 몸"에서 완전히 구속하실 때까지는, 언제나 죄악된 자아를 지닌 존재로 남아 있을 것이기 때문이다. 그럼에도 불구하고, 우리는 '순전한 찬양'을 묵상하는 영적 훈련을 통해 하나님 앞에서 덜 요구하고 더 경배하는 태도로 성숙해질 수 있다.

욥기에서 사탄이 하나님께 제기한 질문을 오늘 우리에게도 던져 보아야 한다. "욥이 어찌 까닭없이 하나님을 경외하오리이까?" 유진 피터슨이 명인다운 솜씨로 풀어쓴 역본을 참고해보자.

"욥이 온전히 선한 마음으로 그러는 줄 아십니까? 이제껏 그처럼 형편이 좋은 사람이 없었습니다! 주님께서 그를 애지중지 하시고 그의 가족과 재산도 보호하시고 그가 하는 모든 일에 복을 주시니, 잘못될 수가 없지요! 하지만 주께서 손을 뻗어 그의 소유를 모두 빼앗으시면 어떤 일이 벌어지겠습니까? 그는 틀림없이 주님을 똑바로 쳐다보며 저주할 것입니다.

하나님께서 대답하셨다. "좋다. 어디, 그가 가진 모든 것을 네 뜻대로 해보아라…"[4]

만일 우리 역시 시험받는 자리에 놓인다면, 하나님은 우리 안에서 무엇을 발견하실까?

우리를 그 시험에서 자유롭게 하고, 감정이나 환경에 휘둘리지 않게 하는 힘은 바로 찬양의 습관이다. 하나님을 찬양하는 것이 우리의 삶에서 습관이 될 때, 우리는 하나님 앞에서 흔들리지 않는 예배자가 될 수 있다. 하나님은 언제나, 그리고 변함없이 찬양받기에 합당한 분이시기 때문이다. 실제로 에베소서 1장 3절은 우리가 누리는 모든 복이 하나님께로부터 온 것임을 상기시킨다.

어떤 사람들은 "모든 신령한 복"이란 표현을 단지 신학적이거나 교회적인 것만 가리킨다고 생각할지도 모르겠다. 그러나 그것은 성경이 결코 말하지 않은 잘못된 이분법, 곧 육과 영을 인위적으로 나누는 현대적 오류 때문이다. 이러한 오해는 '영적인 것'은 비물질적이고 하

---

4   Eugene H. Peterson, Job 1, in the *Message: The Wisdom Books*(Colorado Springs, CO: NavPress, 1996), p. 15.

불필요한 목회자

늘에 속한 반면, '육적인 것'은 세속적이고 덜 신령하다고 여기는 데서 비롯된다. 하지만 그런 이분법이 아니라, 큰 원을 그려보라. 그 원이 곧 하나님의 신령한 복의 전체라면, 그 안에는 육체적인 복과 물질적인 복이 모두 포함된다. 영적인 복은 물질적인 것 바깥에 따로 존재하는 것이 아니라 물질적인 복을 품는 더 큰 개념이다. 하나님의 영은 온 세상에 임재하시기 때문이다.

하나님의 복은 단순히 영적인 '느낌'이나 추상적 개념에 머무르지 않는다. 그것은 우리의 삶 전체를 감싸는 은혜의 실재이며, 우리의 존재 전반을 통해 드러나는 하나님의 선하신 통치의 표현이다.

우리가 이러한 관점을 가지게 되면, 일상의 다양한 고난과 시련도 새로운 빛 아래에서 이해될 수 있다. 나는 어려서부터 누가 보더라도 한눈에 알 수 있을 정도로 심각한 장애를 안고 살아왔다. 내가 온갖 종류의 장애를 극복하려고 애쓰는 과정에서, 그런 문제들을 하나님의 복이라는 거대한 영역 안으로 가져갈 때 그것들은 더 이상 아무 문제가 되지 않았다.

이러한 통찰을 목회 사역에 적용해보자. 교회 안에서 어떤 일이 벌어지고 있든지 간에, 그것은 하나님의 신령한 복의 지평 안에 놓여 있다. 그러므로 목회자인 우리는 이렇게 말할 수 있다. "하나님께서는 이러한 갈등을 통해서도 선하고 신령한 복을 이끌어내실 수 있습니다." "비록 이처럼 예산이 부족한 가운데에서도, 하나님께서는 우리가 생각하지 못한 것으로 채워주실 수 있습니다." "이와 같은 고통의 시기에도, 하나님께서는 기쁨을 가져다주실 수 있습니다."

이런 모든 것들은 '하늘에 속한' 것들이다. 이 말은 단순히 신령한 복이 '먼 앞 날에 죽음을 맞으면서 얻게 되는 이득'이라는 의미가 아니다. 하나님께서 우리 삶의 모든 영역을 절대적으로 통치하신다는 사실을 강조하는 말이다(헬라어 사본에서 '하늘에 속한'이라는 형용사는 '장소를 지칭하는 명사를 동반하지 않은 채 복수형으로 사용되었다. 나는 개인적으로 그 단어를 '하늘에 속한 것들'이라고 번역했다. 하나님의 복이 하늘 어딘가에 있는 특정한 장소에만 한정된 것이 아님을 밝히고 싶었기 때문이다).

나는, 본문의 '하늘에 속한'이라는 말이 하나님의 임재를 암시하고 있다고 생각한다. 마치 유대 문학에서 '하늘나라(Kingdom of heaven)'가 '하나님의 나라(Kingdom of God)'를 가리키는 완곡한 표현인 것과 같다. 우리가 받아 누리는 모든 복은 단지 물질적 유익이 아니라, 하나님의 임재를 드러내는 표지(sign)가 된다. 그리고 이 임재는 무엇보다도 분명하게 "그리스도 안에서" 드러난다.

따라서 우리는 단순히 "하나님의 복"에서 더 나아가 "복을 주시는 하나님"을 바라보게 된다. 바울은 빌립보서에서도 이와 유사한 생각의 흐름을 보여준다. 그는 먼저 "하나님의 평강"이 우리의 마음과 생각을 지키실 것이라 말하고(빌 4:7), 이어서 무엇이든 참되고, 경건하고, 칭찬받을 만한 것을 생각하라고 권면한 다음, 마지막에는 "평강의 하나님"께서 함께하실 것이라고 선언한다(빌 4:9).

곧 창세 전에 그리스도 안에서 우리를 택하사 우리로 사랑 안에서 그 앞에 거룩하고 흠이 없게 하시려고(엡 1:4).

나는 최근에 자신의 삶 속에 나타난 하나님의 부르심에 관한 이야기를 들려준 한 여성의 간증 집회에 참석했다. 그녀는 마약 중독과 난잡한 성 관계로 얼룩진 자신의 과거에 대해 말했다. 그녀는 자신의 간증을 나누는 동안, 주기적으로 다음의 고백으로 되돌아왔다. "그럼에도 불구하고 하나님께서 창세 전에 저를 택하셨습니다." 자신이 취업 면접을 위해 방문했던 회사의 사장이 온화한 말로 충고했던 이야기도 들려주었다. "그런 복장으로는 여기서 일할 수 없습니다." 그녀가 욕설로 반응하자, 그는 다시 차분히 말해주었다. "그런 말투로는 이곳에서 일할 수 없습니다." 그 말은 그녀를 깨어나게 했다. 그녀는 마음 깊은 곳에 더 나은 삶에 대한 갈망이 있다는 사실을 깨달았다. 그리고 그 갈망은 그녀를 세상이 창조되기 전부터 택하신 하나님께로부터 온 것임을 점차 이해하게 되었다. 그리스도인 고용주의 끊임없는 관심과 따뜻한 돌봄을 통해, 그녀는 자신이 단순히 새로운 삶을 원한 것이 아니라, 자신을 부르신 하나님을 본능적으로 갈망하고 있었음을 알게 된 것이다.[5]

신앙 안에서 평생을 살아온 우리 중 많은 이들은, 인생의 가장 깊은 상처를 겪은 이들이 경험하는 그 놀라움과 감사, 곧 "그럼에도 불구하고 하나님이 나를 택하셨다"는 감격을 쉽게 간과할 수 있다. 그러

---

5 이러한 목마름에 대한 자세한 논의는 다음 책들을 참고하라. *To Walk and Not Faint: A Month of Meditations on Isaiah 40*, 2nd ed.(Grand Rapids: Wm. B. Eerdmans Publishing Co., 1997). 『걸어가도 피곤치 아니하며』(복있는사람). *Is It a Lost Cause? Having the Heart of God for the Church's Children*(Grand Rapids: Wm. B. Eerdmans Publishing Co., 1997).

나 이것이야말로 참으로 경이로운 복음이다. 과거가 아무리 무너졌더라도, 현재가 아무리 자기중심적이더라도, 하나님은 여전히 우리를 '택하신 자'로 불러내신다. 바울이 사용한 헬라어 동사 '에클레고마이(택하다)'는 여러 가능성들 가운데서의 특별한 선택을 강조한다(SD 30.86). 그것은 "선택 받은 대상을 향한 강한 호의와 심오한 기쁨"을 내포하기도 한다(SD 30.92).

그러므로 생각해보라. 세상 수많은 사람들 가운데서 하나님께서 당신을 선택하셨다! 지금 당신이 맡고 있는 그 사역이 무엇이든지 간에, 하나님께서는 그것을 위해 당신을 부르셨다. 그것만이 전부가 아니다. 하나님은 당신을 죄의 문화에서 불러내어, 그분과의 관계 안에서 거룩하고 흠 없는 존재로 살아가도록 선택하셨다.

이것은 놀라운 은혜가 아닐 수 없다. 우리는 그저 "아, 하나님…"이라는 감탄사를 연발하는 것 외에 할 수 있는 일이 거의 없다.

물론 이땅에서 살아가면서 완전히 거룩하고 흠이 없기란 불가능하다. 그러니 노력으로 이룰 수 있다고 착각하는 모든 시도를 내려놓으라. 대신 하나님께서 당신을 거룩하게 하시도록 내어드리고, 그것을 감사함으로 받아들이라. 그리고 이제는, 하나님께서 거룩하다고 불러주신 그 '성도'의 정체성으로 살아가라. 그 성도됨에서 흘러나오는 자유함 안에서 살아가라.

참으로 놀랍지 않은가? 이 본문은 계속해서 우리로 하여금 '우리가 얼마나 불필요한 존재인지'를 드러내게 만든다. 그것은 우리의 무가치함이 아니라, 전적인 하나님의 은혜에 집중하도록 의도한 표현이다. 우리를 성화시키고 흠없이 만들어주실 수 있는 분은 오로지 하나님밖에 없으시다. 우리는 예수 그리스도의 보혈로 의롭다고 선포되었다. 또한 성령님께서는 지속적으로 우리를 변화시키셔서 성도라는 이름에 합당한 삶을 영위하도록 도우신다. 얼마나 놀라운 은혜인가! 당신은 거룩하고 흠이 없는 자로 택함 받았다!

> 그 기쁘신 뜻대로 우리를 예정하사 예수 그리스도로 말미암아 자기의 아들들이 되게 하셨으니(엡 1:5).

5절에서 바울이 사용한 중심 동사는 흔히 "예정하셨다(predestined)"라고 번역되지만, 나는 이 단어가 잘못 이해될 소지가 있으므로 신중하게 사용하려고 한다. 많은 사람들이 이 단어를 성경적이지 않은 '이중 예정(double predestination),' 즉 어떤 사람은 구원받도록, 다른 사람은 처음부터 멸망받도록 정해졌다는 개념으로 오해하곤 한다. 그러나 본문의 의미는 하나님께서 시간의 관점에서 '먼저 선택하셨다'는 것이며, 동시에 하나님의 구원의 뜻이 모든 이에게 열려 있다는 복음의 확장성을 내포하고 있다. 성경은 분명히 하나님께서 모든 사람이 구원을 받으며 진리를 아는 데에 이르기를 원하신다고 선언한다(딤전 2:4). 하나님께서는 모든 사람이 이 세상에서 하나님만을 섬기는 자들이 되기 원하신다.

하나님은 오래 전부터 예수 그리스도를 통하여 우리가 하나님의 자녀로 입양되기를 작정하셨다. 여기서 '입양(adoption)'이라는 단어와 함께 등장하는 '아들(sons)'이라는 표현은 오늘날 몇몇 페미니스트 독자들에게 이질적으로 느껴질 수 있다. 헬라어 단어는 아들과 딸 모두를 포함할 수 있기 때문이다. 그럼에도 불구하고 나는 '아들'이라는 표현을 의도적으로 유지하련다. 왜냐하면 성경이 사용한 '아들됨'이라는 개념은 단순한 성별 구분이 아니라, 신앙의 성숙을 뜻하기 때문이다. 오늘날 교회가 겪고 있는 문제 중 하나는 '아들'은 부족하고 '유년기'에 머무르는 신자들이 너무 많다는 사실이다. '유년기'는 즉각적인 만족과 감정 중심의 반응을 추구하는 시기다. 그러나 성경에서 말하는 아들은 아버지의 뜻에 익숙하고 헌신하고, 사명 완수에 책임감을 갖는 존재다. 아들됨은 곧 하나님의 사역자로 부름받았다는 뜻이다. 이는 권리만이 아니라, 의무, 헌신, 그리고 책임감을 포함한다.

동시에 이 아들됨은 어마어마한 특권이기도 하다. 나는 여성으로서도, 그리스도 안에서의 '아들됨'이라는 특권을 기쁨으로 누린다. 초대 교회가 당시 사회 속에서 눈에 띄었던 이유 중 하나는, 여성들에게도 아들됨의 권리와 책임이 동등하게 주어졌다는 사실이다. 바울은 에베소서 1장 5절에서, 이 입양이 이루어진 것은 "하나님의 기쁘신 뜻대로"라고 선언한다. 바울이 사용한 헬라어 '기쁨(desire)'이라는 단어는, 단순한 감정이나 의지가 아니라 유익을 따라 택하는 즐거운 선택을 의미한다(SD 25.8). 다시 말해, 하나님의 뜻은 우리를 위한 최선이며, 우리에게 참된 선을 이루려는 의지다.

하나님께서는 우리가 단지 아들됨을 누리기 원하실 뿐 아니라, 그 뜻에 따라 우리를 실제로 아들로 삼으신다. 우리는 다시금 '은혜'를 발견한다. 그것은 그 어떤 조건도 섞이지 않은 완전하고 순전하며 희석되지 않은 선물 아닌가! 하나님께 드리는 송영은 끊임없이 우리를 경이로움의 자리로 다시 이끌어간다. 하나님께서 우리가 되도록 부르신 존재, 그리고 우리로 하여금 행하도록 부르신 사역을 감당할 수 있게 하신다는 그 엄청난 은혜의 깊이에 대한 감탄으로, 우리는 다시금 무릎 꿇게 된다.

> 이는 그가 사랑하시는 자 안에서 우리에게 거저 주시는 바 그의 은혜의 영광을 찬송하게 하려는 것이라(엡 1:6).

여기서 우리는 바울 특유의 신학적 층쌓기(theological stacking)를 마주하게 된다. 문장에서 주어와 동사가 생략되어 있음에도 불구하고, 우리는 이 구절을 이렇게 읽을 수 있다. "이는 그의 은혜의 영광을 찬송하게 하려 하려는 것—곧 그가 사랑하시는 자 안에서 우리에게 은혜로 넘치게 부어주시려는 것이라!" 하나님께서 우리를 자녀로 입양하신 일은 결국 하나님과의 충만한 관계에 대한 찬양으로 이어지는 삶으로 드러나야 한다. 다시 말해, 우리가 받은 그 은혜는 하나님을 높이는 삶의 방식으로 살아내야 하는 것이다.

여기에서 '영광(glory)'이라는 단어를 더 깊이 이해하려면 구약의 맥락을 떠올리는 것이 좋다. 출애굽기에서 모세는 하나님께 "주의 영광을 내게 보이소서"(출 33:18)라고 요청한다. 그러나 하나님은 이렇게 말씀하신다. "네가 내 얼굴을 보지 못하리니 나를 보고 살 자가 없음이니라"(출 33:20). 하지만 하나님께서는 은혜를 베푸셔서 모세를 반석 틈에 숨겨두고 당신이 지나갈 때에 두 손으로 그를 덮어주겠다고 하신다. 하나님께서 지나가신 다음에 손을 거두시면, 모세는 하나님의 등을 볼 수 있지만, 그분의 얼굴은 볼 수 없을 것이라고 하셨다(출 33:21-23).

하나님은 약속하신 대로 모세 앞을 지나가시며, 자신의 이름과 성품을 선포하신다. "여호와라 여호와라 자비롭고 은혜롭고 노하기를 더디하고 인자와 진실이 많은 하나님이라"(출 34:6). 모세는 그에 대한 반응으로 "급히 땅에 엎드리어 경배"(출 34:8)한다.

이 놀라운 이야기를 통해 나는 이런 생각을 하게 된다. 모세는 결국 하나님의 영광을 보았다. 그러나 '하나님의 방식'으로다. 모세의 생명을 보호하기 위해, 하나님은 얼굴 대신 자신의 '등'만을 허락하셨다. 이 장면은 우리에게 시적 상상력의 문을 연다. 우리는 하나님의 얼굴은 볼 수 없지만, 하나님께서 지나가신 흔적은 볼 수 있다. 예수님께서 지금 이 땅 위에 육신으로 계시지 않기에, 우리는 하나님을 직접 마주할 수는 없지만, 그분이 어디를 지나가셨는지, 무엇을 하셨는지, 세상 속에 어떤 자취를 남기셨는지는 분명히 볼 수 있다. 하나님의 존재는, 그분의 '열매'로 드러난다. 그분의 성품은 우리의 이해를 언제나 넘어서는 신비이지만, 그분이 이곳에 계셨다는 흔적은 우리의 삶과 세상 안에 뚜렷이 남아 있다. 그러므로 만일 우리의 삶이, 우리의 목회와 사역이, "그의 은혜의 영광을 찬송하기 위한 것"으로 영위된다면, 우리는 사람들로 하여금 하나님의 등 뒤를 보게 할 수 있다.

곧, 하나님께서 어떻게 역사하셨는지를 드러내는 삶이 되는 것이다.

우리의 사역은 사람들로 하여금 하나님께서 이곳에 계셨음을 알아차리게 하는 통로가 될 수 있을까? 우리의 예배, 설교, 돌봄, 일상 속에서, 사람들은 하나님의 자취를 보고 있는가? 하나님의 얼굴은 볼 수 없지만, 그분이 지나가신 흔적은 반드시 볼 수 있어야 한다. 이것이 바로, '영광의 찬송'으로 살아가는 삶이다.

이 모든 일은 궁극적으로 예수 그리스도 안에서 실현되었다. 예수님은 하나님을 육신 안에서 완전히 보이게 하신 분이시다. 바로 그분 안에서, "사랑하시는 자" 안에서, 하나님은 우리에게 은혜를 베풀어 주셨다. ('은혜의 영광'에서 은혜라는 명사와 '거저 주시는'에서 '준다'라는 동사는 헬라어의 동일한 어근에서 파생되었다). 지금까지 말해온 모든 내용, 곧 하나님께서 우리를 복 주시고, 우리를 택하시고, 우리를 예정하시고, 우리를 자녀로 입양하신 이 모든 놀라운 은총은 하나님의 사랑하시는 아들, 예수 그리스도 안에서 떼어놓을 수 없는 방식으로 쏟아 부어주신 선물이다. 그러므로 이제는 에베소서의 송영 속 삼위일체의 두 번째 위격이신 성자 예수 그리스도께로 시선을 돌려야 할 차례다.

송영: 삼위일체의 두 번째 위격

우리는 그리스도 안에서 그의 은혜의 풍성함을 따라 그의 피로 말미암아 속량 곧 죄 사함을 받았느니라 이는 그가 모든 지혜와 총명을 우리에게 넘치게 하사(엡 1:7-8).

우리는 하나님의 사랑하시는 자 안에서 해방되었다! 이 얼마나 위대한 복음인가! 그러나 우리는 이 진리를 너무 자주 당연하게 여긴다. 그 이유는 아마도 우리가 무엇에 붙잡혀 있었는지, 얼마나 끈질긴 죄에 종속되어 있었는지를 속히 잊어버리기 때문일 것이다. 복음은 선포한다. 우리는 값을 치르고 사신 바 된 자들이며, 벗어날 수 없던 종살이에서 해방된 존재들이다! 이것은 교회가 세상에 선포해야 할 가장 위대한 선물 중 하나다. 그럼에도 우리는 이 복음을 충분히 나누지 못하고 있다. 우리는 우리의 이웃들, 그리고 사실 우리 자신도 얼마나 끔찍한 속박에 붙잡혀 살아가고 있는지 직시해야 한다.

5장에서 우리는 이 문제를 다시 다루게 될 것이다. 에베소서 6장에서 언급되는 '통치자들과 권세들(principalities and powers),' 곧 보이지 않는 악의 세력들에 대해 자세히 살펴보면서 말이다. 하지만 지금 여기서는 우리가 죄악에 중독되어 있음을 인정하고 속박 상태를 인식하며 죄의 노예인 것을 고백하고, 우리를 가두고 있는 것들의 정체를 명확히 밝히는 일이 중요하다. 그리고 무엇보다 우리는 우리의 구원을 기뻐하고 찬양해야 한다!

나는 이러한 기쁨을 주일 아침 예배 속에서, 역사적 전통을 따라 드리는 예전(liturgy) 가운데 경험하게 되는 것이 참으로 좋다. 예배 안에서 우리는 이렇게 고백한다.

우리는 죄의 노예이며 우리 힘으로 해방될 수 없음을 고백합니다. 우리는 생각과 말과 행동으로 하나님 당신께 죄를 범했으며, 지난 날의 행

불필요한 목회자

위들과 지금도 벗어버리지 못한 악행들로 주님께 범죄하고 있습니다. 전심을 다해 주님을 사랑하지 않았고, 이웃을 우리 몸처럼 사랑하지 않았습니다. 하나님의 아들 예수 그리스도시여, 우리를 불쌍히 여기소서! 우리를 용서하고 새롭게 하시며 인도하소서. 그리하면 우리는 주님의 거룩한 이름의 영광에 이를 때까지, 주님의 뜻 안에서 기뻐하며, 주님의 길로 행할 수 있습니다. 아멘.

예배 가운데 다음과 같은 확신의 말씀을 매주 듣는 것은 놀라운 기쁨이 아닐 수 없다.

전능하신 하나님께서 자비하심으로 우리를 위해 자기 아들을 보내어 죽게 하셨습니다. 그분은 우리의 모든 죄악을 용서해주셨습니다. 그러므로 그리스도의 교회의 목사로 부르심을 받아 안수를 받은 나는, 그리스도의 권위를 힘입어 성도님들의 모든 죄악이 완전히 용서되었음을 선언합니다. 성부와 성자와 성령의 이름으로, 아멘.[6]

하나님의 구원은 인간이 받을 수 있는 것 가운데 가장 놀라운 해방이다! 하지만 우리는 그러한 구원을 지나치게 작은 것으로 만들어 버렸다. 심오한 구원의 상징들을 장래의 일로 구분하여 비교적 미미한 사실로 격하시켰다.

---

6 위의 고백과 사면 내용은 *Lutheran Book of Worship*(Minneapolis: Augsburg, 1978), p. 56에서 발췌했다.

히브리 문학은 좀더 확실하게 하나님의 구속을 설명한다. 구원(salvation)을 의미하는 명사 가운데 하나인 예슈아(*yeshuwah*, '예수'라는 이름과 관계 있음)는 광대함과 개방성을 강조하는 동사 어근으로부터 파생되었다. 곧 하나님께서 베푸신 구속은 우리에게 드넓은 공간을 제공해주었다. 답답한 고통과 억압된 속박 상태에서 우리를 자유롭게 풀어주셨다. 이 구원은 단지 먼 훗날의 미래를 말하는 것이 아니다. 하나님께서는 지금도 우리 삶 속에서 다양한 속박과 억눌림으로부터 우리를 건져내고 계신다. 그렇다면 우리는 무수한 속박 상태에서 우리를 구원하고 이끌어내신 하나님의 자비로운 구속하심을 제대로 인식하고 있는가?

이와 같은 해방은 그리스도의 보혈을 통해 이루어진다. 그리스도의 보혈 역시 오랫동안 탐구할 수 있는 심오한 구원의 상징이다. 예수 그리스도의 보혈은 우리 대신 그분이 담당하신 모든 희생을 대표한다. 단순히 그분이 십자가 위에서 죽음에 철저히 굴복했음을 보여주는 증거가 아니라, 그분의 모든 생명을 완전히 희생하신 것을 보여주는 상징이다.

지금 널리 암송되는 사도신경의 배열 구조가 나는 잘못되어 있다고 본다. 그리하여 우리를 위해 당하신 그리스도의 고난이 전체 구속 사역의 한 부분으로(가장 중요한 내용이긴 하지만) 축소되는 결과를 낳았다. 우리는 지금 이렇게 고백하고 있다.

동정녀 마리아에게 나시고

본디오 빌라도에게 고난을 받으사

십자가에 못박혀 죽으시고

장사한 지

그러나 이 구절은 다음과 같이 수정되어야 한다.

동정녀 마리아에게 나시되

고난을 받으셨으니

본디오 빌라도에게 십자가에 못박혀

죽으시고 장사한 지

위의 두 내용 사이에 엄청난 차이가 있음을 알겠는가? 예수님께서는 본디오 빌라도에게만 고난당하지 않으셨다. 그분은 아주 처음부터 고난을 당하셨다. 마리아의 태중에 있을 때, 요셉이 마리아를 '가만히 끊었다면',[7] 그분은 사회에서 천대 받는 사생아로 살아갈 수밖에 없었을 것이다. 예수님께서는 태어날 때에도 고통을 당하셨다. 그분이 모태에서 벗어나 처음으로 누우신 곳은 고작 말구유였다. 우리가 기대하는 낭만적이고 따스한 성탄절에 비하면 모든 것이 극도로 열악했다. 마구간은 악취 나고 더럽고 불결한 장소에 불과했다. 공생애 동안에도 예수님께서는 무질서하게 몰려드는 무리들 때문에 쉬지 못하고,

---

7 Beverly R. Gaventa, "He Comes as One Unknown," in "The Challenge of Christmas: Two Views," *Christian Century* 110, no. 36(15 Dec. 1993): 1270-1280.

로마 병사들과 그들의 폭력으로 고난당하며, 제자들의 전혀 나아질 기미가 없는 어리석음과 무력함으로도 고난을 받으셨다. 그리고 우리 때문에 고난을 받으신다!

그러므로 우리는 그리스도의 보혈로 구원받았다고 말할 때마다 하나님께서 우리를 구속하시기 위해 모든 부분에서 고통을 받으셨다는 사실을 명심해야 한다. 루터신학교의 구약학 교수 테렌스 프렛하임(Terrence Fretheim)은 그의 명저인 『하나님의 고통(The Suffering of God)』에서, 하나님께서 영원 이래로 지금까지 우리를 위해, 우리 때문에, 우리를 대신해 어떻게 고난을 받으셨는지 자세하게 밝혀준다.[8]

하나님의 구속하심, 그리스도의 보혈, 하나님의 고난, 그분의 모든 희생으로 말미암아, 우리는 하나님께서 베풀어주신 복의 그림 속에 우리의 잘못과 죄악에 대한 그분의 용서하심을 덧붙일 수 있게 되었다. 나는 죄(transgressions)로 번역된 헬라어 '파랍토마톤(*paraptōmatōn*)'를 읽을 때마다 나의 세례 교육을 담당했던 선생님이 생각난다.

선생님은 죄라는 것이 우리가 하나님의 뜻을 거역하면서 '과녁을 벗어나는' 모든 방식의 죄악을 포함한다고 강조하셨다. 그 다음 해에 나는 고등학교에서 몇몇 친구들과 양궁 수업을 받았는데, 그 중에 완전 초보자도 있었다. 그는 활을 이상한 자세로 잡고 화살을 날렸다. 화살은 과녁과 전혀 상관없는 방향으로 날아갔고, 운동장 바로 옆에 있던 개의 꼬리에 맞았다. 다행히 털이 많은 개라 꼬리를 다치지는 않

8　Terrence Fretheim, *The Suffering of God*(Minneapolis: Augsburg-Fortress, 1984).

았지만, 놀란 나머지 운동장을 미친 듯이 뛰어다녔다.

나는 그 광경을 보며 우리의 죄악이 종잡을 수 없는 방향으로 날아다니는 치명적인 화살 같다는 생각을 했다. 우리의 죄악은 단순히 과녁을 벗어나는 정도가 아니라, 종종 누군가에게 상처를 입힌다.

우리는 종종 죄를 단순한 실수 정도로 언급함으로써 죄가 지닌 심각성을 감추려 한다. 명백한 죄악을 완곡하게 표현한다. 예를 들어 우리는 간음을 "함께 잤다"고 포장한다. 너무나 멋지고 아늑하게 들리는 표현이다. 세무 당국을 속이면서 "세금을 약간 조정했다"고 말하고, 진리를 왜곡시키면서 '악의 없는 거짓말'이라고 둘러댄다. 비열한 '죄악'을 죄라고 지칭하지 않는 이 문화 속에서 우리는, 허물과 죄로 인하여 죽어 있는 우리의 실상을 인식하지 못한다(엡 2:1-3을 보라).

우리는 죄에 사로잡혀 있다. 아무도 그 상태에서 벗어날 수 없다. 마르틴 루터는 그의 저서인 『노예 의지론(The Bondage of the Will)』[9]에서 지적했듯, 인간은 스스로의 힘으로는 이 죄의 사슬에서 결코 자유를 얻을 수 없다. 더 나아가 진리를 향해 나아갈 수도 없다. 그는 사도신경 제3조 해설에서 "나는 내 이성이나 능력만으로는 구주 예수 그리스도를 믿거나 그분께 나아갈 수 없다"고 고백한다. 우리가 믿음에 이르고 주님께 나아갈 수 있는 것은 오직 하나님께서 부르시고, 구원하시고, 비추시고, 자유롭게 하시며, 은혜를 베푸셨기 때문이다.

---

9   Martin Luther, "The Bondage of the Will," trans. Philip S. Watson, *The Career of the Reformer* III, ed. Philip S. Watson, vol. 33 of Luther's Works, Helmut T. Lehmann, gen. ed.(Philadelphia: Fortress Press, 1972), pp. 15-295.

우리는 지금까지 사도 바울이 펼친 무게감 있는 구원의 상징들의 전경을 하나하나 쌓아올렸다. 그 목표는 하나님의 은혜가 얼마나 위대하고 놀라운지를 다시금 깨닫고 잊지 않기 위함이다. 그리스도가 흘리신 보혈의 공로, 하나님의 구속하심, 우리의 잘못과 반역에 대한 완전한 사면, 이 모든 은혜는 하나님의 완전한 지혜와 분별 안에서, 결코 우리에게 해가 되지 않도록, 가장 선한 방식으로 우리에게 베풀어진 것이다.

> 그 뜻의 비밀(뮈스테리온, *musterion*)을 우리에게 알리셨으니 곧 그 기쁘심을 따라 그리스도 안에서 때가 찬 경륜을 위하여 예정하신 것이니 (엡 1:9).

'비밀'이라는 단어는 참으로 심오한 내용이지만, 오늘날 그 본래의 의미가 너무나도 퇴색해버렸다. 영어에서 이 말은 마치 '부유한 집주인을 죽인 범인이 관리 집사였는지 하녀였는지' 따지는 추리소설의 수준으로 축소되고 말았다. 나는 이 단어를 사용할 때 종종 헬라어 원어인 뮈스테리온이라 말하곤 한다. 이 단어의 성경적인 의미는 지금 우리 문화에서 통용되는 의미와 전혀 다르기 때문이다. 성경이 말하는 '비밀'은 그저 감추어진 상태로 있어서 우리가 아직 밝혀내지 못한 어떤 난해한 정보가 아니다. 오히려 이미 드러난 진리를 가리키며, 그것의 '내용'에 주목한다. 예수님께서도 마태복음 13장 11절에서 제자들에게 "천국의 비밀을 아는 것이 너희에게는 허락되었으나 저희에

불필요한 목회자

게는 아니되었나니"라고 말씀하셨다(SD 28.77).

하나님께서는 그리스도 안에서 미리 정하신 바에 따라, 자기 나라의 비밀을 우리에게 알게 하시기를 기뻐하신다. 그렇지 않다면, 하나님은 우리의 지식이나 경험으로는 도무지 가까이 할 수 없는, 이루 말할 수 없이 크고 광대한 분이시기에 우리는 결코 그분이 누구신지 알길이 없었을 것이다. 그러나 하나님께서는 자기를 낮추셔서—이것이야말로 가장 놀라운 은혜다—우리에게 비밀의 단서를 주시고, 감당하기 벅찬 진리를 계시로 보여주셨다. 더 나아가 실제로 인간이 되어이땅에 오심으로써 인간의 몸을 입으신 그분을 우리는 보고 만지고들을 수 있었다. 하나님의 나라는 성령의 능력으로 예수 그리스도의인격 안에서 더욱 가까이 우리에게 다가온다. 이것이 바로 우리에게알도록 허락된 비밀이다. 그리고 우리는 모두가 함께 교회이므로, 이비밀을 지속적으로 배우고 알아가게 된다. 물론, 이 비밀은 우리가 결코 완전히 파악하거나 소유할 수 없는 크기와 깊이를 지니고 있다. 하나님은 여전히 우리의 이해 너머에 계시며, 그 영광의 광휘 속에 한없이 감추어진 분이시다. 우리는 그분을 아는 데 영원의 시간을 다 써도 모자랄 것이다.

> 때가 찬 경륜을 위하여(for the economy of the fullness of time) 예정하신 것이니 하늘에 있는 것이나 땅에 있는 것이 다 그리스도 안에서 통일되게 하려 하심이라(엡 1:9-10).

하나님께서는 그분의 나라에 대한 비밀을 드러내시고, 뜻하신 바를 따라 우리를 그분의 '경륜' 안으로 부르셨다. 이 '경륜'이라는 단어는 헬라어 오이코노미아(oikonomia)에서 온 것으로 영어 성경에서는 보통 계획(plan) 또는 경영(administration)으로 번역된다. 그러나 나는 경륜/섭리(economy)라는 말로 번역하는 것이 타당하다고 생각한다. 그래야만 구속 사역 속에서 우리 인간 역할의 '불필요함'을 제대로 드러낼 수 있기 때문이다. 우리는 가계를 효과적으로 운영하려고(economize) 할 때 한정된 돈으로 최선의 결과를 이끌어내기 위해 애쓴다. 가능한 모든 수단을 동원해 경영해 나간다. 마찬가지로 하나님의 계획은 가장 적절한 때에 완벽하게 시행된다. 그 결과로 모든 만물은 머리되신 그리스도 안에서 통일된다. 그 과정에서 하나님께서 택하신 방식이 바로 우리를 사용하시는 것이다. 우리는 스스로는 불필요한 존재들이지만, 하나님께서 당신의 경륜 안에 우리를 불러 넣으심으로써, 우리 삶의 방향과 의미는 새로운 차원으로 올라간다. 이 얼마나 놀라운가! 하나님께서는 그리스도를 통해 우리에게 당신의 통치의 비밀을 알려주고 우리를 섭리의 일부가 되게 하셨다.

하나님께서 예정하신 완전한 때가 도래하면, 그분은 모든 만물을 하나로 통일하실 것이다. 헬라어 동사 '아나케팔라이오'(anakephalaioo)는 이를 가리키며, 이는 '모든 것을 다시 머리 아래에 모은다' 또는 '어떤 단일한 원리나 인격(그리스도) 안에서 모든 것을 연합시킨다'(SD 63.8)는 의미를 담고 있다. 하나님께서는 지금 이 순간에도 온 우주를—하늘과 땅을 포함한 모든 피조 세계를—그리스도의 주권 아래로 되찾으시는 구속의 섭리를 이루어가고 계신다. 그리고 그 과정에서 우리 역시 이 '통일'의 사역에 동참하고 있다. 이는 앞서 1장에서 언급된 바 있는, '세상을 하나님과 화목하게 하시는 사역'과도 연결된다. 죄로 인해 갈기갈기 찢겨진 이 세상을 하나님은 그리스도 안에서 다시 모으시는 것이다.

> 모든 일을 그의 뜻의 결정대로 일하시는 이의 계획을 따라 우리가 예정을 입어 그 안에서 기업이 되었으니(엡 1:11).

여기서도 우리는 다시 한번, 바울이 하나님의 은혜를 얼마나 크고 다층적으로 서술하는지를 본다. 이는 전적으로 값없이 주어진 은혜요, 왕의 기업을 물려받은 자로서 누리는 신자의 신분을 강조하는 대목이다. "우리가 예정을 입어 그 안에서 기업이 되었다"는 표현은 여러 영어 성경에 다양하게 번역된다.

어떤 성경은 우리가 그리스도 안에서 '예정되었다(destined)'는 것을 강조한다(RSV), '선택된(chosen)' 것(NIV)이나 '그의 백성으로 선택된(chosen to be his own people)' 것(TEV)을 강조하기도 한다. 그리스도 안에서 기업을 받았다(have received an inheritance)는 것(NRSV, KJV, J. B. Phillips)이나 "유산의 일정 지분을 받았다(given our share in the heritage)"는 사실을 강조하기도 한다(NEB). TLB(The Living Bible)는 "그리스도께서 행하신 일로 말미암아 우리가 하나님께서 기뻐하시는 선물이 된" 사실을 강조한다.

나는 특별히 〈예루살렘 바이블〉에서 통찰력 있는 표현을 발견했다. "우리는 그리스도 안에서 하나님의 소유라고 선포되었다." 여기에는 헬라어 동사 어근에 담긴 모든 개념, 곧 예정과 선택, 그리고 기업을 제비뽑기로 받는 것을 통합적으로 담아낸다.

하지만 우리가 이 구절을 어떻게 해석하든 그 의미는 다음과 같아야 한다. "우리는 하나님의 계획에 따라 예정되었으며, 그 계획은 하나님의 완전하신 뜻과 절대적인 의지에 의해 반드시 성취될 것이다. 하나님의 뜻은 실패하지 않으며, 그분의 의도는 결코 좌절되지 않는다. 모든 일은 하나님의 주권적 섭리 아래, 완전한 목적을 향해 나아가고 있다."

그렇다면 우리는 왜 때때로 자신이 꼭 '필요한' 존재라고 착각하는가? 왜 우리는 흔히 사역자들이 빠지기 쉬운 '목회적 메시아 콤플렉스'에 사로잡혀, 우리 없이 교회가 굴러가지 않을 것처럼 생각하는가?[10] 왜 목회자들은 교회가 자신을 매우 필요로 하고 있다는 이유로 주일에 안식을 누리는 것을 꺼리는가?[11] 마치 우리가 하루라도 자

---

10 데이비드 한센(David Hansen)이 '하나님을 위한 상징(우리에게 부담을 주는 것)'과 우리의 부담을 덜어주는 '예수 그리스도의 비유' 사이를 구분한 것은 목회자들이 메시아 콤플렉스에서 벗어나도록 돕는 통찰을 제공한다. David Hansen, *The Art of Pastoring: Ministry Without All the Answers*(Downers Grove, IL: InterVarsity Press, 1994), especially pp. 130-133.

11 목회자나 교회의 다른 사역자들이 주일을 제대로 맞이해야 하는 중요한 이유 가운데 하나는 자신들이 메시아가 아니라는 사실을 배워야 하기 때문이다. 그 과정에서 목회자들은 사역과 휴식을 위한 하나님의 계획에 따라 살아가는 것이 얼마나 기쁘고 복된 일인지 발견하게 된다. 내가 저술한 다음 책들을 참고하라. *Keeping the Sabbath Wholly: Ceasing, Resting, Embracing, Feasting*(Grand Rapids: Wm. B. Eerdmans Publishing Co.,

리를 비우면 교회가 무너질 것처럼 여기기 때문이다! 그러나 우리가 등장하기 전에도 세상은 아무 문제없이 돌아가고 있었고, 우리 없이도 하나님의 나라는 계속 전진하고 있었다. 에베소서 1장 11절은 우리를 다시금 자유케 한다. 하나님이 누구신지, 무엇을 하시는지를 기뻐하며 누리도록 인도한다. 그리고 우리는 자연스럽게 12절의 찬양으로 반응하지 않을 수 없다.

> 이는 우리가 그리스도 안에서 전부터 바라던 그의 영광의 찬송이 되게 하려 하심이라(엡 1:12).

최근에 나는 마틴 마티(Martin Marty)로부터 신학자 로마노 구아르디니(Romano Guardini)의 한 문장을 선물처럼 받았다. 그는 예배를 가리켜 "하찮지만 그럼에도 의미있는 것"이라고 표현했다. 우리의 찬송은 겉으로 보기에는 무용하고 불필요하다. 하지만 동시에 목적이 분명하며 의미로 충만하고 하나님의 성육신으로 가득하다.

우리는 하나님의 영광의 찬송이 되기 위해 살아가고 노래하고 존재한다. 우리 삶은 하나님을 드러내는 표지판이 된다. 하나님이 누구시며, 어디서 일하시고, 어떻게 은혜를 베푸시는지를 우리 삶으로 증언하게 된다. 우리는 '찬송'이라는 삶의 방식을 통해 우리의 소망을 드러낸다. 하나님께서는 우리의 찬송 가운데 거하시고, 찬송이 된 우리

1989). 『안식』(IVP). *The Sense of the Call: Kingdom Shalom for Those Who Serve the Church*(Grand Rapids: Wm. B. Eerdmans Publishing Co.).

의 삶을 통해 세상에 그분 자신을 계시하신다.

송영: 삼위일체의 세 번째 위격

이제 삼위일체의 세 번째 위격인 성령에 대해 말할 차례가 되었다. 성령에 관한 서두에서 주목할 점은, 우리가 '사랑하시는 자' 안에서 진리의 말씀을 들었다는 사실이다. 그리고 에베소서 1장 2절이 암시하듯 그 말씀은 성령에 의해 우리에게 전달되었다.

> 그 안에서 너희도 진리의 말씀 곧 너희의 구원의 복음을 듣고 그 안에서 또한 믿어 약속의 성령으로 인치심을 받았으니 이는 우리 기업의 보증이 되사 그 얻으신 것을 속량하시고 그의 영광을 찬송하게 하려 하심이라(엡 1:13-14).

세례! 나는 루터교의 세례식을 좋아한다. 거기에는 '인치심'을 상징적으로 드러내는 의식이 포함되어 있기 때문이다. 세례식의 지침은 다음과 같다.

> 목사는 세례 받는 모든 이들의 이마에 손가락으로 십자가 표시를 긋는다. 이를 위해 준비된 기름을 사용할 수 있다. 십자가 표시를 그으면서 목사는 이렇게 선언한다. "[세례 받는 자의 이름], 하나님의 자녀, 당신은 성령에 의해 인치심을 받았으며, 그리스도의 십자가로 영원한 표시

가 남은 자다. 아멘."[12]

에베소서 1장의 송영 말미에 나오는 장엄한 선언을 시각적으로 훌륭하게 표현한 상징이라 할 수 있다. 오순절에 사도 베드로는 세례를 받는 자마다 하나님의 약속에 따라 죄사함과 성령을 선물로 받을 것이라고 약속했다. 이 약속은 젊은이와 늙은이, 모든 먼 데 사람, 유대인과 이방인 모두에게 해당한다(행 2:38-39). 나는 유아 세례와 성인들에게 세례를 베푸는 것을 볼 때마다, 하나님께서 내가 세례 받기 이전부터 은혜를 베풀어주셨고 세례를 통해 구원의 선물과 약속의 성령을 주셨다는 사실을 다시금 떠올린다. 성령께서는 말씀과 교회 공동체를 통해 오래전부터 나의 삶에서 계속 역사해 오셨다.

성인이 되어 믿음을 갖게 된 사람들에게는 '진리의 말씀'을 듣고 믿는 그자리에서 성령의 인치심이 일어난다. 성령은 하나님께서 우리에게 주신 모든 약속을 반드시 성취하실 것이라는 사실에 대한 일종의 계약금, 선불금, 또는 보증금과 같다.

실제로, 만일 누군가가 집을 살 때 상당한 액수의 계약금을 지불했다면, 이후에 주택담보 대출금을 갚기 싫다고 해당 계약을 파기하는 사람은 없을 것이다. 우리는 그 집을 잃고 싶지 않을 것이며, 이미 지불한 계약금도 잃고 싶지 않을 것이다. 마찬가지로 하나님께서 성령을 자신의 담보이자 보증으로 설정해 놓으셨다면, 그분은 분명히 어

---

12 *Lutheran Book of Worship*, p. 124.

떤 약속이라도 깨뜨리지 않으실 것이다. 우리가 보혜사 성령이라는 이 엄청난 선물을 약속에 대한 보증으로 받았으므로, 하나님의 약속에 따른 나머지 모든 기업도 틀림없이 우리를 위해 쏟아 부어질 것이라는 사실을 우리는 신뢰할 수 있다.

인치심과 기업(inheritance)이 우리를 하나님의 소유로 만들어준다는 사실에 주목하라. 이것은 성경 전체에 걸쳐 나타나는 강력하고도 위로가 되는 주제다. 그와 관련된 몇몇 내용은 다음과 같다.

세계가 다 내게 속하였나니 너희가 내 말을 잘 듣고 내 언약을 지키면 너희는 모든 민족 중에서 내 소유가 되겠고(출 19:5).

너는 네 하나님 여호와의 성민이라 여호와께서 지상 만민 중에서 너를 택하여 자기 기업의 백성으로 삼으셨느니라(신 14:2).

그가 우리를 대신하여 자신을 주심은 모든 불법에서 우리를 속량하시고 우리를 깨끗하게 하사 선한 일을 열심히 하는 자기 백성으로 삼으려 하심이라(딛 2:14).

그러나 너희는 택하신 족속이요 왕 같은 제사장들이요 거룩한 나라요 그의 소유가 된 백성이니 이는 너희를 어두운 데서 불러내어 그의 기이한 빛에 들어가게 하신 이의 아름다운 덕을 선포하게 하려 하심이라 (벧전 2:9).

불필요한 목회자

이 말씀들은 또한 우리의 '불필요함'이라는 주제의 장엄한 종결이기도 하다. 우리는 하나님의 소유가 된 존재다. 하나님의 성령이 우리를 그분의 소유로 보증하셨다. 그리하여 성령께서 우리 안에 거하시고, 우리를 변화시키며, 우리로 하여금 하나님의 찬송이 되게 하신다. 이 모든 일에서 우리는 철저히 무능력하며 '불필요한' 존재다.

우리를 둘러싼 세상이 바라보는 '소유'라는 개념과는 전혀 다르다. 하나님의 관점에서 그분이 우리를 '소유'하실 때 비로소 우리는 세상 문화가 조장하는 노예 상태에서 벗어나 자유함을 누릴 수 있다. 우리는 지금까지 우리를 사로잡고 있던 모든 것으로부터 해방되어 하나님의 찬송이 되는 일에 우리 자신을 온전히 드릴 수 있게 되었다. 또한 우리는 스스로 꼭 필요한 존재가 되어야 한다는 강박에서 벗어나 자유의 몸이 되어 하나님의 영광을 찬송하는, 전적으로 '불필요한' 존재로서 경험하게 되는 기쁨에 완전히 잠기게 된다.

이제 잠시 멈추어, 당신의 삶 속에서 송영(doxology)의 자리가 어디에 있는지를 생각해 보라. 개인적으로, 공적으로, 그리고 교회 공동체 안에서 송영은 어떻게 나타나는지 돌아보라. 또한 우리의 교회 공동체가 송영에 더 깊이 참여하도록 어떻게 이끌 수 있을까? 바람직한 송영은 우리를 개인적으로, 공동체적으로 어떻게 변화시키는가? 그러나 만일 우리가 개인적으로, 공동체적으로 송영을 잃어버린 상태라면, 특히 삼위일체 하나님을 향한 송영을 드리지 못하고 있다면 어떻게 해야 하는가? 어떻게 해야 그 죄를 회개하고 하나님께서 우리 안에 송영의 삶을 이루시도록 더 열린 마음으로 나아갈 수 있을까?

기도: 삼위일체이신 하나님, 성부, 성자, 그리고 성령 하나님. 우리가 주님의 말씀을 읽고 묵상하는 가운데 주님의 은혜에 놀라 뛰어오르게 하시고, 이에 마땅한 반응으로서 주님의 영광을 찬송하기를 사모하는 자로 나아가게 하소서. 아멘.

현대적인 의미에서 '목회자'라는 호칭은 예배와 공동체를 위한 사역에 일상적으로 밀착된 존재를 의미한다. 목회자의 사역은 보편화될 수 없으며 특정 장소와 공동체에 국한되는 성격이 있다. 우리는 바울의 사역을 그대로 따라할 수 없다. 음악 선교단을 이끌고, 주차장에 생긴 웅덩이를 메우며, 예산 문제를 해결하고, 자살한 청소년의 장례를 치르고, 혼란에 빠진 신혼 부부의 말을 들어주고, 청소년 프로그램을 진행하며, 전교인 야유회 때 온화한 하나님의 사람으로서의 자세를 견지하는 것과 같은 일들을 바울이 어떻게 실행했을지 우리는 알 길이 없다.

하지만 바울은 우리에게 목회 사역이 나아갈 방향을 제공해 준다. 바울은 로마 신자들 곁에 머물지는 않았지만, 그리스도인의 삶을 바르고 신실하게 살도록 돕는 일에는 열정적으로 관여했다. 그가 로마 교회에 보낸 그 유명한 로마서는 바로 그러한 '삶'을 위한 목회의 권면이다. 즉 예수 그리스도의 제자로서 믿음 안에서 순종하며 흔들리지 말고 살아가라는 당부다.

4

¹ 바울과 로마: 성경적인 목회신학을 회복하라

유진 피터슨

목회 서신을 읽을 때 우리가 직면하는 어려움 중 하나는, 그 내용을 사도행전에 기록된 바울의 생애에 맞춰 연결짓기 위해 애써야 한다는 점이다. 그런 이유로 어떤 이들은 목회서신의 저자가 바울이라는 사실을 부인한다. 사도행전에서 마지막으로 언급되는 바울의 형편은 재판을 기다리며 가택 연금 상태에 놓여 있었다. 이를 근거로 구성한 몇몇 바울의 연대기에 따르면 그 가택 연금 이후에 재판이 있었고 최종적으로는 처형되었을 거라고 판단한다. 또한 누가의 기록에 따르면 바울이 그레데에서 선교 사역을 했다는 내용이 없으므로, 디도서에

---

1 이번 장은 다음과 같은 이름으로 출판된 논문과 약간 다르다. *Romans and the People of God*, ed. Sven K. Soderlund and N. T. Wright(Grand Rapids: Wm. B. Eerdmans Publishing Co., 1999), pp. 283-294.

불필요한 목회자

담긴 내용을 뒷받침할 만한 역사적 자료가 없다고 말하기도 한다.

그와 달리, 신약의 내부 자료들에 근거해 바울이 목회서신의 저자라고 인정하는 학자들은 바울이 로마에서 첫 번째 가택 연금에서 풀려나 오랫동안 고대하던 스페인 선교 여행을 떠났으며, 이후 그레데에서 복음을 전하고 목회 사역에 전념하다가 두 번째로 로마에서 가택 연금된 뒤 처형당했다고 판단한다. 만일 이러한 일이 사실이라면, 우리는 세 권의 목회서신의 순서를 다시 배열해야 할지도 모르겠다. 디모데전서와 디도서는 바울이 아직도 선교 여행 중인 상태임을 보여주기 때문이다.

바울은 에베소에 있는 디모데에게 편지를 보냈다. "내가 속히 네게 가기를 바라나 이것을 네게 쓰는 것은 만일 내가 지체하면 너로 하여금 하나님의 집에서 어떻게 행하여야 할지를 알게 하려 함이니"(딤전 3:14-15). 그는 당시 옥에 갇혀 있지 않았음이 분명하다. 그리고 디도에게 이렇게 쓴다. "그때에 네가 급히 니고볼리로 내게 오라 내가 거기서 겨울을 지내기로 작정하였노라"(딛 3:12). 니고볼리는 에피루스 지방, 그리스 본토의 서해안에 있는 도시로 이탈리아 건너편이다. 그러므로 바울은 편지를 기록할 당시 로마에 갇혀 있지 않았다.

디모데후서를 기록할 때에는 로마 감옥에 있었다. 바울은 오네시보로를 언급하며 이렇게 말한다. "그가 나를 자주 격려해 주고 내가 사슬에 매인 것을 부끄러워하지 아니하고 로마에 있을 때에 나를 부지런히 찾아와 만났음이라"(딤후 1:16-17). 또한 자신이 "내가 죄인과 같이 매이는 데까지 고난을 받았[다]"(딤후 2:9)고 말한다. 바울은 디모데에게 "너는 겨울 전에 어서 오라"(딤후 4:21)고 권면하면서, 외롭고 버림받은 듯한 자신의 심정을 토로한다. "내가 처음 변명할 때에 나와 함께한 자가 하나도 없고 다 나를 버렸으나"(딤후 4:16). 바울은 최악의 상황까지 예상한다. "전제와 같이 내가 벌써 부어지고 나의 떠날 시각이 가까웠도다. 나는 선한 싸움을 싸우고 나의 달려갈 길을 마치고 믿음을 지켰으니"(딤후 4:6-7).

그렇다면 바울은 사도행전 말미에 언급된 첫 번째 감금과 디모데후서에 언급된 두 번째 감금까지, 로마에서 두 번에 걸쳐 투옥된 것으로 보인다. 두 번의 투옥 사이에 바울은 선교 여행을 다니면서 먼저 디모데전서를 쓰고 그 다음 디도서, 그리고 마지막으로 디모데후서를 썼을 것이다.

따라서 목회서신은 다음과 같은 순서로 읽어야 한다. 제일 먼저 (에베소에 있는 디모데에게 보낸) 디모데전서, 그 다음에 (그레데에 있는 디도에게 보낸) 디도서, 그리고 마지막으로 (로마의 옥중에서 보낸) 디모데후서를 읽는 것이다. 전승에 따르면 바울은 네로 황제 치하에서 순교했다고 전해진다. 나는 디모데후서를 토대로 목회자로서의 바울을 심층적으로 살펴볼 예정이다. 로마에서 생을 마감하게 된 바울은 지나온 시간들을 후회없이 돌아보며 죽음을 준비하고 있다. 바울이 로마에서 편지를 보내고 있으므로, 목회자로서 그의 사역을 고찰하면서 로마서도 광범위하게 활용할 계획이다.

나는 로마에 보낸 바울의 서신에도 흥미를 느낀다. 로마서는 목회 신학을 위한 성령의 영감을 받은 문서이며, 기독교 공동체에 나타난 영성 형성(spiritual formation)에 대해 실제적으로 보여주는 자료다. 내가 로마서에 관심을 갖는 다른 이유는, 오늘날 교회의 지도자들이 행하는 많은 사역들이 목회적이지도 않고 신학적이지도 않기 때문이다.

교회의 리더십 가운데 목회 영역은 기술주의와 경영주의의 영향으로 심각하게 부식되었다. 교회 리더십의 신학적인 부분은 치유와 마케팅 중심의 경향 때문에 가장자리로 밀려났다. 신실한 기독교 공동체에 리더십을 부여하는 복음 사역은 그 근원에서 점점 멀어지는 상태로 진행되고 있다. 지도자들 사이에서는 최소한 학문적 영역에서 합리주의적 사고가 지배하게 되었고, 교회에서는 기능주의적 태도가 팽배해져 목회신학이 거의 알아볼 수 없게 되었다. 합리주의와 기능주의라는 두 경향은 모두 환원주의적 성향을 지니며, 그 결과 목회신학이 빈약하고 무기력하게 되었다.

기독교가 최초로 배출하고 가장 오랫동안 권위를 인정받아온 신학자 바울은 무엇보다 목회 신학자였다. 바울이 하나님의 부르심을 따라 살아가는 동안 드러낸 그의 모든 사상과 저술, 가르침과 신학 설교는 목회자로서 신앙 공동체를 섬기는 과정에서 실행되었다.

로마서가 가장 탁월한 신학적인 문서라는 명성을 지니고 있지만, 무엇보다도 로마에 사는 신자들이 그리스도인답게 살아가는 것을 돕기 위해 저술되었다는 것을 짚고 넘어갈 필요가 있다. 다시 말하면, 로마서는 전적으로 목회적인 목적에서 기록되었다는 점이다. 로마서는 성경의 다른 책들과 마찬가지로 삶의 실제적인 면을 다룬다. 단순히 지적인 논의만 있는 것이 아니다. 교회 역사상 가장 강력한 지성으로 평가되는 바울의 마음은 온전히 신자들의 공동체라는 컨텍스트 속에서 작동했다. 바울의 가르침은 신자들이 공동체로 살아갈 때 죄악으로 뒤엉킨 가정과 문화, 세상과 사회의 무질서 속에서, 죄를 회개하고 하나님을 믿으며 순종하고 사랑하며 기도하고 용서하도록 부르심을 입은 자들로서 실천하도록 돕는다.

그러므로 가장 뛰어난 신학 본문으로 인정받는 로마서는 목회신학으로 읽을 때 가장 잘 이해되고 올바르게 사용될 수 있다. 로마서의 신학은 사람들이 살아가는 세상과 분리된 학문이 아니다. 사람들이 살아가는 세상 속에서 실행되어야 하는 신학이다. 바로 목회신학인 것이다. 아주 오랜 시간 동안 목회자들은 신학자로 취급받지 못했다. 신학은 우리의 실제 삶과 분리되어왔다. 게다가 목회자들도 자기 스스로를 목회자가 아니라 상담가이며 교회를 운영하는 사람이라고 여기게 되었다. 그러므로 로마서는 목회자들의 소명에 담긴 신학적이며 목회적인 두 가지 측면을 모두 회복시켜주는 책이다.

(디모데와 디도를 포함해) 바울을 '목회자'로 칭하는 것은 현대적인 의미로 볼 때 정확하지 않을 수 있다. 왜냐하면 편지를 보냈던 로마의 신자들과 바울은 함께 거하지 않았기 때문이다. 그는 로마에서 멀리 떨어진 곳에서 로마 신자들의 문제를 다루었다. 편지를 쓰기 전까지 그는 로마에 살아본 경험은커녕 그 도시를 걸어다닌 적도 없고, 그들의 집에 가서 식사를 한 적도 없으며, 그들이 사역하고 가정을 이루며 살아가는 현장을 직접 알지 못했다.

현대적인 의미에서 '목회자'라는 호칭은 예배와 공동체를 위한 사역에 일상적으로 밀착된 존재를 의미한다. 목회자의 사역은 보편화될 수 없으며 특정 장소와 공동체에 국한되는 성격이 있다. 우리는 바울의 사역을 그대로 따라할 수 없다. 음악 선교단을 이끌고, 주차장에 생긴 웅덩이를 메우며, 예산 문제를 해결하고, 자살한 청소년의 장례를 치르고, 혼란에 빠진 신혼 부부의 말을 들어주고, 청소년 프로그램을 진행하며, 전교인 야유회 때 온화한 하나님의 사람으로서의 자세를 견지하는 것과 같은 일들을 바울이 어떻게 실행했을지 우리는 알 길이 없다.

하지만 바울은 우리에게 목회 사역이 나아갈 방향을 제공해준다. 바울은 로마 신자들 곁에 머물지는 않았지만, 그리스도인의 삶을 바르고 신실하게 살도록 돕는 일에는 열정적으로 관여했다. 그가 로마 교회에 보낸 그 유명한 로마서는 바로 그러한 '삶'을 위한 목회의 권면이다. 즉 예수 그리스도의 제자로서 믿음 안에서 순종하며 흔들리지 말고 살아가라는 당부다.

그가 깊이 있게 사고하는 신학자라는 사실은 모두가 인정한다. 동시에 그는 역동적인 목회자였다. 로마서는 바울이 목회사역에 임하면서 신학적으로 사고했음을 보여주는 주요 자료다. 로마서가 바울을 탁월한 신학자로 세워주는 데 기여했다는 사실이 간과될 위험은 거의 없다. 그는 '신학의 거장'으로 인정받는다. 그러나 로마서가 보여주는, '영혼을 돌보는 바울의 사역', 즉 '그리스도인 공동체 안에서 그에게 맡겨진 목회 사역을 감당하는 바울'의 모습을 대부분이 놓치고 있다. 이는 목회자들이든 학자들이든 예외가 아니다.

바울을 신학자로만 바라보려는 목회자들은, 일상의 사역에서는 심리학자나 경영 컨설턴트의 전문적인 조언에 의지하려는 경우가 많다. 이는 이해할 만하다. 영혼을 돌보는 일은 숭고하고 까다로운 사역이기에, 이 일에 자기 삶을 바친 자들은 가능한 모든 방면에서 도움을 구하려 할 것이기 때문이다. 그러나 신학 없이 영혼을 돌보려 하면, 사람들의 마음을 조종하거나 부추기는 잘못된 길로 쉽게 빠져들 수 있다. 이는 "그 사람의 나중 형편이 전보다 더욱 심하게 되리라"(마 12:45)는 경고의 말씀처럼, 오히려 해로운 결과를 초래할 수 있다.

바울을 학문하는 자들의 수호성인처럼 여기는 학자들조차, 바울이 목회 현장에서 하나님과 많은 영혼들을 위해 어떻게 자신의 지성을 사용했는지에 대해 종종 평가절하한다. 그리하여 학문에 방해가 되는 요소들로부터 자신을 보호해주는 울타리 안에서 활동하려 한다. 신학과 주석 연구는 명예롭고 힘든 작업이다. 하지만 그런 작업이 공동체와 교인들의 실제 상황과 상관없이 별개로 진행된다면, 이 세상을 사랑하고 세상을 위해 자신을 내어주신 하나님과의 관계성마저 쉽게 상실하게 될 것이다. 지성을 소유했다는 것, 그것은 우리가 천사들과 마찬가지로 공유하는 영광스러운 특성이다. 지적인 삶을 함양하는 것은 그리스도의 교회가 건전함을 유지하는 데 필수적인 요소다. 그러나 지성을 사용하면 진리로 인도하기도 하지만, 교만으로 인도할 수도 있다. 이것은 지성이 목회적 실천에서 분리될 때 발생하는 현상이다.

나는 바울이 로마서를 기록할 때 드러낸 네 가지 요소가 목회신학을 형성하는 데 기여했다고 본다. 그 네 가지 요소란 '성경에 복종함(submission to scripture)', '비밀을 포용함(embrace of mystery)', '언어 사용(use of language)', '공동체에 집중함(immersion in communiy)'이다.

성경에 복종함

디모데후서 3장 16-17절은 바울이 성경의 중심성과 권위를 소상하게 밝힌 유명한 구절이다. "모든 성경은 하나님의 감동으로 된 것으로 교훈과 책망과 바르게 함과 의로 교육하기에 유익하니 이는 하나님의 사람으로 온전하게 하며 모든 선한 일을 행할 능력을 갖추게 하려 함이라." 우리는 로마서를 통해 바울 역시 하나님으로부터 말미암은 권위로 성경을 기록하고 있음을 알 수 있다.

로마서를 읽다보면 바울이 자기만의 독립적 사고를 통해 추상적 사고 속에서 진리를 찾는 사람이 아니라는 사실이 명확해진다. 그는 성경, 즉 우리가 구약성경이라 부르는 히브리 성경에 계시된 하나님과 그분의 목적 앞에 자신의 사고를 복종시키며 철저히 몰입했다. 그러므로 로마서 초반부터 바울은 성경의 권위로부터 모든 사고를 길어올리는 자라는 사실이 드러난다.

'거만하다'라는 비난이 흔히 전문 지식인들을 겨냥해 쏟아질 때가 종종 있다. 특히 지적 능력을 자랑스럽게 내세우는 자들이 주로 그런 비난을 받는다. 이런 비난은 이해하기도 쉽고 입증하기도 쉽다. 사고하는 능력이 남달리 뛰어난 사람들은 그렇지 못한 사람들에 대해 우월감을 갖기가 쉽다. 그와 같은 우월감은 거만하고 깔보는 태도로 발전할 수 있다. 이 죄의 밑바탕에 깔린 가정은, (이 능력은 인간과 천사들만 소유했으므로) 사고하는 능력이 인간의 특별한 영광을 확연히 구분하는 기준이라는 것이다. 그러므로 우리가 더 잘 생각할수록 더 나은 인간이 된다고 본다. 우리의 인간성은 곧 각자의 지적 능력에 따라 평가받는다. 학문적으로 뛰어난 책을 저술한 사람은 글을 모르는 이주 노동자보다 더 우월하고, 거대 회사의 재정 관리를 맡은 임원은 공중 화장실을 청소하는 노동자보다 훨씬 가치 있다고 생각한다. 우리가 너무 쉽게 빠져드는 이와 같은 구분 방식은 신약성경에서 만나는 바울에게는 전혀 적용되지 않는다.

역사상 뛰어난 지성을 소유한 인물 중 하나였던 바울에게는 그러한 지적 오만함이 조금도 없다. 그 이유는 그의 모든 지적 영역이 성경의 계시를 통해 자신을 계시하신 하나님께 완전히 굴복되어 있었기 때문이다. 그는 자신의 지성으로 무언가를 알아내려 하지 않았으며, 권력으로 작용하는 종류의 지식을 획득하기 위해 이성을 사용하지도 않았다. 무지한 사람들을 지배하고 자신을 높이 세움으로써 지성의 대가가 되려고 행동하지도 않았다.

물론 이것이 바울이 철저한 논리적 사고를 할 능력이 없었다는 뜻은 아니다. 그가 빈번히 사용했던 연결어들(hina와 hoti, hoste와 oun 등)의 문법적 정확성은 그리스와 로마의 지식인들이 개발한 언어 기준에 따라 훈련된 예리한 지성을 보여준다. 동사의 서법(mood)이나 태

(voice)를 신중하게 사용하는 것을 보면, 그가 의미를 전달하는 데 필요한 뉘앙스와 억양의 기술을 완벽하게 갖추고 있었음을 말해준다. 바울이 뛰어난 지성인이었다는 사실에는 의심의 여지가 없다. 하지만 그는 자신의 지성을 협잡꾼이나 정복자나 지배자의 입장에서 사용한 것이 아니다. 오히려 그는 이미 드러난 사실, 즉 "믿음으로 믿음에 이르게"(롬 1:17) 하도록 하나님께서 계시하신 사실들을 깨닫는 데 자신의 뛰어난 지적 능력을 사용했다.

성경이라는 계시의 말씀은 바울이 사고하는 방편이었다. 바울이 현대적 기준에 따라 성경을 주해하지 않았다는 사실을 당황스럽게 여기는 사람들도 있다. 바울은 성경에 계시된 말씀 안에서 생각했다. 바울이 당시의 기준에 따라 성경을 주석하지 않았다는 사실을 의아하게 여기는 사람도 있다. 바울이 무엇을 하고 있는지 해명하려고 안간힘을 쓰는 학자들의 모습을 보면 우습기까지 하다. 그러나 그렇다고 해서 그가 훌륭한 성경 주해자가 아니었다는 뜻은 아니다. 바울은 자신의 삶과 분리된 상태에서 머리로만 성경을 다루지 않았다. 성경을 대하는 바울의 태도는 그 속에 무엇이 있는지 연구하는 학생의 태도가 아니라 성경 말씀에 따라 실제로 살아가는 제자의 자세였다. 바울은 탁월한 지성을 선물로 받은 인물이었으며, 철저히 훈련된 사고와 성경에 대한 포괄적인 지식을 이미 갖추고 있었다.

그는 삶의 전반기를 바리새인으로 보낼 때에는 성경을 열정적으로 대했지만, 그릇되게 사용했다. 인생의 후반기는 그리스도인으로 보내면서 성경을 이전과 동일하게 열정적으로 대했지만, 그 태도는 완전히 달랐다. 바리새인으로서의 삶과 그리스도인으로서의 삶의 차이는 그의 지적 능력이나 성경에 대한 지식에 있지 않았다. 그것은 성경과의 관계성의 차이였다. 바리새인이었을 때 그는 성경을 이용했다. 하지만 그리스도인이 된 후에는 성경에 복종했다.

목회 신학자로서 바울의 사역에서 두드러지는 특징은 성경과의 관계성에서 잘 드러난다. 그에게 성경은 그저 사용하기 위한 도구가 아니었고, 오히려 그의 어휘를 제공하고, 그의 상상력을 형성하며, 그의 삶 전체를 빚어낸 본문이었다. 그가 인용한 성경 구절들은 단지 논쟁에서 이기기 위해 제시하는 증거가 아니라, 신자들에게 글을 써야만 했던, 자신이 목격한 놀라운 진리를 전하기 위한 엄청난 실체였다.

로마서에는 65개의 인용구가 잘 엮여 있다. 구약성경 39권 가운데 16권에서 인용한 구절들이다. 그 중에서도 바울이 가장 좋아한 것은 이사야서(18회 인용)와 시편(13회 인용)이었지만, 그는 창세기부터 말라기까지 아주 폭넓게 넘나들며 자유롭고 창의적으로 구약 전체를 다루었다. 그는 단순히 구약을 인용하는 차원에서 그치지 않고 구약의 이야기 속에 살고 있었다. 바울은 마치 자신이 예언자였던 조상들의 모든 기록에 친숙함을 넘어, 하나님의 말씀이라는 광대하고 풍성한 이야기를 꿰뚫고 있는 것처럼 보였다.

알렉산더 화이트(Alexander Whyte)의 말대로, 바울에게 성경은 '자서전'이나 다름없었다. 그는 창세기에 나오는 창조의 심상을 신선하면서도 전혀 다르게 사용했다. 먼저 그는 첫 장에서 죄에 대해 기록한 다음("이는 그들이 하나님의 진리를 거짓 것으로 바꾸어", 롬 1:25), 8장에서

불필요한 목회자

는 피할 수 없는 고통("피조물이 다 이제까지 함께 탄식하며", 롬 8:22)을 언급함으로써 창세기의 심상을 새롭게 활용했다.

바울은 단순히 구약의 본문을 인용하기보다는, 그 이야기 속 인물들을 살아있는 존재로 불러냈다. 아담과 아브라함, 사라와 리브가, 모세와 엘리야가 그의 내면에 생생히 살아있었다. 그렇다고 그가 자신의 상상력으로 이 인물들에 대한 감정이나 인간적인 세부사항을 지어내어 이야기를 꾸민 것은 아니었다. 그는 이 인물들의 삶 속에서 하나님께서 행하신 일과 목적, 임재를 분명하게 인식하고, 자기 조상들이 생생하게 등장하는 구원의 이야기를 독자들에게 생명력 있게 전달했다. 그 예는 다양하게 나타난다. 한 가지 예로, 바울은 유대인과 이방인이 하나님 앞에서 죄인으로서 동등하다는 사실을 논증할 때(롬 3:10-18), 시편과 이사야의 문맥에서 서로 떨어져 있던 여섯 구절을 가져와 하나의 탁월한 예언적 시(詩)로 엮어낸다. 이것은 우리가 접할 수 있는 바울의 가장 뛰어난 수사학적 작품 중 하나다(시 14:1-3, 5:9, 140:3, 10:7, 사 59:7-8, 시 36:1).

더군다나 바울은 그 여섯 개의 성경 구절 중 어느 하나의 의미도 왜곡하거나 훼손하지 않고 이런 작업을 해냈다. 바울에게 있어 성경 안에서 진정한 의미에서 '문맥에서 벗어난' 것이란 없다. 그는 성경이라는 세계 전체에 완전히 정통했기에, 어떤 내용이 어디에 어울리는지 직관적으로 알고 있었다. 그는 자신의 지적 능력을 활용해 기존의 성경 내용을 재배열하거나 바로잡거나 갱신하려 하지 않았다. 성경 본문 속에 손님으로 입장해 자기 앞에 펼쳐진 내용들을 감사함으로 받아들였다. 그는 주인이신 하나님께서 자신의 모든 필요를 알고 계신다고 확신했다.

성경의 권위 아래 있는 목회자들은 바울처럼 성경과 함께 살아가는 법을 배워야 한다. 성경을 그저 인용구나 증거, 적용을 위한 자료집으로 사용하는 것이 아니라, 하나님께로부터 나오는 계시의 세계로서 성경 속으로 들어가야 한다. 우리는 그저 자기 주장에 정당성을 부여하기 위해 성경 구절 몇 개를 끌어오는 식의 비좁은 세계에 살아서는 안 된다. 완전한 계시의 세계에서 살아야 한다. 비록 특정한 상황이나 질문에 대한 딱 맞는 구절을 인용할 수 없다 하더라도, 성경을 계시 전체로 바라보는 시야를 가지고 살아야 한다. 그래야 성경적인 삶을 살고 있다고 당당히 고백할 수 있다.

바울은 디모데에게 이렇게 썼다. "그러나 너는 배우고 확신한 일에 거하라. 너는 네가 누구에게서 배운 것을 알며 또 어려서부터 성경을 알았나니 성경은 능히 너로 하여금 그리스도 예수 안에 있는 믿음으로 말미암아 구원에 이르는 지혜가 있게 하느니라"(딤후 3:14-15). 여기서 '누구에게서'라는 구절이 가장 중요하다. 성경은 인격적인 음성을 지니고 있다. 그 소리들은 마음을 일깨우고, 언제나 현재적이며, 생생하게 살아 있다. 성경은 선반 위에 올려놓는 장식용 책이 아니다. 거기에는 살아 숨쉬는 음성이 담겨 있다. "너는 네가 누구에게서 배운 것을 알며."

모든 면에서 '필요한' 목회자가 되려는 자는 성경을 마음대로 통제하려 한다. 자신의 주관적인 목적을 위해 성경을 이용하려 든다. '불필요한 목회자는 성경 속에서 자기의 집과 본향을 발견하고 성경에 의해 자신을 빚어간다.

비밀을 포용함

바울의 목회사역에 담겨 있는 또다른 특징은 비밀(mystery)에 대한 인식이다. 그는 디모데에게 이런 글을 보냈다. "크도다 경건의 비밀이여"(딤전 3:16).

비밀에 대한 이 같은 인식은 로마서에도 깊이 박혀 있으며, 여기서 바울은 비밀을 매우 굳게 끌어안고 있다. 바울은 비밀로 인해 평안을 누렸고, 비밀 안에서 기뻐했으며, 비밀을 흔쾌히 받아들였다. 로마서 11장 33-36절에서 그가 기쁨에 겨워 터뜨린 유명한 찬양은 바울의 이런 태도를 잘 보여준다.

> 깊도다 하나님의 지혜와 지식의 풍성함이여,
> 그의 판단은 헤아리지 못할 것이며 그의 길은 찾지 못할 것이로다.
> 누가 주의 마음을 알았느냐. 누가 그의 모사가 되었느냐[사 40:13-14].
> 누가 주께 먼저 드려서 갚으심을 받겠느냐[욥 35:7, 41:11].
> 이는 만물이 주에게서 나오고 주로 말미암고 주에게로 돌아감이라.
> 그에게 영광이 세세에 있을지어다. 아멘.

내가 싫어하고 반대하는 주장들 가운데 하나가 이성주의(rationalism)다. 이성주의란 현존하는 실체를 우리가 설명하거나 이해할 수 있는 수준으로 축소시키려는 시도다. 나는 이성주의를 맹렬히 반대한다. 바울 역시 이성주의를 찬성하지 않았다. 바울이 이렇게 하나님을 도표로 나타내거나 설명할 수 없는 분으로 인정하고 경외하면서 동시에 환희에 찬 태도를 보이는 장면이 로마서에서 논리적 추론이 가장 치열하게 전개된 부분(9-11장)에서 나타났다는 것은 중요한 의미가 있다. 바울은 이런 식으로, 다음과 같은 말을 하고 있는 셈이다. "나는 당신이 이것을 이해하기 바라지만, 사실은 이해하지 못할 것이다. 왜냐하면 하나님에 관한 사실은 당신의 한계를 훨씬 넘어서기 때문이다." 바울에게 있어서 비밀이란 인간이 스스로 노력하여 최대한 이성으로 이해한 후에 남은 부분을 말하는 것이 아니다. 비밀은 본질적으로 하나님과 그분이 행하시는 일의 고유한 속성이다.

바울은 로마서 11장 33-36절에서 하나님께서 행하시는 길에 담긴 비밀들을 기쁨으로 표현하면서, 욥기와 이사야서의 (출처를 명시하지 않은) 구절들을 인용한다. 이 구절들도 우리가 하나님 안에서 끊임없이 마주하게 되는 '더 깊고 놀라운' 것들을 증거한다. 즉 우리가 기대할 수 있는 이상의 것, 우리가 붙잡을 수 있는 이상의 것, 우리가 설명할 수 있는 이상의 것들이 하나님 안에 있다는 말이다. 하지만 '그 이상의 것'은 우리가 찾을 수 없도록 숨겨져서 우리의 호기심을 자극하는 불가사의가 아니다. 또한 그것은 평범한 사람에게는 가려져 있고 특별히 선택된 사람에게만 허락된 비사(秘事)도 아니다.

다시 말해, 비밀이란 우리가 더 많은 지식을 쌓으면 정복할 수 있

불필요한 목회자

는 무지를 멋지게 영적으로 표현한 용어가 아니다. 또한 비밀이란 우리가 고생스러운 철저한 탐구를 통해 통달할 수 있는 은밀한 일도 아니다. 위에서 살펴본 유명한 선언을 하기 몇 구절 전에, 바울은 이미 이러한 사실을 명백하게 밝혔다. "이 신비를 너희가 모르기를 내가 원하지 아니하노니"(롬 11:25). 무지와 비밀은 동의어가 아니다. 은밀함과 비밀도 동의어가 아니다. 바울이 말하는 비밀이란 "영세 전부터 감추어졌다가 이제는 나타내신 바"(롬 16:25-26) 된 하나님의 계시다.

인간의 본성에는 비밀을 보면 조바심이 나서 견딜 수 없는 공통된 마음이 있다. 사람들은 종교적 비밀은 당연히 목회자들이나 신학자들이 나서서 제거해주어야 한다고 생각한다. 그들은 우리가 무언가를 알지 못하게 되면 그로 인해 미신과 불확실성이 팽배해진다고 믿는다. 알아야 할 모든 것이 명확하고 간결한 개요로 정리되지 않는다면, 하나님에 대해 어떻게 제대로 생각할 수 있을까? 우리가 살아가면서 날마다 마주치는 문제들에 대한 정확한 지도가 없다면, 어떻게 효율적인 계획을 고안하고 성취 가능한 목표들을 세울 수 있을까? 인간의 생각으로는 무언가를 깨달아 아는 것이 당연하고, 모르는 것이 있다면 또 그것을 찾아내는 게 당연하다고 본다.

미지의 영역을 향해 파고들어가 그것을 이해하고, 무지를 깨고 나와서 현실을 지도로 만드는 지성의 능력은 분명 경이롭다. 이런 공격적인 지성의 작업은 주로 과학과 연관되어 왔으며, 그 성과는 놀랍고 현대 세계의 상상을 압도할 만큼 굉장하다. 로버트 프로스트(Robert Frost)는 무지를 정복하는 오늘날의 과학 지성이 이룩한 급속한 성취를 "100미터 달리기를 하고 나서 곧장 장대높이뛰기를 하는 것"과 같다고 표현했다. 현대인들은 '지식'이라는 불도저로 '비밀'이라는 뒤엉킨 잡초들을 깨끗이 치워버리는 데 익숙해버렸다. 그런 이유로 요즘 사람들이 욥과 이사야와 바울이 '비밀'이라는 것을 말할 때 거의 공감하지 못하는 현상은 충분히 이해할 만하다. 놀랍게도 인간의 지식이 늘어날수록 비밀은 더욱 깊어지기 때문이다.

하지만 '비밀'을 그저 미지(未知)의 영역이라고 보는 개념은 인간의 영혼이 가진 가장 깊은 통찰을 결코 충족시켜 본 적이 없다. 야로슬라프 펠리칸(Jaroslav Pelikan)의 말처럼, "어린아이들과 시인들, 연인들과 성직자들은 이미 잘 알려진 것 속에서도 비밀한 속성이 있다는 것을 반복적으로 발견해왔다."[2]고 말했다.

바울이 증거하는 비밀은 우리가 밝혀내서 없애야 하는 어두움의 비밀이 아니라, 우리가 들어갈 수 있는 밝은 빛의 비밀이다. 우리가 알지 못하는 무언가가 아니라, 오히려 너무나 풍성해서 우리가 완벽하게 알 수 없는 무언가다. 하나님과 그분의 섭리는 우리가 이해하거나 설명하거나 재현할 수 있는 수준으로 결코 축소될 수 없다.

이러한 비밀을 받아들이려면 상당한 겸손이 필요하다. 비밀 앞에서 우리는 더 이상 아무 것도 통제하거나 예측하거나 관리할 수 없으며, 흔히 말하듯 "그 문제를 완전히 섭렵하는" 위치에 오를 수 없기 때문이다. 대신 비밀은 예배를 위한 공간을 넓혀준다. 비밀이 없는 곳

---

2   Jaroslav Pelikan, *The Christian Intellectual*(London: Collins, 1996), p. 70.

에는 예배도 없다.

가브리엘 마르셀(Gabriel Marcel)은 삶을 '문제'로 여겨 접근하는 태도와 삶을 '비밀'로 받아들이는 자세를 구분했다. 삶을 문제로 대하면, 우리는 그것을 우리 힘으로 뭔가를 할 수 있는 수준으로 축소시키게 된다. 이 경우 우리는 문제를 파악하고 해결하는 데만 신경을 쓴다. 물론 문제를 해결하는 것은 분명 가치있는 일이지만, 우리가 오직 그것에만 몰두한다면 시야가 좁아져서 눈앞의 일들만 관리하고 수리하는 기술자와 관리자처럼 될 뿐이다. 그러면 주변의 풍경이나 넓은 지경을 보지 못하고, 결국 삶의 대부분을 놓치게 된다.

하지만 삶을 비밀로 여기고 접근하면, 우리의 한계를 능가하는 의미에 영원히 다가가고, 우리의 계산으로 헤아릴 수 없는 힘과 자원들을 만나게 된다. 마르셀의 말대로 "비밀이란 의미의 부재가 아니라, 우리가 이해할 수 있는 것보다 훨씬 광대한 의미가 존재하는 상태다."[3]

성경은 인간의 모든 문제에 답을 주는 책이 아니라, 하나님의 비밀의 세계로 들어가는 출입구다. 그리고 이 삶의 비밀 가운데 하나는 하나님이 우리가 원하는 방식으로 우리의 모든 문제를 해결하는 데 별 관심이 없으시다는 사실이다. 바울이 쓴 로마서는 행동과 사고 모두에 있어 많은 문제들을 다룬다. 목회 신학자라면 누구나 그래야 한다. 하지만 로마서는 문제에 관한 책이 아니다.

로마서는 하나님과 하나님의 방식을 다루는 책이다. 하나님과 그

---

3   Denis Covington, *Salvation on Sand Mountain*(New York: Addison-Wesley, 1995), pp. 203-204.

분의 방식은 비밀로서 받아들일 때 바르게 접근할 수 있다. 그것은 우리를 언제나 새로운 빛과 은혜로 놀라게 하는 '그 이상의 것'(the 'more')이다. 이러한 비밀, 이러한 '그 이상의 것'이 바울에게 있어서 사고를 멈추거나 하나님을 위해 행해야 하는 일을 회피하는 변명거리로 사용되지 않았다. 오히려 그 비밀은 바울을 더욱 활발한 사고와 강력한 순종으로 이끌었다. 비밀은 인간의 사고를 쫓아버리지 않고 더욱 심오하게 한다. 성경에서 이 비밀을 나타내기 위해 자주 사용하는 단어는 '영광'이며, 이는 우리가 받아들이기에는 너무나 밝고 큰 하나님의 빛을 의미한다. 바울 역시 이 단어를 자연스럽게 사용했다. "그에게 영광이 세세에 있을지어다"(롬 11:36).

스스로를 '필요한' 존재로 여기는 목회자는, 이미 알려져 있고 통제가능한 영역 안에서만 머물려 하며 사역한다. 주로 문제를 파악하고 해결하는 데 중점을 둔다. '불필요한' 목회자는 모든 문제를 완벽히 이해하거나 설명하려 하지 않고 하나님의 비밀에 대한 경외감 속에서 살아간다. 자신들이 이해하거나 감당할 수준을 넘어서는 그 이상의 것이 있다는 사실을 기쁨으로 받아들인다.

언어 사용

바울이 사용하는 언어, 특히 그가 은유를 활용하는 방식은 그의 목회신학을 형성하는 또다른 중요 요소다. 복음 사역에서 언어는 핵심적이다. 당연한 일이기도 하다. 복음 자체가 애초에 언어를 통해 이루어졌기 때문이다. "말씀이 네게 가까워 네 입에 있으며 네 마음에 있다 하였으니"(롬 10:8). 또한 예수님도 '말씀'이셨다. 모든 언어는 그 '말씀'으로부터 파생되었다. 인간의 존재를 정의하는 주요 특징 중 하나인 언어는, 하나님이 자신을 계시하시고 역사하시는 방식에서도 핵심적인 요소다. 따라서 우리가 언어를 사용한다는 사실뿐 아니라, 어떻게 사용하는지가 매우 중요해진다.

찰스 윌리엄스(Charles Williams)는 이렇게 지적했다. "바울은 사실상 새로운 어휘들을 만들어냈다. 그를 시인이라 부르는 것은 부적절할 수도 있다(그가 주로 산문체의 글을 썼다는 사실은 일단 접어두자). 그러나 그는 시인처럼 언어를 사용했다. 언어를 재창조한 것이다."[4] '시인처럼'이라는 표현은 바울이 은유를 사용한 것을 두고 하는 말이다. 바울의 언어 사용에서 볼 수 있는 이러한 특징은 좀더 자세한 설명이 필요한데 이러한 특징은 목회 신학자로서 바울의 정체성을 뒷받침하는 주된 요소이기 때문이다.

우리는 언어를 어떻게 사용하는가? 무언가를 명확하고 깔끔하게 정의내리는 데 사용하는가, 아니면 하나님의 비밀을 드러내는 데 사용하는가? 은유를 사용한다는 것은 언어를 명확하게 사용하는 것과 다르다. 오히려 그 반대다. 은유는 의미를 고정시키는 것이 아니라 오히려 느슨하게 풀어준다. 은유는 뜻을 명확하게 규정하고 정의하는 것보다는 오히려 의미를 확장시키며, 우리의 사고를 능동적으로 참여

---

4 Charles Williams, *The Descent of the Dove*(Vancouver, BC: Regent Publishing, 1997), p. 8.

시킨다. 가령 "여호와는 나의 반석이시요"(시 18:2)처럼, 하나님에 대한 은유로 '바위'를 사용하는 구절은 성경에 자주 등장하지만, 그 말이 하나님에 대한 정의는 아니다. 이 구절을 문자 그대로 받아들이는 것은 어리석은 일이다. 은유는 사람의 마음을 움직여 다른 차원에서 의미를 발견하게 한다. 은유는 "처음엔 다소 이상하게 보이지만 실제로는 문자적 표현보다 훨씬 더 깊고 풍성한 심상을 통해, 해당 주제에 대한 인지적이고 정서적인 탐험 속으로 우리의 상상력을 끌어들인다. 이것이 은유가 의도하는 목적이다."[5]

은유는 우리를 언어 속으로 끌어들여 참여자가 되게 함으로써 방관자로 남아 있지 않게 한다. 결국 목회자가 원하는 것은 그런 상태가 아닌가? 목회자들은 교인들이 성경 테스트를 통과하는 수준에 머물러 있지 않고, 살아 있는 말씀과 더불어 살아가기를 기대해야 한다. 불행하게도 일부 주석가들은 성경에 등장하는 많은 은유들을 모호하게 추상적인 진리로 바꾸려고 시도하고 있다. 하지만 은유 그 자체는 진리가 아니다. 문자적으로 받아들여서도 안 된다. 그것은 일종의 의도된 거짓말로, 우리를 자기 만족에 빠진 방관자의 상태에서 이끌어내 언어 자체에 깊이 빠져들게 하려는 의도가 있다.

바울은 분명 히브리 성경에서 풍부하게 사용된 은유적 표현에 대한 탁월한 감각과 활용 능력을 가지고 있었을 것이다. 그리하여 바울은 목회신학의 중심부에 은유를 두었다. 만일 목회사역에서 사용되

---

5   Sandra M. Schneiders, *The Revelatory Text*(New York: HarperSanFrancisco, 1991), p. 31.

는 은유의 언어가 이 중심부에서 너무 벗어나면, 필연적으로 정의 (definition)와 설명의 사막에서 방황하게 될 것이다.

은유의 특징 가운데 하나는 쉽게 접근할 수 있다는 것이다. 은유는 모든 사람들의 공통된 감각 경험에서 비롯된다. 아마 당신은 로마서가 신학적인 문서로서 놀라운 명성을 지니고 있다는 이유로, 바울이 쓴 글의 의미를 알려면 묵직한 사전이 필요할 것이라고 생각할지도 모르겠다. 그러나 실제로 로마서를 읽어나가면서 놀라운 행복감을 억누르지 못할 것이다.

바울은 우리가 태어나 살아가고 있는 이 세상으로부터 나온 은유들을 기꺼이 채택하고 있다. 은유는 이토록 쉽게 접근할 수 있는 것이므로, 학자들이 학술적인 책을 저술하는 데 근거가 된 내용을 놓고 평범한 일반인도 커피 한 잔을 마시면서 가볍게 대화할 수 있다. 이러한 언어는 우리 마음에 정보를 제공하는 차원에서 그치지 않는다. 물론 일정한 정보를 주는 것은 사실이다. 하지만 은유라는 언어는 우리로 하여금 말씀을 믿고 순종하는 참여자가 되게 한다. 우리는 은유 앞에서 수동적인 자세를 취할 수 없다. 반드시 생각을 해야 하고 그 속에 빠져들어가야만 한다.

실제로 바울의 철저한 은유적인 표현들은 로마서 거의 모든 장에 흩어져 있다. 내가 로마서 전체를 통해 찾아낸 은유는 75개 정도다. 아래에 몇 가지 예를 실어놓았다.

- 열매를 맺게 하려 함이로되(1:13)

- 그 마음에 새긴(2:15)

- 그들의 목구멍은 열린 무덤이요(3:13)

- 죄가 가리어짐을 받는 사람들(4:7)

- 하나님의 사랑이 우리 마음에 부은 바 됨이니(5:5)

- 사망이 그 한 사람을 통하여 왕 노릇 하였은즉(5:17)

- 옛 사람이 … 십자가에 못박힌 것(6:6)

- 죄의 삯은 사망이요(6:23)

- 죄 아래에 팔렸도다(7:14)

- 피조물이 다 이제까지 함께 탄식하며 함께 고통을 겪고 있는 것(8:22)

- 돌감람나무인 네가 그들 중에 접붙임이 되어(11:17)

- 접붙임을 받았으니(11:24)

- 거룩한 산 제물(12:1)

- 네가 숯불을 그 머리에 쌓아 놓으리라(12:20)

- 빛의 갑옷을 입자(13:12)

- 남의 터 위에(15:20)

- 사탄을 너희 발 아래에서 상하게 하시리라(16:20)

연인, 소설가, 어린아이, 그리고 시인들은 끊임없이 은유로 이야기한다. 생동감 넘치는 그들은 우리에게 생기를 불어넣어준다. 하지만 어떤 신학자들과 목회자들은 모든 것이 깔끔하고 반듯하게 마무리되는 것을 좋아한다. 그들은 느슨한 결말이나 모호한 뜻이 남아 있지 않기를 바란다. 상아탑 속 지식인들과 매우 현실적인 실무자들 또한 체계적인 개념이나 관리 계획 아래 모든 것이 조직적으로 통제되기를 바란다. 그러나 최초의 목회 신학자였던 바울은 엄밀한 명제를 앞세우는 신학자가 아니었다. 그는 '조직신학'에도 익숙하지 않았다. 그는 사실을 정의하기보다는 많은 것을 불러일으키기 위해 언어를 사용했다. 그는 하나님의 진리를 언어 안에 가두고 오염되지 않도록 보존한 뒤 실험실의 표본처럼 꺼내 보여주는 데 관심이 없었다. 바울은 그런 식으로 언어를 사용하지 않았다. 그는 문장들을 분해해서 진리를 억지로 끄집어내려 하지 않았다. 워즈워스(Wordsworth)의 말대로 바울은 언어를 '해부하기 위해 살해하지' 않았다.

바울에게 언어는 살아 있는 에너지의 원천이다. 말(words)이란 '의미'를 촘촘하게 담는 그릇이 아니라, 담화를 불러일으키는 도구이며, 뉘앙스와 암시를 끊임없이 퍼뜨린다. 바울은 하나님에 대해 정확하게 말하기 위해 특별하고 엄격한 전문 용어를 사용하지 않았다. 대신, 늘 은유가 배어 있는 일상의 언어(익숙한 사물과 익숙한 행위를 가리키는 언어)를 사용해, 그 안에 본질적으로 존재하는 모호함을 자연스럽게 표현한다. 그리고 이와 같은 방식으로 언어를 사용함으로써 목회신학 언어의 스타일을 정립한다.

스스로 필요하다고 여기는 목회자는 진리의 일부분을 규정하고 분배하기 위한 목적으로 언어를 사용한다. '불필요한' 목회자는 명확하게 정의내릴 수 없는 것에 대한 관심을 불러일으켜 사람들로 하여금 그 안으로 들어가게 한다.

공동체에 집중함

로마서를 목회신학을 위한 기본서로 만들어준 네 번째 요소는 공동체에 대한 열정적인 관심이다. 그런 관심은 로마서 전반에 걸쳐 나타나며, 바울은 사람들과의 관계라는 맥락에서 이 요소를 다룬다. 목회신학은 철저히 관계 중심적이다. 이는 바울이 친히 가르치고 몸소 살아낸 방식이기도 하다.

바울에게 있어 복음은 어떤 개념을 얼마나 명확하게 규정하느냐의 문제가 아니었다. 그는 그리스도로 말미암아 형성된 공동체와 그 안에서 서로 관계를 맺고 있는 사람들에게 지극한 관심을 가졌다. 바울은 자신의 마지막 서신인 디모데후서에서 많은 사람들의 이름을 거론한다. 디모데, 로이스, 유니게, 부겔로, 허모게네, 후메내오, 빌레도, 얀네, 얌브레, 데마, 그레스게, 디도, 누가, 두기고, 가보, 알렉산더, 브리스가, 아굴라, 오네시보로, 에라스도, 드로비모, 으불로, 부데, 리노, 글라우디아. 바울의 모든 서신서에 언급된 사람들은 40여 명에 이른다. 바울은 이 사람들을 알고 있었다. 그는 자신이 보내는 편지를 읽는 사람들도 잘 알고 있었다. 우리가 그들을 알지 못한다는 것은 그리 문제될 것이 없다. 바울이 알고 있었다는 것이 중요하다.

공동체에 집중하는 이와 같은 태도는 로마서 첫 장부터 선명하게 드러난다. 바울은 로마의 교인들을 "로마에서 하나님의 사랑하심을 받고 성도로 부르심을 받은 모든 자"(롬 1:7)라고 불렀다. 또한 그는 "내가 너희 보기를 간절히 원하는 것은"(1:11)이라는 말로 그들에 대한 자신의 개인적인 감정을 표현했고, "너희 중에서도 … 열매를 맺게 하려 함"(1:13)이라는 말로 그들과 함께하기를 얼마나 간절히 원하는지를 드러냈다. 이것은 일반적인 신학 담론이 아니다. 특정한 지역에 살고 있는 구체적인 사람들에게 보내는 사적인 글이다. 바울은 아직 로마에 가본 적이 없지만 로마에 살면서 하나님을 섬기는 많은 이들의 이름을 알고 있었다. 로마서 마지막 부분에서 우리는 그 이름들을 볼 수 있다(16장).

하지만 로마서 1장 16절부터 시작하는 본론에 들어가면 이러한 개인적인 관계에 대한 맥락을 놓치기가 쉽다. 이 지점부터 바울의 풍성한 대인 관계의 분위기가 수그러들고 거대한 신학적 진리가 맹렬한 불길처럼 타오르는 듯 보이기 때문이다. 하지만 그것은 외관상 그렇게 보일 뿐이다. 비록 바울의 관심은 비록 개인들보다는 유대인과 이방인이라는 집단 범주를 선호하는 것처럼 표현되지만, 그의 관심은 여전히 공동체의 형성, 즉 성도들의 '교제(communion)'와 깊이 관련되어 있었다. 바울은 자신이 이방인에 대해 우월감을 느끼는 유대인들과, 이스라엘에 대해 우월감을 느끼는 이방인들을 상대하고 있음을 알고 있었다. 그러나 바울은 회중들을 분류하고 나누는 목회자가 되는 것을 거부했다. 이방인과 유대인이 영적인 유대를 형성하려면 서로에게 개방된 공동체에서 살아가는 일이 급선무였다.

로마서 1-8장에서 바울은 유대인들의 문제를 다루고 있다. 그들은 이스라엘과 예수님 안에 나타난 하나님의 역사적 계시에 밝은 내부인들이었다. 유대인들은 민족적인 차이를 특권의 표시로 사용했고,

자신들을 이방인보다 우월한 위치에 두었다. 바울은 하나님의 의에는 "차별이 없다"(롬 3:22)는 점을 분명하고 거침없이 주장했다. 바울이 제기한 강력한 신학들은 이방인들보다 우월한 특권을 주장하는 유대인들의 온갖 전제를 분쇄하기 위한 의도에서 비롯되었다. 이방인들에 대해 스스로를 높이려는 유대인들의 태도를 바로잡으려 했던 것이다.

로마서 8장까지 이어지는 이 내용이 다소 과도하다는 인상을 줄지도 모르지만, 그와 같은 확고한 신학은 반드시 필요했다. 이 신학적 주장들은 매우 정교하게 제시되었고, 기독교 사상의 근간이 되었을 뿐 아니라 모든 부분에서 광범위한 영향을 주었지만, 그 때문에 우리는 오히려 종종 명백한 사실을 간과하기 쉽다. 즉 이 신학은 단지 이론으로만 선포된 게 아니라, 우월감이나 특권의식에 따른 분열과 차별이 없는 기독교 공동체를 세우고 양육하는 데 전적으로 쓰이고 있는 것이다. 바울이 그토록 치밀하게 신학적 주장을 힘주어 설파하는 주목적이 다름아닌 신앙 공동체의 확립이었다는 말이다.

9-11장에 이르면 형세가 뒤바뀐다. "내가 이방인인 너희에게 말하노라"(롬 11:13). 바울은 이방인들에게 이스라엘을 경멸하거나 배제하지 말라고 경고했다. 자신들도 하나님의 은혜와 구원의 길에 내부인으로서 포함된 사실을 깨달은 이방인들은 유대인에게서 제거된 특권을 자신들이 차지했다고 생각하기 쉬웠다. 이제 반대로 이방인들이 유대인들을 경멸하고 배제하는 위험이 생긴 것이다. 말하자면 차별의 주체와 대상이 역전된 것이다.

　　　　　　　　　　　　　　　　불필요한 목회자

바울은 1-8장에서 유대인들에게 이방인들을 배제하지 말라고 권고한다. 유대인들 역시 이방인들과 동일한 차원의 죄인이라는 사실을 상기시킨다. 9-11장에서는 이방인들에게 유대인을 배제시키지 말라고 충고한다. 그는 하나님께서 이방인들을 구원의 나무에 '접붙이신' 그런 비밀 덕분에 그들이 구원의 방주에 들어왔다고 주장한다. 돌감람나무가 참감람나무에 접붙임을 받았다는 바울의 심상, 즉 이방인들이 하나님의 일하심과 은혜로 구원받았다는 사실은 꺾여져 버려진 원가지(유대인)의 심상과 대비되고 있다("그들을 [다시] 접붙이실 능력이 하나님께 있음이라", 롬 11:23). 유대인들은 꺾여 나갔지만, 다시 접붙임 받을 수 있다. 마찬가지로 이방인들도 자신들이 기적적인 능력을 힘입었다고 해서 특권적 위치를 갖는 것이 아니며, 유대인 역시 하나님의 비밀로 말미암아 다시 은혜를 입게 될 것이다.

바울은 두 부류의 회중에게 다른 방식으로 논증하지만, 그 결론은 같다. 1-8장에서 유대인들에게 "모든 사람이 죄를 범하였으매"(롬 3:23)라는 죄의 논리를 펴는 것과, 9-11장에서 이방인들에게 "죽은 자 가운데서 살아나는 것"(롬 11:15)이라는 논리를 펴는 것은 결국은 같은 효과를 낸다. 그리스도인의 공동체에는 일등석과 이등석, 내부자와 외부자를 가르는 어떤 분류도 있을 수 없다. 우리는 모두 일등석 죄인들이고, 모두 하나님의 감람나무에 기적적으로 접붙여진 존재들이다. 요컨대 바울은 이렇게 말하는 셈이다. "당신들은 모두 기적적으로 구원받았습니다. 당신들은 모두 죄인입니다. 그러나 동시에 모두 기적입니다."

구성원 사이의 상호성이 없는 곳에는 공동체가 있을 수 없다. 특권 의식은 교만의 온상이다. 교만이 집단적으로 정당화되는 순간, 그 교만은 모든 구성원을 더럽힌다. 어떤 종류든 간에 구성원을 분리하는 것은(유대인/이방인, 부유한 자/가난한 자, 젊은이/늙은이, 자본가/노동자, 여성/남성, 흑인/백인, 성직자/평신도, 지식인/무지한 사람)은 신앙 공동체의 파괴를 불러온다. 공동체 안에서 다른 구성원들과 자신을 구분함으로써 정체성을 발견하는 순간, 우리는 다른 구성원들을 잃게 되고 예수님의 복음은 무너져내린다.

로마서 1장부터 11장까지의 내용은 공동체를 이루기 위한 바울의 치열한 투쟁이다. 그리고 12장에 이르러서 그는 그 공동체를 얻게 된다. 공동체는 쉽게 만들어지지 않는다. 시작부터 존재하지 않는다. 공동체가 온전히 형성되기 위해 로마서 1-11장이 필요했던 것이다. 그런 다음 바울은 12장에 들어와서, 서로에 대해 바르게 인식하고 어떤 형태로든 서로를 분리하려는 모든 고정관념으로부터 벗어난 마음을 가진 이들에게, 비로소 공동체로서의 삶을 가르친다.

바울의 강력한 논증과 상징들에 의해 이제 유대인과 이방인은 나란히 서 있게 되었으며, 서로를 동등한 존재로 인식하고 한 가족의 형제자매로 여기게 되었다. 신앙 공동체 안에서 유대인들이 이방인들을 뒷자리로 밀어내거나, 이방인들이 유대인을 구석으로 몰아낼 동기나 변명은 자리잡을 곳이 없다.

바울은 로마서 마지막 부분(12-16장)에서 그들 모두를 한 형제로 부르며 공동체를 이루고 영위하는 삶에 대해 교훈한다. "그러므로 형

불필요한 목회자

제들아 내가 하나님의 모든 자비하심으로 너희를 권하노니"(롬 12:1). 그리고 그는 이 서신을 유대인과 이방인의 이름을 구분 없이, 인종이나 종교적 구분 없이 섞어가며, 총 35명의 이름을 언급하는 화려한 마무리로 끝맺는다.

바울은 그들을 분리된 개인이나 집단으로 부르지 않았다. 그들은 신앙 공동체였다. 신학적으로만 이해할 수 있고 또한 그 논리로만 성립될 수 있는 공동체였다. 즉 하나님께서 성령을 통해 그리스도 안에서 행하신 사역에 근거할 때만 이루어질 수 있는 공동체였다. 그러므로 그 공동체는 목회적으로 다루어야만 한다. 하나님 안에서 한 공동체로서 친밀한 관계를 맺고 있는 존재들로 대할 때에만 가능한 것이다. 목회신학은 추상적인 진리에 관심을 기울이지 않고, 사적 개인들에게만 치중하지도 않는다. 목회신학의 관심은 그리스도 안에서 오직 성령에 의해 형성되는 공동체에 있다.

스스로 필요하다고 여기는 목회자는 사람들을 관리한다. 그들을 조직화하고 나이, 성별, 인종, 그리고 다른 기준에 따라 분류한다. '불필요한' 목회자는 자신이 직접 참여하는 공동체를 만들어낸다.

나는 농촌에서 자랐다. 아직도 농사를 짓고 있는 친구들은 젊은 시절 제초제와 살충제를 사용했던 경험담을 내게 들려주곤 한다. 당시 농업연구소의 직원들과 화학비료 회사의 영업자들이 찾아와, 해충을 박멸하고 질병을 제거하면 수확량과 효율성이 얼마나 늘어날 수 있는지를 수치와 연구자료로 제시하면서 강력한 약제를 사용할 것을 권유했다.

전문가들의 의견과 열성에 탄복한 농부들은 그들의 말에 따랐다. 결과는 놀라웠다. 생산량이 현저하게 증가했다. 하지만 그런 놀라운 일은 오래 가지 않았다. 몇 년이 지나고 나서야 그 약품들이 해로운 벌레나 병균만이 아니라, 좋은 미생물과 토양의 생명까지도 죽이고 있다는 사실을 깨달았다. 얼마 지나지 않아 밭은 생명력을 잃었고, 인위적인 비료 없이는 생산량을 유지할 수 없게 되었다. 토양은 더 이상 살아 있는 유기체가 아니었다. 그리고 그런 농토에서 재배하는 채소와 과일과 곡물을 사서 먹는 소비자들도 자신들이 섭취하는 음식물에 치명적인 유해 물질이 포함되어 있다는 사실을 알게 되었다. 그렇게 해서 '유기농'으로 되돌아가는 움직임이 시작되었다. 즉, 토양을 죽이지 않고, 그것을 먹는 사람들도 해치지 않는 방식으로 농산물을 재배하는 길을 다시 찾기 시작한 것이다.

나는 이런 이야기를 들을 때마다, 내가 경작하는 목회신학의 농토를 생각한다. 영적 리더십에 혁신적인 효과를 가져다준다고 약속하는 '살충제와 제초제'는 바로 합리주의와 기능주의다. 성경을 말끔하게 정리해주겠다는 학자들과 교회를 효율적으로 정비해주겠다는 교회 경영 전문가들이 등장했다. 자기들만의 놀라운 방법으로 우리의 성경적이고 신학적인 사고에서 무지와 오류를 몰아내고, 공동체와 제도의 운영에서 비효율과 낭비를 제거해주겠다고 약속했다. 우리는 그 약속을 받아들였고, 그들은 실제로 자신들의 약속을 어느 정도 이뤄냈다. 우리는 하나님과 성경에 대해 훨씬 더 많이 알게 되었고, 교회를 운영하는 데 있어서도 더 효율적이 되었다. 하지만 그 대가는 참혹하다. 신학은 점점 '우리와 함께하시는 하나님'에 관심이 없어졌고, 목회는 점점 '관계를 맺고 있는 사람들'을 다루지 않게 되었다.

목회자와 신학이 그 성경적 근원으로부터 분리되고, 그 이후 전문화 과정을 거치면서 서로까지 분리되고 나면, 결국 모두가 피해를 입고 만다. 바울은 로마서에서 유기적이고 성경적인 목회 신학을 회복하는 데 필요한 본질적인 힘이 어떤 것인지 보여주었다. 그는 바로 자기 자신을 제시한다. 성경 앞에 철저히 복종하고, 하나님의 비밀에 온전히 열려 있고, 은유적인 언어에 생생히 반응하며, 공동체의 하나 됨을 끝까지 지켜가는 목회자로서 말이다.

나는 리젠트신학교에서 열린 목회자 컨퍼런스에서 청지기 훈련 프로그램을 진행하는 교회들이 '특급 우편 배달부'를 길러내고 있다고 말했다. 직분자들을 훈련시켜 교인들의 집에 보내 교회에 출석하겠다는 약속(심지어는 헌금 약정)을 행랑에 모아서 가져오게 한다고 말했다. 그 자리에 모였던 목회자들이 모두 웃음을 터뜨렸지만, 그 말은 사실이다. 그런 프로그램들은 실제로 존재한다. 왜 우리는 우리를 향한 하나님의 크신 사랑을 이야기하지 않는가? 왜 우리는 관대하고 진실한 마음으로 함께하기 원하는 환대에 대해 말하지 않는가? 왜 우리는 재정이 절실하게 필요한 공동체의 사명에 대해 말하지 않는가? 어쩌면 우리의 교회는 청지기 훈련 프로그램 같은 수단에 의존하고 있지 않을지도 모르겠다. 그러나 교회의 다른 영역에서는 문제가 될 수 있는 방법들을 사용하고 있다는 것을 솔직하게 시인하지 않으면 안 된다.

내가 가장 관심을 갖고 고통스럽게 여기는 부분은 그와 같은 방법들이 예배 시간에도 시행되고 있다는 것이다. 그런 현상이 나타나는 원인은 오늘날 많은 교회들이 사람들을 끌어들이기 위해 마케팅 전략에 의존하고 있기 때문이다.

5
통치와 권세에 맞서 승리하라는 부르심

마르바 던

우리는 하나님 안에서 함께 배워가는 신앙 공동체라는 것을 먼저 기억하자. 하나님께서 우리와 함께 계신다.

기도: 삼위일체 하나님, 우리가 이 세상에서 활동하는 악한 권세들을 생각할 때마다, 그것을 진지하게 받아들이게 하시되, 더불어 그리스도가 십자가와 빈 무덤을 통해 이미 승리하셨다는 사실을 기억하게 하소서. 그리스도의 승리를 바탕으로 이 세상을 현실적으로 바라볼 수 있는 용기를 주소서. 우리가 맞닥뜨려야 하는 온갖 싸움을 너무 심각하게도 너무 가볍게도 받아들이지 않도록 강한 믿음을 주셔서, 우리로 하여금 싸움의 출발점이 어디인지, 그리고 그것에 맞서 승리할 근원이 어디 있는지를 선명하게 보게 하소서. 우리가 자신의 죄를 회피하기 위

해 통치와 권세들을 희생양으로 삼는 잘못을 하지 않도록 도우소서. 그와 반대로, 주님의 교회를 섬기로 자로서 우리의 정체성을 오히려 흐리게 하는 다양한 세력들을 분별할 수 있는 안목을 주옵소서. 오늘 우리의 학습을 통해 그러한 권세들이 무엇인지 확연히 드러나게 도우소서. 그 정체를 밝히 드러냄으로써 그들이 무장 해제되게 하시고, 그럼으로써 우리가 세상 권세를 이기신 그리스도의 승리에 동참하게 하소서. 이 모든 것을 우리는 확신 가운데 구합니다. 악한 자의 온갖 역사에 담대하고 굳건히 맞서는 것이 바로 우리를 향한 주님의 뜻임을 알기 때문입니다. 예수 그리스도의 이름으로 기도합니다. 아멘.

앞에서 유진 피터슨 교수가 목회자들이 느끼는 거짓된 '필요함'을 대부분 드러내준 것에 진심으로 감사드린다. 그 과정에서 피터슨 교수는 하나님의 비밀을 모두 설명하려 드는 자들을 지적했고, 그것은 어떤 식으로든 나를 향한 꾸짖음이 되었다. 참으로 슬픈 일이 아닐 수 없다. 나는 만성적으로 무엇이든 자세히 설명하려 드는 사람이기 때문이다. 이번 장은 더더욱 설명에 치중하게 될 것이다. 무엇보다, '통치와 권세(principalities and powers)'라는 주제가 상당히 잘못 이해되고 있기 때문이다. 피터슨 교수의 부드러운 경고는 내가 가지고 있는 덜 바람직한 습관들로부터 물러서도록 도와주었다. 그래서 나는 지금 이렇게 기도한다. 나의 설명이 하나님의 비밀에 대한 경외로 가득하기를 바라면서, 동시에 나의 설명을 통해 도전적이며 논란이 되는 성경의 주제가 명확하게 드러나기를 기도한다.

'권세들(the powers)'이라는 주제에 관한 여러 오해들은 복음주의 계열에서 펴낸 무수한 책들이 만들어낸 것들이다. 특히 프랭크 페레티(Frank Peretti)[1]의 소설이 이에 해당한다. 내가 페레티의 작품을 아주 무시하고 깎아내린다고 성급하게 결론내리지 말기 바란다. 그의 소설은 독자들에게 몇 가지 중요한 선물을 제공했다. 그 가운데 악의 세력에 대항하는 영적 전투에서 기도가 차지하는 중심적인 역할에 대한 관심을 불러일으킨 것은 가장 뛰어난 선물이다. 문제는 그의 작품이 '통치와 권세'를 우리 주위를 "날아다니며 유황을 뿜는 작은 악마들"이라는 희화화된 모습으로 축소시켜놓았다는 데 있다. 그 결과 우리는 권세들이 이 세상에서 활동하는 다양한 방식들을 놓치고 말았다.

또다른 오해는 통치와 권세들을 일종의 회피수단으로 이용하려한다는 것이다. 즉 우리의 모든 문제를 이 보이지 않는 세력 탓으로 돌려버리고, 그로 인해 정작 우리 자신이 심각한 죄인이라는 깊은 진실을 외면하게 만드는 것이다. 우리 자신을 좀더 정직하게 알기 위해서는, 한 가지 결정적인 변증법적 긴장 속에서 씨름해야만 한다.

내가 강의실에서 '변증법(dialectic)'을 설명할 때는 팔꿈치를 이용한 동작을 시범으로 보인다. 이 글을 읽는 독자들도 지금부터 설명하는 자세를 따라해보기 바란다. 기도하듯이 두 손을 모든다. 그리고 팔꿈치를 들어 양옆으로 수평이 되게 벌린다. 그런 다음 손가락의 교차 위치를 바꾸어, 양손이 서로를 강하게 당기게 한다. 팔꿈치는 계속

---

1 Frank E. Peretti, *This Present Darkness*(Westchester, IL: Crossway Books, 1986).

수평을 유지한 채 벌리고 있어야 한다. 이제 상상해 보자. 각각의 팔꿈치는 하나의 '진리'를 나타낸다. 두 진리는 겉보기에는 서로 모순되는 것처럼 보일 수 있다. 하지만 이 두 진리를 균형 있게 유지하려면, 중심에서 양손이 똑같은 힘으로 당겨야 한다. 손이 계속 단단히 맞잡고 있어야 어느 한쪽으로 치우치지 않는다. 계속 강하게 당기면서 균형을 유지하는 그 상태, 그것이 바로 변증법적 긴장이다.

예를 들어, 왼쪽 팔꿈치는 예수님이 진정한 하나님이라는 진리이고, 오른쪽 팔꿈치는 그분이 진정한 인간이라는 진리라고 가정해보자. 교회 역사에서 있었던 대부분의 이단들은 이 두 가지 진리 가운데 어느 한쪽에만 치우쳤기 때문에 생겨났다.

에비온파(Ebionism)는 성육신을 부인하고 예수님께서 순전한 인간이었다고 주장한다. 가현설(假現說)을 주장하는 이단은 그리스도가 하나님이시며 그분의 인성은 환영(幻影)일 뿐이라고 말한다. 이런 이단들은 오늘날에도 여전히 여러 '예수 탐구 운동'이나 영지주의적 오해 속에서 형태를 바꾸어 존재하고 있다. 역사 속에서는 예수님의 신성과 인성에 관한 이런 변증법적 균형을 두고 수많은 논의들이 있어왔다. 훌륭한 신학 사전을 보면 사벨리우스파, 아리우스파, 아폴리나리우스파, 네스토리우스파, 유티키아누스파, 단성론 등 온갖 명칭들이 등장한다.

교회 내에서 이루어진 교리의 발전은 신학적인 혼미함에서 비롯된 공허한 운동이 아니었다. 건전하고 튼튼한 교리 체계를 세우는 일은 모든 신앙인들을 위해 필수적인 과정이었다. 그래야 교회가 온전히 형성될 수 있기 때문이다. 또한 흔들리지 않는 교리 체계가 있어야 성경에서 말하는 구속주와 심판주이신 예수 그리스도의 모습을 제대로 알고 확실히 믿을 수 있다.

가장 유익한 변증법 중 하나로, 마르틴 루터의 통찰력 있는 주장은 우리에게 많은 유익을 준다. 그는 "우리가 전적으로 의로운 자들인 동시에 전적으로 죄인(simul justus et peccator)"이라고 말했다. 이 두 진리를 양쪽 팔꿈치에 올려놓고 중심에서 당겨보라. 그러면 그것이 그리스도인의 삶에서 얼마나 중요한 긴장인지 확인할 수 있다.

이 두 진리의 균형을 유지하지 않으면, 우리는 우리의 죄악 때문에 깊은 절망에 빠질 수 있다. 자신을 주의깊게 살펴보라. 당신은 심각한 죄악들을 제거해야 한다. 그러나 당신이 죄악을 몰아내고 스스로 선하다고 자축할 때 교만이라는 비열한 죄악이 슬며시 다가오고 있다는 사실을 잊지 말라.

많은 그리스도인들이 자신들의 영적 퇴보에 대해 망연자실한다. 너무 실망한 나머지 자신에게 믿음이 있는가 하고 근본적인 회의를 품게 된다. 그러나 명백한 사실은 우리 모두 죄인이라는 것이다. 그것이 인간의 본바탕이며 '육신'의 원리다. 내가 이것을 강조하는 것은 우리의 죄를 변명하기 위함이 아니다. 이 무서운 진리를 직면함으로써 우리 스스로를 제대로 이해하도록 돕기 위한 것이다. 그러나 이것은 진리의 한쪽, 하나의 팔꿈치일 뿐이다.

다른 한 쪽에는, 우리가 성도라는 사실이 있다. 이는 예수 그리스도의 공로로 말미암아 하나님께서 우리를 의롭다 선언하시고, 성령께서 우리 안에서 역사하시며 우리로 하여금 거룩한 삶을 살게 하신다는 의미다. 우리가 성도임을 알고, 하나님과 연합된 삶을 사는 것은 변화의 동기이자 수단이 된다. 우리는 이미 죄에서 해방되었고, 이미 거룩하다 칭함을 받았으며, 이미 그리스도의 죽음과 부활 안에서 그분과 연합되었다. 그러므로 이제 우리가 사는 것이 아니라 그리스도가 우리 안에서 사신다. 3장에서 우리가 묵상했던 그리스도의 보혈과 그 보혈이 상징했던 그리스도의 모든 사역을 기억해보라. 그리스도가 이미 당하신 희생과 그의 보혈을 통해 주어진 우리의 거룩함을 생각한다면, 우리는 변화를 감행할 용기와 소망을 발견할 수 있을 것이다. 더 나아가 우리는 더 이상 자기 힘으로 살지 않게 된다. 이제 성도가 된 자들은, 정교회의 신화 교리처럼, 그리스도께서 성령의 능력으로 우리 안에 살아 계심으로 말미암아 하나님이 하시는 일에 동참하게 된다.[2]

하나님께서 우리를 변화시키시는 중에도, 우리는 이 세상에서는 완전해지지 않는다. 우리의 악한 성향이 완전히 사라질 종말의 날까지는, 그 오래된 '죄의 팔꿈치'는 계속 당기고 있을 것이다. 하지만 그 때마다 우리는 즉시 '성도' 쪽에 주목해야 한다. 그때 우리는 변화의

---

2 Carl E. Braaten and Robert W. Jenson, eds., *Union with Christ: The New Finnish Inter-pretation of Luther*(Grand Rapids: Wm. B. Eerdmans Publishing co., 1998). 동방정교회에서는 '신화(theosis)'의 개념을 교부들의 신조로 요약했다. "하나님께서 인간이 되신 것은 (신성을 잃지 않으면서) 인간이 하나님이 되기 위함이다(인간됨을 잃지 않으면서)." Kenneth Paul Wesche, "Eastern Orthodox Spirituality," *Theology Today* 56, no. 1(April 1999): 29-43.

불필요한 목회자

참된 근원을 기억할 수 있다. 세례(침례)의 은유는 참되고 온전한 진리를 깨닫도록 도와준다. 우리는 세례를 받을 때 옛 자아는 물 속에서 죽이고 그리스도와 함께 새 생명으로 다시 살아났다. 그 새로운 생명, 즉 '우리 안에 계신 그리스도'에게 집중하라. 그리하면 우리는 성도답게 살아가게 된다. 그리고 바로 그것이 전적으로 "그리스도 안에 있는 나"이기 때문에, 우리는 오히려 우리가 얼마나 '불필요한' 존재인지를 진정으로 배울 수 있다!

그것은 마치 어두운 밤에 2차선 도로에서 운전하는 것과 같다. 우리는 마주 오는 차의 전조등을 뚫어지게 쳐다봄으로써 사고를 피하지 않는다. 오히려 그렇게 하면 그 불빛 쪽으로 핸들을 돌릴 위험이 있다. 운전 교육에서는 우리 쪽 차선을 바라보도록 가르친다. 죄와의 충돌을 피하는 것도 이와 비슷하다. 우리는 '성도' 쪽에 집중하되 성령의 진리와 그리스도를 신뢰하면서, 그분이 우리 길을 바르게 인도하시고 새 생명으로 살게 하심을 믿어야 한다.

앞서 말한 우리의 죄성에 관한 모든 통찰은 이 지점에서 반드시 필요하다. 그렇지 않으면 우리는 통치와 권세들을 연구하면서 스스로를 변명하려 들 수 있다. 사실, 악의 세력은 우리가 그들과 공모할 때 힘을 얻게 된다. 동시에, 단순히 우리의 개인적인 죄성만을 아는 것만으로는 충분하지 않다. 우리는 이 복합다단한 세상의 깨어진 현실과 그 안에서 권세들이 작동하는 방식을 좀더 정확히 알아야 한다.

'통치와 권세'에 대한 성경의 묘사

'악(evil)'에 대한 의미론적인 영역부터 생각해보자. 이 범주에는 여러 단어가 포함될 수 있다. 통치자들(principalites), 주관자들(rulers), 권위자들(authorities), 권세자들(powers), 죽음(death), 귀신들(demons), 악한 천사들(bad angels), 사탄(Satan), 마귀(the Devil) 등등.[3] 하지만 통치와 권세를 천사와 귀신들과 동일시하는 것은 해석학적 오류다.[4] 성경의 용어 체계는 서로 다르게 작동한다. 물론 여러 본문에서 이 용어들이 다양한 조합으로 나열되어 악의 다양한 존재들을 강조하기도 하지만, 정확한 구별이 필요하다. 예를 들어, 에베소서는 천사 자체에 관심을 두고 있지 않지만, 6장에서 우리가 권세들에 맞서 싸우기 위해 반드시 알아야 하는 중요한 단서들을 제공해준다.

그렇다면 이제는 인간이 우상 숭배를 선호하고 만들어내는 성향에 대해 생각해보자. 우리는 무언가 중요한 것, 귀하게 여겨야 할 필요가 있는 것에 대해 합당한 가치를 부여한다. 하지만 그것이 어느 순간 그 경계를 넘어 우리 삶에서 과도하게 중요한 것으로 자리잡고, 마침내는 하나님의 자리를 침범하기 시작한다. 예를 들어, 우리는 하나

---

3 전반적인 의미론은 월터 윙크(Walter Wink)가 저술한 세 권의 시리즈 가운데 첫 번째 책에 상세히 서술되어 있다. *Naming the Powers: The Language of Power in the New Testament*(Philadelphia: Fortress Press, 1984).

4 이 주제에 대한 심도 깊은 설명은 다음 책을 참고하라. Marva J. Dawn, "The Concept of 'The Principalities and Powers' in the Works of Jacques Ellul"(Ph. D. dissertation, University of Notre Dame, 1992).

님을 삶 속에서 유일한 참 신이신 하나님으로 인정해야 하지만, 돈과 물질을 신처럼 여기기도 한다. 물질을 잘 관리하는 선한 청지기가 되는 것은 너무나도 바람직한 일이다. 그것이 신앙의 기본 원리다. 하지만 그 원리를 따른다는 핑계로, 성경이 교훈하는 바 '너그러운 자'(딤전 6:18)가 되지 못할 만큼, '지나치게' 선한 청지기가 된 적은 없는가?

바울은 이 주제를 고린도전서 8장 4절에서 좀더 선명하게 전개한다. "우상은 세상에 아무것도 아니며 또한 하나님은 한 분밖에 없는 줄 아노라." 5절에는 이렇게 덧붙였다. "비록 하늘에나 땅에나 신이라 불리는 자가 있어 많은 신과 많은 주가 있으나." 서로 모순되는 것처럼 보이는 이 두 구절을 어떻게 받아들여야 할까? 우리는 어떻게 신이 아닌 것(not-gods)이 신(gods)이 되는가에 대해 물어야 한다.

유형적인 실체로 존재하지 않는 어떤 것도 인간이 그것을 숭배하는 때부터 신이 된다. 심지어, 아니 어쩌면 오히려 우리가 그것을 숭배하고 있다는 사실조차 인식하지 못할 때 더 그렇게 될 수 있다. 우상 숭배는 결국 인간의 제작품이다. 이것은 우리 인간의 죄성이라는 문제로 다시 돌아가게 만든다.

전적으로 동일하지는 않지만 '권세들'도 그와 유사한 과정을 거친다. 차이가 있다면 권세들은 이미 존재한다는 것이다. 인간이 만들어 낸 게 아니다. 그것들은 이미 하나의 경향성, 힘, 잠재 가능성, 제도 등으로 이미 존재한다. 이 권세들이 우리에게 어떻게 영향을 미치고, 우리가 그들에게 어떤 영향을 주는지는 에베소서 6장을 더 깊이 살펴볼 때 알 수 있다. 지금 이 지점에서 우리가 주목해야 할 것은, 성경이 '권세들'의 본질을 우리에게 명확히 설명해주지 않는다는 사실이다. 우리는 그들이 정확히 어떤 '존재'인지를 알 수 없다. 우리는 다만 그들이 어떻게 기능하는지를 통해, 무엇이 잘못되었는지를 볼 수 있을 뿐이다.[5]

이제 성경이 권세들에 관해 말해주는 주요 내용들을 간단히 살펴보자. 지금 여기서 관련 구절들을 철저히 주해할 만한 여유는 없지만, 에베소서를 읽는 데 도움을 주는 핵심 구절을 정리해볼 수는 있다.

> 1. 만물이 그에게서 창조되되 하늘과 땅에서 보이는 것들과 보이지 않는 것들과 혹은 왕권들이나 주권들이나 통치자들이나 권세들이나 만물이 다 그로 말미암고 그를 위하여 창조되었고(골 1:16).

바울은 이 본문에서 권세들 역시 원래는 하나님의 선하신 창조의 일부였고 선한 목적을 위해 창조되었다는 것을 인정한다. 이 대목에서 짚고넘어갈 것이 있다. 오늘날 이 세상에서 힘을 발휘하는 권세들을 언급할 때, 단순히 내가 과거 시대로 돌아가고 싶어한다고 오해하지 않았으면 한다.

한 가지 예를 들어보자. 기술(technology)은 권세들 가운데 하나다.

---

5 이에 대한 내용은 다음 책에 명확하게 설명되어 있다. Jacques Ellul, *The Subversion of Christianity*, trans. Geoffrey W. Bromiley(Grand Rapids: Wm. B. Eerdmans Publishing Co., 1986). 나는 엘륄이 '권세'를 단지 기능에만 국한시킨 방식에는 동의하지 않는다. 하지만 우리가 권세의 본질을 파악하려 하면서도 정작 잘못된 것을 찾고 있다는 사실을 간파했다는 점에서는 탁월하다. 『뒤틀려진 기독교』(대장간)

기술이 나쁘다는 말이 아니다. 기술은 여러 좋은 목적을 위해 이용된다(책을 쓰는 일이 크게 쉬워진 것도 그 가운데 하나다). 내가 말하고 싶은 것은 기술이 종종 소외감을 일으키는 힘, 인간 관계를 왜곡하는 권세가 되곤 한다는 점이다. 기술은 대부분의 경우 선한 의도로 만들어졌지만, 그 안에는 반드시 억제되어야 할 경향성이 존재한다.

당신과 내가 선한 목적을 위해 창조되었지만 타락한 것처럼, 통치와 권세들도 이 세상의 타락과 함께 부패했고 악을 조장하는 데 일익을 담당한다. 권세들은 제대로 사용되기만 하면 신의 자리에 오르지 못한다. 원래 창조된 목적에 따라 기능을 발휘한다면 하나님께 영광을 돌리고 하나님을 찬양하는 일에 이바지할 것이다. 하지만 우리는 모든 만물이 본래의 기능적인 범위 내에 머물러 있지 않은 타락한 세상에 살고 있다. 모든 것이 자신에게 허용된 경계를 넘어서려는 성향을 지니고 있다. 우리 역시 마찬가지다. 우리는 항상 우리 자신을 신으로 만들고 있다.

> 2. 피조물이 고대하는 바는 하나님의 아들들이 나타나는 것이니 피조물이 허무한 데 굴복하는 것은 자기 뜻이 아니요 오직 굴복하게 하시는 이로 말미암음이라. 그 바라는 것은 피조물도 썩어짐의 종 노릇 한 데서 해방되어 하나님의 자녀들의 영광의 자유에 이르는 것이니라(롬 8:19-21).[6]

---

6 나는 NIV 영어 성경을 사용했는데, 여기서 아들들(sons)이란 표현을 사용하기 때문이다. 이 단어의 성경적인 중요성은 3장에서 이미 설명했다.

권세들도 타락한 창조세계의 일부로서 부패의 성향을 가지고 있다. 모든 피조물은 인간이 세상 속으로 불러온 죄의 굴레에서 함께 탄식하며 인간의 타락이 만들어내는 파괴적 결과를 함께 겪는다. 권세가 본래의 경계를 넘어설 때, 죄로 인한 세상의 깨어짐이 불거진다. 하지만 그 깨어진 상태 그대로의 권세와 이 세상은 하나님께서 구원하고자 하신 피조 세계의 일부이기도 하다. 이후에는 권세의 변화 가능성에 대해서도 살펴보겠지만, 지금은 바울이 말한 '썩어짐의 종노릇'에 초점을 맞추겠다.

한 가지 예를 들면, 돈이 사람들을 통제하는 힘을 발휘하는 경우다. 돈이란 종이에 불과하다. 어쩌다 돈이 인간들 사이에서 그토록 중요한 것이 되었을까? 물론 간단하게 대답할 수 있다. 우리 삶에 필요한 것들을 구할 때 필요하기 때문이다. 그러나 우리는 진정으로 '필요한 것'이 무엇인가라는 의문도 많다는 사실을 알고 있다. 돈에 대해 질문을 던지기 시작하면, 우리는 그 신비로움에 놀라게 된다. 우리는 돈이 세상에서 초래하는 많은 문제들로 인해 슬픔을 겪기도 한다. 도대체 돈에는 어떤 영적인 '무언가'가 있어서 이렇게까지 힘을 갖게 되는 걸까?[7]

예수님께서는 그것을 '맘몬'이라 부르셨다. 그것은 우리가 하나님

---

[7] 이 주제를 다룬 유명한 책이 있다. Jacques Ellul, *Money and Power,* trans. LaVonne Neff(Downers Grove, IL: InterVarsity Press, 1984). Rodney Clapp, ed., *The Consuming Passion: Christianity and the Consumer Culture*(Downers Grove, IL: InterVarsity Press, 1998)도 참고하라.

불필요한 목회자

대신 주인으로 삼는 신이다. 돈은 종종 자기에게 주어진 경계를 넘어 맘몬이 된다. 우리가 돈을 하나님께 다시 돌리고, 절제하여 사용하고 관대하게 나누고, 다른 방식으로도 그 신성성을 없애버릴 때, 우리는 돈을 이길 수 있다. 그와 같은 승리에 관한 성경 구절을 살펴보자.

> 3. 내가 확신하노니 사망이나 생명이나 천사들이나 권세자들이나 현재 일이나 장래 일이나 능력이나 높음이나 깊음이나 다른 어떤 피조물이라도 우리를 우리 주 그리스도 예수 안에 있는 하나님의 사랑에서 끊을 수 없으리라(롬 8:38-39).

이 구절은 우리가 권세들에 대해 승리할 수 있음을 일러주는 놀라운 본문이다. 바울은 확신에 찬 선언을 통해, 어떤 것도 우리를 흔들 수 없다는 담대한 자신감을 드러낸다. 그는 그 확신을 헬라어 완료형 동사 '페페이스마이(pepeismai)'를 사용해 표현하는데, 이는 "나는 확신하게 되었고 지금도 여전히 확신하고 있다"는 뜻이다. 어떠한 악한 세력도 우리를 하나님의 사랑에서 끊을 수 없다는 것이다. 바울은 우리를 위협할 수 있는 열 가지 요소를 나열했다. 유대인들에게 10은 완전함을 뜻하는 숫자다. 따라서 이 목록은 우리를 하나님으로부터 분리시킬 수 있을 것처럼 보이는 모든 종류의 힘을 상징한다. 바울이 제시한 열 번째 요소인 '다른 어떤 피조물이라도'라는 표현은 "혹시 내가 중요한 걸 빠뜨렸을까 봐" 하고 암시하는 듯하여 웃음을 자아내게 만든다.

어느 것도 우리를 하나님의 사랑에서 끊을 수 없다. 결코 그 어느 것도 하나님의 사랑을 능가하는 힘을 가지고 있지 않다. 아무리 우리가 하나님의 손에서 미끄러지고 있다고 느끼더라도, 우리는 예수님으로 말미암아 확신을 품을 수 있다. "또 그들을 내 손에서 빼앗을 자가 없느니라 … 아무도 아버지 손에서 빼앗을 수 없느니라"(요 10:28-29).

'어떤 것도' 우리를 하나님의 사랑에서 끊을 수 없다는 사실을 기억하기 위해 그 '어떤 것'의 목록을 작성해보라. 질병이나 장애도, 원고 마감이나 고장난 휴대폰도, 기차 연착이나 꼬여버린 일정도, 하염없는 기다림이나 심지어 사망도, 그 어떤 것이라도 구세주의 사랑에서 우리를 끊을 수 없다. 하지만 우리는 너무나 자주 이런 일들에 휘둘린다. 그럴 때 그런 것들은 악한 권세가 된다.

4. 그가 모든 원수를 그 발 아래에 둘 때까지 반드시 왕 노릇 하시리니 맨 나중에 멸망 받을 원수는 사망이니라(고전 15:25-26).

사망은 그리스도가 물리치신 가장 마지막 원수지만, 우리의 일상에서는 가장 먼저 영향을 미치는 원수 중 하나다. 죽음의 불가피성이 우리의 행동에 어떤 방식으로 영향을 끼치는지 생각해보라. 왜 우리는 그렇게 자기 이름을 남기고 싶어하고, 중요한 인물로 기억되기를 바라는가? 왜 부모들은 자신이 이루지 못한 꿈을 자녀에게 기대하는가? 왜 우리는 약간의 건강 이상에도 두려워하고, 자신들의 건강 문제로 '우는 자들과 함께 울지' 못하는가? 사망이 가장 큰 원수라는 점을 가장 명백하게 드러내는 증거는, 사람들이 그것을 통제한다거나(안락사), 또는 조금이라도 늦추기 위해 안간힘을 쓴다는 사실이다.

그와 대조적으로, 따뜻한 감정으로 추억하는 나의 친구 토니에 대해 말하고 싶다. 토니는 말기 유방암이라는 진단을 받았다. 암이 척추와 뇌로 전이되며 병이 진행될 단계마다 토니는 의사가 제안하는 치료 방법을 귀기울여 들었다. 그리고 의사에게 물었다. "이번 치료를 받으면 얼마나 시간을 벌 수 있나요?" 그녀는 어린 자녀들을 키우는 데 모든 관심과 에너지를 쏟고 있었다. 또한 "이번 치료 과정에선 삶의 능력을 얼마나 잃게 되나요?"라는 질문도 했다. 만일 두 번째 질문의 답이 첫 번째 질문의 답보다 더 심각하다고 판단되면, 그녀는 치료를 거절하고 가족과 함께 자신의 죽음을 맞이할 생각이었다. 토니는 마지막 순간까지 '가족과 함께 소중한 추억 나누기'라는 가장 중요한 일을 방해받지 않기 위해, 불필요하다고 판단되는 의료적 조치는 거절했다. 그녀는 우리의 아버지시며 구주이시고 위로자이신 하나님을 향해 '집으로 돌아갈' 준비가 되어 있었다.

토니가 그런 방식으로 죽음을 받아들일 수 있었던 이유는, 그리스도가 맨 마지막 원수인 사망을 물리치셨음을 용기 있는 확신으로 믿었기 때문이다. 그녀와 하나님 사이에는 어떤 장벽이나 장애물도 존재하지 않았다. 우리는 주일마다 그리스도의 빈 무덤을 기리며 찬양한다.[8] 사망을 면전에서 비웃으며 즐거움의 함성을 외친다. "사망아

---

8   초대 교회와 유대교의 완전한 분리는, 주후 70년의 예루살렘 함락으로 촉진되었고, 주후 135년 바르 코크바[Bar Kochba] 반란 종식 이후 완결되었다. 이후 그리스도인들은 예수

네가 쏘는 것이 어디 있느냐"(고전 15:55).

솔직히 고백할 것이 있다. 나는 아직 죽기 전에 해야 할 일이 너무 많다고 느낀다. 그래서 사망은 여전히 나의 삶에서 자주 권세가 된다. 왜 나는 내가 '불필요한' 자라는 사실을 깨닫는 데 더딘 것일까?

5. 또 범죄와 육체의 무할례로 죽었던 너희를 하나님이 그와 함께 살리시고 우리의 모든 죄를 사하시고 우리를 거스르고 불리하게 하는 법조문으로 쓴 증서를 지우시고 제하여 버리사 십자가에 못 박으시고 통치자들과 권세들을 무력화하여 드러내어 구경거리로 삼으시고 십자가로 그들을 이기셨느니라 (골 2:13-15).

골로새서 2장에서 묘사하는 것처럼, 그리스도가 권세들에 대해 행하신 일들은, 우리가 감당해야 하는 싸움의 귀중한 본보기를 제공한다. 무엇보다, 그리스도는 권세들에게 복종함으로써 그들을 무장해제시키셨다. 그분은 힘으로 그들에게 맞서지 않음으로써 그들의 힘을 제거하셨고, 그 권세들의 실체를 만천하에 밝히 드러내셨다.

바울이 사용한 이미지는 신중하게 선택된 것이다. 고대 전쟁에서 승리한 장군은 대적들의 패배를 만천하에 알리기 위해 종종 그들을 구경거리로 삼아 대중 앞에 줄세워 걷게 했다. 그리스도는 겟세마네 동산에서 배반자 유다에게 자신을 내어주시는 방식으로, 맘몬의 실

님의 부활을 기념하여 일요일을 '주님의 날'로 부르며 안식일처럼 예배의 날로 삼았다.

불필요한 목회자

체를 드러내셨다. 유다는 피값으로 받은 은삼십을 직면할 수 없었고 결국 그 돈을 성전에 내던지고 말았다. 이 일을 통해 예수님께서는 위선적인 종교, 잘못된 정치, 로마의 압제, 공허한 허세, 잔인한 폭력까지도 낱낱이 드러내셨다. 이 모든 것들을 십자기 위에서 공개적으로 무력화시키심으로써 그 거짓됨이 만천하게 드러나게 하셨고, 우리 역시 그 거짓 권세들을 분별하고 이겨낼 수 있게 되었다.

이번 장의 목표 가운데 하나는 진정한 사역을 파괴하려 하고, 우리를 '필요한' 존재처럼 느끼게 하면서 오히려 속박하는 여러 '권세들'을 구체적으로 밝히는 것이다. 그것들을 하나하나 분명하게 인식할 수 있을 때 우리는 그것들에 맞설 수 있으며, 에베소서 6장에서 언급된 장비들을 사용해 싸울 수 있게 된다.

6. 그[그리스도]는 하늘에 오르사 하나님 우편에 계시니 천사들과 권세들과 능력들이 그에게 복종하느니라(벧전 3:22).

베드로 사도는 핍박을 당하고 있는 독자들이 신앙을 굳건히 지키도록 힘을 주기 위해 이 본문에서 영광스러운 광경을 묘사하고 있다. 언젠가 로마 황제와 같은 권세들은 높이 들리신 그리스도에게 굴복하게 될 것이다. 그리고 우리가 그 장면을 보게 될 것이다.

그러나 악한 통치와 권세들은 여전히 그리스도인들을 계속 핍박하고 있다. 수단과 중국에서 박해가 이어지고, 팔레스타인 그리스도인들과 무슬림들의 집이 유대인 정착촌 건설을 이유로 불도저로 파괴

되고 있다. 미국에서는 인본주의를 앞세운 다양한 군상들이 일시적이지만 보다 은밀한 방식으로 박해를 자행한다. 그 '일시적'이라는 것이 우리의 예상보다 꽤 오랜 세월 이어진다 하더라도, 베드로는 확신에 찬 어조로 우리에게 말한다. 모든 악의 세력들에 대한 최종 승리는 십자가에서 시작되었고 최종 마무리될 것이다. 그리하여 그리스도의 우주적 통치가 온전히 실현될 것이다.

나는 통치와 권세들이 성경적으로 볼 때 천사들과 귀신들과는 구분되는 존재라는 점을 강조했다. 그럼에도 이 존재들이 종종 함께 언급된다는 것은, 이 모든 존재들이 인간적인 차원을 넘어서는 더 큰 힘을 가졌다는 사실을 우리에게 상기시킨다. 에베소서에는 '하늘에 속한' 또는 '하늘에 있는' 같은 표현이 자주 등장한다. 이것은 지리적인 위치를 가리키기 위함이 아니라, 이 세상의 물리적 현실을 넘어서는 영적 실체에 대한 우리의 인식을 고양시키려는 목적이 있다고 본다.

이처럼 거대한 영적 세계의 현실감을 진지하게 받아들이기 전에는 그러한 권세들에 맞설 수 없음을 우리는 깨달아야 한다. 왜 미국은 마약 문제를 해결하지 못하는가? 정부의 모든 노력들이 그저 인간적인 수준에만 머물고 있다는 데 문제가 있다. 우리는 맘몬이 지닌 영적인 영향력을 제대로 이해하지 못하고 있다. 맘몬은 부패한 경찰관이나 국경 수비대를 매수하고, 마약을 파는 것 외에는 생계 수단이 없는 빈민가의 아이들을 이용하며, 단순 농작물을 재배하는 것에도 훨씬 미치지 못하는 적은 소득을 얻는 농민들을 미혹해 마약 생산과 유통을 장악한다.

불필요한 목회자

게다가 우리는 마약 소비와 중독을 야기시키는 영적인 진공 상태도 제대로 이해하지 못하고 있다. 단지 마약 근절을 위해 예산을 쏟아붓고 경찰 인력을 증원하더라도, 우리 문화가 계속해서 영적인 의미와 진정한 궁휼을 갈구하는 사람들의 신음에 귀기울이지 않는다면 마약 문제를 근원적으로 해결하기란 불가능하다. 우리는 이 문제의 영적 뿌리를 다루어야 하며, 그것을 움직이는 통치와 권세들의 실체를 제대로 이해해야 한다. 그와 다르게 바울은 다음 구절에서 영적 세계와 인간 세상의 연결성을 부각시킨다.

7. 이 지혜는 이 세대의 통치자들이 한 사람도 알지 못하였나니 만일 알았더라면 영광의 주를 십자가에 못 박지 아니하였으리라(고전 2:8).

이 구절은 우리에게 변증법의 다른 측면을 생각하게 한다. 즉 통치와 권세들의 영적 실체뿐 아니라 그들이 활동하는 인간적 차원도 함께 볼 수 있어야 한다는 것이다. 예수님 시대에 있었던 통치자들은 가야바, 빌라도, 헤롯과 같은 인물들이었다. 이들의 이름이 직접 거론되지는 않지만, 예수님을 십자가에 못 박은 사건이 암시됨으로써 권세들이 종교적이고 정치적인 인간의 영역에서 기능하고 있음을 보여준다. 두렵게도, 이것은 오늘날 교회들 또한 선을 위한 도구가 아닌 악을 위한 권세로 작용할 수 있다는 불편한 사실을 경고해 준다.

통치와 권세들의 영적인 측면과 물리적인(인간적인) 측면의 견고한 논리적 균형을 유지하는 것은 반드시 필요한 일이다. 프랭크 페레티와 같은 이들이 쓴 책의 영향을 받은 많은 복음주의자들은 이 균형을 잃고 초자연적인 영역에만 기울어지는 경향이 있다. 이런 현상은 몇 년 전 〈크리스채너티 투데이〉에 실린 '유두고와 그의 친족(Eutychus and His Kin)'이라는 기고문에 상세히 설명되어 있다. 누군가 그 기고문에 대해 들려준 말을 듣고 여기에 소개한 것이므로 도서 정보나 정확한 인용은 실어놓지 못했다. 그 풍자적인 기고자는 다음과 같이 썼다고 한다.

"이제 우리는 통치와 권세들의 정체에 대해 훤히 알게 되었다. 그러니 더 이상 푸드 뱅크나 노숙자 쉼터, 법률 지원이나 무료 진료소는 필요없다. 그저 우리는 도시를 걸으며 '가난의 영'을 내쫓기만 하면 된다."

우리는 통치와 권세들을 바라보는 이중의 관점을 기억해야 한다. 물리적/세상적/인간적 차원에서 해야 할 일이 무수히 많은 것이 사실이지만, 우리는 인간을 대리인으로 내세워 인간의 문제를 조종하는 영적 세력들에 대해서도 무관심해서는 안 된다. 그렇게 하지 않으면, 우리는 통치와 권세들을 단지 인간적 차원이든 아니면 영적 차원이든 어느 한 측면에서만 인식하는 잘못을 범하게 된다.

영적 권세들을 기억하는 것은 필수다. 그렇지 않으면 우리는 영적인 무기들에 의존하지 않을 것이고, 결과적으로 그 세력을 물리치지 못하기 때문이다. 하지만 통치와 권세들이 인간의 제도와 피조물과 세속 권력 및 문화 권력 등을 통해 활동하고 있다는 사실도 잊지 말아야 한다. 이것들은 모두 하나님께서 부여하신 본래의 목적에서 벗어나 해악을 끼치는 기능을 하게 됨으로써 권세로 등극하게 된다. 우리를 둘러싸고 있는 그러한 요소들이 하나님의 목적에 봉사하기 위해 하나님께 부여받은 역할을 제대로 수행하지 못하면 오히려 해를 끼치게 된다. 인간적 차원과 영적 차원을 긴장 속에서 함께 이해하고 표현한 사람 중 가장 두드러진 인물이 자크 엘륄(Jacques Ellul)이다. 이에 대해서는 곧 더 자세히 살펴볼 텐데, 그 전에 먼저 에베소서 6장을 살펴보면서 이 권세들에 맞서 싸우기 위한 하나님의 전신 갑주들에 대해 살펴보는 게 좋겠다. 지금 우리는 인간의 능력으로 완전히 규정하거나 이해할 수 없는 차원의 일들을 논의하고 있음을 명심하라.

하나님의 능력을 힘입어 승리하라

끝으로 너희가 주 안에서와 그 힘의 능력으로 강건하여지고 마귀의 간계를 능히 대적하기 위하여 하나님의 전신 갑주를 입으라. 우리의 씨름은 혈과 육을 상대하는 것이 아니요 통치자들과 권세들과 이 어둠의 세상 주관자들과 하늘에 있는 악의 영들을 상대함이라. 그러므로 하나님의 전신 갑주를 취하라. 이는 악한 날에 너희가 능히 대적하고 모든 일을 행한 후에 서기 위함이라. 그런즉 서서 진리로 너희 허리 띠를 띠고 의의 호심경을 붙이고 평안의 복음이 준비한 것으로 신을 신고 모든 것 위에 믿음의 방패를 가지고 이로써 능히 악한 자의 모든 불화살을 소멸하고 구원의 간계와 성령의 검 곧 하나님의 말씀을 가지라. 모든 기도와 간구를 하되 항상 성령 안에서 기도하고 이를 위하여 깨어 구하기를 항상 힘쓰며 여러 성도를 위하여 구하라. 또 나를 위하여 구할 것은 내게 말씀을 주사 나로 입을 열어 복음의 비밀을 담대히 알리게 하옵소서 할 것이니 이 일을 위하여 내가 쇠사슬에 매인 사신이 된 것은 나로 이 일에 당연히 할 말을 담대히 하게 하려 하심이라(엡 6:10-20).

에베소서 6장의 이 부분은 시작부터 우리에게 확신을 준다. 우리가 통치와 권세들에 대해 승리할 수 있다는 사실이다. 그 세력들을 이길 수 있는 것은 우리의 힘과 능력 때문이 아니다. 바울은 우리 힘의 근원이 어디에 있는지를 세 번이나 강조한다. 유대 문학에서 3이라는 숫자는 종종 신성(divine)을 상징한다. 나는 원래 상징을 좋아하는 성향이라 숫자에 상징적 의미를 부여하는 경향이 있다. 하지만 나의 판단으로는, 바울이 단지 상징으로서가 아니라 우리 힘의 신적 근원을 강조하기 위해 의도적으로 세 차례 반복했다고 생각한다.

모든 문화권에서는 무언가를 강조하기 위해 숫자, 색, 단어, 몸짓 등을 사용한다. 예를 들어, 교회는 수백 년 동안 기독교 교리의 특정 요소들을 부각시키고 교회력의 절기를 표현하기 위해 상징적으로 색을 사용해왔다. 나는 이 같은 상징적인 개념에 대한 인식이 나의 사고방식을 형성하는 데 많은 도움을 주기 때문에, 교회력의 절기를 특별히 기억하거나 내가 가르치는 신학을 강조하기 위해 예배식 규정에 맞춘 색의 옷을 자주 입는다. 예를 들어 리젠트신학교에서 열린 목회자 컨퍼런스에서 통치와 권세들에 대해 처음 강의할 때에는 주로 자주색 옷을 입었다. 그 색이 회개를 상징하는 색이기 때문이다. 이것은

불필요한 목회자

내가 얼마나 자주 여러 권세들에 내 삶을 맡겨버리는지를 고백하기 위한 자기 성찰의 일환이기도 했다. 동시에 나는 흰색도 입었는데, 이는 부활의 빈 무덤을 통한 그리스도의 승리를 상징하는 전례(ritual)의 색이기 때문이다. 그 색은 우리의 실패가 언제나 용서받을 수 있음을 상기시켜준다.

내가 입는 옷의 색은 종종 전례의 색을 반영한다. 그렇게 옷을 입으면 그때가 교회력의 어떤 절기인지 어렵지 않게 알 수 있고, 또한 강의하려는 내용에도 집중할 수 있다. 성금요일에는 검은색 옷을 입고, 사순절과 강림절에는 자주빛 옷을 입는다. 오순절에는 붉은색 옷을 입는다. 분홍색을 입을 때도 있는데 그 색이 기쁨을 상징하기 때문이다.

바울은 유대인들의 상징 체계를 익히 알고 거기에 맞춰 숫자 3을 활용했을 것이라고 나는 생각한다. 에베소서 6장 10절은 통치와 권세들에 맞서는 우리의 능력이 '주 안에' 있다는 사실을 말하는 데 그치지 않고, 우리가 하나님의 능력을 힘입을 때 승리할 수 있다는 것을 강조하기 위해 '힘(strength)'과 '능력(power)'과 '강건(might)'이라는 3중의 표현을 사용했다.

나는 유대인들이 신성을 나타내기 위해 3이라는 숫자를 선택했다는 사실이 상당이 흥미롭다. 구약성경에도 하나님에 관한 많은 것들이 3중으로 묶여 있다. 예를 들어 이사야서 6장에서 스랍들은 서로 창화하며 "거룩 거룩 거룩"(kadosh, kadosh, kadosh: 카도쉬, 카도쉬, 카도쉬)이라고 외쳤다. 이사야 선지자는 하나님을 부를 때 세 가지 이름(여호와, 이스라엘의 거룩하신 자, 너의 구속자)을 종종 사용했다. 하나님을 높이기 위해 세 가지 이름을 사용한 때로부터 많은 세월이 지난 후에, 예수님을 따르는 자들은 자신들의 하나님이 그리스도 안에서 셋이면서도 하나라는 놀라운 사실을 발견하게 되었다.[9]

에베소서 6장 10절에 사용된 헬라어 '엔뒤나무스데(endunamous-the)'는 영어 dynamite, dynamic, dynamo 등의 어원이 되는 단어로 복수형 현재 중간태 명령형 동사다. 한글 성경에서 "강건하여지고"라고 번역된 이 단어가 해당 구절에 사용됨으로써 "여러분 모두가 계속 힘을 내고 가능성을 활용하되 하나님의 능력 안에서 힘을 발휘하라"는 의미를 갖게 된다. 우리는 오로지 "주 안에서"만 그분의 힘의 능력으로 강건해질 수 있다(SD 74.7)는 사실을 결코 잊지 말아야 한다.

이런 용어들이 3차례나 겹치며 강조하는 바는 명확하다. 통치와 권세들에 맞서 승리하는 유일한 길은 주님께서 우리 안에서, 우리와 함께, 우리를 통하여 승리하실 때뿐이라는 것이다. 우리가 마냥 허락하면 기술은 우리를 중독시키고, 하나님의 창조 목적에서 벗어난 성적 행위는 우리를 노예로 삼는다. 마약 문제의 영적 근원을 깨닫지 못한 상태에서 우리는 그 문제를 해결할 수 없다. 우리는 돈을 하나님처럼 섬기고자 하는 우리는 성향을 없애지 못한다.

---

[9]   유대인들의 상징수에 대해 좀더 연구하고 싶다면 다음 책을 참고하라. 특별히 요한계시록을 '종말의 때를 위한 카운트다운'으로 바라보지 않고 제대로 연구하는 데 도움이 될 것이다. Marva J. Dawn, *Joy in Our Weakness: A Gift of Hope from the Book of Revelation*(St. Louis: Concordia Publishing House, 1994). 『약할 때 기뻐하라』(복있는사람)

우리가 혼자 힘으로 악을 이길 수 있다고 믿는다면, 그것은 어리석은 일이다. 우리가 정말 필요한 것은 하나님의 '역동적인(dynamic)' 역사, 즉 하나님의 '힘(strength)'이 필요하다. 익명의 알콜 중독자 모임(Alcoholics Anonymous)은 중독 치료에서 가장 효과적인 방법 중 하나로 알려져 있다. 내가 보기에는 그 성공의 비밀은 모임에 참여하는 이들이 "나는 내 힘으로는 이 중독을 이길 수 없다"는 고백을 하고, 대신 '더 큰 힘'과 공동체의 지지에 자신을 맡긴다는 데 있다.

그러나 우리는 계속해서 혼자 해결하려 한다. "조금만 더 열심히 노력하면 되겠지"라고 말한다. 그런데 그게 결국 우리를 망가뜨리지 않는가? "내가 더욱 노력한다면 내 인생을 바로잡을 수 있을 거야." 그런 시도가 실제로 성공했던 적이 있었던가?

우리는 은혜가 무엇인지 제대로 이해하지 못한다(이에 대한 문제는 3장에서 다루었다). 은혜란 전적으로 하나님의 역사다. 하지만 내가 은혜를 강조하는 이유는 인간으로서 우리의 책임을 회피하려는 의도가 결코 아니다. 오히려 은혜가 무엇인지 바로 알게 되고, 힘의 근원이 어디인지 제대로 알게 되면, 하나님의 능력이 우리를 진정으로 자유하게 만들뿐 아니라 통치와 권세들에 제대로 맞설 수 있음을 알기 때문이다.

그렇다면 이제 이 모든 것이 오직 하나님께서 우리를 통해 일하심으로 가능한 것임을 기억하면서, 우리는 실제로 그 일에 참여할 준비를 해야 한다. 그리고 그 첫 걸음은 이 명령에 따르는 것이다. "하나님의 전신 갑주를 입으라." 여기서 전신 갑주라는 표현에 주목할 필요가 있다. 헬라어 '파노플리아(*panoplia*)'는 로마 군대와 그들의 특수한 장비를 떠올리게 한다. 그처럼 중무장한 상태로 통치와 권세들에 맞서야 한다는 것이다.

바울이 무기나 방어구를 뜻하는 많은 단어들 중 굳이 이 단어를 선택한 이유는 무엇일까? '파노플리아'는 전투 대비를 위한 완전한 군장을 가리키며, 일반적으로는 방어에 초점을 둔 장비를 의미한다(SD 6.30). 우리는 하나님께서 주시는 모든 방어 수단—그리스도인에게 필요한 모든 덕목—을 갖추고 있어야 한다. 그래야만 하나님의 사람으로서 가능한 선한 행실로 악의 세력에 맞설 수 있다.

에베소서를 회람한 독자들은 로마 군대의 모습을 떠올렸을 것이다. 따라서 우리는 무엇이 로마 군대를 그토록 강력하게 만들었는지 살펴봐야 한다. 로마는 어떻게 세계를 정복했을까? 성령의 무기를 로마 병사의 장비와 연결시켜 보면 이해가 쉬워진다. 더 나아가 다음에 설명해놓은 전신 갑주의 몇 가지 구성 요소를 자세히 살펴보면, 이 본문 속 비유가 성령의 역사와 어떻게 연결되는지 이해할 수 있다. 또한 우리가 통치와 권세들에 대항해 어떻게 '서야' 하는가에 대한 깊은 통찰도 얻게 될 것이다.

마귀의 간계

11절은 "마귀의 간계를 능히 대적하기 위하여 하나님의 전신 갑주를 입으라"는 말씀을 기록하고 있다. 우리가 권세들의 활동에 맞서 싸우는 일을 시작할 때, 그들이 얼마나 파괴적인 존재들인지 심각하게 인식해야 하며, 이 싸움을 가볍게 여기거나 허술하게 준비해서는 안 된다. 이들과의 싸움에 나서려면 전신 갑주로 무장해야 한다. 그렇게 완전 무장한 상태로 나서서 우리가 해야 할 일은 공격이 아니라 방어다. 우리는 그저 굳건히 서는 것(stand firm, 개역개정, "능히 대적하기 위하여")을 요청받았다. 우리 힘의 근본이신 하나님 안에서 서되, 굳건히 서며, 신실하게 서고, 단호히 서는 것이다. 본문에 나오는 첫 번째 부정사는 현재형이다. 이는 우리가 계속해서 굳건히 서 있어야 함을 의미한다. 여기서 우리가 맞서서 굳건히 서 있어야 할 대상은 무엇인가? 마귀의 간계(methods, 방법들)다!

간계를 지칭하는 헬라어 '메도데이아(*methodeia*)'는 신약성경에 단 2회만 사용되었고 모두 에베소서에서, 그것도 부정적인 의미로 쓰였다. 그렇다면 바울이 여기서 말한 '간계'란 정확히 무엇을 의미하는가? 지금 우리에겐 중립적이라고 느껴지는 이 단어(methods)가 왜 이 본문에선 부정적으로 사용되는가? 나는 바울이 이 단어를 아주 드물게 사용한 것에 비하면, 우리 시대의 목회자들이 사역지와 교회에서 사용하는 '방법들'이 얼마나 자주 목회자의 소명에서 벗어나게 하는지를 성찰하게 된다. 목회자들이 사용하는 '방법들'이 하나님의 방법이 아니라 마귀의 간계로 전락하는 경우가 얼마나 많은가!

그 한 가지 예로, 여름성경학교를 생각해보자. 교회에 몸담고 있는 사람들은 '여름성경학교'가 주일학교 성장의 지름길이라고 공공연히 말한다. 매년 여름이면 주일학교 지도자들은 친구들을 가장 많이 인도한 아이에게 18단 기어 자전거를 상품으로 주겠다고 광고한다. 이것이 주일학교를 부흥시키는 데 효과적인 수단처럼 보인다. 하지만 이런 방법에는 분명 문제가 있다. 무엇보다도, 이런 방법은 아이들에게 탐욕과 소비주의를 조장한다. 물질에 의존하는 행복 추구와 경쟁심까지 유발한다. 둘째, 아이들에게 자전거를 받고 싶으면 친구들을 데려오라고 함으로써, 예수님에 대한 사랑보다는 자전거에 대한 욕심이 전도의 동기가 되게 한다. 셋째, 그렇게 성경학교에 데려온 아이들에 대한 후속 돌봄은 어떻게 이루어지는가?

이런 방법은 너무나 위험하다. 아이들이 삼위일체 하나님의 사랑이라는 복음을 알게 되고 그에 대한 반응으로서 이웃을 진정으로 사랑하게 해야 하는데, 오히려 그런 기회를 빼앗는다. 이런 방법은 진실한 복음 전도와 증거, 그리고 환대를 통해 사랑을 실천할 기회를 막아버린다. 하지만 이런 사례를 통한 비판을 다른 이들에게만 돌리지 않으려면, 우리 역시 '마귀의 간계'에 의지하는 경우가 많음을 솔직하게 인정해야 한다. 자크 엘륄은 이런 방법들을 '기술(technique)'[10]이라고 불렀다.

잠시 시간을 두고 우리가 교회에서 사용하는 '방법들'을 돌아보자. 우리는 어떤 방식으로 헌금을 거두는가? 그것이 정말 선을 위한 선택인가, 아니면 결국은 악을 돕는 것이 되고 있는가?

나는 리젠트신학교에서 열린 목회자 컨퍼런스에서 청지기 훈련

---

10 Jacques Ellul, *The Technological Society*, trans. John Wilkinson(New York: Vintage Books, 1964)에 나오는 정의를 참고하라. 『세상 속의 그리스도인』(대장간)

불필요한 목회자

프로그램을 진행하는 교회들이 '특급 우편 배달부'를 길러내고 있다고 말했다. 직분자들을 훈련시켜 교인들의 집에 보내 교회에 출석하겠다는 약속(심지어는 헌금 약정)을 행랑에 모아서 가져오게 한다고 말했다. 그 자리에 모였던 목회자들이 모두 웃음을 터뜨렸지만, 그 말은 사실이다. 그런 프로그램들은 실제로 존재한다. 왜 우리는 우리를 향한 하나님의 크신 사랑을 이야기하지 않는가? 왜 우리는 관대하고 진실한 마음으로 함께하기 원하는 환대에 대해 말하지 않는가? 왜 우리는 재정이 절실하게 필요한 공동체의 사명에 대해 말하지 않는가? 어쩌면 우리의 교회는 청지기 훈련 프로그램 같은 수단에 의존하고 있지 않을지도 모르겠다. 그러나 교회의 다른 영역에서는 문제가 될 수 있는 방법들을 사용하고 있다는 것을 솔직하게 시인하지 않으면 안 된다.

내가 가장 관심을 갖고 고통스럽게 여기는 부분은 그와 같은 방법들이 예배 시간에도 시행되고 있다는 것이다. 그런 현상이 나타나는 원인은 오늘날 많은 교회들이 사람들을 끌어들이기 위해 마케팅 전략에 의존하고 있기 때문이다. 나는 목회자들이 성경을 읽는 방식만 봐도 그가 '기술'에 얼마나 의존하는지 알 수 있는 때가 많다. 목회자들이 하나님의 말씀에 능력이 있다는 사실을 믿지 않는다면, 설교를 행할 때는 물론이고 말씀을 읽는 방식조차 조작하게 될 것이다. 그렇게 되면 우리의 예배는 안타깝게도 점점 토크쇼처럼 퇴색해갈 것이다. 마치 하나님 한분만으로는 설득력이 부족하다는 듯, 우리가 뭔가를 더 보여줘야만 한다는 인상을 주는 것이다.

예배 때 나를 혼란스럽게 하는 말투는 다음과 같은 것들이다. "이 말씀은 정말 기대되니까 집중해서 들어보세요." "이 찬송은 정말 감동적이니까 가사를 꼭 음미해보세요." "저는 이 찬송을 정말 좋아합니다. 저에게 너무나 큰 감동을 주었습니다. 여러분도 그런 감동을 느껴보시기 바랍니다."

이런 말들은 교인들의 시선을 하나님이 아니라 설교자 자신에게로 돌리게 한다. 본문이 스스로 말하게 하자. 하나님께서 그 본문 속에서 말씀하시게 하자. 찬양 속에 난해한 이미지나 성경적 배경이 있다면 그것을 설명해주는 건 괜찮다. 하지만 단순이 설교자 자신에게 어떤 감동을 주었는지를 말하는 것은, 시선을 하나님이 아니라 설교자 자신에게로 돌리는 일이다.

내가 이런 말을 하는 것은 특정한 음악 스타일이나 예배 형태를 비판하려는 의도가 아니다. 다만, 전통적 전례를 따르지 않는 교회에서 이런 말투가 더 자주 나타나는 것은 사실이다. 드라마, 미술, 춤, 그리고 다른 시각적 요소를 예배에 사용하는 것을 반대하는 것도 아니다. 내가 말하고자 하는 바는, 가식적이고 피상적이며, 주관적이고 지극히 개인적일 뿐 아니라 공동체성이 없으며 진정성이 결여되고 공연처럼 화려함을 추구하는 예배의 모든 것을 포함한다. 이런 것들이 결국은 조작으로 이어지는 하나의 '방법'이 되고, 그럼으로써 우리는 어느새 권세들의 영향력 아래 놓이게 되는 것이다.[11]

---

11 Marva J. Dawn, *A Royal "Waste" of Time: The Splendor of Worshiping God and Being Church for the World*(Grand Rapids: Wm. B. Eerdmans Publishing Co., 1999), pp. 149-

우리가 맞서 싸워야 하는 대상은 마귀가 아니라 그가 써먹는 '방법들' 곧 '마귀의 간계'라는 사실에 주목하라. 결코 쉬운 일은 아니다. 이 점을 이해한다면, 그 대면에서 오는 두려움이 조금 덜해진다. 하지만 우리는 악이 얼마나 교묘하게 작동하는지를 알고 있기 때문에, 우리가 하는 모든 일 속에서 아주 중요한 질문을 던져야 한다. 우리 자신에게, 배우자에게, 가장 가까운 친구에게, 동역자나 노회, 제직회, 또는 예배 공동체 전체에게 이렇게 물어야 한다. 지금 우리가 의지하는 것이 '기술'은 아닌가? 우리가 행하는 일들이 하나님 앞에서 진실하고 정직한가? 그 일들이 하나님의 방법이라고 말하기에 합당한가?

자크 엘륄이 주장한 것처럼, 문제는 기술 자체가 아니다. 문제는 기술적인 사고 방식이다. 우리가 적절한 기술만 적용하면 모든 문제가 해결될 것이라는 사고 방식이 문제다. 예배 음악을 현대적인 수준으로 바꾸면 많은 사람들을 교회로 끌어모을 수 있을 것이라는 그런 생각이다. 효율적인 방법들을 동원하면, 주일학교가 성장할 것이라는 그런 생각이다. 괜찮은 홍보 전략만 있으면, 이번 여름성경학교가 정말 성공하리라는 그런 생각이다.

우리가 깨닫지 못하는 사실이 있다. 모든 기술에는 단점이 함께 따라오고, 종종 그 단점이 장점보다 더 심각한 결과를 초래한다는 것이다. 이런 사실을 설명하기 위해 내가 가장 선호하는 가장 나쁜 사례는 스카치 양골담초(scotch broom, 애니시다, 금작화라고도 불린다)다. 정

158. 『고귀한 시간 '낭비'-예배』(이레서원)

말 스코틀랜드에 그런 식물이 있는지는 모르겠지만, 미국에서 스카치 양골담초는 토양의 침식을 막기 위해 각 주를 연결하는 고속도로를 따라 파종되었다. 하지만 그 식물이 왕성한 번식력을 바탕으로 미친 듯이 사방으로 퍼져나가 농작물들의 성장을 억제하게 될 것이라는 것은 어느 누구도 예상하지 못했다. 게다가 스카치 양골담초는 쉽게 없앨 수 없었으므로, 제초 작업에 막대한 노력이 소모되었다. 문제는 거기서 끝나지 않았다. 많은 사람들이 그 식물 때문에 알레르기에 시달렸다. 양골담초의 꽃가루가 몸에 닿으면 사람들은 재채기를 해댔다. 스카치 양골담초가 토양 침식의 문제는 해결했을지 모르지만, 그 문제를 해결하는 와중에 넓은 지역의 농산물들이 피해를 입었다.

이처럼 교회에서 문제 해결을 위해 온갖 '기술'에 의존한다면, 그것을 없애는 것이 너무나 힘든 일이 되고 말 것이다. 예배 속에 기술적인 장치들을 넣기 시작하면, 피상적인 신앙인이 양산될 것이다. 예배에 참석한 교인들에게 자극적인 것들만 제공한다면, 그들이 진짜 '채소'의 깊은 맛을 알아보는 데 오랜 시간이 걸릴 것이다.[12] 목회자들은 영적인 지도자로서 온갖 수단과 방법, 장치들과 전략과 기술에 대해 항상 경계해야 한다. 내가 누군가의 특정 프로그램을 콕 집어 비판하려는 것이 아니다. 실제로 나는 어느 교회가 무슨 프로그램을 운영하는지 모른다. 다만 내가 아는 사실은, 나 역시 죄인이기에 '기술'에 의존하고 싶은 유혹에 숱하게 빠진다는 것이다. 그 때문에 에베소

---

12 히브리서 5장 11-14절을 보라. 그 본문은 이 문제의 심각성을 설득력 있게 설명하고 있다.

불필요한 목회자

서 6장 11절의 말씀 앞에서 나 또한 책망을 받는다는 것이다. 그러므로 나는 우리 모두가 동일하게 그 말씀 앞에 서 있다고 말할 수 있을 뿐이다.

유진 피터슨이 1장에서 말했던 암벽 등반을 위한 하켄이라는 뛰어난 심상을 자꾸 떠올리게 된다. 즉 우리가 조작이라는 유혹에 빠지지 않도록 사전에 보호 장치를 설치할 필요가 있다는 점이다. 유진의 질문을 다시 생각해보자. "우리 자신의 안전을 위해서는 어떤 예방책을 마련할 수 있을까?" 인위적인 방법에 의존하지 않기 위해 어떤 종류의 예방 조치를 취할 수 있을까? 내가 개인적으로 마련한 보호 장치 중 하나는, 내가 쓴 책의 인세를 개인적으로 받지 않는 것이다. 인세는 가난한 이들을 위한 사역이나 교육 분야로 흘러간다. 내가 관대해서가 아니다. 돈을 벌기 위한 목적으로 글을 쓰려는 유혹에 빠지지 않기 위해서다. 나는 나 자신으로부터 나를 지키기 위해 그런 보호막이 필요하다. 비록 그 책이 많이 팔리지 않더라도, 하나님께서 나에게 주신 말씀만 쓰고 싶기 때문이다.

내가 말하고자 하는 요지는 이것이다. 우리 모두는 조작적인 방법을 피하기 위한 보호 장치가 필요하다는 것이다. 공동체에서, 가정에서, 친구들 사이에서 그런 잘못에 빠지지 않도록 서로 돕기 위해 더 나은 질문을 던지고, 또다른 길을 모색해야 한다.

몇 달 전 워싱턴 공항에서 저질렀던 실수를 예로 들어보겠다. 내가 타고 온 비행기가 연착되는 바람에 포틀랜드로 가는 비행기로 갈아타려면 서둘러야 했다. 나는 다리가 성치 못했으므로, 비행기의 작은 계단을 내려가 공항으로 이동해 다시 넓은 광장을 지나 에스컬레이터를 타고 또다른 광장으로 내려가 버스를 타고 다른 터미널로 가서 포틀랜드행 비행기를 타려면 휠체어를 이용하는 수밖에 없었다. 내가 저지른 잘못은 휠체어를 밀어준 사람에게 충분히 감사하지 못한 것이었다.

나를 위해 열심을 다해 휠체어를 밀어주었지만, 그가 휠체어를 미는 동안 맘몬의 힘이 나의 관대한 마음을 가리는 바람에 그에게 충분한 감사를 표하지 못했던 것이다. 집에 도착하자 죄책감이 밀려왔다. 내가 저지른 어리석음을 남편인 마이런에게 솔직히 털어놓았다. 그는 천성적으로 나보다 훨씬 관대한 사람이다. 그래서 우리는 한 가지 신호를 정했다. 우리 가운데 누구라도 관대하지 못한 모습을 보일 때에는 "휠체어!"라고 말해주기로 했다. 아마 그 말은 우리에게 휠체어에 얽힌 이야기를 상기시켜, 우리 안에서 작동하려는 맘몬의 권세를 드러내고 무장해제시키는 효과를 낼 것이다.

우리는 교회나 가정에서도 그런 알람 장치를 만들 수 있다. 모든 구성원에게 위험을 경고할 필요가 있을 때, "휠체어!"와 같은 말들을 해줌으로써 부주의함에서 벗어나고 기술에 의존하지 않게 된다. 이것은 본질적으로 '기술'이 아니다. 왜냐하면 정직함과 솔직함에 호소하기 때문이다. 아마도 이런 방법은 비밀스러운 청원(plea)이라고 하는 게 맞을 것이다. 다른 사람들은 우리가 배우자나 교회의 동역자에게서 지적질을 받고 있다는 것을 거의 눈치채지 못할 것이다. 우리를 사랑하는 누군가에 의해 상냥한 말투로 꾸짖음을 듣고 마귀의 간계에

불필요한 목회자

대항할 수 있게 되는 과정은 결코 기술이라 부를 수 없을 것이다.

굳게 서라/대적하라

마귀의 간계를 능히 대적하기 위하여(to 'stand firm' against the methods
of the devil) 하나님의 전신 갑주를 입으라 … 그러므로 하나님의 전신
갑주를 취하라. 이는 악한 날에 너희가 능히 대적하고 모든 일을 행한
후에 서기 위함이라. 그런즉 서서 진리로 너희 허리 띠를 띠고 의의 호
심경을 붙이고(엡 6:11, 13-14).

위의 구절들이 담고 있는 풍성한 의미를 온전히 이해하려면 또다
른 상징적인 숫자인 4에 대해 생각해보아야 한다. 위의 세 구절에서
사용된 '서다(stand, 개역개정, "대적하다/서다")'라는 헬라어 동사가 원문
에서 네 번 반복된다. 유대인들에게 숫자 4는 세상의 네 방향, 하나님
이 창조하신 우주의 완전한 구조와 질서 및 우주적 보편성을 나타낸
다. 요한계시록 5장 9절에서 네 생물과 이십사 장로들이 어린 양을 찬
양하며 새 노래를 부르는데, 여기서 상징적 숫자인 4를 사용하기도
한다. 즉 어린 양의 희생과 죽음을 통해 하나님께로 돌아온 이들이
"각 족속과 방언과 백성과 나라"에서 왔음을 선언한다.

나는 성경에서 사용한 이 상징적인 숫자 4의 개념을 설명하기 위
해 종종 세탁물을 모으는 일을 예로 든다. 세탁해야 할 옷가지와 젖
은 수건을 얼룩진 침대보 위에 올려놓고, 그 침대보의 네 귀퉁이를 가

운데로 모아 묶으면 그 안에 모든 것이 한번에 감싸진다. 그 상태로 어깨에 둘러메고 세탁기까지 쉽게 옮길 수 있다. 이처럼 히브리 전통에서 상징적인 숫자 4는 네 모퉁이를 가리키며, 더 나아가 그 안에 포함된 모든 것을 의미한다.

실제로 내가 사용하는 필명은 4와 관련된 성경의 구조에서 비롯되었다. 우리 친정의 성은 다른 사람들이 발음하거나 쓰기 힘들었기 때문에, 몇 년 전에 내 책의 발행인이 필명을 쓰는 것이 어떻겠느냐고 제안했다. 하지만 편집자는 필명을 택하는 데 있어서 너무 많은 규칙을 세워놓았기 때문에 쉽게 필명을 정하지 못했다. 어느 주일 아침에 이사야서 58장을 가르치다가 내게 알맞은 좋은 필명을 발견했다.

그 본문에서 선지자는 이스라엘 민족이 가난한 자들을 학대하고 압제하는 것에 대해 비난했다. 또한 위선적인 제사와 하나님께서 원하시는 것에 대한 오해, 그리고 안식일을 범하는 죄악을 강도 높게 책망했다. 하나님께서는 상징수 4와 관련된 묶음 구조 속에서 당신이 원하시는 바를 선포하신다. 단순히 빈민자들을 위해 무료 급식을 제공하는 정도가 아니라 "네 양식을 나누어 주라"고 하셨다. 집 없는 자들을 위해 단순한 쉼터를 제공하는 데 그치지 않고, "유리하는 빈민을 집에 들이라"고 하셨다. 또한 "헐벗은 자를 보면 입히며" "네 골육을 피하여 스스로 숨지 말라"고 하셨다(7절).

이러한 행동들, 즉 우리 주변의 모든 궁핍한 사람들을 향한 보편적인 돌봄의 결과로 하나님은 또 하나의 네 가지 약속을 주신다. "그리하면 네 빛이 '새벽(dawn)'같이 비칠 것이며 네 치유가 급속할 것이

　　　　　　　　　　　　　　불필요한 목회자

며 네 공의가 네 앞에 행하고 여호와의 영광이 네 뒤에 호위하리니"(8절). 본문은 계속해서 교차구조(a-b-b-a)로 배열된 두 개의 네 묶음을 추가로 소개한다. 두 가지 약속, 피해야 할 두 가지 행동, 실천해야 할 두 가지 행동, 그리고 다시 두 가지 약속이다.

내가 필명으로 새벽이라는 의미의 '던(Dawn, 본명은 마르바 거쉬멜 [Gersmehl]이다)'을 택한 이유는 바로 이 7절이 상징하는 것, 즉 침대보 '네 귀퉁이'와 그 안에 담기는 모든 것을 끊임없이 기억하기 위해서다. 나의 필명은 늘 나에게 질문을 던진다. 하나님께서 자기 백성에게 명하신 바에 순종하기 위해 나는 어떻게 하면 가난한 이웃을 돌보며 살아갈 수 있을까? 하나님께서는 우리에게 항상 정의를 실천하고 세우라고 요구하신다. 보이지 않는 그 하나님께 응답하는 길은 우리 눈앞에 있는 이웃을 자기 몸처럼 사랑하는 것이다. 나의 이름은 나를 자극하고 이러한 하나님의 요구를 잊지 않도록 도와준다. 이제 당신은 내 이름의 출처를 알게 되었으므로, 내 이름을 떠올릴 때마다 이사야서 58장에 나타난 하나님의 새벽 은혜를 기억하기 바란다. 그리고 나의 이름이 당신으로 하여금 세상에서 정의를 실천하고 세워나가게 하는 동기가 되기를 바란다.

이사야 58장 8절의 약속들은 마치 출애굽의 행렬 같은 심상을 떠올리게 한다. 하나님의 백성들 앞에서 '의'가 먼저 나아가면, 여호와의 영광(불기둥과 구름기둥)이 그 백성을 호위한다는 것이다. 우리가 압제받는 자들을 위해 정의를 실천하고 세우는 일에 우리 삶을 기꺼이 쏟아부을 때, 하나님의 영광은 우리를 통해 밝게 빛날 것이다(3장에서 영광에 관하여 논의했던 내용을 기억하라).

내 이름과도 연관된 이 상징적인 숫자 4에 대해 길게 이야기한 이유는 무엇보다 에베소서 6장을 공부하는 데 도움이 되기 때문이다. 하나님의 백성인 우리가 정의를 실천하고 세우며 사는 것은 경제적, 정치적 권세들을 '대적하여 굳게 서는' 주요한 방편이기 때문이다. 우리는 '서다(stand)'라는 동사가 '네 번' 반복되는 것을 통해, 우리 삶 전체가 불평등과 전쟁의 위협과 압제와 분열과 같은 온갖 권세들에 맞서 굳건히 서야 하는 삶이라는 사실을 상기하게 된다. 우리는 이러한 권세들을 대적해 모든 가능한 방법으로 굳게 설 수 있도록 보편적인 경고가 필요하다.

이 네 번의 "서라(대적하기 위하여, 대적하고, 서기 위함이라, 그런즉 서서)"는 표현은 12절에 제시된 우리가 대적해야 할 네 가지 악한 세력들과 연결되어 있다. "우리의 씨름은 혈과 육을 상대하는 것이 아니요 통치자들과 권세들과 이 어둠의 세상 주관자들과 하늘에 있는 악의 영들을 상대함이라." 이 네 가지 이름 안에는 다른 무수한 악한 권세들이 포함되어 있다.

나는 먼저 이 네 번의 '서라'에 집중하도록 의도했다. 그 이유는 이 악한 세력의 목록을 들을 때마다 우리가 그런 세력들을 '포위하고 있다'는 사실을 기억하길 바랐기 때문이다. 그리스도의 삶과 수난과 죽음과 부활을 통해 우리는 이미 승리했다. 우리가 맞서는 모든 통치와 권세들은 능히 대적할 수 있다.

또 하나의 4와 관련된 네 개의 묶음은 18절에 나오는 반복되는

'모든(all)'이다(모든, 여러 등으로 번역되어 있고, 헬라어 pas, pasa, pan 등의 단어가 여기에 해당한다). "모든 기도와 간구(all prayer and petition)를 하되 항상(all times) 성령 안에서 기도하고 이를 위하여 깨어 구하기를 항상 힘쓰며(all perseverance) 여러 성도를(all the saints) 위하여 구하라." 이처럼 네 번 반복되는 하나님과의 대화로 인해, 우리의 '서는 것'(stand)은 철저하게 기도 속에 잠기게 된다.

우리는 이 세상에 악이 보편적으로 존재한다는 사실을 인정하지 않을 수 없다. 그러나 우리에게는 그 모든 악의 형태들에 맞서 굳건히 설 수 있는 보편적인 능력 또한 소유하고 있다. 더 나아가 우리는 성령의 일곱 가지 무기를 보유하고 있다. 그 무기로 악의 세력을 물리칠 수 있다. 7이라는 수는 유대인들에게 완전함을 상징한다. 우리는 '서기 위해' 완전하게 준비되어 있는 것이다(이번 장의 후반부에서 그 무기들에 대해 자세히 살펴보겠다).

우리에게 전신 갑주와 일곱 가지 무기가 필요할 뿐 아니라, 그것들로 인해 철저히 '서 있을 수' 있다는 사실을 기억하면서, 이제 우리가 맞서야 하는 적들의 이름을 좀 더 자세히 살펴보자. 자크 엘륄[13]이 여

---

13 프랑스 사회학자이며 평신도 신학자인 자크 엘륄은 오랫동안 오해를 받아왔다. 이는 그가 전혀 관련없는 두 가지 별개의 분야(사회학과 신학)에 대한 글을 따로따로 써왔기 때문이다. 그가 제시한 유럽형 사회학(European-style sociologie)은 통계학을 상세하게 기술하는 미국의 사회학과 다르다. 엘륄은 현대의 기술적이고 정치적인 문화의 근본적인 병폐를 강력하고 인상적인 필체로 묘사했다. *The Technological Society ; The Technological System*, trans. Joachim Neugroschel(New York: Continuum Publishing co., 1980). 『세상 속의 그리스도인』(대장간) ; *The Technological Bluff*, trans. Joyce Main Hanks(Grand Rapids: Wm. B. Eerdmans Publishing Co., 1990). 『기술 담론의 허세』(대장간); *The New Demons*, trans. C. Edward Hopkin(New York: Seabury Press, 1975).

기에 대해 많은 도움을 줄 것이다.

'권세'에 대한 자크 엘륄의 통찰

이미 50년 전에 엘륄은 전후 현대 세계 속에서 '권세들'이 어떻게 작동하는지를 통찰했다. 그는 1946-1947년에 출간된 초기 저술에서 자신의 신앙을, 사회 안에서 영향을 미치는 파괴적 세력들과 연결지었다.[14] 여기서의 논의를 계기로, 권세들이 우리 문화에서 발휘하는 영향력에 대한 그의 통찰을 더 살펴보고 싶게 만들었으면 한다.

　내가 자크 엘륄의 저술에 대한 심도 있는 연구를 시작한 계기는, 나의 박사 논문 지도교수였던 존 하워드 요더(John Howard Yoder)에게 던진 우연한 한 마디 때문이었다. 그 한마디가 내 삶의 방향을 크게 바꾸어놓았다. 나는 원래 '경제적 재분배에 관한 성경 윤리'에 관한 논문을 쓸 계획이었다. 그러나 엘륄이 『자유의 윤리(The Ethics of Free-

---

엘륄은 신학, 성경, 윤리에 대한 책들을 별개로 다루었으며, 그의 사회학 저술은 종종 염세적이라는 비판을 받는다. 하지만 엘륄은 자신의 신앙이 사회를 사실적으로 바라볼 수 있는 용기를 준다고 일관되게 주장했다. 그는 여러 신앙 서적에서 믿는 자들이 사회의 파수꾼이 될 수 있다는 소망을 나타냈다. *The Presence of the Kingdom*, trans. Olive Wyon(New York: Seabury Press, 1967). 함께 읽어나가면 좋은 책들은 다음과 같다. *The Political Illusion*, trans. Konrad Kellen(New York: Alfred A. Knopf, 1967), and *The Politics of God and the Politics of Man*, trans. Geoffrey W. Bromiley(Grand Rapids: Wm. B. Eerdmans Publishing Co., 1972).

14　엘륄의 초기 사상을 보여주는 논문집으로는 다음을 참고하라. *Sources and Trajectories: Eight Early Articles by Jacques Ellul That Set the Stage*, trans. and ed. Marva J. Dawn(Grand Rapids: Wm. B. Eerdmans Publishing Co., 1997).

dom)』에서 '통치와 권세'에 대해 언급한 내용이 내 흥미를 자극했고, 요더 교수는 그 주제가 훨씬 더 많은 연구가 필요한 분야라고 말해주었다. 그리고 흔히 하는 말처럼, 그 나머지는 역사였다. 새롭게 정한 논문 주제 때문에 사회학적 방법론과 분석을 광범위하게 연구하고, 권세에 관한 성경의 주해 연구에 매달렸다. 60권 이상의 책과 600편 이상의 논문을 담고 있는 엘륄 전집을 통독하는 일도 병행했다. 그러나 나의 연구가 진행될수록 내가 직면하는 진짜 어려움은 학문적인 것보다는 영적인 차원의 것들이었다.

오늘날 많은 사람들, 심지어 일부 학자들조차 성경이 말하는 '통치와 권세' 개념이 이제는 아무도 믿지 않는 고대 우주론의 흔적일 뿐이라고 주장한다. 따라서 그 개념은 평평한 지구설이나 쇠스랑을 든 뿔 달린 악마 같은 미신과 마찬가지로 마땅히 폐기되어야 한다고 여긴다. 그러나 나의 논문 작업에서 부딪힌 문제들은 나로 하여금 결국 학문적 영역 너머로 뛰어들게 만들었고, 그 덕분에 나는 각종 기관과 제도 안에서 권세들이 어떻게 작동하는지를 차츰 이해하게 되었다.

마찬가지로 우리 모두는 통치와 권세들이 어떻게 기능하는지를 배워야 한다. 이 권세들이 얼마나 교묘하게 사람들을 각기 다른 방식으로 공격해 오는지를 알아야 한다. 더 나아가 그런 권세들을 대적하고 그들의 공격에 맞서 서려고 할 때 우리 자신을 보호하기 위해 반드시 성령의 전신 갑주를 입어야 한다는 사실도 잊어서는 안 된다. 특히 믿음을 가진 자로서 우리는 서로를 보호하고 공동체를 지켜내는 일에서도 최선을 노력을 기울여야 한다. 예를 들어, 악한 마귀가 던지는 불화살은 공동체 내에서 불평을 일삼는 자들을 통해 사정없이 날아든다. 우리가 성경적인 바탕에 서는 진실한 목회자가 되기로 마음먹은 순간, 누군가는 서슴치 않고 우리를 무능력한 목회자라고 비판할 것이다. 그럴 때 목회자는 이 악의 본질을 정확히 꿰뚫어야 한다. 그래야 그들의 비난을 단순히 인간적인 차원에 한정시키지 않고 영적인 차원에서 대처할 수 있다. 불평하는 자들의 입을 막는 데 급급할 것이 아니라, 표면적인 문제의 아래 흐르고 있는 영적 싸움을 간파해 영적 차원에서 해결책을 모색해야 한다.

자크 엘륄은 통찰력 있고 신실한 선지자였다. 그를 제대로 평가하지 못한다면 오히려 우리에게 큰 손해가 아닐 수 없다. 그는 우리에게 쏟아지는 고발과 비난 속에서 작동하는 통치와 권세들의 실체에 대해 줄기차게 경고했다. 예를 하나 더 들면, 프로파간다(propaganda)[15] 즉 '선전'의 힘에 대해 생각해보자. 나는 '프로파간다'가 구 소련 공산주의의 억압적인 체제에서나 존재하는 문제라고 생각했다. 하지만 엘륄을 연구한 후에는, 우리 문화 안에서도 속임수와 조작이 매우 집요하게 확산되고 있다는 무서운 사실을 발견했다. 더 나아가 오늘날 마케팅 전문가들의 선전이 다양한 방법으로 교회를 파괴한다는 것도

---

15 Jacques Ellul, *Propaganda: The Formation of Men's Attitudes*, trans. Konrad Kellen and Jean Lerner(New York: Alfred A. Knopf, 1965). 『선전』(대장간) ; *A Critique of the New Commonplaces*, trans. Helen Weaver(New York: Alfred A. Knopf, 1968) ; *The Humiliation of the Word*, trans. Joyce Main Hanks(Grand Rapids: Wm. B. Eerdmans Publishing Co., 1985).

불필요한 목회자

알게 되었다. 그들은 목회자들이 스스로를 정말 '필요한' 존재인 것처럼 착각하게 해 그릇된 역할을 수행하도록 유도하고 바른 정체성을 상실하게 만들었다.[16] 만일 예수님께서 여전히 교회의 주님이시라는 변하지 않는 진리를 모르고 있었다면, 나는 절망에 빠졌을 것이다.

교회 내에서 이루어지는 선전은 여러 면에서 공산주의자들의 선전과 흡사하다. 그 이유는 진리에서 벗어난 허황된 꿈을 사람들에게 심어주려 하기 때문이다. 그 선전에는 고통이나 죄악된 인간성, 또는 그릇된 성공의 위험과 그리스도의 제자가 되기 위해 치러야 할 대가 등이 빠져 있다. 그런 선전은 속이는 영의 권세들이 작동하는 방식이다. 어쩌면 당신은 내가 지나치게 과장한다고 생각할지도 모르겠다. 그러나 그리스도가 그분의 교회를 위해 모범적으로 보여주신 바람직한 포부와 태도와 행동을 우리가 따라가지 않는다면, 과연 누구의 길을 따라가야 하는가?

나는 자크 엘륄과 성경의 '통치와 권세'라는 개념에 대한 그의 논문을 연구하면서, 이 주제가 엘륄의 저작의 (유럽형 사회학과 신학/성경/윤리라는) 두 가지 궤도를 연결하는 매우 중요한 고리라는 사실을 발견했다. 마찬가지로 성경적인 통찰력은 악을 분별하는 목회적인 인식과 인간의 문제와 실패에 대한 분석을 하나로 이어주는 교량 역할을 한다.

이 중요한 연결고리를 나는 엘륄의 책 『자유의 윤리』에 나타난 '권

---

16 Philip Kenneson and James Street, *Selling Out the Church: The Dangers of Church Marketing*(Nashville: Abingdon Press, 1997).

세들'에 대한 논평에서 처음 발견했다. 그는 에베소서 6장 12절에서 언급된 권세들의 이름에 대해 몇 가지 설득력 있는 해석을 내놓았다.

그렇다면 이 권세들이란 가장 근본적이고 전통적인 의미에서 귀신들(demons)인가? 아니면 보다 덜 구체적이지만 여전히 존재하고 실체가 있으며 독립적으로 객관성을 지닌 권세자들(권좌에 앉은 자들과 통치자들)인가? 그것도 아니면 우리 인간 내면의 어떤 성향이 특정한 인간적 요소를 권세로 만들어내고 그것을 '숭배'함으로써 권세가 형성되는 것인가? …에베소서 6장 본문의 경우에 권세들이란 외부로부터 인간에게 영향을 미치는 객관적인 실체가 아니다. 권세들은 오직 인간의 결정에 따라 존재하게 되며, 이 권세들에게 상정되는 타자성과 초월성 역시 인간이 허용하는 경우에만 부여된다. 인간은 자신들이 허용한 이 타자성과 초월성을 받아들임으로써 그것들이 우리를 지배하도록 만든다. 그것도 아니라면, 아주 극단적인 의미에서, 권세들은 단순히 유대-헬라 세계에서 비일비재하게 사용하던 언어유희의 일환이자, 단지 당시의 문화적 사고를 반영할 뿐 실체적 근거는 없는 것일까?[17]

엘륄은 이러한 해석들 중 두 번째와 세 번째 해석의 중간쯤에 자신의 입장을 위치시킨다. 그 이유는 아래와 같다.

---

17 Jacques Ellul, *The Ethics of Freedom*, trans. and ed. Geoffrey W. Bromiley(Grand Rapids: Wm. B. Eerdmans Publishing Co., 1976), pp. 151-152. 『자유의 윤리』(대장간)

한편으로 나는 칼 바르트와 오스카 쿨만과 함께, 신약성경에 나오는 '권세들(엑수시아이, *exousiai*)' 그리고 '맘몬'으로 인격화된 돈의 권세가 인간의 선택이나 의지와 무관하게 존재하는 실질적인 영적 실체들임을 전적으로 확신한다. 이와 반대되는 주장을 많이 읽었지만, 그 어떤 것도 내게 설득력을 갖지 못했다. 이를 영지주의적 호소나 문화적 맥락에서 이해하려는 시도도, 신약의 저자들이 이 영역을 다룰 때 강조하는 영향력을 고려할 때 설득력이 부족하다. 그럼에도 나의 입장과 정반대에 서려 한다면, 결코 탈신화화할 수 없는 바울의 몇몇 중요 본문들을 무시하는 일반적인 관행을 따를 수밖에 없다.

그러나 다른 한편으로, 그런 권세들은 영지주의적 운명론이나 데우스 엑스 마키나(*deus ex machina*, 개연성 없이 갑자기 뛰어들어 모든 문제를 해결하는 신적 존재나 장치)처럼 단순히 외부에서 작용하지 않는다. 그것들은 인간이 거주하는 현실 세계와 밀접한 관계 속에서 규정된다. 성경에 따르면 이 권세들은 인간의 현실 사회와 인간의 활동 속에서 스스로를 드러낸다. 다시 말하면, 권세의 개입은 인간의 결정과 행동이 계기가 되어 일어난다… 신약성경이 말하는 '세상'은 단순히 영적이고 추상적인 세계가 아니다. 인간이 보편적으로 세상이라고 부르는 곳, 즉 '사회'와 동일하다.(152)

엘륄의 발언은 중요한 의미를 지닌다. 그는 권세들이 인간 외부에 존재하는 실체라고 보면서도, 동시에 그것들이 인간과 현실 사회에 불가분하게 얽혀 있다고 본다. 그는 한쪽 극단—권세 개념을 완전히 부정하는 자유주의적 접근—도, 다른 쪽 근단—권세를 중세 우주론에 기반한 실체로 보는 극보수적 입장—도 피한다. 대신 이 둘 사이에 다양한 해석 가능성의 스펙트럼을 설정하며, 그 스펙트럼은 인간의 악함과 인간 너머의 영적 실체라는 두 축을 중심으로 펼쳐진다. 엘륄은 권세들이 물리적 실체와 결합된 구조임을 설명하면서, 다음과 같은 지극히 개인적인 견해를 덧붙인다.

> 정치 권력은 여러 차원의 요소를 포함한다. 예를 들어 사회적, 경제적, 심리적, 윤리적, 정신분석적, 법적 차원 등이다. 그러나 이 모든 요소를 분석하더라도 우리는 여전히 권력의 본질을 온전히 파악할 수 없다. 나는 가볍게 또는 성급하게 단정지어 말하는 것이 아니다. 나는 권력과 그 권세의 문제를 안고 그 영향력 아래 평생을 살아온 사람이다. 우리는 마르크스처럼 '권력은 단지 이데올로기의 상부구조'라고 말할 수 없다. 그것은 항상 존재해 왔다. 이 불균형은 결국 다른 '권세'가 정치 권력 안에 개입하고 내주하며 그것을 이용한다는 불가피한 결론에 이르게 한다. 그렇게 함으로써 '권세'는 본래 정치권력이 갖지 못한 범위와 힘을 부여받는다. …돈이나 기술도 마찬가지다(153-154).

나는 엘륄이 "권력과 그 권세의 문제를 안고 그 영향력 아래 평생을 살아온 사람"이라, 그가 바라보는 사회 담론을 읽을 때는 반드시 성경의 권세 개념을 염두에 두어야 한다고 확신하게 되었다. 이 관점은 왜 엘륄의 사회 비판이 그렇게도 날카롭고 부정적으로 들리는지

　　　　　　　　　불필요한 목회자

를 이해할 수 있는 열쇠이기도 하다. 그는 이렇게 선언한다. "나를 조작하고 짓누르는 이 권세들을 일정 거리에서 바라볼 수 있었고, 그것들을 냉철하고 객관적으로 바라보고 외부화하며 구체적으로 판단할 수 있었다"(228-233).

엘륄의 날카로운 분석은 우리에게도 용기를 준다. 사역을 방해하고, 중단시키고, 왜곡하고, 부패시키는 권세들의 작용을 진지하게 직면할 용기 말이다. 동시에 엘륄의 신학은 이 권세들과 싸우는 우리의 구체적인 상황 속에 소망과 은혜와 자유를 불어넣는다.

영적 권세들이 인간이라는 매개체를 통해 작동한다는 상호 관련성의 한 예로, '돈'을 생각해보자. 맘몬이 우리를 지배하는 강력한 힘은 단순히 귀신들이 인간 주변을 날아다니며 단독으로 활동하기 때문은 아니다. 맘몬이 영적인 권위를 갖기 위해서는 반드시 인간의 협력이 필요하다. 그러나 그와 반대로, 돈이라는 물건 그 자체로는 거기에 담긴 강제력을 제대로 설명할 수 없다. 앞서 언급했듯, 돈은 단지 종이에 지나지 않는다. 그 자체로는 지금 우리가 느끼는 그런 힘을 가질 수는 없다.

엘륄은 '권세들'의 본질, 특히 돈에 관해 다음과 같이 설명했다.

여기서 말하는 '권세(power)'는 단순히 모호한 의미의 '힘(force)'이 아니라, 신약성경에서 사용된 특정한 의미로 이해되어야 한다. 권세는 그 자체로 작동하며, 다른 것을 움직일 수 있는 존재이며, 자율적이고(또는 자율적이라 주장하며), 스스로 법이 되고, 능동적인 행위자로 스스로를 드러낸다. 이것이 권세의 첫 번째 특징이다. 두 번째 특징은 권세가 영적인 가치를 지니고 있다는 사실이다. 그것은 단지 물질세계에서 힘을 발휘하지만 물질 세계에만 한정되어 있지 않다. 권세는 영적인 의미와 방향성을 지닌다. 권세는 결코 중립적이지 않다. 반드시 일정한 방향을 향하게 되어 있다. 또한 권세는 사람들까지도 그 방향으로 이끈다. 그리고 권세는 어느 정도 '인격적인' 성격을 드러낸다. 종종 성경에서 죽음이 인격적인 힘으로 등장하듯, 돈도 그런 특성이 있다. 돈은 인간이 그것을 사용하기 때문에 권세가 되는 것이 아니다. 돈이 부의 수단이기 때문에, 또는 축적되면 많은 것을 가능케 하기 때문에 권세가 되는 것이 아니다. 그 모든 것 이전에 돈은 권세다. 외형으로 드러나는 현상들은, 이 권세가 존재하거나 존재한다고 주장하는 그 실체의 표면적인 표출일 뿐이다.

예수님께서 하나님과 맘몬을 비교하신 사실을 결코 간과하지 말아야 한다. 그것은 수사학적인 표현이 아니라 실체를 정확히 진술한 것이기 때문이다. 하나님이 인격이신 것처럼, 맘몬도 인격적 존재로서 우리와 관계를 맺는다. 예수님께서는 우리와 맘몬의 관계를 하나님과의 관계와 동일하게 말하신다. 그것은 종과 주인의 관계다. 맘몬 역시 하나님처럼 우리를 종으로 삼으려 한다.

… 예수님께서는 우리와 비인격적인 사물 사이의 관계를 말씀하신 것이 아니라, 우리와 능동적인 행위자 사이의 관계를 말씀하고 계신다. 단지 우리에게 돈을 지혜롭게 사용하라거나 정직하게 벌어야 한다고 말씀하시는 것이 아니다. 예수님의 요점은, 하나님처럼 되려는 권세, 우

리를 주관하려는 권세, 구체적인 목적을 가진 권세를 가리켜 말씀하시는 것이다.[18]

위 인용문에서 특히 중요한 부분은, 맘몬은 단지 인간이 그것을 어떻게 사용하느냐에 따라 힘을 발휘하는 게 아니라, 애초부터 권세라는 것이다. 더욱이 위 인용문의 마지막 단락은, 이 권세가 독립적으로 존재하며 하나님처럼 주권과 목적을 설정한다는 점을 강조한다. 이와 비슷하게, 요한계시록 13-14장에서도 하나님처럼 되려 하는 악의 대리자들이 그 선명한 모습을 드러낸다. 요한계시록 본문에서 용은 성부 하나님을 모방하고, 첫째 짐승은 성자 하나님을 흉내내고, 둘째 짐승은 성령 하나님을 모방한다.[19]

이 가운데 우리가 시급히 주목해야 할 것은, 맘몬이 권세로서 존재한다는 엘륄의 인식이 우리에게 경계심과 더 날카로운 분별을 요청한다는 점이다.

우리가 '돈을 사용한다'고 주장할 때, 우리는 큰 착각을 범한다. 물론 우리는 필요하다면 돈을 사용할 수 있다. 그러나 실제로는 돈이 우리를 사용하고, 자기 법 아래로 우리를 끌어들여 자기 목표에 종속시킴으로

---

18 Ellul, *Money and Power*, pp. 75-76. 『하나님이냐 돈이냐』(대장간). 책은 엘륄의 초기 논문, "L'Argent," Études Théologieues et Religieuses 27, no. 4(1952)의 확장판이다.

19 나의 책, *Joy in Our Weakness*, pp. 168-175의 chapter 24, "Taking the Presence of Evil Seriously"를 보라. 『약할 때 기뻐하라』(복있는사람)

써 우리를 종으로 만든다. 이것은 단지 내면에 국한된 문제가 아니다. 이것은 우리 삶의 전체를 아우르는 현실이다. 우리는 돈을 어느 방향으로 쓸지 자유롭게 결정할 수 없다. 우리는 가공할 지배력을 행사하는 권세의 손아귀에 놓여 있다. 돈은 이 권세의 겉모습일 뿐이며, 인간과 관계를 맺기 위한 하나의 형태일 뿐이다. 마치 정부, 왕, 독재자들이 실상은 성경에 명확히 묘사된 또 다른 권세—즉 정치 권세—의 외형이자 도구인 것처럼 말이다(76-77).

엘륄은 『돈과 권세(Money and Power)』[20]에서 맘몬의 지배가 얼마나 교묘하게 이루어지는지 설명했다. 나는 늘 맘몬이 내게는 큰 문제가 아니라고 생각했다. 나는 지나치게 많은 돈을 쌓아놓지도 않았고, 그것을 지나치게 갈망하지도 않았으며, 돈을 쟁취하기 위해 다투지도 않았다. 하지만 적당히 충분한 돈을 소유하고, 그것을 매우 신중하게 관리하는 태도 자체가 어느 순간 관대함 없는 우상숭배로 이어질 수 있다는 것을 깨달았다. 우리가 면밀히 들여다본다면, 어느 누구나 예외없이 어떤 시점에 이르러 자신의 삶에 맘몬이 부패시키는 권세로 작용했음을 인정하지 않을 수 없을 것이다.

여기서 중요한 점은, 이 문제가 단지 개인의 욕망이나 탐욕 때문만이 아니라는 것이다. 돈은 그 자체 안에 영적인 힘, 즉 우상숭배의 가능성을 내포하고 있다. 아무리 선한 목적으로 만들어졌더라도, 우리

---

20 이 책은 『하나님이냐, 돈이냐』라는 제목으로 국내 출간되었지만, 저자의 의도를 반영하기 위해 원서 제목 그대로를 실었다.

는 (효율적인 예산 작성 같은) 인간적인 방법만으로는 돈의 문제를 해결할 수 없다. 왜냐하면 우리는 돈을 '신격화(divinize)'하는 경향이 있기 때문이다. 따라서 우리는 돈을 '탈신성화(desecralizing)'시킴으로써만 그것을 이길 수 있다.

누가 생각이나 했겠는가? 통치와 권세들에 대항해 굳게 서기 위한 싸움이 이토록 유쾌할 수도 있다는 사실을 말이다. 엘륄은 이 권세들을 탈신성화하자고 제안한다. 그것은 때때로 유쾌하고 창의적인 저항이 될 수 있다. 특히 그는 이 탈신성화는 익명으로 해서는 안 된다고 강조한다.

부족한 돈으로 생활해야 했던 대학원생 시절에, 나는 엘륄의 『돈과 권세』를 읽으면서 그의 가르침에 공감하곤 했다. "맘몬을 네 삶의 신으로 만들지 말라." 나는 그 당시에 식비도 최대한 아껴 비밀 장소에 조금씩 모았다. 한 달에 얼마씩이라도 남겨서 그 다음 달에 조금이나마 여유있게 생활하려는 생각에서였다. 그러다 문득 깨달았다. 나의 그 '신중함' 속에서 맘몬이 은밀하게 통제력을 행사하고 있다는 것을 말이다. 그것은 반드시 탈신성화되어야 했다.

도서관에 있는 나의 개인 열람석 바로 옆자리에서 공부하던 여인은 결혼해서(나는 그 당시 미혼이었다) 아이가 한 명 있고, 남편은 일자리를 잃은 상태였다. 그녀가 한 달에 받는 장학금은 나와 동일했다. 누구에게 더 많은 돈이 필요했을까? 그녀일까, 나일까?

어느 날 나는 그녀의 방문을 두드렸다. "어쩌면 제 말이 이상하게 들릴지 모르지만, 식비를 아껴서 모은 이 10달러가 은연중에 나의 우상이 되고 있어요. 얼마 되지 않는 돈이라는 것은 잘 알아요. 기껏해야 핫도그 몇 개 사 먹을 수 있겠지요. 이 돈을 받아주세요. 그래서 이 돈이 더 이상 내 삶에서 우상이 되지 않게 해주세요."

그녀는 큰소리로 웃기 시작했다. 지금까지 들어본 가장 재미있는 이야기라면서 말이다. 어쩌면 내가 단순한 호의로 그 돈을 주었다면 그녀는 자존심 때문에 받지 않았을 것이다. 그러나 그녀는 내 돈이 더 이상 우상이 되지 못하도록 도와주기 위해 그 돈을 받아주었다.

다른 것들도 그렇겠지만, 유독 돈이라는 것은 영적 권세와 연결되어 있기 때문에 단순히 예산을 잘 짜고 잘 지킨다고 해서 돈의 문제를 해결할 수는 없다. 우리를 사로잡으려는 맘몬을 대적해 영적인 전투를 벌여야 한다. 솔직히 말하면, 나는 다음 달에 돈이 모자랄 수도 있겠다는 우려에서 그 10달러를 가지고 있어야 한다고 생각했다. 그렇다고 내가 미리 예산을 세우는 것을 반대한다는 말이 아니다. 예수님께서도 분명히 우리에게 "먼저 그의 나라와 그의 의를 구하라. 그리하면 이 모든 것을 너희에게 더하시리라"고 약속해주셨다. 그럼에도 어떻게 맘몬은 여전히 우리의 결정에 그토록 영향을 미치는 것일까?

그렇다면 맘몬이 우리 교회와 교회의 구성원들 위에 어떤 식으로 군림하는지 생각해보자. 어째서 예산을 잘 세우는 것으로는 충분하지 않은가? 교인들이 각자의 삶에서 맘몬을 탈신성화시킬 수 있도록 어떻게 도울 수 있는가? 어떻게 하면 교회 공동체가 결정을 내릴 때 돈의 권세에 맞서 굳게 설 수 있을까?

권세들과 그 기능

엘륄이 지닌 뛰어난 통찰력 가운데 하나는 성경의 기록들이 통치와 권세들의 본질이나 정체에 대해 설명하지 않았음을 간파한 것이다. 우리는 통치와 권세들이 하는 일, 즉 기능을 통해서만 그것들에 대해 알 수 있다. 비록 엘륄이 말년에는 권세들에 대한 해석을 단순화시키고 『돈과 권세』에서 드러냈던 통찰을 더 이상 고수하지 않게 되었지만, 『뒤틀려진 기독교(The Subversion of Christianity)』(대장간)에서 권세들의 여섯 가지 기능을 언급한 내용은 상당히 유익하다. 엘륄이 제시한 목록은 아래와 같다.

> 성경은 여섯 가지 악의 권세들에 대해 언급한다. 맘몬, 이 세상의 임금, 거짓의 영, 사탄, 마귀, 죽음. 이 정도면 충분하다. 이와 같은 여섯 권세들은 모두 그 기능에 따라 특징지을 수 있다. 돈, 권력, 속임수, 고소, 분열, 그리고 파괴.[21]

엘륄이 '사탄'에 해당하는 히브리어 단어 '하-사탄(ha-satan)'을 '고소하는 자'로 이해한 것은 타당하다. 하지만 마귀로 번역된 '디아볼로스(diabolos)'를 '분열(division)'로 한정해 해석한 것은 다소 억지스럽다.

---

21 Ellul, *The Subversion of Christianity*, p. 176을 보라. 이 책은 권세들의 기능에 대해 매우 자세한 설명을 제공한다. 다만 성경적 명칭을 기능에만 국한시키려는 시도는 다소 지나치게 제한적이다. 『뒤틀려진 기독교』(대장간)

그럼에도 불구하고 사람들 사이에서 분열이 발생할 때, 이를 단순한 인간적 갈등이 아니라 영적 권세인 악의 작용이라는 사실을 간파한 점은 타당하다. 예를 들어, 인종 혐오는 단순한 인간의 감정 반응이 아니다. 프로파간다의 속임수는 단순히 말의 힘을 넘어 더 큰 권세의 작용이다. 돈이 교회로 하여금 하나님의 뜻에서 어긋나게 만들 때마다, 돈이 맘몬으로 작용하고 있다고 보면 정확하다. 기술이 사람들 사이를 멀어지게 만든다면, 그 기술이 영적인 권세로 작동하고 있는 것이다. 엘륄이 제시한 목록은 영적 권세들이 우리의 다양한 사회적 상황 속에서 어떻게 그리고 언제 작동하고 있는지를 민감하게 파악할 수 있도록 도와준다.

엘륄이 제시한 여섯 가지 외에도 더 많은 기능들을 열거할 수 있지만, 그가 말하고자 하는 요점은 이러한 기능들이 인간의 제도와 권위와 지배자들과 나라들과 통치들과 여타 실체들로 하여금 자신의 고유한 경계를 넘어서게 만든다는 것이다.

의료 기술을 예로 들어보자. 나는 청소년 시절에 홍역을 심하게 앓는 바람에 췌장이 손상되어 여러 가지 장애와 건강의 문제를 안게 되었다. 최근 의료 기술의 발달 덕분에 인슐린을 생성하는 섬세포(islet cells)를 주입하는 방식으로 당뇨 합병증을 치료하는 데 성공했다는 소식을 접하기도 했다. 이 소식을 접하고 나는 이렇게 생각했다. "정말 놀랍군! 의료 기술이 내 생명도 연장시켜주겠는걸!" 하지만 얼마 지나지 않아 의사들이 그 세포를 낙태한 태아로부터 채취한다는 사실을 알게 되었다.

너무나 끔찍하지 않은가? 일부 윤리학 책에는 여성이 고의로 임신하고 그 태아를 이런 용도로 판매하는 사례까지 실렸다. 우리는 의료 기술이 적정한 윤리적 경계를 넘지 않도록 조심해야 한다. 그렇지 않으면 '기술' 자체가 의도하지 않았던 '파괴'를 초래할 수 있다.

나는 지금도 많은 의사들과 간호사들과 의료 종사자들이 의료 기술의 윤리적 한계를 고민하며 선한 질문을 던지고 있다는 점에서 소망을 본다. 이때 '통치와 권세'라는 언어는 우리에게 실질적인 도움을 준다. 그 언어는 우리로 하여금 더욱 예민하게 관찰하고 날카로운 질문을 던지며, 쉬운 해답을 거부하고, 기술이 넘지 말아야 할 경계를 넘지 않도록 방어하게 만든다. 우리 목회자들도 교회 안에서 기술에 대한 올바른 질문들을 던져야 한다.

노동력 절감을 위한 수단들이 적절한 기능의 경계를 넘어 공동체의 삶을 분열시키고 있지 않은가? 새롭게 도입한 기술이 목회자를 자신의 부르심에서 멀어지게 하고 있지 않은가? 어떤 기법들이 목회자로 하여금 스스로를 '필요한' 존재처럼 착각하게 만드는가?

전신 갑주의 첫 번째 무기

그런즉 서서 진리로 너희 허리 띠를 띠고(엡 6:14).

마귀의 간계에 대적하는 싸움에서 우리의 대적들은 실로 막강하지만, 그렇다고 방어할 수 없는 정도는 아니다. 지면이 부족해 우리가 악의 세력에 대적해 싸우도록 하나님께서 주신 전신 갑주의 무기들을 자세하게 살펴볼 수는 없지만, 무기의 목록이 얼마나 중요한지를 보여주는 몇 가지 예는 반드시 살펴보아야 한다. 첫 번째 무기는 진리의 허리띠다. 고대 로마 군인들은 전투를 준비할 때 허리띠를 사용해 "허리를 동였다." 이는 그들이 입은 긴 옷(토가)이 발에 걸려 넘어지지 않도록 하기 위해서였다. 이처럼 진리는 우리가 진리가 아닌 것들에 걸려 넘어지지 않도록 해준다.

이것을 엘륄의 또다른 통찰로 확장시켜보자. 엘륄은 그의 저서 『굴욕당한 말(The Humiliation of the Word)』에서 현실과 진리를 구별한다.[22] 이러한 개념 구분은 대단히 유용하다. '현실'은 우리가 표면적으로 보는 것이다. 예를 들면, 우리가 텔레비전 저녁 뉴스를 통해 알게 되는, 겉으로 드러나 보이는 것들이다. '진리'는 어떤 상황 속에서 실제로 일어나는 것들이다. 지금 세상이 경제적인 혼란과 정치적인 혼돈으로 가득하다는 것은 '현실'이다. 그러나 '진리'는 예수 그리스도가 여전히 온 우주의 주인이시라는 것이다. 나의 신체가 제대로 기능하는 부분이 거의 없을 정도로 장애가 심하다는 것은 '현실'이다. 그러나 '진리'는 하나님께서 나를 운동선수처럼 온전한 몸으로 만드실 필요 없이도 내게 주신 부르심을 감당하게 하신다는 것이다. 나는 종종 농담처럼 말한다. "하나님은 단지 내 입만 필요하신 것 같아요. 그리고 그건 꽤 잘 작동하고 있습니다."

---

22 Ellul, *The Humiliation of the Word*, p. xi. 『굴욕당한 말』(대장간)

'현실'과 '진리'의 차이를 구별할 줄 아는 능력은 우리가 권세들에 대적해 굳게 서려 할 때 엄청난 힘을 발휘한다. 왜냐하면 우리는 그 권세들이 악을 위해 어떤 작용을 하는지에 대한 진리를 밝혀냄으로써 그것들의 가면을 벗기고 무장 해제시킬 수 있기 때문이다. 또한 그리스도가 그 권세들에 대해 승리하셨다는 진리도 끊임없이 기억해야 한다. 그래야 우리는 예수 그리스도의 이름으로 권세들 앞에 굳게 서서 대적할 수 있다.

하나의 예로, 우리는 우리 사회 속에서 막강한 힘을 발휘하는 텔레비전에 대한 진실을 과감하게 드러내야 한다. 나도 과거에는 텔레비전에 대해 온건하게 말했다. 그래서 부모들에게 텔레비전 프로그램을 꼼꼼히 모니터하여 아이들에게 적합한 내용을 신중하게 판단하도록 권했다. 그러다 제인 힐리(Jane Healy)의 연구 논문을 읽고 나서 생각이 달라졌다. 그 논문은 텔레비전을 지나치게 많이 시청하는 아이들이 그렇지 않은 아이들에 비해 뇌가 작다는 사실을 보여주었다.[23] 텔레비전 화면을 오래 보고 있으면 두뇌의 좌우 반구를 연결하는 활동(입력과 출력)이 거의 일어나지 않는다. 그리고 아이들이 자신의 환경을 스스로 통제하지 못하고 수동적으로 앉아 있기만 하면 활동적으로 뛰어노는 아이들에 비해 신경의 수상돌기(dendrite) 성장이 늘어나지 않는다.

---

23 Jane M. Healy, *Endangered Minds: Why Our Children Don't Think*(New York: Simon and Schuster, 1990). *Failure to Connect: How Computers Affect Our Children's Minds — For Better and Worse*(New York: Simon and Schuster, 1998).

우리가 어떤 행동을 할 때마다, 뇌 속의 뉴런(신경세포)들은 시냅스를 뛰어넘어 해당 정보를 주고받는다. 이 과정을 반복하면 하나의 경로가 만들어지고 그 행동을 위한 전용 통로가 생긴다. 가령, 자전거 타기를 자주 하면 관련된 뇌 경로가 만들어져서 나중에 쉽게 탈 수 있게 되는 식이다. 건강한 뇌는 이처럼 복잡하게 얽힌 연결망이 있어야 한다(최근에 데이비드 월쉬로부터 배운 바에 따르면, 아기는 약 1천억 개의 뉴런과 각 뉴런마다 약 1천 개의 수상돌기가 있어서 총 100조 개의 시냅스 연결이 가능하다고 한다).[24] 텔레비전을 과도하게 시청하면서 성장한 아이들은 다른 아이들에 비해 신경 연결이 적고 경로도 부족하며 뇌 간의 연결이 적기 때문에 결과적으로 더 작은 뇌를 지니게 되는 것이다.

나는 부모들에게 텔레비전 시청이 뇌의 발달을 방해한다는 진리를 알려주었다. 그러자 부모들은 아이들의 텔레비전 시청을 제한하는 문제를 더 심각하게 고민하기 시작했다. 권세들의 실체를 드러내는 것, 곧 진리를 말하는 것은 우리가 맞서는 싸움의 절반에 해당한다. 그렇게 우리는 이 세력들을 무장 해제시키기 시작한다.

미국의 청소년들은 고등학교를 졸업할 때까지 학교에 있는 시간보다 더 많은 시간을 텔레비전을 시청하면서 보낸다. 고등학교 3학년 학생은 평균적으로 거의 50만 편의 광고를 보고 성장한다.[25] 이런 통계가 맞다면, 정말로 그렇게 자란 아이의 뇌는 거의 죽어 있지 않을까?

24 David Walsh, *Selling Out America's Children*(Minneapolis: Fairview Press, 1995).

25 William F. Fore, *Television and Religion: The Shaping of Faith, Values, and Culture*(Minneapolis: Augsburg, 1987), pp. 16-17.

그것도 아니라면 제법 탐욕스러운 사람이 되지 않겠는가? 이런 진리를 분명히 드러내야 한다. 부모들이 그들 가정에서 작동하는 권세들을 정확히 볼 수 있도록 도와주어야 한다.

나는 부모들에게 무엇이 자녀들의 인격을 형성하는지 진지하게 고민하도록 도전하고픈 열망에서 『이미 끝난 싸움인가?(Is It a Lost Cause?)』라는 책을 썼다. 아이들의 가치관과 태도와 행동과 목표를 형성하는 힘은 기독교 신앙의 진리인가? 아니면 텔레비전인가? 아니면 인터넷인가? 무엇이 우리 아이들의 삶에서 가장 많은 시간을 차지하는가? 아이들은 일주일에 한 시간 정도의 기독교 교육을 받고, 하루에 몇 분 정도 가족들과 함께 아니면 개인적으로 기도하는 시간을 갖는다. 그리고 폭력과 탐욕과 성적인 부도덕으로 가득한 텔레비전을 하루에 평균 4시간 반 정도 수동적인 자세로 시청한다. 어떤 것이 그들의 가치관과 태도와 행동과 목표를 형성할 가능성이 높겠는가?[26]

나는 성에 대한 올바른 자세에 관한 질문을 받으면 성경에 기록되어 있는 하나님의 선하신 의도를 설명해준다. 그러면 아이들은 "이런 말은 한 번도 들어본 적이 없어요"라는 반응을 보인다. 왜 그런 교육을 받지 못했을까? 미디어가 성에 대한 왜곡된 개념을 하루에 95번이나 아이들에게 주입시키는데, 신앙 공동체는 올바른 성의 개념에 대해 얼마나 가르쳐야 할까? 미디어에서 작동하는 권세들의 실체를 분

---

26 이 질문은 다음 책에서 확실한 대안과 함께 철저히 논의되었다. *Is It a Lost Cause? Having the Heart of God for the Church's Children*(Grand Rapids: Wm. B. Eerdmans Publishing Co., 1997).

별하고 올바른 대응 조치를 취해야 하는 절박한 상황이다.[27]

텔레비전이 끼치는 가장 큰 해악 중 하나는 2장에서 지적했던 '낮은 정보-실천 비율'을 고착화한다는 데 있다. 이 책을 쓰고 있는 지금도 나는 당신을 붙잡고 정말 이 책이 당신의 삶을 변화시키겠느냐고 묻고 싶다. 당신이 편안한 얼굴로 "좋은 질문이군요, 마르바"라고 말하지만, 그 다음엔 아무 것도 실천하지 않게 될까 봐 걱정도 된다.

목회자들이여, 텔레비전이 고착화시킨 '낮은 정보-실천 비율'이 설교에 어떤 영향을 미칠지 생각해보라! 사람들이 미디어를 통한 정보의 과잉 공급에 익숙해지면서 (정보가 너무 많아 무력해지거나, 아니면 정보가 자기 삶과는 너무 동떨어진 탓에 행동할 자극을 받지 못하여) 정작 아무 것도 실천하지 못하게 된다면, 목회자들은 어떻게 교인들을 설득하고 삶에 도전을 던질 수 있을까? 기술과 소비주의, 미디어와 정치라는 여러 '통치와 권세들'이 교인들을 자꾸만 엇나가게 만드는 상황에서, 어떻게 목회자들은 기독교 신앙을 효과적으로 가르치고 다음 세대에게 전할 수 있을까?

사회학자들의 연구에 따르면, 한 집단이 사회의 지배적인 문화와 다른 길을 모색하려 할 때, 자신들의 정체성을 유지하고 구별되기 위해서는 반드시 의식, 전통, 언어, 습관, 기억, 예절과 같은 것들이 매우 중요하다는 것이다. 청소년 집회에 참석한 아이들과 대화를 나눠보

---

27 세상의 간계에 내재된 공허함보다는 하나님의 선하신 계획에 대해 청소년들을 가르치고자 한다면 다음 책을 참고하라. Marva J. Dawn, *Sexual Character: Beyond Technique to Intimacy*(Grand Rapids: Wm. B. Eerdmans Publishing Co., 1993).

면, 그 아이들은 자신들이 그리스도인으로서 사회의 다른 사람들과 어떻게 달라야 하고 왜 그러한 차이점에 관심을 가져야 하는지 명확하게 인식하지 못하고 있다. 우리 기성 세대는 아이들 양육에 실패하고 있는 것이다. 그것은 곧 우리 자신의 실패를 뜻한다.

우리는 다음 세대가 진리의 원천에 다가갈 수 있도록 도와주어야 한다. 그래야 미디어가 성에 대해 잘못 심어놓은 그릇된 개념에 대항할 수 있다. 그들을 더 나은 개념으로 이끌고 진리의 허리띠로 묶어주어야 한다. 그래야 그들이 발을 헛디뎌 다치는 일이 일어나지 않을 것이다. 그들이 상처를 입는다면 육체적인 영역에만 국한되지 않는다. 정서적, 사회적, 영적인 영역에서도 심각한 상처를 입을 수 있다.

한번은 고등학교 채플 시간에 "절제된 성생활은 소비주의에 대한 저항이다"라는 주제로 설교한 적이 있다. 오늘날 사회는 성관계를 하나님이 정하신 창조 목적에서 이탈시켜 단순한 자기 만족의 수단으로 전락시켰다. 더 나아가 이를 또 하나의 소비 상품처럼 포장해버렸다. 그러나 성경은 남녀 사이의 성적 결합이 하나님의 신실하심, 은혜의 신비, 하나님과 그의 백성과 맺으신 언약 등을 상징한다고 말한다. 성이 특별하게 여겨지고, 헌신된 결혼 관계 안에서만 나누는 선물로 거룩하게 지켜야 하는 이유가 바로 여기에 있다. 안타깝게도 이 진리를 제대로 아는 이가 우리의 젊은 세대에서 너무 적다. 나는 그 아이들에게 성에 대해 말할 때, 그들의 즐거움을 방해하려는 것이 아니라, 하나님이 설계하신 성의 아름다움을 알려주기 위해서라고 강조한다. 그것은 곧 그들이 누구이며, 그들에게 허락된 성(sexuality)이 무엇인지에 관한 진리다. 그리고 그 진리는 너무도 선하고 좋은 것이다. 반면 그들이 일상에서 접하는 현실은 거짓으로 가득 찬 속임수 꾸러미에 불과하다.

이런 현실 배후에 우리는 권세들이 작동하고 있음을 끊임없이 발견하게 된다. 미디어가 속임수의 도구로 작용할 때, 그것은 반드시 우리가 대적해야 할 영적 권세임을 알아야 한다. 텔레비전은 전원을 꺼야 하고 컴퓨터 사용은 제한되어야 하며 미디어 소비는 사람들과의 실질적인 교감과 소통으로 대체되어야 한다. 우리는 더 나은 질문들을 던져야 하며 유행 음악 속에 담긴 적절치 못한 가사들은 분명히 지적되어야 한다. 나는 우리의 아이들이 음란물로 가득찬 마음을 갖게 되는 것이 너무나 싫다.

더 중요한 일은 교회에 출석하는 우리의 아이들에게 분별력을 심어주는 것이다. 아이들이 쓰레기더미에서 멀리 떨어져 있도록 지켜주는 것만으로는 충분하지 않다. 현대의 감각 문화가 너무 빠른 속도로 파급되고 있기 때문이다. 아이들이 자신들을 위해 무엇이 해로운지 분별하며 거기에 대항할 수 있는 의지를 지닐 수 있도록 도와주는 일이 급선무다. 교회의 구성원들이 '현실'과 '진리' 사이의 중대한 차이점을 분별하는 능력을 가질 수 있도록 목회자로 부름 받은 자들은 어떻게 해야 하는가? 어떻게 하면 그들이 인간성을 말살하고 현혹하는 권세들에 효과적으로 대적할 수 있게 도울 수 있을까? 어떻게 하면 그들이 하나님의 영광에 깊이 잠기고 거짓 신들을 과감하게 버리겠다는 의지를 갖게 만들 수 있을까?

믿음의 방패

의지를 기르는 데 큰 도움이 되는 은혜의 선물 중 하나는 또 다른 무기, 즉 "능히 악한 자의 모든 불화살을 소멸[할 수 있는]"(엡 6:16) 믿음의 방패다. 고대의 로마 군대가 세계 최강이었던 이유는 방패 덕분이기도 하다.

로마 군대의 방패 사용법은 제법 흥미롭다. 간단히 설명하자면, 방패를 잡고 있는 병사는 그 방패로 자기 혼자만을 막지 않는다. 방패의 3분의 2로 자기를 막고 3분의 1로 바로 곁의 동료를 막아준다. 옆에 있는 병사도 방패의 3분의 2로 자기를 막고 3분의 1로 그의 곁에 있는 병사를 막아준다. 이와 같은 상호 의존 관계 덕분에 로마 군대의 전열이 무너지는 경우는 거의 없었다.

거기에 덧붙여 로마군의 방패는 작지 않았고, 성인 한 사람을 가릴 수 있을 정도로 기다란 직사각형 형태였다. 대적의 성벽에 가까이 접근할 때 병사들이 머리 위로 들어올리면 완전한 보호막을 형성할 수 있었다. 성벽 위에서 불화살을 퍼부어도 병사들은 충분히 안전하게 방어할 수 있었다. 이와 같은 방식으로, 기독교 공동체의 믿음은 고소하는 자 마귀의 공격으로부터 우리를 든든하게 막아준다.

최근에 강연자로 참여한 어느 집회에서, 다른 강사들에 비해 조금 부족한 감을 느껴 나를 좀더 그럴듯한 모습으로 보이고 싶은 마음이 들었다. 한 강사는 강의 도중에 피아노로 재즈를 멋지게 연주해 집회에 참석한 목회자 부부들로부터 박수 갈채를 받았다. 더욱이 나는 그 다음 날 지루한 내용의 강의를 할 예정이었다. 내가 침울한 기분에 싸여 있을 때, 한 목회자가 다가와 말했다. "마르바, 잊지 말아요. 당신은 그 사람과 경쟁하는 게 아닙니다. 당신이 누구의 종인지 기억하세요." 나는 그의 조언을 지금도 소중히 간직하고 있다. 게다가 그 다음 날 내가 지루한 내용이 포함된 강의를 마치자 그가 다가와 말했다. "잘했어요. 정말 주님의 착하고 충성된 종이군요!" 그는 진정 목자의 마음을 가진 분이었다. 교회 지도자인 목회자들이 다른 이들과 경쟁해야 한다는 압박감이나 유혹을 받을 때, "당신이 누구의 종인지 잊지 마세요"라는 말을 다시금 들을 수 있어야 한다.

때때로 목회자들은 불안감 때문에 자기 자신을 실제보다 더 나은 사람으로 보이고 싶은 유혹을 느낀다. 하지만 신실한 마음으로 하나님께 의지하지 못한다면, 하나님께서 우리의 은사들을 사용하시도록 자신을 내어드릴 수 없다. 하나님께 신실하게 의지하는 믿음은 우리를 잘못된 생각과 경쟁심으로부터 막아줄 수 있는 방패다. 믿음은 우리의 가치가 우리를 사랑하시는 하나님으로부터 비롯되었음을 가르쳐준다. 또한 하나님의 사랑이 우리를 감싸고 있으며, 그분의 사랑이 우리를 진정으로 자유케 한다는 사실을 일러준다.

지면이 부족해 권세와 관련된 믿음이라는 주제를 더 깊이 설명할 수는 없다. 또한 전신 갑주의 다른 무기들을[28] 살펴볼 여유는 없다. 하지만 목회 사역에서 반드시 기억해야 할 사실은, 믿음은 하나님의 선

---

28 나는 다음 책에서 통치와 권세에 대한 더 깊은 연구 결과를 실어놓을 예정이다. *The Sense of the Call: Kingdom Shalom for Those Who Serve the Church*, Eerdmans.

물이며 본질적으로 신앙 공동체를 통해 주어진다는 사실이다. 교회가 신앙 선배들의 고백과 성경을 다음 세대에 전해준 덕분에, 우리는 그 공동체 안에서 복음을 듣고 믿게 되었다. 그러므로 어두움의 권세에 맞서 굳게 서려 할 때 이 신앙 공동체 전체가 우리를 든든히 보호해줄 것이다. 우리는 믿음의 공동체로서 세상의 빛이며, 산 위에 있는 동네다.

복음을 위하여

권세들에 관한 문제가 왜 그렇게 중요한지 말해주는 내용이 에베소서 6장 마지막 부분인 19-20절에 제시되어 있다.

> 또 나를 위하여 구할 것은 내게 말씀을 주사 나로 입을 벌려 복음의 비밀을 담대히 알리게 하옵소서 할 것이니 이 일을 위하여 내가 쇠사슬에 매인 사신이 된 것은 나로 이 일에 당연히 할 말을 담대히 하게 하려 하심이니라.

복음을 전파하기 위해, 우리는 반드시 권세들에 맞서 굳게 설 수 있어야 한다. 그래야 우리가 우상 숭배와 압제로부터의 자유를 말할 때 그 말을 듣는 사람들이 우리를 신뢰할 수 있다. 그리스도 예수 안에서 우리가 받은 죄로부터의 구원과 자유함도 담대하게 전파할 수 있다. 그런 일이 지금 우리에게 일어나려면, 이번 장에서 언급한 내용을 대충 읽고 넘어가서는 안 된다. 습득한 정보는 많은데 실천이 없는 상태에 머물러서는 안 된다. 그러므로 나는 이렇게 호소하는 바다. 교회들이 우리를 엄습하는 권세들의 정체를 밝혀내고 믿음의 방패를 함께 들어올리는 공동체로 거듭나도록 모든 힘을 모아주기를 말이다. 더 나아가, 하나가 된 그리스도의 몸된 교회들이 서로와 우리의 자녀들에게 믿음을 전할 수 있기를 바란다. 유진 피터슨 교수가 4장에서 경고한 것처럼, 거만함을 내버리고 구원의 투구로 우리 자신을 덮어야 한다.

마지막으로 한 가지 예를 더 들겠다. 복음을 위해 권세들을 분별하는 것이 실제로 어떤 모습이어야 하는지를 보여주기 위한 예다. 유진은 목회자들이 교회를 섬기려 할 때, 이웃 사랑이 그 서약의 일부라고 강조했다. 이제 우리는 이메일이 이웃 사랑에 도움이 되는지, 아니면 그것이 우리의 삶 속에서 악한 권세로 작동할 수 있는지를 물어야 한다.

사람들은 끊임없이 나에게 인터넷에 접속하고 이메일을 잘 활용하라고 말한다. 물론 이메일은 좋은 도구가 될 수 있다. 멀리 떨어진 사랑하는 이들과의 소통에 도움이 되기 때문이다. 인터넷은 학문적 연구에도 상당히 유용하다. 하지만 어느새 이러한 사이버 도구들이 우리 시대를 군림하는 권세가 되고 말았다. 이메일은 우리가 얼굴을 맞대고 느껴야 할 친밀함을 빼앗고, 그 거리감을 통해 자신의 부족함을 가릴 수 있게 해주었다. 인터넷은 본질적으로 중독성이 있다. 인터넷에서 많은 시간을 보내며 온갖 정보에 접촉하지만 실제로 실천 비율은 점점 더 낮아진다. 많은 젊은이들은 어떤 정보가 가치 있는지 분별하는 판단 기준을 제대로 갖추지 못했다. 무수한 정보를 어떻게 처리해야 하는지 경험치도 부족하다. 인터넷의 유용성과 위험이 공존하는 상황에서, 핵심은 우리가 그 두 가지 극단 사이에서 얼마나 균형을 유지하며 분별력을 행사하느냐다. 단순히 좋으니까 무작정 사용하는 게 아니라 선한 열매를 맺고 거둘 수 있도록 더 나은 질문을 던져야 한다.

나는 지금도 여전히 인터넷이라는 기술 도구에 조심스럽다. 그렇다고 당신도 나와 동일한 선택을 하라고 강요하지는 않는다. 그러나 어떤 기술 도구가 우리의 삶에 유익한 권세로 작용할지 아니면 해로운 권세로 작용할지 어떻게 결정할 수 있는가? 기술 도구가 관계 단절이 아닌 우리의 이웃 사랑에 조금이라도 유익한 결과를 가져오려면 우리는 어떤 태도를 가져야 하는가? 이 점에서 우리는 항상 깨어 있으며 분별하고 평가하고 시험하고 다시 살펴야 한다.

하지만 그런 일을 혼자 힘으로 할 필요는 없다. 건전한 신앙 공동체 속에서 그런 분별력을 키워야 한다. 그런 공동체는 우리가 더 나은 질문을 던질 수 있도록 도와주고, 기술을 비롯해 세상의 여러 권세들이 하나님의 창조 목적에 따라 경계를 넘지 않고 제자리를 지키도록 우리를 도울 수 있다.

기도: 하나님, 우리로 하여금 바른 신앙 공동체를 이룰 수 있도록 분별력을 주시고 깨달음을 허락하소서. 우리가 주님의 교회로서 하나 됨을

지키고, 우리를 목회자의 역할에서 벗어나게 하는 악의 권세들에 대적해 굳게 설 수 있게 하소서. 우리가 주님의 종으로 살아갈 때, 권세들의 영적 본질을 잊지 않게 하시고, 우리 힘만으로 싸우지 않도록 하시며, 주님의 능력으로부터 오는 힘을 계속해서 받게 하소서. 이것이 주님의 뜻임을 알기에 우리는 담대히 구하옵니다. 주님이 우리를 사용하셔서 이 권세들의 정체를 밝히고 무장해제시키는 일에 도구가 되게 하시고, 더불어 주님의 은혜와 승리를 전하는 복음의 일꾼으로 날마다 세워주소서. 예수님의 이름으로 기도합니다. 아멘.

불필요한 목회자

한 사람의 인격을 이루는 모든 요소, 즉 그의 가족, 일, 날씨, 이웃, 죄, 이야기 등에 접근할 수 있는 곳으로 교회보다 좋은 곳은 없다. 같은 신앙을 고백하는 무리 속에서, 그것도 수년에 걸쳐, 때로는 수십 년 동안 관계를 맺으며 인격적으로 가르치기에 좋은 다른 곳은 없다. 학교에서는 짧은 시간 동안, 그 사람을 이루는 대부분의 요소가 배제된 환경에서 학생들을 만나게 된다. 교회에서는 삶의 한가운데, 삶에 흠뻑 잠겨 있는 자리에서 그들을 만나게 된다.

지혜를 전하는 교사가 되기에 가장 중요하고 적합한 장소는 바로 교회다. 지혜의 가르침은 내가 관심을 갖는 유일한 영역이다. 디모데는 에베소 교회에 있었다. 목회자는 자신의 교회를 맡고 있다.

바울의 말을 명심하자. "네가 이것으로 형제를 깨우치면 그리스도 예수의 좋은 일꾼이 되어 믿음의 말씀과 네가 따르는 좋은 교훈으로 양육을 받으리라"(딤전 4:6).

진리는 중요하다. 단순하고, 분명하며, 살아 있어야 한다.

6

디모데와 에베소: 지혜를 가르치라

유진 피터슨

디모데는 에베소 교회에서 발생한 혼란을 바로잡으라는 명령을 받는다. 그는 바울이 남겨놓은 좋은 유산들과 함께, 후메내오와 알렉산더 같은 사람들이 책임져야 할 문제들까지 모두 떠안게 되었다. 창세기 1장 2절의 '토후 와보후(tohu wabohu)', 즉 혼돈과 공허처럼, 목회의 소명은 언제나 깨끗한 백지 상태에서 출발하지 않는다.

교회의 혼란스런 상황은 목회자로 하여금 정말 자신이 '필요한' 존재라고 착각하게 할 만큼 위험한 조건을 제공한다. 누군가가 상황을 엉망으로 만들고, 적절하게 처리하지 못하고, 무책임하게 행동했다. 그리고 우리는 그 위기 상황을 바로잡고 좋은 변화를 일으키도록 부르심을 받는다. 우리가 불려왔다는 사실 자체가, 전임자의 무능력함에 비해 자신이 충분히 감당할 능력이 있음을 말해주는 것처럼 느껴

불필요한 목회자

진다.

교인들이 찾아와 좋은 말들로 치켜세운다. 오랫동안 지켜보고 있었다며 간절하게 호소한다. "목사님이 이곳에 오셔야 합니다. 지금 이 상황을 해결해주실 분이 목사님이라 판단하고 있습니다. 목사님 이력서를 읽어보았고 추천서도 확인했으며 설교도 들어보았습니다. 제발 우리 교회를 도와주세요."

"목사님이 오셔야 합니다 … 도와주세요" 같은 말들로 인해, 우리는 '필요한' 목회자가 된다. 결국 목회자는 자기 앞에 놓인 과제에 얽매이게 되고, 바로잡기 위해 들어갔던 그 상황의 노예가 된다. 목회자는 어느새 하나님의 광대하고 자유함이 넘치는 구원의 세계에서 벗어나, 다른 이들의 죄와 무능이 만들어낸, 협소하고 답답한 필요의 세계에 갇히게 된다.

이런 상황은 약간 신경증적이기까지 하다. 모든 문제를 해결해야 한다는 강박을 가진 사람은 홍수에 휩쓸려가다가 나뭇가지를 붙잡고 가까스로 살아남은 사람과 같다. 며칠이 지나고 물이 다 빠졌지만, 그 사람은 여전히 그 나뭇가지를 붙잡고 있다. 사람들이 지나가다가 말한다. "이제 내려와도 됩니다." 하지만 그는 거부한다. "안 됩니다. 나는 여기서 구원을 받았습니다. 이 나뭇가지가 나를 구했단 말입니다. 그러니 이 자리를 떠날 수 없습니다." 목숨을 살리기 위한 시도가 성공했다는 것 때문에 필요 이상으로 집착하게 된 것이다. 목회자들은 이런 일을 쉼없이 반복한다. 그들은 혼란 속으로 들어가 상황을 바로잡은 후에도 계속 같은 방식을 고수하려고 한다. "이렇게 해야만 나를 비롯한 다른 모든 사람을 구할 수 있어."

　이런 사역 방식은 죄로 얼룩진 상황을 목회자가 전심으로 뛰어들 환경이라고 인정하는 것과 같다. 물론 우리가 지금 죄로 가득한 상황에서 사역하고 있긴 하지만, 그것으로만 목회자의 사역을 제한해서는 안 된다. 죄로 얼룩진 상황은 목회자가 감당할 사역의 일부이자, 복음을 위한 재료에 지나지 않는다. 교회의 혼란과 교인들의 필요는 목회자의 사역을 제한하는 조건이 되어서는 안 된다. 디모데도 그런 상황에 있었지만 그의 대처 방식은 달랐다.

에베소 교회의 혼란

에베소 교회는 신약성경에서 가장 대표적인 교회다. 말을 유창하게 하고 학문이 높고 성경에 능한 유대인 설교자 아볼로(행 18:24)가 세운 것으로 알려졌다. 바울은 제2차 전도 여행 중에, 세워진 지 얼마 되지 않은 이 신앙 공동체를 방문하기 위해 에베소에 들렀다. 그곳에서 불과 열두 명밖에 되지 않는 적은 무리를 만나 그들이 성령을 받도록 이끌어주었다. 바울은 이후에 3개월을 머물면서, 회당을 중심으로 '하나님 나라'에 대해 설교하고 가르쳤다(행 19:8). 3개월로 끝날 것 같았던 에베소 방문 기간은, 스게와의 일곱 아들들과 부딪히고, 데메드리오가 여신 아데미의 문제로 일으킨 난동을 겪으며 3년으로 늘어났다. 바울은 그 3년 동안 에베소에 머물면서 신앙 공동체를 든든히 세웠다.

이후 에베소서는 바울이 기록한 서신서 가운데 그리스도인의 삶에 관한 가장 건강하고 성숙한 내용을 담은 것으로 인식되고 있다. 바울의 다른 서신들은 불미스러운 사건이나 옳지 못한 사상이나 그릇된 행위 등의 발생으로 인해 기록된 측면이 있지만, 에베소서의 전반을 흐르는 분위기는 인간의 문제가 아니라 하나님의 영광이다. 바울은 교회들의 여러 문제들을 바로잡은 후에, 비로소 복음에 관한 진리를 있는 그대로 써내려갈 수 있었고, 에베소서가 그 결과물이었다. 에베소서는 믿는 자들의 삶에서 드러날 수 있는 최상의 모습을 보여주며, 그래서 성숙하고 완전한 삶으로 우리를 초대하는 내용으로 가득하다. 지금 많은 사람들에게 '에베소 같은' 교회란 가장 건강하고 온전하며 거룩한 교회의 모습을 의미한다.

나는 이 에베소서를 영성 형성을 위한 강의에서 핵심 교재로 종종 사용했는데, 강의 이름이 '영혼의 공예(Soulcraft)'였다. 작년 쯤인가 강의 시간에 한 수강생이 나에게 말했다. 자신은 리젠트신학교에서 20년간 많은 강의를 수강했으며, 이번이 열네 번째로 듣는 에베소서 강의라고 했다. 과목이나 교수들은 달랐지만, 공히 에베소서가 주요 교재였다고도 했다. 그러면서 그는 에베소서가 리젠트신학교의 정체성을 가장 잘 드러내는 본문일지도 모르겠다고 말했다.

에베소 교회는 아무런 문제가 없는 상태에서 출발하지 않았다. 하지만 어느 순간에 이르러 우리가 완벽하다고 부를 수 있을 정도로 완벽한 교회처럼 보였다. 그런 상태에 도달하기까지 많은 과정이 있었다. 성령을 모르던 아볼로의 가르침을 바울이 보완한 일, 회당에서 쫓거나는 일, 탐욕스럽고 사악한 스게와의 일곱 아들 문제를 해결한 일, 데메드리오가 아데미 여신의 문제를 빌미로 삼아 일으킨 폭동을 견뎌낸 일 등이다. 그 지난한 과정 끝에 결국 에베소의 교회 공동체는 조용하고 성숙한 온전함에 도달한 듯 보인다. 우리는 그런 모습을 바울이 밀레도에서 에베소의 장로들과 작별 인사를 나누면서 함께 기도하고 애정을 표하는 장면에서 발견할 수 있다.

누가는 에베소 교회에 관한 이야기를 전하면서 이렇게 기록한다. "이와 같이 주의 말씀이 힘이 있어 흥왕하여 세력을 얻으니라"(행 19:20). 에베소 교회를 잘 요약한 표현이다.

디모데가 파송된 곳이 바로 이 에베소 교회다. 하지만 그는 편안하게 목회하러 간 것이 아니다. 에베소 교회가 다시 혼란에 빠져 있었기 때문이다. 아무리 훌륭한 교회라도 혼란에 빠질 가능성은 얼마든지 있다. 놀랍게도 악한 자들이 본색을 드러낸다. 훌륭한 시작이 파국으로 끝날 수 있다. 그럴 수도 있는 것이 아니라, 실제로 그렇게 된다. 모범적인 교회로 소문났던 에베소 교회도 그런 상태에 빠졌다.

목회자가 아무리 훌륭한 교회에 부임하더라도, 대개의 경우 결국 언젠가는 그 한복판에서 혼란을 마주하게 된다. 기독교 신앙은 언제나 세상이라는 상황과 분리될 수 없기 때문이다. 아무리 노력하더라도, 우리는 우리가 살아가는 세상으로부터 그리스도인으로서의 삶을 분리시킬 수는 없다. 그리고 이 세상 문화는 언제나 교회 안으로 스며든다. 그것은 에베소 교회 안으로도 스며들었다. 가장 비극적인 일은 우리 스스로 그 세상 문화를 끌어들이는 것이다.

우리는 에베소 교회에 무슨 문제가 생겼는지 그 정확한 실체를 알 수는 없다. 아무것도 구체적으로 언급하고 있지 않기 때문이다. 분명한 사실은 세상 문화와 결탁한 종교가 예수 그리스도의 복음 안으로 침투해 들어왔고, 그 복음을 무너뜨릴 위협이 되고 있었다는 것이다. 바울이 디모데에게 보낸 두 편의 서신에서, 우리는 그 상황을 어렴풋이 들여다볼 수 있다.

바울은 '다른 교훈'에 사로잡혀 있으면서 하나님의 경륜을 이루기를 결단코 원치 않는 '어떤 사람들'을 상대하라고 말한다. 아래에 그 사람들이 '다른 교훈'에 사로잡혀 행한 일들을 말해주는 구절들을 실어놓았다.

- 변론을 내는 신화와 끝없는 족보에 착념함(딤전 1:4)
- 헛된 말에 빠짐(딤전 1:6)
- 미혹케 하는 영과 귀신의 가르침을 좇음(딤전 4:1)
- 양심이 화인 맞아서 외식함으로 거짓말함(딤전 4:2)
- 혼인을 금하고 어떤 음식물을 금함(딤전 4:3)
- 망령되고 허탄한 신화를 중시함(딤전 4:7)
- 아무것도 알지 못하고 변론과 언쟁을 좋아함(딤전 6:4)
- 경건을 이익의 수단으로 여김(딤전 6:5)
- 경건치 아니함에 점점 나아감(딤후 2:16)
- 부활이 이미 지나갔다 주장함(딤후 2:18)

- 어리석고 무식한 변론을 버리지 않음(딤후 2:23)
- 허탄한 이야기를 좇음(딤후 4:4)

우리는 에베소 교회에 나돌았던 '망령되고 헛된 말'이 무엇인지 정확히 모른다. 학자들은 여러 가지 추측을 내놓았다. 영지주의의 한 형태였다는 것은 분명하다. 영지주의자들은 자기 스스로 고상하다고 여기는 믿음에 빠져 평범한 사람들과 평범한 일, 도덕적인 생활에 전념하는 것은 무엇이든 경멸했다. 물론 이런 사람들에게는 예수님도 너무 평범해서 결코 받아들일 수 없는 존재였다. 이 '망령되고 헛된 말'은 실제로 어떤 내용을 담고 있었든 간에, 예수님의 십자가가 아니라 세상 문화로 말미암아 형성된 것이었다.

위에 제시된 여러 구절에서 명확하게 드러나는 사실은 에베소 교회의 문제가 많은 '말'과 관련됐다는 것이다. 인간의 행위(결혼과 음식)에 대해 언급하는 말이 있고 교리(부활)에 대한 말이 있었지만, 가장 많이 접하게 되는 것은 종교적인 말이다. 에베소에서 문제를 일으킨 사람들은 신앙이나 경건에 대해 말하기를 좋아했다.

작가 화이트(T. H. White)는 남편 아서 왕이 죽은 후 수녀가 된 중년의 귀네비어 왕후를 이렇게 묘사했다. "그녀는 뛰어난 신학자가 되었다. 하지만 하나님에 대해서는 전혀 관심이 없었다." 이런 묘사는 정확히 에베소의 거짓 교사들을 떠올리게 한다.

그리고 이것이 오늘날 우리가 계속해서 마주하는 현실이다. 이런 세상의 문화가 교회 구성원들을 통해 교회로 흘러들어온다. 헌신 없

불필요한 목회자

는 경건, 내용 없는 영성, 야심과 말과 욕망, 성취와 필요 등은 넘쳐나지만, 정작 하나님에 대한 진지한 관심은 거의 없다.

에베소의 아데미와 오늘의 다이애나

현대 세계의 우리는 1세기 에베소 사람들과 놀랍도록 유사한 경험을 했다. 1997년 8월 말부터 몇 주 동안, 말 그대로 전 세계의 이목이 다이애나 왕세자비의 죽음에 쏠려 있었다. 나는 그 당시 아일랜드와 스코틀랜드에 있었고, 드라마처럼 긴박하게 흘러가는 한 장면 한 장면을 거의 실시간으로 생생하게 전달받았다. 솔직히 말하자면 나는 그때까지 다이애나에 대해 아는 것이 거의 없었다. 그녀의 사진도 본 적이 없고, 왕실과의 갈등에 대해서도 전혀 몰랐다. 하지만 사건이 있고 3주가 지날 무렵, 나는 이른바 다이애나 '종교'에 대한 집중 교육을 수료한 상태였다. 무엇보다 그 모든 시간들이 일종의 종교적인 경험이었다는 사실이다.

물론 정치적 함의도 다분하고, 왕실 내 가족 간의 갈등도 첨예했지만, 무엇보다도 이 사건은 압도적으로 '종교적'이었다. 다이애나는 여신처럼 존경과 숭배를 받았다. 그녀의 죽음 앞에 온 세계가 무릎을 꿇고 경배했다.

이 모든 과정을 지켜보면서 친구들과 대화를 나누다가, 나는 다이애나가 우리 시대의 새로운 종교를 위한 완벽한 여신이 되었다는 사실을 깨달았다. 이 새로운 종교는, 하나님과 우리 주 예수 그리스도에게는 관심도 기울이지 않지만, 정작 누군가를 또는 무언가를 간절하게 숭배하고 싶어하는 마음으로 가득차 있었다. 자신들의 삶에 아름다움과 초월적 감각을 새롭게 불러일으켜줄 대상을 찾고 있었던 것이다. 그리고 다이애나 왕세자비는 그 역할에 딱 들어맞았다. 이른바 '신 없는 세상'이라고 불리는 오늘날도, 실제로는 무신론적인 세상이 아니었다. 세상이 지닌 숭배하고자 하는 욕망은 그 어떤 근본주의 종교 부흥회보다 강렬하다. 그렇기에 다이애나가 죽음을 맞이했을 때, 세상은 고대했다는 듯 그녀를 숭배했다.

처음에는 고대 가나안의 성적/다산의 여신인 아스다롯과 아세라가 떠올랐다. 다이애나는 그런 역할에 완벽하게 들어맞았다. 연약하면서도 슬픔이 스며 있는 아름다움, 비밀스런 암시와 추측을 불러일으키는 순수함, 그 그림자 속에서는 왠지 모를 부정한 성적 이미지가 어른거렸다. 가난하고 억압받는 이들과 자신을 동일시하는 대중적 이미지, 마더 테레사와 함께 찍은 사진, 에이즈 환자에게 보여준 연민, 수많은 어린이들의 육체를 파괴한 지뢰 퇴치 운동, 그리고 냉담한 왕실과 남편으로부터 버림받은 희생자로서의 모습… 그녀는 성적으로 방종하지만 동시에 오해와 상실과 상처와 거절 등으로 가득 차 있는 우리 문화의 영적 갈망을 대변하고 있었다.

에딘버러에서 일주일을 보내는 동안, 나는 수많은 남녀노소가 도시 곳곳에 마련된 임시 제단에 꽃다발을 바치는 모습을 보았다. 그들은 침묵 속에 흐느끼며, 말할 수 없는 감정으로 여신의 죽음을 애도하고 있었다. 나는 매일 아침마다 신문에 실린 다이애나에 대한 기사들을 읽었다. 그것은 분명히 종교적인 묵상의 글이었다. 그러던 어느 날, 나는 그리스 신화에 나오는 아르테미스(Artemis), 즉 에베소의 아데미라는 이름이 로마 신화의 다이애나(Diana)였다는 사실이 떠올랐다. 아데미는 '에베소의 다이애나'였다. 에베소 사람들에게 신화를 제공하고 그 도시에 도덕적인 분위기를 주도했던 생식의 여신 다이애나가 돌아온 것이었다. 고대 세계의 다산의 여신이 다시금 현대 세계의 상상력을 장악한 것이다.

나는 지금 에베소 시대의 다이애나 숭배와 1997년 이후 우리가 목격한 다이애나 숭배가 동일한 내용을 갖고 있다고 말하려는 것이 아니다. 그러나 그 영향력과 결과는 동일하다. 에베소의 다이애나 숭배는 고대 근동 지역의 고유한 이야기와 미신과 사고 체계 등을 짜깁기한 것이었고, 그것은 도시 사람들의 종교적 욕구를 충족시켰다. (이러한 많은 요소들은 넓은 의미에서 우리가 '영지주의'라고 부르는 것으로 분류할 수 있다) 오늘날의 다이애나 숭배 역시 은밀한 이야기와 갈망, 그리고 매체를 통한 대중 홍보가 짜깁기된 현상이다. 그것은 명목상 그리스도인, 유대교인, 불교인 그리고 무슬림이라 불리는 수많은 사람들의 종교적 필요를 채워주고 있었다. 다이애나의 죽음은, 그녀의 제단 앞에서 숭배하던 수백만의 사람들을 통해 그녀의 영향력이 얼마나 전 세계적으로 거대했는지를 극명하게 보여주었다.

다이애나는 사람들에게서 최상의 면모를 이끌어냈다. 그러나 그것은 하나님께서 원하시는 최상이 아니라 그저 그들이 원하던 최상이었을 뿐이다. 그녀는 도덕성 없는 '선함'을 제공했고, 하나님의 것이 아닌 자신만의 '초월성'을 제공했다. 다이애나는 오늘날 우리 시대의 세계 종교를 대표하는 인물이다.

디모데가 에베소로 파송되었던 이유는, 당시 문화 속에 깊숙이 자리 잡은 아르테미스/다이애나 종교의 영향력을 거슬러 대응하기 위해서였다. 디모데가 구체적으로 어떤 문제를 다뤘는지 우리는 정확히 알지 못한다. 다만 분명한 사실은, 그가 상대해야 했던 것은 사람들이 자신들의 온갖 필요를 위해 그들만의 방식으로 만들어낸 종교였다는 것이다. 자기 완성에 대한 갈망, 의미에 대한 굶주림, 아름다움과 존재 가치에 대한 목마름, 그리고 어떤 것도 요구하지 않는 신만을 원하는 마음 말이다.

예수님께서 가져오신 복음, 바울이 전한 복음은 근본적으로 인간에 대한 것이 아니었다. 복음은 하나님에 관한 것이다. 우리를 창조하시고 우리를 구원하고자 하시는 하나님에 관한 내용이 복음이다. 복음은 우리를 위해 자신을 내어주셨을 뿐 아니라, 우리가 자기를 부인하고 십자가를 기꺼이 지고 따르기를 원하시는 예수님에 관한 내용이다. 또한 예수님의 부활을 우리의 일상의 삶에서 재현하기 위해 우리 가운데 임하시는 성령에 관한 내용이다. 여기에는 우리 나름의 방식으로 정의한 '필요와 욕망과 욕구' 충족에 관한 내용이 전혀 들어 있지 않다. 우리의 필요와 욕망과 욕구는 근원적으로 '죄'에 물들어 있다. 그것은 우리 뜻대로 하고 싶은 욕구, 스스로 중요해지고 싶은 필요, 자기 삶을 자기 마음대로 통제하고 싶은 욕망이다.

처음엔 매우 건강하고 힘있게 시작했던 에베소 교회, 성경에 계시된 진리를 발견하며 성령 안에서 하나님의 임재를 경험하고 새 생명의 활력으로 그리스도 중심적이었던 에베소 교회가, 디모데의 사역이 필요한 시점에는 자극적인 감정과 온갖 기발한 사상들로 변론하는 자들과 자기 이익을 추구하는 무리들로 뒤섞인 채 흔적도 없이 사라질 위기에 놓여 있었다.

이런 현상이 오늘 우리의 모습과도 별 차이가 없다는 것을 아는가? 이런 일들이 우리 교회에서 얼마나 쉽게 일어나는지 아는가? 얼마나 자주 이런 일이 반복되는지 아는가? 당신이 속한 공동체에선 아직 일어나지 않았다 해도, 그리 멀지 않은 장래에 거의 필연적으로 일어날 수밖에 없는 일이라는 것을 아는가? 바울이 그런 사실들을 정확히 파악하고 즉시 디모데를 보냈다는 것이 이해가 되는가? 어쩌면 당신 역시 그와 동일한 사명을 받았을지 모른다고 생각하지 않는가?

지금 이 시대에도 다이애나/아데미 숭배는 공기처럼 우리 주변에 널리 퍼져 있다. 텔레비전과 잡지, 교회의 설교단, 학교 교실 등 어느 곳도 예외가 아니다. 사업 마케팅과 연예 산업, 레저 산업, 정치계도 마찬가지다. 지도자들은 우리 안에 충족되지 못한 갈망을 일깨움으로써 자신을 따르는 추종자들을 끌어모은다. 그런 다음 자신의 프로그램이나 생활 방식 또는 심지어 교회가 우리를 완벽하게 만들어줄 것이라고 공공연하게 주장하거나 암시적으로 드러낸다. 그것은 다이애나 종교다. 다이애나 숭배다.

교회가 세상 문화에 압도되었다는 것을 깨달았다면, 어떤 조치를 취해야 할까? 디모데는 어떤 일을 했는가?

디모데가 취한 조치

일반적인 통념에 따르면, 당면한 문제가 클 때 그에 대한 대책도 커야 한다고 가르친다. 포괄적으로 생각해야 하고, 문제의 규모에 상응하는 '시야'를 지녀야 한다고 말한다. 그러나 에베소서에서 제시되는 해결책은 그렇지 않다. 그 방법을 알게 된다면 실망할지도 모르겠다. 디모데는 에베소의 다이애나 숭배 영성을 논박하거나 고발하라는 요구를 받지 않는다. 바울은 그저 디모데에게 그런 것들을 피하라고 말할 뿐이다. 디모데에게는 더 중대한 일이 있었다. 말씀을 가르치며 기도하는 일에 전념하는 것이었다.

목회서신 전반에서 드러나는 최우선의 관심사는 '바른' 또는 '건강한' 가르침이다. 교훈과 말씀의 '건강함'은 세 편의 목회서신에서 모두 여덟 번 강조되어 있다.

'교훈(teaching)'은 종종 '교리(doctrine)'로 번역되곤 해서 정통 교리에 대한 논쟁으로 오해되기도 한다. 그것은 정확하지 않다. 디모데에게 주어진 사명은 사람들에게 건강함(health)을 회복시켜주는 방식으로 교훈을 전하는 것이었다. 에베소 교회에서는 언어가 병들어 있었다. 에베소 교회에 유포된 '망령되고 헛된 말'은 결과적으로 사람들의 영혼을 병들게 했다. 그러므로 디모데는 복음의 진리를 논리적으로 변호하는 정통 교리의 수호자라기 보다, 병든 심령들이 다시금 건강하고 바르게 서도록 말할 책임을 가진 교사였던 것이다.

불필요한 목회자

주제에서 약간 벗어난 이야기를 조금 하겠다. 당신에게 가르침에 대한 열정과 재능이 있다면, 목회자의 삶을 고려해보길 권한다. 목회자는 가르침을 실현하기에 가장 적합한 부르심이다. 하지만 이 가르침은 매우 특별한 것으로, 여기서 말하는 '건강한' 가르침이다. 프랜시스 영(Frances Young)은 이 표현을 '건강한 가르침(healthy teaching)' 또는 '건강한 말씀(healthy words)'이라고 번역했다. 이와 같은 용어 사용을 통해, 바울은 에베소 교회를 새롭게 하기 위한 디모데의 사역의 핵심인 가르침과 말씀의 성격을 여덟 번이나 규정하고 있는 것이다.

이제부터 여덟 개의 구절에 대한 해설을 제시하고 나의 번역을 덧붙이겠다.

디모데전서 1장 10절

'바른 교훈' 또는 '건전한 교리(sound doctrine)'에 대한 첫 번째 언급은 디모데전서 1장 10절에 나온다. 바울은 디모데에게 "너를 권하여 에베소에 머물라 한 것은 어떤 사람들을 명하여 다른 교훈을 가르치지 말며 … 하려 함이라"(딤전 1:3-4)고 썼다. 바울은 계속해서 '다른 교훈'으로 야기되는 결과들을 서술한다. 그로 인한 생활과 행동과 태도의 열네 가지 유형이 제시되어 있다(딤전 1:9-10). 잘못된 생각은 잘못된 삶으로 이어진다. 바울은 이와 같은 병든 삶의 목록을 "내게 맡기신 바 복 되신 하나님의 영광의 복음"(딤전 1:11)에 따른 '바른 교훈'과 비교한다.

바른/건전한 교훈은 "모든 권위에 도전하면서, 하나님이든 생명이든 성 윤리든 진리든 무엇이든 함부로 취급하는 자들 때문에 있는 것이 분명하지 않은가! 그들은 크신 하나님께서 내게 맡겨주신 이 위대한 교훈을 멸시하는 자들이다!"

디모데전서 6장 3절

"누구든지 다른 교훈을 하며 바른 말 곧 우리 주 예수 그리스도의 말씀과 경건에 관한 교훈을 따르지 아니하면 그는 교만하여 아무것도 알지 못하고 변론과 언쟁을 좋아하는 자니…"(딤전 6:3-4).

말씀은 매우 중요하다. 말씀과 삶은 동전의 양면과 같다. 말씀이 왜곡되면, 즉 건전하지 않으면 병을 불러온다. 그릇된 말씀은 영혼을 오염시킨다. 건전하고 건강한 말씀은 경건한 생활로 직결된다.

"나는 네가 이런 것들을 가르치고 설교하기 바란다. 다른 교훈을 가르치거나 우리 주 예수님의 확실한 말씀과 경건한 교훈을 받아들이지 않는 지도자들이 있거든 그들의 정체를 드러내 보이라. 그들은 무지한 허풍쟁이여서 시기와 말다툼과 비방과 미심쩍은 소문으로 공기를 더럽히는 자들이다."

디모데후서 1장 13절

"너는 그리스도 예수 안에 있는 믿음과 사랑으로써 내게 들은 바 바른 말을 본받아 지키고"(딤후 1:13).

여기서 바른 말이란 하나님에 대한 정보가 아니라, 믿음과 사랑 안에서 걸어가야 하는 길을 가리킨다. 말과 삶은 서로 별개의 것이

불필요한 목회자

아니며 동일한 하나다.

"그러니 너는 내게 들은 바 너의 일, 곧 그리스도 안에서 뿌리내린 믿음과 사랑을 끝까지 포기하지 말라. 그 일은 네가 처음 내게서 들었던 때와 마찬가지로 지금도 옳은 일이다. 우리 안에서 일하시는 성령님께서 너에게 맡겨주신 것이므로 이 귀한 것을 잘 지켜가라."

디모데후서 4장 3절

"때가 이르리니 사람이 바른 교훈을 받지 아니하며 귀가 가려워서 자기의 사욕을 따를 스승을 많이 두고"(딤후 4:3).

바른 교훈, 건전한 가르침은 언제나 위로를 주고 마음을 평온하게 하지 않는다. 기분을 좋게 하여 혈압을 떨어뜨리는 배경 음악도 아니다. 그것은 단단한 음식이다. 유쾌하지 않을 수 있겠지만 분명 우리의 영혼을 건강하게 하는 말씀이다.

"너는 사람들이 건전한 가르침을 싫어하고 영적 불량식품, 즉 자신들의 기호에 맞는 변덕스러운 의견으로 배를 채우려고 할 때가 온다는 것을 알게 될 것이다."

이어지는 네 개의 인용은 디도서에 기록된 내용이지만, 디모데에게 주어진 사명을 구체화시키고 새로운 맥락으로 확장시켜준다.

디도서 1장 9절

"미쁜 말씀의 가르침을 그대로 지켜야 하리니 이는 능히 바른 교훈으로 권면하고 거스려 말하는 자들을 책망하게 하려 함이라"(딛 1:9).

이 말씀은 그레데 교회의 장로가 필수적으로 갖춰야 할 덕목을 설명하는 부분에 포함되어 있다. 말씀을 건전하고 바른 방식으로 사용해야 할 책임이 목회자에게만 있는 것은 아니다. 교회의 모든 지도자들이 바른 교훈을 지니고 있어야 교회를 그릇된 방향으로 끌어가지 않을 수 있다.

"교회 지도자는 말씀을 확실하게 붙잡고 있어야 한다. 교인들이 말씀을 깨닫도록 자극하거나 잘못된 길에 들어서지 못하도록 제지하기 위해 진리를 사용하는 법을 알고 있어야 한다."

디도서 1장 13절
"이 증언이 참되도다. 그러므로 네가 그들을 엄히 꾸짖으라 이는 그들로 하여금 믿음을 온전하게 하고"(딛 1:13).

"유대인인 척하는 자들이 지어낸 건전치 못한 말들이나 규정들을 막아서 그들이 강건한 믿음을 회복할 수 있게 하라."

디도서 2장 1절
"오직 너는 바른 교훈에 합한 것을 말하여"(딛 2:1).

"너의 임무는 건전한 교리에 어울리는 말을 하는 것이다."

디도서 2장 2절
"늙은 남자로는 절제하며 경건하며 근신하며 믿음과 사랑과 인내함에 온전하게 하고"(딛 2:2).

불필요한 목회자

여기에 제시된 특성들은 단순히 사람들의 생각이나 믿음만을 한정하지 않고 삶의 방식 전반을 아우르고 있다. 교훈은 반드시 삶과 연결되어 있어야 한다. 정보를 모아놓았다고 해서 교훈이라고 할 수 없다. 이것은 자명한 사실이다. 그러나 다이애나 숭배 문화 속에서는 그 자명함이 흐려진다.

"나이 많은 남자들을 인도하여 절제와 위엄과 지혜와 건강한 믿음과 사랑과 인내의 삶을 살게 하라."

이처럼 '바른' '참된' '건강한' '건전한' '확고한' 등과 같은 말이 사용된 여덟 가지 경우는, 디모데가 에베소의 혼란 속에서 무엇을 해야 하는지를 우리에게 분명하게 보여준다.

켈리(J. N. D. Kelly)가 말한 대로 '바른 교훈/건전한 말'이라는 표현은 "도덕적으로 무질서한 삶은 마치 병들어 있어서 치료받아야 하는 상태라는 바울의 확신을 잘 드러낸다 … 반면에 복음의 가르침에 바탕을 둔 삶은 정결하고 건강하다."[1]

'바른/건전한(sound)'에 해당하는 헬라어 '휘기아이노(hygieinō)'는 우리가 쓰는 '위생(hygiene)'이라는 단어의 어원이기도 하다. 디모데가 에베소의 혼란을 정리하기 위해 행해야 하는 가장 중요한 일은 바른 교훈, 건전한 진리, 건강한 사고와 믿음을 가르치는 것이었다. 말의 위생, 곧 건강한 복음이다.

---

1 J. N. D. Kelly, *A Commentary on the Pastoral Epistles*(London: Adam and Charles Black, 1963), p. 50.

지식과 지혜

이것으로 충분한가? 말이 정말 변화를 만들어낼 수 있는가? 우리 사회는 이미 무수한 말들로 포화 상태인데 말이 무슨 차이를 만들 수 있다는 말인가? 우리는 변화를 만들어야 한다는 집착에 빠져 있고, 우리 스스로가 복음 사역에 반드시 '필요한' 존재라고 확신한다면, 말은 충분하지 않다. 말은 그 자체로는 아무 변화도 일으키지 못하기 때문이다.

하지만 말은 중요하다. 우리가 말을 어떻게 하고, 어떻게 사용하는지가 중요하다. 목회자가 하는 일 가운데, 말의 사용보다 더 중요한 것은 없다. 하지만 오늘날 교회 사역에서 말은 그 가치가 바닥으로 떨어진 상태다. 목회자들은 말보다는 이미지와 프로그램을 중심에 두었고, 말을 단지 포스터에 붙는 슬로건으로 격하시켜버렸다. 말을 조심스럽고 정확하게 사용하기보다는, 소리의 크기로 다른 이들을 납득시킬 수 있다는 생각에서 더욱 목소리만 높인다.

캐슬린 노리스(Kathleen Norris)는 『수도원 산책(The Cloister Walk)』에서 시인인 다이앤 글랜시(Diane Glancy)가 개신교 목회자들 앞에서 시를 낭독했던 일화를 이렇게 들려준다.

다이앤은 낭독을 시작하면서 자신이 기독교를 사랑하는 이유는 기독교가 '피의 종교'이기 때문이라고 말했다. 사람들은 충격에 숨을 삼켰고, 나는 쾌재를 부르며 속으로 외쳤다. "좋아, 다이앤, 제대로 한방 먹여 줘. 그들의 삶 깊은 곳을 찔러 줘." 나중에 어떤 분은 다이앤이 자주 사용하는 말 때문에 그녀가 근본주의자일 거라 확신했다고 내게 말했다. 하지만 그녀가 밤길을 달리는 차 안에서, 낡은 자동차의 기화기를 통해 천사들이 자신에게 말을 건넨 경험을 담은 훌륭한 시를 낭독했을 때, 그 인상은 산산이 깨졌다. 다이앤은 자기 앞에 있던 목회자들에게 기독교 신앙이 말과 깊이 연관되어 있다는 사실을 감사하게 여긴다고 말했다. "하나님이 말씀하실 때 창조가 시작되었잖아요." 그러고나서 그녀는 "믿음은 들음에서 난다"는 바울의 확신을 상기시켰다. 다이앤은 이러한 기독교 신앙의 근본에 깔려 있는, 말에 대한 존중이 글쓰기 뿐 아니라 삶 전체와도 연결된다고 밝혔다. "여러분은 여러분의 말로 세상을 만들어가야 합니다. 말이란, 그것을 입으로 발설하든 글로 기록하든, 언제나 그가 걸어가는 길을 만들기 때문입니다."[2]

하지만 모든 사람이 그런 방식으로 말을 사용하지는 않는다. 서구 사회에서는 말의 사용 방식에 큰 간극이 있다. 이런 분열 현상은 오래 전부터 있어왔지만, 시간이 갈수록 더 심각해진다. 그것은 말이 세상과 현실을 기술하는 방식 사이에 간극이 벌어졌기 때문이다. 한쪽은 일반화와 추상을 통해 가능한 한 멀리 떨어진 거리에서 세상을 '설명하는(describe)' 말이고, 다른 한쪽은 비유와 명령을 통해 세상 속으로 들어가고 그 안에 참여하면서 세상을 '표현하는(express)' 말이다. 전자

---

2   Kathleen Norris, *The Cloister Walk*(New York: Riverhead Books, 1996), p. 154. 『수도원 산책』(생활성서사)

의 말은 라틴어 시엔티아(*scientia*)라는 용어로 규정할 수 있고, 후자의 말은 사피엔티아(*sapientia*)라는 용어로 표현할 수 있다. 바꿔 말하면 지식과 지혜다. 지식은 머리 속에 축적된 정보로서, 비인격적으로 사용될 수 있다. 지혜는 마음으로부터 유래하는 정보로서, 오직 관계 속에서만 인격적으로 구현될 수 있다.

이 두 가지 인식 방식의 차이를 구분하는 것은 절대적으로 중요하다. 그렇지 않을 경우, 우리는 복음에 관한 사안들을 잘못 다루게 됨으로써 사람들을 그릇된 길로 인도할 위험이 있기 때문이다. 모든 지식과 지혜는 내용을 담고 있다. 지식은 그 속에 담긴 내용을 좀더 정확하고 엄밀하며 객관적이고 다루기 쉽게 만들기 위해 보편적인 것으로 비인격화시킨다. 지혜는 그와 반대로 열심히, 신실하게, 건전하게 살아가기 위해 그 속에 담고 있는 내용을 인격화시킨다. 지식이 담고 있는 정보는 어느 장소, 어느 시대, 어떤 사람에게나 동일하다. 반면에 지혜가 담고 있는 정보는 일종의 맞춤옷과 같다. 반드시 특정한 시간과 특정한 장소, 그리고 한 개인의 고유성에 따라 적절하게 조화를 이루어야 한다. 예를 들어, "2 더하기 2는 4"라는 사실은 다섯 살짜리 유치원생이나 50세가 넘은 노벨상 수상자 모두에게 동일한 의미를 지닌다. "사랑해"라는 말은 어떤 상황에서 그 말을 하느냐에 따라 의미가 달라진다. 누가 그 말을 하고, 어떤 음성으로 말하며, 어떤 상황에서 그 말을 했고, 누구에게 그 말을 했느냐에 따라 의미는 전혀 달라진다.

"2 더하기 2는 4." 이것은 지식이다. 일반적인 사실이다.

"사랑해"라는 말은 지혜, 곧 살아낸 진리다.

바울이 말한 '바른 교훈'이란 모두 사피엔티아, 즉 지혜로 살아낸 말이다. 반면 에베소 사람들을 사로잡았던 것은 시엔티아, 즉 '망령되고 헛된 말'이었다. 이 둘의 차이는 매우 중요하다. 우리는 어릴 적부터 학교에서 시엔티아로 말하는 법은 배워왔지만, 사피엔티아로 말하는 법은 배우지 못했다.

이것에 대해 길게 강조하는 이유는, 우리가 목회서신의 지침 아래에 있는 목회자들이기 때문이다. 목회자에게 반복해서 강조되는 것이 바로 가르침의 중요성이며, 우리가 바로 교훈을 가르치는 자들이라는 점이다. 프랜시스 영은 이러한 강조점에 대해 이렇게 지적했다.

헬라어로 '교훈/가르침'을 뜻하는 디다스칼리아(*didaskalia*)는 신약의 다른 곳에서 고작 여섯 번 등장하는 반면, 이 세 편의 짧은 목회서신에서는 열다섯 번이나 사용된다. 교회 지도자(감독)들이 '가르치기에 적합해야'("apt for teaching," 디다크티코스) 한다는 긴급한 요구는 목회서신에 두 번(딤전 3:2, 딤후 2:24) 나오는데, 신약성경의 다른 부분에서는 찾아볼 수 없다. 또한 특이하게도 바울은 '사도(아포스톨로스)'라는 일반적인 명칭 외에도 두 번이나 '교사(디다스칼로스)'로 언급되었다. 가르침/교훈을 뜻하는 명사인 디다케(*didache*)와 동사인 디다스코(*didasko*) 같은 단어들도 다양한 형태로 본문에 등장하지만, 이 단어들은 신약 다른 곳에서도 자주 쓰이기 때문에 두드러져 보이지는 않는다. 그러나

조언, 권면, 감독, 명령 등을 뜻하는 단어들은 이 목회서신에 넘쳐난다.[3]

기독교 공동체에서 지도자의 중심 사역은 가르침이다. 복음의 모든 요소는 삶으로 살아내야 하기에, 목회자들은 계속 가르쳐야 한다. 그러나 어떤 종류의 가르침인지가 중요하다. 그것은 지혜의 가르침이어야 하며 지식의 가르침이 아니다. 시험을 잘 치르게 하는 것이 아니라, 온전하게 살아갈 수 있도록 가르쳐야 한다.

가르침이 이루어지는 유사한 두 기관이 있다. 학교와 교회다. 학교는 주로 비인격적이고 객관적으로 사용할 수 있는 정보의 습득에 초점을 맞춘다. 교회는 먼저 하나님의 계시를 이해하고 그것을 내면화하는 데 초점을 맞춘다. 그럼으로써 순종과 사랑, 예배와 기도로 살아가게 하는 데 목적이 있다. 불행하게도 오늘날 교회는 가르침과 배움에 대한 학교의 접근 방법과 정신을 그대로 받아들이는 경향이 짙다. 더욱이 목회자들이 그와 같은 방식으로 사역을 이어가려 할 때 결국 자신에게 주어진 목회 사명을 놓치게 된다. 교인들이 하나님의 영광을 위해 살도록 돕는다는 이유로 신학적이고 윤리적이며 성경적인 정보를 머릿속에 가득 넣어주어야 한다고 생각한다면, 그것은 엄청난 착각이다. 올바른 정보를 취득하는 것은 지혜 교육에서 가장 작은 부분일 뿐이다. 믿음과 소망과 사랑 안에서 올바르고 건강하게 살아가

---

3   Frances Young, *The Theology of the Pastoral Epistles*(New York: Cambridge University Press, 1994), p. 75.

불필요한 목회자

게 하는 것이 목회자들의 주된 목표가 되어야 한다. 그것은 곧 목회자들이 전하는 모든 말이 삶에서 경험되고 체화되며 성공적으로 살아낸 말이어야 한다는 의미다. 목회자들의 말하는 방식과 살아가는 방식은 같은 문법에 속한다. 그러므로 목회자들이 침묵할 때도, 기도할 때도, 강단에서 설교할 때만큼이나 효과적으로 가르치고 있는 것이다.

목회자들에게 직접적으로 말하고 싶은 것이 있다. 만일 당신이 가르치는 사람이 되고 싶다면, 교회에서 목회자로 있는 것이 그런 일을 하기 가장 좋은 환경이라는 점을 기억하기 바란다. 그와 달리 학교에서 교수로 있는 것은 어쩌면 가장 나쁜 환경일 수 있다.

내가 이렇게 말하는 이유는 목회자들 중에 "가르치는 일"을 하고 싶다고 말하는 이들을 너무 많이 보았기 때문이다. 그들이 말하는 '가르침'은 대학원에서 학위를 받고 신학교에 교수로 들어가서 가르치는 것을 뜻한다. 이 문제는 상당히 조심스럽게 말하려 한다. 신학교에서 교수로 가르치는 것은 명예롭고 그리스도를 영화롭게 하는 일이다. 교수라는 위치는 인류 공동체에 반드시 필요한 자리다. 학문을 연구하고, 진리에서 오류를 식별해내며, 바른 길을 제시하고, 정확히 사고할 수 있도록 학생들을 가르치는 이 모든 일들은 매우 중요하다. 그러나 학교는 지식을 정보로 다루는 환경이다. 그것은 곧 지식이 어떻게 '사용될 수 있는가'에 초점이 맞춰진다는 뜻이다. 만일 누군가가 지혜를 가르치고자 한다면, 대세가 되어버린 흐름을 항상 거슬러가야만 한다. 교육기관이나 관료제는 당신이 어떻게 살아가고 있는지, 심지어 제대로 살아있기나 한지에 대해 관심이 없다. 학교가 관심을 두는 윤리적 기준은 그저 도서관의 책을 훔치지 않고, 시험 때 부정행위를 하지 않으며, 논문을 표절하지 않는 것 정도에서 그친다.

학교를 평가 절하하려고 이런 말을 하는 것은 아니다. 나 역시 리젠트신학교의 교수이며 이 학교가 지향하는 바를 사랑한다. 오늘날과 같은 시대에 이런 학교는 더더욱 필요하다. 그러나 그와 더불어, 말하지 않고는 견딜 수 없는 사실이 있다. 나는 학교에서 교수로 있을 때보다 교회에서 목회자로 섬길 때 훨씬 더 좋은 교사였다는 점이다. 실제로 리젠트에서 가르친 거의 모든 내용을, 나는 교회에서 먼저 가르쳤고, 어쩌면 더 잘 가르쳤다.

최근에 여름 강좌를 준비하기 위해 잔뜩 쌓여 있는 노트 꾸러미를 뒤적이다가, 내가 가르치려는 바로 그 내용을 30년 전에 세 명의 여성으로 구성된 성인반에서 가르쳤다는 사실을 알게 되었다. 제니퍼는 환갑을 앞둔 미망인이었다. 학력은 중학교 중퇴가 전부였다. 당시 그녀의 주된 일은 닭과 염소를 돌보는 일이었다. 또한 그녀는 텔레비전 드라마에 푹 빠져 지내고 있었다. 페니는 쉰다섯 살이었다. 퇴역 군인의 아내였던 그녀는 은퇴한 남편과 아이들을 청결한 집안의 가구처럼 다루었다. 남편과 아이들에게서 먼지를 털어내듯 다듬고 그녀 자신이 보기에 좋은 자리에 배치한 다음, 지정한 자리에 그대로 있지 않으면 화를 내곤 했다. 상상할 수 있듯이, 그녀는 언제나 마음이 심란한 상태로 지냈다. 브렌다라는 여성도 성인반의 구성원이었다. 그녀는 결혼해서 십대 자녀들을 둔 주부였고, 내성적이며 수줍음이 많고

불필요한 목회자

자신의 건강을 지나칠 정도로 걱정했다. 열두 명의 의사들에게서 받은 새로운 진단서와 처방전을 마치 별자리 운세처럼 끼고 살았을 정도였다. 그것들은 마치 그녀에게 경전 같았다. 아이러니하게도, 그녀는 세 사람 가운데 가장 오래 살았다.

돌이켜보면, 그들은 내가 가르치기에 가장 이상적인 학생들이었다. 나는 에베소서를 교재로 삼아 영성 형성에 관한 기초 강좌를 진행하다가, 지식과 지혜의 차이를 깨달았다. 그리고 그 세 여성에게 절실히 필요하고 중요한 것은 지혜였다. 더딘 과정이었지만, 복음의 말에는 힘이 있었다. 그 여성들은 삶으로 배워나갔다. 지금 그들은 모두 세상을 떠났다. 때때로 나는 이 강좌의 첫 학생들이었던 그들이, 지금 세계 각국에서 유학을 온 총명하고 재능있는 학생들이 비싼 수업료를 내고 듣는 이 강의를 내가 인도하는 모습을 보며 재미있어하고 있지 않을까 궁금해진다. 그들은 주일 예배 때 고작 1-2달러의 헌금을 드리는 방식으로 수업료를 냈다.

한마디로, 모든 지혜는 관계 속에서 얻어진다. 가족과 친구, 직장과 이웃이라는 관계의 맥락 속에서, 그리고 죄와 용서라는 조건 아래서, 또한 성령님께서 우리 삶을 지금까지 기록해오셨고 앞으로도 계속 기록해나가실 복잡한 구조의 이야기 속에서 얻어진다.

바울은 디모데에게 이렇게 말한다. "그러나 너는 배우고 확신한 일에 거하라. 너는 네가 누구에게서 배운 것을 알며"(딤후 3:14). "누구에게서(from whom)." 이것이 지혜를 얻는 유일한 길이다. 누구에게서인가? "다른 사람에게서"다. 때로는 한 사람에게서다.

그러므로 한 사람의 인격을 이루는 모든 요소, 즉 그의 가족, 일, 날씨, 이웃, 죄, 이야기 등에 접근할 수 있는 곳으로 교회보다 좋은 곳은 없다. 같은 신앙을 고백하는 무리 속에서, 그것도 수년에 걸쳐, 때로는 수십 년 동안 관계를 맺으며 인격적으로 가르치기에 좋은 다른 곳은 없다. 학교에서는 짧은 시간 동안, 그 사람을 이루는 대부분의 요소가 배제된 환경에서 학생들을 만나게 된다. 교회에서는 삶의 한 가운데, 삶에 흠뻑 잠겨 있는 자리에서 그들을 만나게 된다.

지혜를 전하는 교사가 되기에 가장 중요하고 적합한 장소는 바로 교회다. 지혜의 가르침은 내가 관심을 갖는 유일한 영역이다. 디모데는 에베소 교회에 있었다. 목회자는 자신의 교회를 맡고 있다.

바울의 말을 명심하자. "네가 이것으로 형제를 깨우치면 그리스도 예수의 좋은 일꾼이 되어 믿음의 말씀과 네가 따르는 좋은 교훈으로 양육을 받으리라"(딤전 4:6).

진리는 중요하다. 단순하고, 분명하며, 살아 있어야 한다.

불필요한 목회자

바울의 기도에 얼마나 철저하게 하나님이 거론되고 있는지 살펴보는 것은 지금과 같은 인간 중심의 문화에서는 절대적으로 필요한 일이다. 하나님께 관심을 집중한다면, 우리는 다시 하나님의 지혜를 얻고, 하나님의 계시를 받으며, 하나님을 닮아가도록 형성될 것이다. 삼위일체의 은혜는(3장을 기억하라) 언제나 필수적이다.

오늘날 교회에서 일어나는 가장 심각한 실패 중 하나는 설교가 선포적(proclamatory)이기보다 치료적(therapeutic)이 되어버렸다는 점이다. 설교의 목적은, 회중에게 스스로 신발 끈을 동여매고 일어서라고 말하는 데 있지 않다. 목회자는 교인들에게 그들의 삶을 고치고 태도를 조정하는 방법을 조언하는 사람이 아니다. 오히려 목회자는 하나님 나라에 대한 비전을 정말 아름답고 매력적으로 그려줌으로써, 듣는 이들이 그 안에서 살도록 하는 것이다.

이 점은 너무나도 중요하다. 아마도 이 책을 읽는 당신에게는 "하나님에 대해 설교하라"는 권면이 필요없을지 모르지만, 목회 사역에 뛰어든 다른 많은 이들에게는 그런 설교가 반드시 필요하다. 나는 초청을 받아 강사로 가는 거의 모든 교단과 교회에서, 설교의 초점이 하나님이 아닌 '우리 자신'인 경우를 자주 접한다.

7
승천하신 그리스도의 영으로 변화받으라는 부르심

마르바 던

우리는 공동체에 속한 사람들이라는 사실을 명심하자. 오늘도 하나님께서 당신과 함께 계신다.

기도: 복되신 주 예수 그리스도, 부활하고 승천하시어 우리를 자유케 하신 주님께 영광을 돌립니다. 하나님 아버지 우편에 앉으사 우리를 위해 간구하심을 감사합니다. 아버지께로 돌아가셔서 약속하신 성령을 보내주심을 감사합니다. 지금도 우리가 있는 어디에나 함께 계심을 감사합니다. 특별히 승천하셔서 끊임없이 우리를 변화시켜주시니 감사합니다. 주께서는 승천하시어 하나님으로서의 권위와 자리를 회복하셨기에, 부활의 주님으로 임재하시며 성령의 능력으로 역사하심으로 우리 삶 속에서 일하고 계십니다. 우리가 주께서 원하시는 모습으로 변화되

불필요한 목회자

도록 이끌어주옵소서. 주의 백성들의 마음을 하나로 묶어 주님의 온전한 지체로서 신앙 공동체를 형성하게 하소서. 우리가 서로 돌보며 격려하게 하옵소서. 주께서 주신 약속의 말씀대로 변화되기를 원합니다. 주님의 말씀은 헛되이 돌아오지 않을 것을 믿으며, 주님의 말씀을 우리에게 보내신 그 목적이 반드시 이루어지리라 믿습니다. 아멘.

승천일과 목회적 갈망

이번 장의 기초가 되는 강의는 승천일에 했던 것이다. 내가 어린 시절에 다녔던 교회에서는 승천일마다 특별 예배를 드렸다. 에베소서를 계속 다루기 전에(그리고 사실상 이번 장의 주제 첫머리로서), 나는 리젠트 신학교에서 컨퍼런스 참석자들에게 강조한 바, 승천일을 교회의 주요 절기로 회복하자는 언급을 다시금 반복해야겠다. 이 날의 중요성을 인식하고 지키도록 호소하는 어떤 형태의 인쇄된 글도 여지껏 본 적이 없기 때문이다.

조금 가볍게 시작해보자. 승천일은 세상이 빼앗아갈 수 없는 완벽한 교회 절기다. 우리 시대의 문화는 보다 유명한 성탄절과 부활절을 이미 상당히 훼손시켜 놓았다. 물론 세상은 초대 교회 이전부터 성탄절에 해당하는 날을 태양의 회복을 경축하는 날로 삼아 기념하고 있었고, 초기 그리스도인들은 그리스도의 탄생을 축하하기 위해 일종의 위장술로서 이 날을 정해 기념했다. (그리고 교회는 태양 빛이 줄어드는 6월 24일을 세례 요한의 날로 정했는데, 이는 요한복음 3장 30절의 "그는 흥하여야 하겠고 나는 쇠하여야 하리라"는 세례 요한의 말과도 맞아떨어진다). 하지만 이제 세상 문화는 소비주의적인 목적으로 성탄절을 다시 빼앗아 갔고 부활절마저 우상 숭배를 위한 날로 훼손하고 있다.

청소년 시절에 나는 고등학교 밴드부의 클라리넷 연주자로 마을 성탄절 퍼레이드에 참가했었다. 축제의 분위기가 최고조에 오르면 산타클로스가 헬기를 타고 나타났다. 나중에 들은 이야기지만, 부활절에는 만화 캐릭터인 토끼 '버니'가 헬기를 타고 날아왔다고 한다. 그러나 이 세상은 누군가 이땅에서 승천해 올라간 이야기는 시대에 뒤떨어진 내용으로 치부해버린다.

왜 우리가 승천일을 축하해야 하는가? 대부분의 이유는 이번 장앞 부분에 나온 기도에 거의 제시해놓았다. 하지만 그리스도의 승천으로 인한 놀라운 은혜와 엄청난 결과를 좀더 구체적으로 살펴보자. 그분이 승천하지 않으셨다면, 우리 모두는 그분을 만나기 위해 갈릴리로 가야 했을 것이다. 이것이 가장 분명한 은혜다. 그분이 아버지께로 돌아가셨기 때문에, 그분은 편재하신다. 그리스도는 우리가 그분을 만나고 싶어하는 어느 곳에나 계신다.[1] 그리스도는 지금 이 글을 읽고 있는 당신과도 함께 계신다.

---

1 루크 티모시 존슨(Luke Timothy Johnson)의 새 책, 『살아 계신 예수(Living Jesus)』는 예수님께서 오늘날도 이 세상에서 우리를 만나 주신다는 부활의 진리를 강조한다. 또한 신앙 공동체에 나타나는 그분의 임재는 승천이 없었다면 불가능했다는 사실도 지적한다. 존슨의 작품은 〈예수 세미나〉를 비롯해 성경에 나타난 예수님의 계시를 부인하는 자들의 주장에 대한 뛰어난 반박이다. *Living Jesus: Learning the Heart of the Gospel*(San Francisco: HarperSanFrancisco, 1999)를 보라.

불필요한 목회자

빌립보서 2장은 우리에게 다른 차원을 보여준다.

> 너희 안에 이 마음을 품으라. 곧 그리스도 예수의 마음이니
> 그는 근본 하나님의 본체시나
> 하나님과 동등됨을 취할 것으로 여기지 아니하시고
> 오히려 자기를 비워 종의 형체를 가지사 사람들과 같이 되셨고
> 사람의 모양으로 나타나사 자기를 낮추시고
> 죽기까지 복종하셨으니 곧 십자가에 죽으심이라.
> 이러므로 하나님이 그를 지극히 높여
> 모든 이름 위에 뛰어난 이름을 주사
> 하늘에 있는 자들과 땅에 있는 자들과 땅 아래에 있는 자들로
> 모든 무릎을 예수의 이름에 꿇게 하시고
> 모든 입으로 예수 그리스도를 주라 시인하여
> 하나님 아버지께 영광을 돌리게 하셨느니라(빌 2:5-11).

바울은 위 본문에서 예수님의 케노시스(kenosis) 또는 '비움(empt-ing)'에 관한 초대 교회의 찬송을 인용(또는 직접 만들어) 사용하고 있다. 이 용어는 헬라어 과거형 동사인 에케노센(ekenosen)에서 파생되었으며, "높은 지위나 신분의 요소들을, 그 지위나 신분에 수반되는 모든 특권과 권리를 제거함으로써, 완전히 내려놓다―자신을 비우다, 지위를 내려놓다"(SD 87.70)는 뜻을 갖는다. 이 찬송은 예수님께서 비록 하나님의 모르페(morphē), 즉 본체를 지니셨음에도, 종의 모르페를

취하기 위해 하나님으로서의 권능을 포기함으로써 자신을 철저히 비우신 모습을 보여준다. 사람으로 오신 예수님께서는 자신의 하나님 되심을 주장하지 않으시고 철저히 내려놓으셨다. 예를 들어, 종말의 때가 언제인지 알지 못하신 것도 그와 같은 맥락이다. 그분은 완전한 인성을 지니신 상태, 곧 철저한 겸손 가운데서만 실제로 우리를 위해 죽으실 수 있었던 것이다.

그리스도의 승천의 두 번째 영광은, 이 승천을 통해 하나님께서는 그리스도의 완전한 순종과 우리를 위한 지상 사역의 완성을 확증하셨다는 것이다. 예수님께서는 승천하심으로써 다시금 하나님의 본체이신 충만함, 곧 신성을 다시 취하셨다. 그것은 자발적으로 스스로를 비우신 케노시스의 종결이기도 했다. 히브리서의 여러 본문은, 그리스도가 하나님 우편의 보좌에 앉으신 것을 그분의 사역의 완성으로 강조한다. 예를 들어, 히브리서 1장 3절은 이렇게 선포한다. "이는 하나님의 영광의 광채시요 그 본체의 형상이시라. 그의 능력의 말씀으로 만물을 붙드시며 죄를 정결하게 하는 일을 하시고 높은 곳에 계신 지극히 크신 이의 우편에 앉으셨느니라"(히 10:12과 12:2도 보라).

빌립보서 2장의 찬송은 예수님께서 모든 무릎을 꿇게 할 만한 이름—예수 그리스도/메시아, 주님—을 부여받았음을 강조함으로써 승천으로 인한 또다른 은혜를 암시한다. 신약성경의 다른 본문들은 이러한 개념을 확장시켜, 모든 권세가 그분께 복종하게 되었음을 구체적으로 밝힌다. 가장 명확한 구절은 베드로전서 3장 22절로, 하나님께서 예수 그리스도의 부활로 우리를 구원하신다고 선언하면서 다음과 같이 부연한다. "그는 하늘에 오르사 하나님 우편에 계시니 천사들과 권세들과 능력들이 그에게 복종하느니라."

예수님의 부활은 우리의 마지막 원수인 죽음의 최종적인 패배에 대한 예고이며(고전 15장), 하나님 우편에 오르신 것은 모든 권세들에 대한 그분의 통치를 가리킨다(눅 22:69, 행 7:55-56, 골 3:1, 고전 15:25-27). 지금 우리가 다루는 에베소서는 승천의 결과를 1장 22절에서 이렇게 강조한다. "또 만물을 그의 발 아래에 복종하게 하시고 그를 만물 위에 교회의 머리로 삼으셨느니라." 예수님께서는 이와 같은 권세를 가지고 다시 오실 것이다. 아마도 승천으로 인한 가장 큰 기쁨은 언젠가 그리스도가 영원히 다스리기 위해 다시 오셔서, 모든 슬픔과 고통을 끝내시고, 우리를 자신과 함께 있게 하실 것이라는 약속일 것이다. 예수님께서는 대제사장 앞에서도 자신의 재림을 예언하신 바 있다(마 26:64, 막 14:62 평행 본문). 마찬가지로, 사도행전 1장 11절에서 천사는 예수님의 승천을 바라보던 제자들을 향해 그분이 다시 오실 것을 약속했다.

이곳에 재림하시기까지, 그리스도는 아버지 우편에 계시면서 우리를 위해 중보하신다. 로마서 8장 34절은 이 같은 사실을 강조한다. "누가 정죄하리요 죽으실 뿐 아니라 다시 살아나신 이는 그리스도 예수시니 그는 하나님 우편에 계신 자요 우리를 위하여 간구하시는 자시니라." 히브리서 8장 1-2절은 승천 이후에 지금도 대제사장으로서 중보 사역을 감당하고 계시는 그리스도를 설명하고 있다. "지금 우리가 하는 말의 요점은 이러한 대제사장이 우리에게 있다는 것이라. 그는 하늘에서 지극히 크신 이의 보좌 우편에 앉으셨으니 성소와 참 장막에서 섬기는 이시라. 이 장막은 주께서 세우신 것이요 사람이 세운 것이 아니니라."

예수님께서는 또 다른 승천의 이유를 직접 제자들에게 말씀하셨다. 자신이 떠나지 않으면 성령이 오지 않을 것이라고 하신 것이다(요 16:5-15). 베드로는 이것에 대해 사도행전 2장 33절의 오순절 설교에서 다음과 같이 선포했다. "하나님이 오른손으로 예수를 높이시매 그가 약속하신 성령을 아버지께 받아서 너희가 보고 듣는 이것을 부어 주셨느니라."

더 나아가 성령을 부어주심으로 생겨난 결과들은 모든 것이 교회에 허락하시는 하나님의 선물이다. 특별히 에베소서 4장은 이것을 예수님의 승천과 직접 연결짓는다.

우리 각 사람에게 그리스도의 선물의 분량대로 은혜를 주셨나니
그러므로 이르기를
그가 위로 올라가실 때에 사로잡혔던 자들을 사로잡으시고
사람들에게 선물을 주셨다 하였도다.
올라가셨다 하였은즉 땅 아래 낮은 곳으로 내리셨던 것이 아니면 무엇이냐 내리셨던 그가 곧 모든 하늘 위에 오르신 자니 이는 만물을 충만하게 하려 하심이라. 그가 어떤 사람은 사도로, 어떤 사람은 선지자로, 어떤 사람은 복음 전하는 자로, 어떤 사람은 목사와 교사로 삼으셨으니 이는 성도를 온전하게 하여 봉사의 일을 하게 하며 그리스도의 몸

　　　　　　　　　　　　　불필요한 목회자

을 세우려 하심이라. 우리가 다 하나님의 아들을 믿는 것과 아는 일에 하나가 되어 온전한 사람을 이루어 그리스도의 장성한 분량이 충만한 데까지 이르리니(엡 4:7-13).

교회에 이와 같은 지도자들을 선물로 주시는 이유는, 모든 성도들이 자신의 사역을 감당하고 그리스도의 몸을 세우며, 믿는 것과 아는 일에 하나가 되고, 머리 되신 그리스도의 분량에까지 이르도록 하나의 몸으로 성장해가기 위함이다. 그리고 이러한 선물은 또 하나의 놀라운 결과로 이어진다. 곧 교회가 그리스도보다 더 큰 일을 하게 된다는 것이다. 예수님께서는 요한복음 14장 12절에서 이렇게 예언하셨다. "내가 진실로 진실로 너희에게 이르노니 나를 믿는 자는 내가 하는 일을 그도 할 것이요 또한 그보다 큰 일도 하리니 이는 내가 아버지께로 감이라." 우리는 과연 예수님의 승천이 이토록 놀라운 결과를 가져온다는 사실을 상상이나 할 수 있는가? 게다가 예수님의 이름으로 수행 가능한 사역들은 더욱 놀라운 결과를 가져온다. 그 사역을 그리스도의 몸된 교회가 다양한 형태로 감당하기 때문이다. 더이상 그리스도의 몸은 나사렛 예수의 물리적인 육체에 한정되지 않고, 시간과 공간을 초월해 모든 그리스도인들을 아우른다. 그렇다면 이제 그 엄청난 가능성을 상상해보라!

승천의 중요성에 대한 이러한 모든 이유들은 누가복음과 사도행전에서 보다 강조되고 있다. 누가복음 9장 51절은, 예수님께서 "예루살렘을 향하여 올라가기로 굳게 결심"하셨다고 말한다. 여기에서 중요한 사실을 놓치지 말아야 한다. 누가는 예수님께서 이 말씀을 하시던 시점이 죽으실 때가 되었다거나 부활하실 때가 가까웠다고 기록하지 않는다. 오히려 '승천하실 때가 가까워오자'(메시지)라고 설명한다. 복음서 전체의 극적인 전환점이 되는 이 시점 이후, 누가는 포류오마이(poreuomai), 즉 '가다(to go)'라는 동사를 반복해서 사용한다. 끊임없이 반복되는 북소리처럼 예수님께서는 굳게 결심하시고… 가고…, 가고…, 가셨다. 죽음과 부활, 그리고 승천을 향해. 그리고 누가복음은 승천으로 끝맺고 있다(24:50-52).

그런 다음 사도행전은 승천에 관한 기록(1:1-11)으로 시작한다. 이는 누가의 내러티브에서 승천 사건이 얼마나 중요한지 보여주는 대목이다. 승천과 오순절 성령 강림 사건을 기록한 후에, 누가는 다시금 그 북소리를 이어간다. 베드로와 바울이 포류오마이, 포류오마이, 포류오마이…, 즉 가고, 가고, 가면서, 예수 그리스도의 복음을 예루살렘과 온 유대와 사마리아와 땅끝까지 전하러 가는 내용을 기록한다.

이 끊임없는 '가다'의 행진은 예수님께서 자기 앞에 놓인 희생의 사역을 바라보며 굳게 결심하신 데서 시작되었고, 그 절정은 단연코 승천이라는 사건이었다. 바로 그 승천이, 사도들로 하여금 예수님의 복음을 들고 땅끝까지 나아가게 하는 사역의 출발점이 되었다.[2] 그러므로 누가에게 있어서 그리스도의 승천은 결정적인 전환점이 된다.

---

2   나는 승천 사건의 결정적 중요성을 대학원의 누가-행전 교수인 데이비드 티드(David L. Tiede) 교수에게 배웠다. 그는 미네소타에 있는 루터신학교의 학장이다. 그가 저술한 다음 책을 참고하라. *Prophecy and History in Luke-Acts*(Philadelphia: Fortress Press, 1980).

이 승천 사건으로 예수님께서 하나님으로서의 완전한 권세를 회복하신 후, 자신이 하던 '가는 일'을 교회에 맡기시는 시점이기 때문이다. 이제 교회는 그리스도의 몸으로서, 성령의 능력을 힘입어 그분이 약속하신 더 큰 일을 감당하게 된다.

당신도 나와 뜻을 같이하여 내년에는 승천일을 크게 기념할 수 있기를 바란다. 승천일은 기독교가 잃어버린 많은 신앙 언어의 중요한 요소들을 회복할 수 있게 도와준다. 그럼에도 우리는 승천에 대해 거의 이야기하지 않게 되었고, 그로 인해 사람들이 더 이상 이해하지 못하는 깊은 상징이 되었다. 승천은, 예수님께서 부활하신 후 아버지께 가시기까지 40일 동안 제자들에게 하나님 나라를 가르치신 일과 밀접하게 연결되어야 한다. 그럼으로써 승천 축제일은 하나님 나라의 완성을 향한 갈망을 우리 마음에 불러일으킬 것이다.

갈망, 성취, 선포의 때

몇 년 전, 척 올슨(Chuck Olsen)은 IMN(Interim Ministry Network) 컨퍼런스에서 그리스도인의 삶은 기대 또는 갈망, 성취의 절정에 대한 기념, 그리고 선포와 실천이라는 리듬을 가지고 있다고 말했다.[3] 그가

3　올슨은 기조 연설에서 다른 용어를 사용했을 것이다. 하지만 여기에 제시한 표현들이 그의 견해를 기억하는 데 도움이 되었다. 그에게 깊은 감사의 마음을 전하고 싶다. 그는 교회 지도자들이 더 영적으로 섬길 수 있도록 돕는 일을 전문으로 한다. 여기에 대한 내용을 더 알고 싶으면 다음 책을 참고하라. Charles M. Olsen, *Transforming Church Boards into Communities of Spiritual Leaders*(Bethesda, MD: Alban Institute, 1995).

몇 가지 사례까지 곁들인 기조 연설을 마쳤을 때, 나는 교회 절기 전체를 이 틀에 맞추어보았고, 이 개념이 교회력을 이해하는 데 매우 유익하다는 사실을 발견했다.

교회력의 시작에서 우리는 대림절(Advent)을 지키며 갈망의 시기를 맞이한다. 이때 우리는 메시아를 고대하던 유대인들의 갈망을 상상하고, 예수님께서 우리 삶에 더 깊이 들어오시기를 사모하며, 다시 오실 그분을 간절히 기다린다. 그 절정의 기념은 성탄절이다. 이어지는 선포, 곧 세상으로 '가는' 것은 주현절(Epiphany) 기간에 드러난다. 주현절은 동방 박사들이 하나님의 빛에 이끌려 오고, 그 후 예수님께서 세상의 빛이 되심을 통해 하나님의 은혜가 이방인에게까지 퍼져 나간 것을 기념한다.

주현절이 끝나면 사순절(Lent)로 돌아가 다시 갈망의 시간을 갖는다. 이는 부활절의 엄청난 선물을 당연하게 여기지 않도록, 그리스도께서 우리를 위해 행하신 모든 일을 묵상하며 사모하는 절기다. 부활절이라는 절정을 기념한 후에는 40일 동안의 선포와 실천의 시기가 이어진다. 이 기간 동안 예수님께서는 제자들에게 자신의 부활의 의미와 하나님의 우주적인 통치의 최종 완성에 관하여 그것이 어떻게 성취될 것인지에 대해 가르치셨다.

승천일은 다시 갈망의 시기다. 제자들을(그리고 우리를) 성령 강림과 그리스도의 재림을 고대하는 열흘의 시간으로 이끌기 때문이다. 그런 다음 우리는 오순절 절기를 기념한다. 예전에는 삼위일체 절기라 불렸지만 지금은 '오순절 후 주일'이라 부른다. 50여 일의 기간 동안 우리는 성령의 능력을 힘입어 그리스도의 임재를 살아내는 실천의 시기를 보낸다.

비록 많은 사람들이 그리스도의 탄생과 부활을 기념하는 두 번의 절기만 생각하지만, 오순절을 포함한 세 번의 주요 절기는 실질적으로 삼위일체를 상징한다. 성탄절이 성부 하나님을 기념하는 절기라는 사실을 충분히 인식한다면, 그날을 지나치게 로맨틱하고 감상적인 날로 만드는 행동을 피할 수 있을 것이다. 성부 하나님께서는 당신의 아들이라는 헤아릴 수 없이 값진 선물을 우리에게 주셨다. 성탄절은 아늑한 마굿간에 누워 있는 귀여운 갓난아기를 생각하는 날이 아니다. 온 우주의 창조주이신 성부 하나님께서 당신의 아들을 육체를 지닌 인간으로 이땅에 내려보내신 가혹한 사실을 기념하는 절기다. 구두를 만드는 사람이 친히 구두가 되었다고 생각해보라!

부활절은 성자 하나님을 기념하고 오순절은 성령 하나님을 기념하는 절기다.[4] 더욱이 성탄절을 성부 하나님께서 보내신 선물로 이해하는 것은 단순히 감상주의를 피하게 할 뿐 아니라, 아버지를 아들의 희생과 더 깊이 연결시켜, 일부 신학자들이 종종 십자가의 대속을 '가

---

4 세 절기를 삼위일체적으로 생각하는 다른 방법이 있다. 성탄절을 그리스도의 절기로 기념할 수 있다. 성탄절은 그리스도가 이땅에서 보낸 고통의 생애를 시작하는 날로 기념하면 된다. 부활절은 성부 하나님을 기념하는 절기다. 성경의 여러 본문에서 하나님께서 예수님을 죽음에서 일으키실 것이라고 강조했으며, 예수님께서는 부활 후 40일 동안 하나님 나라에 대해 가르치셨다. 이런 관점은 몇 가지 유익이 있긴 하지만, 일반적으로 가르치기에는 무리가 따른다. 왜냐하면 교회에서 부르는 대부분의 찬송이 부활절의 초점을 부활시키신 아버지보다는 부활하신 그리스도에 맞추고 있기 때문이다. 내가 이런 사실들을 언급하는 이유는 우리의 사고를 계속해서 확장시켜야 하며, 삼위일체 하나님을 더욱 온전히 생각하기 위해 우리의 분류 체계를 의심해보는 것이 바람직하기 때문이다.

부장적 억압' 정도로 축소시키려는 견해를 피하게 한다. 성부 하나님께서 아들을 선물로 보내심으로써 당한 성탄절의 고통과 희생의 광대함을 깨닫는다면 삼위일체 하나님께서 십자가에서 함께 고통당하셨다는 사실을 좀더 깊이 이해할 수 있다.

이런 의문을 품는 사람이 있을지도 모르겠다. "이것에 대해 깊이 생각하는 일이 왜 그렇게 중요한가?" 교회들이 더욱 삼위일체적 신앙을 갖도록 돕는 것이 나의 순수한 목표이기 때문이다. 성탄절을 성부 하나님을 기념하는 절기로 이해하게 되면 그것을 계기로 우리는 삼위일체의 첫 번째 위격에 대해 더욱 깊이 생각할 수 있고, 그분이 아들을 세상에 선물로 보내신 것이 그분의 모든 창조를 회복하려는 우주적인 계획의 일환이자 성취임을 알게 된다.

하나의 리듬으로 반복되어 흘러가는 '기다림/갈망, 절기/기념, 선포/파송(실천)'이라는 이 세 단계 과정은 그리스도인으로서 우리의 삶과 교회의 계절을 단단한 구조로 형성시켜준다. 게다가 이러한 과정은 세상의 권세들이 우리의 거룩한 날들을 파괴하지 못하도록 지켜준다. 간절히 기다리고 고대하는 시간을 가진 덕분에, 성탄절과 부활절과 오순절의 놀라운 선물들을 아주 당연한 것으로 여기지 않게 되기 때문이다.

예를 들어, 우리 문화에서 대부분의 사람들은 정작 성탄절이 되면 마음이 시들해진다. 이미 10월부터(또는 상점과 방송에서 온갖 장식과 광고가 시작되면서) 성탄 기분을 내며 즐겼기 때문이다. 그러나 우리가 대림절(성탄 전 4주일)을 지킨다면, 실망을 느끼는 일은 결코 없을 것이다. 우리가 그토록 갈망하는 메시아는 반드시 우리에게 오시기 때문이다.

　내가 어렸을 때 성탄절에 설레는 마음으로 기다렸던 것은 선물이 아니었다. 신나는 캐롤과 성탄 찬송을 기쁨으로 부를 수 있는 성탄 예배였다. 아버지는 성탄 예배 때 부를 새로운 찬송을 대림절 기간에 직접 작곡하기도 하셨다. 우리는 성탄 예배를 드리면서 어린 아기로 오신 예수님을 큰 기쁨으로 맞이했다. 성탄에 대한 사모함은 대림절 기간에 만드는 양초 장식으로 더욱 고조되었다. 대림절이 시작되면 하루에 하나씩 초를 추가하면서 장식을 완성해나갔다. 우리는 성탄 이브가 되기만을 간절히 기다렸다. 이브가 되면 그 동안 하나씩 추가했던 성탄 촛불을 한꺼번에 밝히는 순간이 오기 때문이다. 그것으로 우리는 우리 집에 오신 아기 예수의 탄생을 축하했다.

　요즘에는 그렇지 않다. 모두는 아니더라도 대부분은 시큰둥하다. 아이들은 자기들이 원했던 선물을 다 받지 못한다. 설령 받더라도 장난감이 너무 빨리 망가지고, 광고에서 약속한 것만큼 그리 신박하지 않아서 실망한다. 어른들은 외로움에 시달린다. 또는 아무리 애써도 어린 시절 성탄절 즈음에 느꼈던 그 마법을 되살릴 수 없다는 좌절감을 경험한다. '특별한 성탄절'을 만들어보겠다며 이런저런 소비와 지출을 감행했지만 '이게 전부인가'라는 헛헛함을 느낀다. 집에 오는 이가 산타클로스뿐이라면 실망할 수밖에 없다. 그러나 우리가 갈망하는 이가 아기 예수라면 결코 실망하지 않을 것이다. 그분은 언제나 우리에게 오시기 때문이다!

이것이 내가 승천일과 사순절 이후 10일 동안의 갈망을 회복하고 싶은 이유다. 이 절기는 성령의 임재와 지혜와 은사를 기다린다는 귀중한 교훈을 얻게 한다. 예를 들어보자. 나는 피터슨 교수가 발견한 것과 같은 목회적인 지혜를 하나님께서 내게 허락해주시기를 갈망한다. 또한 하나님께서 내게 주신 사명에 더욱 충실할 수 있기를 열망한다. 건전한 말씀으로 학생들을 가르치기를 소원한다. 대림절, 사순절, 승천일, 이 모든 절기가 하나님의 임재에 대한 나의 갈망을 더욱 일께운다.

승천일은 목회자의 갈망을 일깨우기에 가장 적합한 절기다. 그리고 그 절정인 오순절에, 성령님께서 우리에게 은사를 부어주시고, 말씀으로 권위를 부여해주시며, 하나님의 백성들과 세상을 위해 우리를 파송시키신다.

형성

앞장에서 유진 피터슨 교수는 에베소 교회의 배경을 훌륭하게 설명해주었고 그 교회의 성숙한 상태를 언급했다. 따라서 그 기초를 다시 반복할 필요는 없을 것 같다. 그럼에도 불구하고 내가 에베소서에서 좋아하는 내용을 추가하고자 한다. 에베소서의 심오한 내용이 에베소 교회 사람들을 향한 바울의 진심 어린 사랑을 너무나 선명하게 전달해주기 때문이다. 또한 그리스도의 몸된 신앙 공동체를 이루는 것이 무엇인가를 알리고 싶어하는 바울의 절박한 열정도 그 속에서 발견할 수 있다. 에베소 교회는 그 성경적인 형성을 통해 하나님의 교회에 대한 나의 열망을 더욱 강화시킨다.

이 책을 읽고 있는 독자 중에는 바울이 에베소서를 기록하지 않았다고 생각하는 사람도 있을 것이다. 하지만 우리가 에베소 본문에 정경적인 관점으로 다가간다면, 저자 문제에 대한 자유주의/보수주의 논쟁의 한계를 넘어, 교회를 통해 전해진 본문을 이렇게 읽을 때 우리가 무엇을 얻을 수 있는지를 생각해볼 수 있다. 특별히 이번 장의 주제를 위해서는 그런 접근법이 도움이 될 것이다.

바울은 에베소 교회의 성도들과 깊은 교제를 나누며 3년을 보냈다. 에베소서를 목회자 바울의 사랑 노래로 읽는다면, 겉으로 드러나는 박식한 비판과 긍정의 높은 음은 물론이고 그 기저에 깔려 있는 헌신과 이해의 중요한 낮은 음도 들을 수 있다. 더 중요한 것은 자신의 독자들을 그리스도의 비밀로 이끌고자 하는 바울의 간절한 마음을 엿볼 수 있다는 사실이다. 그는 교회가 진정한 교회가 되었을 때 어떤 일이 일어나는지 알리고 싶은 마음이 간절했다.

이번 장에서 우리가 집중하려는 주제인 '형성(formation)'[5]은 에베소서 곳곳에 흐르는 강물과 같다. 하지만 본격적으로 들어가기 전에 두 가지 어려움을 인정해야만 한다. 첫째, 형성이라는 주제에 대해 말

---

5   형성(formation)이란 성숙이나 변화보다 훨씬 넓은 범주로서, 하나님의 은혜 안에서 우리의 내외적 삶이 그리스도의 모습으로 빚어져 가는 전인적 과정을 의미한다. 이 형성은 우리 스스로 만들어내지 못하며, 전적으로 그 주체는 삼위 하나님이시며, 우리는 성령의 일하심에 응답과 순종으로 협력함으로써 실현된다.

하는 것은 본질적으로 어려움이 있다. 왜냐하면 우리는 스스로 우리를 형성할 수 없기 때문이다. 우리는 우리가 스스로 믿음과 신앙생활에서 성장할 수 있다는 생각을 항상 경계해야 한다. 또한 우리가 목회자로서 회중의 형성을 위해 '꼭 필요한' 존재라는 위험한 생각도 경계해야 한다.

둘째, 영적인 삶과 종으로서의 성품이 구체화되는 것은 언제나 그리고 어디서나 신앙 공동체 속에서만 가능하다. 따라서 이번 장은 공동체에 대해 논의하는 9장과 필연적으로 이어질 수밖에 없다. 그러나 우리 문화는 근본적으로 자기 중심적이다. 따라서, '나 자신'과 자신이 어떤 사람이 되어가는지를 먼저 생각하는 것이 우리의 관습에 맞는다. 그럼에도 이는 필연적으로 우리를 공동체에 대한 논의가 필요한 상황으로 이끈다. 우리는 우리를 둘러싼 그리스도인 공동체 없이는 결코 온전히 설 수 없음을 깊이 깨닫게 될 것이기 때문이다.

에베소서 전체에서 '형성'과 관련된 구절을 살펴보면, 아마 그 방대한 분량에 놀라게 될 것이다. 우리가 3장에서 살폈던 송영에 뒤이어 나오는 에베소서 1장 후반부는 에베소의 성도들을 위한 바울의 기도가 있다. 거기서 바울은 그들의 믿음과 사랑에 대한 감사를 언급한 다음, 하나님의 지혜와 계시가 그들을 '형성'해 주시기를 간구한다. 여기서 반드시 주목해야 할 점은, 이 기도의 많은 부분이 '하나님'에 관한 내용이라는 것이다.

바울의 기도에 얼마나 철저하게 하나님이 거론되고 있는지 살펴보는 것은 지금과 같은 인간 중심의 문화에서는 절대적으로 필요한 일이다. 하나님께 관심을 집중한다면, 우리는 다시 하나님의 지혜를 얻고, 하나님의 계시를 받으며, 하나님을 닮아가도록 형성될 것이다. 삼위일체의 은혜는(3장을 기억하라) 언제나 필수적이다.

오늘날 교회에서 일어나는 가장 심각한 실패 중 하나는 설교가 선포적(proclamatory)이기보다 치료적(therapeutic)이 되어버렸다는 점이다. 설교의 목적은, 회중에게 스스로 신발 끈을 동여매고 일어서라고 말하는 데 있지 않다. 목회자는 교인들에게 그들의 삶을 고치고 태도를 조정하는 방법을 조언하는 사람이 아니다. 오히려 목회자는 하나님 나라에 대한 비전을 정말 아름답고 매력적으로 그려줌으로써, 듣는 이들이 그 안에서 살도록 하는 것이다.[6]

이 점은 너무나도 중요하다. 아마도 이 책을 읽는 당신에게는 "하나님에 대해 설교하라"는 권면이 필요없을지 모르지만, 목회 사역에 뛰어든 다른 많은 이들에게는 그런 설교가 반드시 필요하다. 나는 초청을 받아 강사로 가는 거의 모든 교단과 교회에서, 설교의 초점이 하나님이 아닌 '우리 자신'인 경우를 자주 접한다.

특히 지난 몇 년간 사순절 기간에 이런 현상이 더욱 두드러져 나를 더욱 답답하게 만들었다. 한 가지 사례를 들어보겠다. 어떤 교육 전도사가 사순절 기간에 주일학교 아이들을 밖에 데리고 나가서 작은 구덩이를 파고, "할렐루야"라고 적은 종이를 땅에 묻는 시간을 가졌다. 땅에 묻은 종이는 부활절까지 기다렸다가 다시 꺼내게 했다. 하

---

6 Walter Brueggemann, *Finally Comes the Poet: Daring Speech for Proclamation*(Minneapolis: Fortress Press, 1989). 『마침내 시인이 온다』(성서유니온)

지만 그는 사순절 기간에는 왜 그 단어를 외치지 않는지에 대해서는 전혀 설명하지 않았다. 사순절이 담고 있는 슬픔, 즉 우리가 그토록 사랑하는 예수님이 겪으셨던 깊은 고뇌에 대해서는 아이들에게 가르치려 하지 않은 것이다. 예수님께서는 사순절 기간에 사랑하는 제자에게 배신을 당하시고, 매몰차게 버림을 받고, 악의적인 채찍질을 당하시고, 무자비하게 조롱을 당하시며, 잔혹하게 십자가에 못박히셨다. 주일학교의 아이들은 하나님으로부터 철저히 외면을 당하신 채 상하고 찔리며 고통과 수치에 짓눌리셨던 예수님의 그 큰 비통함 속으로 초대받지는 못했던 것이다.

나는 지난 몇 해의 사순절 동안, 예수님께서 걸으신 길, 자신을 돌아보지 않으면서 다른 이들은 고치고 구하신 일, 우리를 위해 시험을 견디고 이기신 일에 대해서는 한마디도 없이, 오직 '우리' 삶의 여정, '우리'의 치유, '우리'가 겪는 유혹에 관해서만 집중하는 설교를 자주 들었다. 이와 대조적으로, 지난 주말에 남편과 나는 포틀랜드의 트리니티 성공회 대성당에서 메릭 밀네스의 지휘로 연주된 바흐의 〈마태 수난곡〉을 들었다. 바흐는 복음서의 서사를 충실히 음악에 담았고, 독창자, 합창단, 회중이 함께 성경 말씀에 화답하는 아리아, 합창, 코랄을 맡았다. 우리의 감정은 그 모든 내용에 공감하고 엄숙함을 느꼈지만, 연주의 초점은 전적으로 예수님과 그분이 우리를 위해 겪으신 거대한 고난, 그리고 그 모든 놀라운 경이에 맞추어져 있었다.

예를 들어, 코랄 46번을 보자. 그것은 바흐 시절에는 회중이 함께 불렀던 노래다. 여기에 독일어 가사를 실어놓았다.

불필요한 목회자

Wie wunderbarlich ist doch diese Strafe!

Der gute Hirte leidet für die Schafe,

Die Schuld bezahlt der Herre, der Gerechte,

Für seine Knechte.

위의 가사를 음악의 리듬이나 압운에 맞추치 않고 번역해보았다.

얼마나 놀라운가, 이 형벌이여!

선한 목자께서 양들을 위해 고난받으시고

의로우신 주께서 그의 종들을 위해

죗값을 치르시네.

지금은 고난 주간이라 서재에서 〈마태 수난곡〉을 자주 듣게 되는데, 혼자서 듣다보면 어느새 눈물이 흐르곤 한다. 바흐의 이 놀라운 음악은 나로 하여금 고난 받는 종의 모습과 임재를 느끼게 해준다. 더불어 나를 향하신 헤아릴 수 없는 그리스도의 사랑도 느낄 수 있다. 자격없고 무가치한 나를 위해 무한한 사랑으로 '끝까지' 품으신 주님으로 인해 나 역시 사랑으로 응답하고 싶은 마음에 사로잡히게 된다.

이처럼 우리에게 드러나는 하나님의 구원 사역과 성품 등은 우리를 형성하는 주된 요소다. 그럼에도 우리 시대의 너무 많은 사람들이 하나님에 대해 아무것도 알지 못한다. 삼위일체 하나님께서 우리를 위해 과거에 행하셨고, 지금도 행하시며, 앞으로 행하실 일들을 선포하는 일을 제대로 감당할 수 있을지 두려울 정도다.

물론 나는 사람들의 일상과 접점이 없는 추상적인 하나님을 선포하는 걸 옹호하지는 않는다. 나의 요점은, 추상적이고 이론적인 하나님이라도 전해야 한다는 게 아니라, 언제나 우리의 초점을 사람이 아닌 하나님께 두어야 한다는 데 있다.[7]

목회자는 "반드시 변해야 한다"고 힘주어 외치는 식으로는 사람들을 변화시킬 수 없다. 나는 신체적인 장애가 있기 때문에 경험적으로 그 사실을 배웠다. 장애는 나를 낙담하게 만들었다. 사람들은 내게 말한다. "마르바, 너무 낙담하지 마세요. 그래도 당신은 신학교 교수잖아요." 그런 말들은 나를 더욱 낙담하게 만든다. 그런 마음 상태에 빠져 있다 보면 좌절하고 절망할 뿐 아니라 그러한 상태로 일상을 보낸 것에 대한 죄책감에 빠진다. 그리고 죄책감은 더 깊은 죄책감이라는 악순환으로 나를 끌어내린다.

사람들이 깊은 절망에 빠져 있을 때, 예수님께서는 "너는 그 구덩이에서 빠져나와야 한다"고 말씀하지 않으신다. "구덩이에서 빠져나오는 쉬운 10단계 과정"을 알려주시는 것도 아니다. 그분은 우리가 빠져 있는 절망의 구덩이 속으로 직접 뛰어드신다.

우리가 목회자로서 교인들을 위해 실천해야 하는 사역은 언제나

---

7 이것은 다음 책의 주된 주제다. *Reaching Out without Dumbing Down: A Theology of Worship for the Turn-of-the-Century Culture*(Grand Rapids: Wm. B. Eerdmans Publishing Co., 1995): 진정한 예배는 하나님을 중심에 모시는 것이며, 그 결과로 개인과 공동체로서의 우리의 변화가 뒤따라올 것이다. 『예배, 소중한 하늘 보석: 급변하는 시대를 위한 예배 신학 탐구』(예배와설교아카데미)

불필요한 목회자

예수 그리스도를 보여주는 것이다. 그분이 우리를 대신해 심연 속으로 들어오셨고, 그분이 바로 지금도 그 절망의 구덩이에 우리와 함께 계심을 보여주어야 한다. 사순절은 우리가 묻혀 있던 죄의 무덤이 얼마나 깊었는지를 보여줌으로써, 결코 우리 스스로의 힘으로 되살아날 수 있다는 식으로 착각하지 못하게 한다. 동시에 사순절은 우리를 예수님의 무덤가로 이끌어 그분이 왜 거기에 계셔야만 했는지를─우리의 입장에서 그리고 하나님의 입장에서─깨닫게 한다.

그 다음에야 부활절의 감격이 다가온다. 열광적이고 강렬한 기쁨의 순간이다! 상상도 못했던 승리다. 사상 전례가 없는 승리이며, 기념비적인 복음의 소식이다! 모든 주일은 부활절을 기념하는 날이다. 이러한 복음, 곧 부활의 진리를 어찌 선포하지 않을 수 있겠는가? 이제는 내가 사는 것이 아니라 내 안에 그리스도께서 사신다는 부활의 진리를 어찌 만방에 알리지 않을 수 있겠는가? 이것이 바로 에베소서 2장 전반부의 주제다.

절망, 그리고 구원

그는 허물과 죄로 죽었던 너희를 살리셨도다. 그때에 너희는 그 가운데서 행하여 이 세상 풍조를 따르고 공중의 권세 잡은 자를 따랐으니 곧 지금 불순종의 아들들 가운데서 역사하는 영이라. 전에는 우리도 다 그 가운데서 우리 육체의 욕심을 따라 지내며 육체와 마음의 원하는 것을 하여 다른 이들과 같이 본질상 진노의 자녀이었더니(엡 2:1-3).

에베소서 2장의 시작 부분은 이미지 위에 이미지를 쌓아올리면서, 우리에게 부활과 새로운 형성이 얼마나 절실히 필요한지를 극적으로 보여주고 있다. 첫 번째 세 구절은 우리가 죄 때문에 단지 '나쁜' 정도가 아니라 죄로 인해 철저히 죽었다는 사실을 보여준다. 오늘날 교회에서 발생하는 가장 큰 문제는 교회 구성원들이 자신들이 이미 죄 가운데서 죽은 자들임을 깨닫지 못하는 데서 비롯된다.

우리 인간은 '죄'를 죄라고 부르는 것을 상당히 꺼린다. 대신 '부서짐(brokenness)' 같은 표현으로 완곡하게 말하기를 좋아한다. 그렇게 말하면 잘못이 자기 탓이 아닌 것처럼 느껴져 마음이 편하기 때문이다. 물론 많은 외부적 요인들이 우리를 무너뜨리는 것은 사실이다. 그러나 우리가 우리의 자기 중심성과 잘못, 실수, 더 노골적인 악행에 대해 스스로 책임을 지려 하지 않는다면, 다시 말해 자신이 죄인이라는 사실을 솔직하게 인정하지 않는다면, 우리는 결코 용서받을 수 없다. 이것이 바로 우리 시대의 심각한 문제다. 많은 사람들이 자기 힘으로는 제거할 수 없고 거기에서 절대 자유로울 수 없는 죄책감 덩어리를 지고 다니면서도, 이를 완곡하게 표현함으로써 그저 베게로 바꾸려 애쓰며 살아갈 뿐이다.

바로 그런 이유에서 우리는, 원하는 것은 행하지 아니하고 도리어 미워하는 일만을 행한다는 사도 바울의 고백(롬 7:15-20)을 자기 것으로 받아들일 때 진정으로 자유함을 얻을 수 있다. 교회는 다양한 방법으로 죄를 고백하도록 가르치고 이를 위한 다양한 훈련도 제안하지만, 정작 교회가 줄 수 있는 세상을 위한 가장 큰 선물은 '용서의 선

불필요한 목회자

포'다. 나는 주일 아침마다 용서에 대한 말씀을 간절히 받아먹는다. 나는 목회자가 선포하는 용서의 말씀이 절실히 필요한 사람이다. 왜냐하면 나 스스로는 나를 용서할 수 없기 때문이다. 당신도 그렇지 않은가?

우리가 스스로를 용서하지 못하는 이유는, 스스로에게 조건을 달거나 망설이는 탓이다. 단순히 용서를 받아들이는 대신, 절망 속에 다시 빠져 허우적댄다. 너무 쉽게 자기 잘못을 합리화하거나, 그와 반대로, 스스로에게 벌을 줌으로써 용서의 대가를 지불하려 한다. 아니면 아예 자신은 용서를 받기엔 자격없는 무가치한 존재라고 여겨버린다.

그렇기 때문에 예배 가운데 우리의 죄와 죄인 됨을 고백하고, 죄사함의 용서가 선포될 때 이를 받아들이며, 성찬에 참여해 그 용서를 맛볼 수 있다는 것은 정말로 큰 기쁨이다. 죄사함의 용서는 지붕 위에서 외쳐져야 하고, 사람들에게 널리 선포되어야 하며, 죄의 무거운 짐을 진 우리의 이웃에게 부드럽게 전해져야 한다. 우리가 죄 가운데 얼마나 철저히 죽은 자인지 깨달을 때, 우리에게 죄 용서가 얼마나 절박하게 필요한지도 인식할 수 있다.

마르틴 루터는 인간의 죽음을 '마귀, 세상, 육체'라는 삼중 구조로 바라보았다. 이 거대한 삼중 구조 안에서 인간의 죽음은 더욱 심화하며 회피 가능성은 아예 사라진다. 그렇다고, 5장에서 보았듯이, '통치와 권세'에 대해 말하는 것은 인간으로 하여금 책임을 회피할 구실을 주지 않는다. 루터가 묘사한 죽음의 삼중 구조 또한 우리를 책임에서 벗어나게 해주지 않는다. 이 세 가지 요소 하나하나가 인간의 죽음으로 귀결되는 모든 잘못과 혼란에 무게를 더할 뿐이다. 마귀와 그의 모든 졸개들(귀신들과 악한 천사들), 통치와 권세들이 휘두르는 유혹이 가득한 세상, 그리고 교만과 공포와 두려움과 허물로 가득한 나 자신. 이 세 가지 모두가 이 세상의 무수히 많은 더러운 죄악을 일으키는 데 공조한다. 이로 인해 우리는 스스로는 절대 벗어날 수 없는 속박, 마치 무덤 속에 완전히 갇힌 것 같은 죽음의 상태에 놓이고 만다. 그러므로 우리는 다른 모든 이들과 마찬가지로 하나님의 진노를 받을 수밖에 없는 존재다.

바로 이 절망적인 죽음의 현실 때문에 에베소서 2장 4절은 성경에서 가장 빛나는 대조를 보여준다. "긍휼이 풍성하신 하나님이 우리를 사랑하신 그 큰 사랑을 인하여 허물로 죽은 우리를 그리스도와 함께 살리셨고." 영어 성경에서 '그러나 하나님은(but God)'으로 시작하는 도입부는, 그 다음 4-9절까지 이어지는 동안 해방의 복음을 힘차게 선포한다. 그 안에는 선물, 부요함, 긍휼, 넘치는 사랑이 가득하며, 우리에게 절실한 은혜를 하나님께서 부어주신다는 사실이 장엄하게 선포되고 있다. 이것은 놀라운 은혜다.

놀라운 은혜

긍휼이 풍성하신 하나님이 우리를 사랑하신 그 큰 사랑을 인하여 허물로 죽은 우리를 그리스도와 함께 살리셨고 (너희는 은혜로 구원을 받

　　　　　　　　　불필요한 목회자

은 것이라) 또 함께 일으키사 그리스도 예수 안에서 함께 하늘에 앉히시니 이는 그리스도 예수 안에서 우리에게 자비하심으로써 그 은혜의 지극히 풍성함을 오는 여러 세대에 나타내려 하심이라. 너희는 그 은혜에 의하여 믿음으로 말미암아 구원을 받았으니 이것은 너희에게서 난 것이 아니요 하나님의 선물이라 행위에서 난 것이 아니니 이는 누구든지 자랑하지 못하게 함이라(엡 2:4-9).

이 본문은 우리에게 완전히 자유롭고 해방된 삶을 선물한다. 5절의 "너희는 은혜로 구원을 받은 것이라"는 부분과 8절의 "그 은혜에 의하여 … 구원을 받았으니"에서 사용된 헬라어 동사는 모두 복합 시제다. "너희는… 이다(에스테, este)"라는 2인칭 복수 동사와 "구원을 받아 살아가고 있는(세소스메노이, sesōsmenoi)"이라는 완료 분사가 결합되어 있다. 이 문장은 "너희는 구원을 받았고, 지금도 계속 그 상태에 머물고 있다"는 의미를 갖는다. 이런 번역 표현은 이 구절이 담고 있는 진리의 광대함을 강조하기 위한 시도다. 곧, 우리가 구원을 받게 된 것은 우리가 무엇을 했기 때문이 아니며, 또한 우리가 하나님의 구원 안에 계속 머무는 것도 우리의 노력이나 공로나 자격 때문이 아니다. 믿음에 이르게 된 것도 선물이며, 믿음 안에 머무는 것도 전적인 은혜다. 이러한 은혜를 경험하고서 어찌 놀라지 않을 수 있겠는가? 하나님께서 베푸시는 이러한 풍성한 자비하심은 우리를 감사와 경외와 자유와 헌신과 열심과 하나님의 영광을 찬양하는 삶으로 이끌어 이른바 '형성'이 일어나게 하며, 또한 스스로를 '필요한' 존재로 여기는 잘못으로부터 벗어나게 한다."

그리고 우리 삶의 본질에 대한 다음과 같은 이해는 다시금 하나님의 은혜를 강조하게 만든다.

우리는 그가 만드신 바라. 그리스도 예수 안에서 선한 일을 위하여 지으심을 받은 자니 이 일은 하나님이 전에 예비하사 우리로 그 가운데서 행하게 하려 하심이니라(엡 2:10).

우리는 다시 한번 놀라움을 경험한다. 하나님의 이해불가하고 신비로우며 압도적인 은혜의 결과로 우리의 일상의 삶에 대한 완전히 새로운 시각이 열리기 때문이다. 우리가 누구이며, 어떻게 살아가야 하는지에 대한 인식이 전적으로 새로워진다. 하나님께서 우리의 죽음 문제를 해결하셨다는 사실을 깨닫는 것은 큰 기쁨이다. 그것은 전적으로 하나님의 성품에 근거한 일이다. 그 결과로 우리는 하나님의 작품이 되었다. 그것은 마치 죽었다가 새로운 피조물로, 생기 없는 모습에서 놀라운 장인의 화려한 작품으로, 무기력한 상태에서 선한 일을 행하는 자로 변화된 것이다. 하나님은 마치 발레를 안무하듯 삶의 무대를 짜놓으셨고, 우리가 그 안에서 자유롭게 춤추게 하신다. 하나님께서 우리에게 새로운 발을 주시고 그분의 발걸음을 따라 우리의 발걸음을 맞추며 춤추는 것은 기쁨 그 자체다!

예수님께서는 마태복음 5장 14-16절에서 에베소서 2장 10절과 유사한 이미지를 사용하여 앞에서 말한 것과 동일한 자유를 선포하셨다. 예수님께서는 우리를 세상의 빛이라 부르셨다. 우리는 등불이다. 그분은, 어느 누구도 등불을 말 아래 두지 아니한다고 하셨다. 그래야 온 집 안을 비출 수 있기 때문이다.

이 비유대로 우리가 등잔이라면, 반드시 잊지 말아야 할 사실이 있다. 우리는 스스로 불을 켜지 않는다. 스스로를 등경 위에 올려놓지도 않는다. 더 나아가 우리는 사람들을 집으로 초대하지도 않는다. 은혜로 우리에게 불을 붙이는 분은 하나님이시다. 은혜로 우리를 사역의 자리에 놓으시고, 은혜로 사람들을 우리 삶 가운데로 불러모으시는 분도 하나님이시다. 그리고 하나님께서는 은혜로 우리를 자유롭게 하시어 '빛을 발하게' 하신다.

> 그러므로 생각하라(keep remembering). 너희는 그때에 육체로는 이방인이요 손으로 육체에 행한 할례를 받은 무리라 칭하는 자들로부터 할례를 받지 않은 무리라 칭함을 받는 자들이라. 그때에 너희는 그리스도 밖에 있었고 이스라엘 나라 밖의 사람이라 약속의 언약들에 대하여는 외인이요 세상에서 소망이 없고 하나님도 없는 자이더니 이제는 전에 멀리 있던 너희가 그리스도 예수 안에서 그리스도의 피로 가까워졌느니라(엡 2:11-13).

지금의 우리가 하나님의 예술 작품이라는 사실을 기뻐할 수 있는 것은, 지난날 우리가 얼마나 철저히 죽어 있었는지를 기억하기 때문이다. 우리는 이방인이고, 접붙임을 받은 자들이다. 하나님의 공동체에 아무런 분깃이 없는 자들이었다. 하나님의 '백성'의 일부가 아니었다. 메시아에 대한 소망도 없었고, 언약의 약속에 대해 무지한 자들이었으며, 우리로 하여금 하나님의 존전에 설 수 있도록 하는 그리스도의 보혈의 능력과 무관한 자들이었다. 우리가 이와 같은 사실들을 계속 기억한다면(keep remembering, 헬라어 원문에서 이 '기억하라[개역개정, 생각하라]'는 동사는 현재 명령형으로, 계속해서 기억하라는 의미를 갖는다) 성도의 공동체의 일원이 된 특권을 당연한 것으로 여기지 않을 것이다(9장을 보라). 또한 우리는 하나님 없는 삶의 방식을 지속하려는 마음을 결코 품지 않을 것이다. 이는 에베소서 4-6장에서 다루는 다음 주제로 자연스럽게 이어진다.

그리스도를 배우는 삶

그러므로 내가 이것을 말하며 주 안에서 증언하노니 이제부터 너희는 이방인이 그 마음의 허망한 것으로 행함같이 행하지 말라. 그들의 총명이 어두워지고 그들 가운데 있는 무지함과 그들의 마음이 굳어짐으로 말미암아 하나님의 생명에서 떠나 있도다. 그들이 감각 없는 자가 되어 자신을 방탕에 방임하여 모든 더러운 것을 욕심으로 행하되 오직 너희는 그리스도를 그같이 배우지 아니하였느니라(엡 4:17-20).

17절은 우리 세대를 향한 핵심적인 부르심으로 간주된다. 주 안에 있으면 더 이상 과거의 삶의 방식에 머물고 싶지 않게 된다는 선언이

불필요한 목회자

다. 교회는 이 말씀을 절실하게 받아들여야 한다. 하나님의 백성은 하나님을 모르던 때의 삶의 방식으로부터 벗어나기를 진심으로 원해야 마땅하다.

내가 강단에 설 때마다 종종 되새기게 되는 경고 하나는 옷에 대한 기준이다. 가령 학회 같은 자리에 나흘 중 이틀 동안 같은 옷을 입고 나선다면, 어떤 이들은 그것을 심각하게 무례하다고 여긴다. 그런 자리라면 응당 날마다 다른 옷을 입어야 한다는 암묵적인 사회 규범이 자리하기 때문이다.

그와 달리 몇 년 전 폴란드의 한 신학교에서 강의를 한 적이 있었다. 기숙사로 사용하는 한 아파트를 방문했을 때, 나의 서재보다 더 작은 공간에서 여섯 명의 여학생들이 함께 생활하고 있었다. 그들의 옷은 작은 선반 하나에 전부 수납되어 있었다. 그녀들 대부분은 옷 한 벌만 여분으로 갖고 있었다. 그녀들의 단순한 삶은 옷으로 가득찬 나의 옷장을 떠올리게 했고 그순간 부끄러움을 느꼈다. 지나치게 많은 옷에 둘러싸여 있던 옛 방식을 내려놓고 새로운 삶의 방식으로 나아가라는 부르심, 그것은 나에게는 복음의 진솔한 초대였다.

우리는 너무 쉽게 세상의 가치 기준에 젖어 산다. "옷이 날개다" "최대한 매력적으로 보이라" "옷이 곧 당신을 말해준다" 같은 말들이 우리를 지배한다. 지금 우리가 가진 것들이 모두 필요한가? 우리는 하나님 나라를 위해 단정하게 차려 입은 모습과, 정의를 세워나가기 위한 삶의 방식 사이에서 더 나은 균형을 찾을 수 있지 않을까?

바울은 세상에 순응하도록 만드는 모든 관행으로부터 떠나라고 호소한다. 로마서 12장 2절의 현재진행형의 명령도 이와 동일한 메시지를 담고 있다. "너희는 이 세대를 본받지 말고 오직 마음을 새롭게 함으로 변화를 받아 하나님의 선하시고 기뻐하시고 온전하신 뜻이 무엇인지 분별하도록 하라." 하나님께서는 우리에게 성령 안에서 새로워진 믿음의 언어를 주시고, 그런 다음 성령께서는 우리가 실제로 그 언어를 살아내도록 우리를 형성해가신다.

에베소서 4장 17절부터 6장 9절에 나오는 세부적인 지침들을 율법주의로 오해해서는 안 된다. 우리는 에베소서의 앞부분에서 언급한 바, 하나님의 은혜가 우리에게 얼마나 풍성히 부어졌는지를 기억해야 한다. 그렇기 때문에 바울은 단순히 규칙을 가르치는 것이 아니라, 하나님께서 자기 백성을 위해 마련하신 삶의 방식으로 우리를 초대하고 있는 것이다. 바울은 우리가 그리스도인 공동체 안에서 살아간다는 것이 무엇을 의미하는지를 보여주고 있다. 그의 교훈은 실천적일 뿐 아니라 상당히 큰 유익이 있다. 다음 예를 살펴보자.

무릇 더러운 말은 너희 입 밖에도 내지 말고 오직 덕을 세우는 데 소용되는 대로 선한 말을 하여 듣는 자들에게 은혜를 끼치게 하라(엡 4:29).

위의 본문은 우리에게 신앙의 언어에 있어서 주의를 게을리하지 말 것을 당부하고 있다. 불경건한 말이 우리 입에서 아예 나오지 않도록 미연에 방지하기 위해 우리가 하는 모든 말들을 조심하라는 것이다. 하나님의 백성인 우리는 우리의 모든 말이 다른 사람들을 세워주고, 그들이 필요한 것을 공급하며, 듣는 모든 이들에게 은혜를 끼치도록 부르심을 받았다.

나는 여러 해를 대학원에서 보냈다. 그곳은 대체로 힘겨루기식 분위기가 지배하는 곳이었다. 대학원은 다른 사람의 무지함을 입증해보임으로써 자신의 특출함을 드러내는 분위기가 주류를 이루었다. 언젠가 한 교수님이 다른 교수들은 내가 그리 똑똑한 학생이 아니라고 본다는 말을 내게 해주셨다. 왜 그렇게 생각하는지 묻자(물론 나도 내가 그다지 총명하다고는 생각하지 않는다), 이렇게 대답하셨다. "네가 사람들을 깎아내리지 않기 때문이지."

그런 흐름은 대학원뿐 아니라 사무실과 마케팅 회사, 심지어 교회 사역자들 사이에서도 일반화되어 있다. 한 사람이 동료에게 말한다. "자네는 내 말을 제대로 이해하지 못하는 것 같아." 그러면 상대편은 이렇게 응수한다. "자네가 하는 말을 모두 이해했어. 하지만 현명한 사람들은 그런 식으로 말하지 않는데, 왜 그렇게 말하는지 이해가 안 가." 이런 풍조 속에서 우리는 선택을 내려야 한다. 그와 똑같은 삶의 방식을 따를 것인가, 아니면 거부할 것인가? 우리가 성경이나 신앙 공동체의 영향으로 삶의 '형성'이 일어난 사람이라면, 더러운 말을 입 밖으로 내기보다는 덕을 세우는 선한 말을 하도록 부르심을 받은 것이 아닌가? 그래서 우리가 다른 사람을 깎아내리기보다는 그들을 세워주는 말을 선택하려 한다면, 분명 대가를 지불해야 할 것이다.

선한 말을 하며 살아가는 데에는 손해가 뒤따른다. 왜냐하면 우리를 둘러싼 세상은 은혜를 기대하지 않기 때문이다. 사람들은 우리가 똑똑하지 못하다고 생각할 수 있고, 우리의 '순진함'을 악용해 이득을 얻으려 할 것이다. 직장에서는 우리를 따돌리거나 승진에서 배제할 수도 있다. 하지만 상상해보라. 만일 모두가 하나님의 언어, 곧 다른 이들에게 덕을 세우고 은혜를 베푸는 말로 살아간다면 세상은 얼마나 달라지겠는가? 이것은 우리에게서 즐거움을 빼앗기 위한 규범이 아니라, 서로 다정하고 진실하며 선하게 함께 살아가도록 부르시는 놀라운 초대다.

하나님의 성령은 끊임없이 이 초대를 새롭게 하시며, 우리의 인격이 덕을 세우는 말씀에 의해 형성되기를 바라신다. 내가 2장에서 셰익스피어 희곡의 비어 있는 부분의 대사를 즉흥적으로 이어가는 비유를 언급했던 것을 기억하라. 우리가 이와 같은 방식으로 하나님의 뜻을 따라 즉흥 연기를 이어간다면, 아마도 신앙 공동체는 적지 않은 대가를 치르게 될 것이다. 교회는 성장할 가능성이 있지만, 반드시 '크게(엄밀하게는 비대하게)' 성장하지는 않을지 모르겠다. 그러나 우리가 진리의 말과 은혜의 말을 하는 사람들이 된다면, 교회는 반드시 더 성숙해질 것이다. 그 과정에서 사람들은 우리를 가리켜 '급진적'이라고 비난할 수도 있다. 하지만 복음은 결코 순응하지 않는다는 사실을 이 대목에서 기억했으면 좋겠다. 이런 교회의 삶의 모습이야말로 복음의 불순응성(nonconformity)에 대한 가장 적절한 설명이 될 것이다.

'급진적(radical)'이라는 말은 '뿌리(라틴어 radix)에 닿는다'는 뜻이다. 우리는 죄성(이것은 사방으로 씨앗을 날려보내는 민들레처럼 완전히 제거하기란 너무 어렵다)의 뿌리를 잘라내고, 그 자리를 참된 형성이 가능하도록 하는 은혜의 뿌리로 대체해야 한다.

우리의 세상은 하나님의 말씀으로 형성된 교회, 말씀의 교훈에 깊이 잠긴 교회를 필요로 한다. 고통이 따르더라도 교회는 그 길을 회피해서는 안 된다. 오늘날 교회가 세상에서 거의 영향을 미치지 못하는 이유는 우리가 그 고통을 감내하려 하지 않기 때문이라고 생각한다. 우리는 하나님의 교훈에 순종하며 신실하게 살아가는 데 응당 치러야 하는 고통과 대가를 감내하려 하지 않는다.

바울의 이 진심어린 교훈으로 우리의 마음이 움직이게 된다면 참으로 좋겠다. 그는 우리에게 전혀 다른 태도, 전혀 다른 언어, 전혀 다른 행동을 취할 뿐 아니라, 개인적으로나 공동체로서도 전혀 다른 존재가 될 것을 권면하고 있다. 그 목표는 우리의 성품이 새롭게 되어 정확히 하나님의 형상으로 형성되는 데 있다.

내 남편 마이런은 이를 보여주는 좋은 본보기라 할 수 있다. 그는 그 말의 가장 온전한 의미에서 친절한 사람이다. 반면에 나는 친절함과는 거리가 먼 사람이다. 남편은 느긋하게 기다릴 줄 알지만, 나는 항상 조급하다. 결혼 초기에 우리는 차를 타고 의사를 만나러 가는 도중에 신호등에 걸려 4차선 도로에서 정차했다. 신호등이 파란불로 바뀌었지만, 우리 앞차는 움직일 생각도 않고 있었다. 내가 말했다. "마이런, 옆 차선으로 빠져 나가요. 뒤에서 오는 차도 없잖아요. 왜 안 가고 있어요?" 나는 귀가 따가울 정도로 잔소리를 했다. 마이런은 상냥하고 관대한 표정으로 나를 보며 말했다. "앞 차를 운전하는 여자분에게 무슨 일이 생기지 않았는지 보고 있어요."

우리 둘 중 복음에 의해 형성된 사람은 누구인가? 그 사건은 아직도 내 기억 속에 남아 있다. 당시에 내가 보여주었던 이기심과 경쟁심, 거만함과 무뚝뚝함이 지금도 나를 괴롭힌다. 하지만 나와 대조적으로 마이런은 인정 많고 남을 도우며 동정심이 많은 사람으로 형성되어 있었다. 그는 자기 평생의 소명 가운데 하나는 신체 장애를 가진 나를 도와서 내가 학생들을 가르치고 저술 활동을 할 수 있게 하는 것이라고 믿고 있다. 정말 놀라운 사람이다.

나의 모습은 죄 가운데 죽어 있음을 보여주지만, 마이런의 모습은 부활의 가능성을 분명하게 드러낸다. 나는 하나님께 마이런과의 결혼 생활을 통해 나를 변화시켜달라고 기도한다. 남편 옆에 오래 있다 보면 그의 선함이 내게도 스며들지 않을까 기대해본다. 우리가 하나님의 교훈에 몰입하고 하나님의 백성에게 요구되는 삶의 방식을 걸어가다 보면, 하나님께서 우리를 형성해가실 것이다. 하나님께서 부어주시는 은혜로 말미암아 우리가 얼마나 죽어 있는지를 직면할 용기를 얻게 되고, 우리의 전적 무능력을 인정할 때 비로소 우리는 그리스도와 함께 새 생명으로 일어설 수 있다.

그리스도와 함께 일어선다는 것은 무슨 의미인가? 특별히 이 개념은 부활하신 그리스도가 우리 안에 거하심으로써 우리가 세상에서 그분의 방식대로 살아가는 법을 배우게 된다는 사실에 중점을 둔다. 성경의 모든 교훈 가운데 도움이 되는 한 가지는 바울의 온화하지만 강한 반어법으로 시작하는 다음의 권면이다.

오직 너희는 그리스도를 그같이 배우지 아니하였느니라(엡 4:20).

이 구절은 특별히 밑줄을 긋고 동그라미를 치고 별표로 강조 표시를 해두는 것이 마땅하다. 교회에도 크게 써붙여야 한다. 이 구절은 신앙 공동체가 세상과 전혀 다른 사회라는 사실을 잊지 않도록 도와주는 화려한 깃발이다. 우리는 세상의 길과 전혀 다른 길을 살아가야 한다. 세상 사람들은 마음의 허망한 것으로 행하며, 총명이 어두워지고, 무지함과 마음이 굳어짐으로 말미암아 하나님의 생명에서 떠나 있다. 그들은 감각 없는 자가 되어 자신을 방탕에 방임하여 모든 더러운 것을 욕심으로 행한다(엡 4:17-19). 세상 사람들과는 정반대로, 우리는 그리스도를 배우고 지금도 그리스도의 방식대로 끊임없이 형성되어간다.

흥미로운 점은, 종종 진보적 그리스도인과 보수적 그리스도인이 복음을 세상에 맞추려는 시도를 벌이면서 자신들도 모르게 동맹을 이룬다는 사실이다. 그러나 성경은 이러한 접근 방식이 퇴보에 지나지 않는다고 가르친다. 초기 그리스도인들은 자신들의 믿음을 세상의 어두워진 총명에 어울리게 수정하려 애쓰지 않았다. 그들은 세상과 전혀 다른 방식의 삶에 충실했으며, 주변의 이웃들은 그런 공동체의 일원이 되고 싶어했다. 사람들은 그들을 보며 말했다. "저 그리스도인들을 보라. 그들이 서로를 얼마나 사랑하는가!" 초대 교회는 신앙을 세상의 방식대로 순화하거나 바꾸려 애쓰지 않고 '교리'를 가르쳤다. 교리는 주님이 교회에 보내주신 자들을 위하여 믿음 안에서 제시한 심오하고 충실한 가르침이다.[8] 그들은 불어를 영어로 옮기듯이 복음을 바꾸지 않았다.

나의 부족한 번역 실력도 이런 점을 부각시키는 좋은 예다. 비록 자크 엘륄에 대한 학위 논문을 쓰느라 많은 프랑스 서적을 읽어서 불어를 영어로 번역할 수 있는 정도는 되지만, 여전히 나는 프랑스어로 '생각'하지는 하지 못한다. 최근에 나는 양녀를 만나기 위해 퀘벡 주에 다녀왔다. 그 아이는 자기 남편과 코트디부아르에 교육 선교사로 나가기 위해 불어를 배우고 있었다. 학교 수업과 일상 생활에서 불어를 말하게 하는 것은 물론이고, 프랑스어로 생각할 수 있게 되었다. 딸이 유창하게 불어를 구사하는 모습을 보면서 나 역시 더 많은 공부와 연습을 통해 진짜로 불어를 배우고 싶다는 열망이 생겼다. 불어를 영어로 번역하는 방식이 아닌, 불어와 더불어, 그리고 불어 속에서 살고 싶었다.

만일 믿음이라는 것이 가르치고 연습해야 하는 언어라고 가정한다면, 우리는 번역을 통해 퍼뜨리는 것이 아니라 새신자들을 그 언어 속에 몰두하게 함으로써 전해야 한다. 언어를 배우려는 자들은 그 언어에 자신을 맡기고 그 기술들을 훈련해야 한다. 아이들이 어떻게 언

---

8 교리의 초창기 형태와 현재의 상황에 대한 정보를 알고 싶으면 다음 책을 참고하라. *Welcome to Christ: A Lutheran Introduction to the Catechumenate*, ed. Samuel Torvend and Lani Willis(Minneapolis: Augsburg-Fortress, 1997). 이 소책자는 다음 책까지 포함한 시리즈의 첫 번째 부분이다. *Welcome to Christ: A Lutheran Catechetical Guide, Welcome to Christ: Lutheran Rites for the Catechumenate*, 두 권 모두 Augsburg Fortress 출판사에서 1997년에 출판되었다.

불필요한 목회자

어를 배우는지 생각해보라. 아이들은 말을 듣고 흉내낸다. 주변에서 어른들이 말할 때 취하는 행동과 맥락의 문법 속에 잠겨 살아간다. 이와 유사하게, 우리의 이웃이 그리스도를 알도록 돕는 방법은 우리가 그리스도의 부활의 생명을 살아내는 것이다. 그리하면 그들은 그리스도가 어떻게 삶을 변화시키는지 깨닫고, 그분의 생명에 동참하기를 원하게 된다.

교회가 세상에서 무기력하고 이웃을 믿음으로 초대하지 못하는 이유는, 우리가 우리의 믿음을 입증할 만한 삶을 살아내지 못하기 때문이다. 사람들은 이렇게 말하지 않는다. "오, 당신네 그리스도인들은 시간을 대하는 태도가 정말 탁월하군요. 주일을 지키는 것을 보면 알 수 있어요." "정말 당신들은 돈에 대한 시각이 남다르네요. 참 너그럽고, 다른 사람들처럼 돈을 쫓아다니지도 않아요." "놀랍군요. 그리스도인들은 권력 다툼을 벌이지 않네요."

내가 알고 있는 탁월한 전도자 한 사람은 미국에 꽤 오래 살았으면서 영어를 제대로 구사하지 못한다. 그래서 무언가를 말할 때는 수줍음이 밖으로 드러날 정도다. 그는 무척 고된 일을 하는 공장에서 근무하지만, 그의 관대함과 선함은 동료 모두가 인정할 정도다. 도움이 필요한 사람이 있으면 누구든 그를 찾아갔다. 그의 동료 모두 그가 자기들을 사랑한다는 것을 알고 있었기 때문이다.

'하나님의 사랑'이 우리를 통해 드러날 때, 그것이 바로 우리가 사용하는 언어이며, 우리가 살아내는 삶의 방식이다. 삼위 하나님의 은혜가 우리의 말과 실천과 믿음의 습관의 받침대가 되어야 하며, 그것은 우리가 어떻게 그리스도를 본받고 있는지를 보여준다. 성령님께서는 성경과 신앙 공동체를 사용하시고 우리 속에 계신 부활하신 그리스도를 통해, 바른 신앙의 전통과 훈련과 언어 속으로 우리를 이끌어가신다. 하나님께서는 이를 통해 세상을 우리에게로 끌어당기신다.

그리스도인의 걸음

그런즉 너희가 어떻게 '행할지를 자세히 주의하여(walk circumspectly)' 지혜 없는 자같이 하지 말고 오직 지혜 있는 자같이 하여 세월을 아끼라. 때가 악하니라. 그러므로 어리석은 자가 되지 말고 오직 주의 뜻이 무엇인가 이해하라. 술 취하지 말라. 이는 방탕한 것이니 오직 성령으로 충만함을 받으라. 시와 찬송과 신령한 노래들로 서로 화답하며 너희의 마음으로 주께 노래하며 찬송하며 범사에 우리 주 예수 그리스도의 이름으로 항상 아버지 하나님께 감사하며 그리스도를 경외함으로 피차 복종하라(엡 5:15-21).

흠정역(KJV) 성경은 15절에서 '자세히 주의하여(circumspectly)'라는 표현을 사용했는데, 나는 개인적으로 그 번역을 좋아한다. 최근에 나는 아이오와 주에서 열린 청소년 집회에서 십대 청소년들을 만나 이 단어에 대해 30분이나 대화를 나누었다. 아이들은 새로운 단어를 배우게 되어 무척 좋아했는데 그 단어가 본문에서 바울의 강조점을 제대로 드러내고 있었기 때문이다. 우리는 항상 '주위를(circum-)' '두루

불필요한 목회자

살피며(spectly)' 걸어가야 한다.

청소년들과 나는 성경 저자들이 삶에 대해 가르칠 때 왜 '걷기(walking)'라는 이미지를 즐겨 사용했는지에 대해서도 토론했다. 아이들은 여러 가지 이유를 생각해냈다.

걷기는 천천히, 여유 있게 하는 일이다.
걷기는 우리를 하나님의 속도로 늦추어,
　　　하나님이 원하시는 길로 가도록 한다.
걸을 때 우리는 더 많은 것을 볼 수 있다.
걸을 때에는 다른 사람들을 만나고 그들과 대화할 수 있지만,
　　　차 안에서는 불가능하다.
걸으면 풍경을 더 눈여겨보게 된다.
걸으면 묵상할 시간이 있다.
걸으면 사람들에게 미소를 짓게 된다.
걸으면 우리가 사는 곳을 더 깊이 경험할 수 있다.

아이들이 떠올린 이런 이미지들은 우리가 살아가는 세상을 더 '주의하여 깊게 살피라'는 성경의 권면을 실천하도록 도와준다. 2장에서 논의한 것처럼, 우리의 믿음은 단순히 지적인 동의가 아니며, 막연한 종교적인 감정의 표출도 아니다. 그런 식으로 믿음을 이해하면 다른 사람을 섬기거나 이웃을 절대 사랑할 수 없다. 믿음은 '걷기, 곧 행

함이고 언어이며 삶의 방식이다.[9] 우리는 삶을 걸어가면서 주변에서 무슨 일이 일어나는지 주위를 두루 살펴야 한다. 세상 문화에 순응하지 말아야 하지만 문화에 대한 관심을 놓치도 말아야 한다. 반드시 세상적인 방식에 따를 필요는 없지만, 그렇다고 해서 아예 관계를 단절해서는 안 된다.

칼 바르트는, 그리스도인은 한 손에는 성경을, 다른 한 손에는 신문을 들고 있어야 한다고 말했다. 나는 바르트의 주장에 두 가지 정도의 수정을 가하려 한다.

먼저, 신문은 특정 사실과 현실을 보여줄 수 있지만 더 이상 우리에게 충분한 진실을 전달해주지 못한다. 점점 신문은 전체 이야기의 단편만을 보여주려 한다. 그러면 그것만으로는 실제 세상에서 무슨 일이 일어나는지 알기에 너무 빈약하다. 그러므로 좀더 깊이 있게 다루는 저널이 필요하다.

우리가 주위를 두루 살피며 신중하게 걷고자 한다면, 오늘날의 뉴스가 쏟아내는 단편적인 조각들, 선정적인 보도, 자극적인 이야기들 이상의 더 깊은 통찰이 필요하다. 정치, 신학, 경제의 서로 다른 스펙트럼에서 나오는 보다 깊이 있는 시각의 컨텐츠를 읽어야 온전한 상황 인식과 바른 판단이 가능할 수 있다.

내 친구 중에 의사가 한 명 있는데, 그녀는 난민 캠프와 빈민 의료 시설에서 봉사하기 위해 세계 도처의 분쟁 지역을 자주 방문한다. 그

9　George Lindbeck, *The Nature of Doctrine: Religion and Theology in a Postliberal Age*(Philadelphia: Westminster Press, 1984).

친구는 수단과 소말리아, 르완다와 사라예보 등지에서 활동했고, 빗발치는 총알 세례를 뚫고 공항으로 달려갈 뿐 아니라 이륙하는 동안에도 폭격을 당했지만 그 속에서 살아 남았다. 다른 지역으로 옮긴 직후에 그녀가 활동하던 마을 전체가 불에 타 사라진 적도 있었다. 그녀는 사람들이 뉴스가 제공하는 편향된 시각 때문에 분쟁 지역에서 실제로 어떤 일이 벌어지고 있는지 잘못된 생각을 가지고 있다는 사실에 종종 매우 좌절했다.

'자세히 주의하여 행하기(to walk circumspectly)' 위해 우리는 문제들을 두루 살피며 보다 깊이 들여다보아야만 한다. 전쟁과 정치와 경제 문제뿐 아니라, 신학적이며 교회론적인 논쟁에 대해서도 마찬가지의 태도가 필요하다. 얼마 전에 나는 한 신학교 집회에서 학생들과 동성애 주제에 대해 토의하다가 몇몇 학생들이 극단적 입장에 서 있는 것을 알았다. 어떤 학생들은 "나도 동성애자이므로, 그것은 옳은 것"이라고 주장하고, 다른 학생들은 동성애에 지나치게 완고한 자세를 취해, 거의 동성애 공포증에 가까운 태도를 보였다.

그러나 우리가 물어야 할 질문은 다음과 같은 것들이다.

- 19세기 말에 동성애적 '정체성'이라는 개념이 갑작스럽게 출현한 이유는 무엇인가?[10]
- 우리 사회에서 (동성애든 이성애든) 성적 쾌락을 우상화하는 풍

---

10 이런 문제는 거의 논의된 적이 없지만 상당히 중요하다. David Greenberg, *The Construction of Homosexuality*(Chicago: University of Chicago Press, 1988).

조가 어떻게 이토록 강력한 권세로 자리잡았는가?

- 오늘날 교회가 가정과 공동체의 위기에 적절히 대응하지 못하는 이유는 무엇인가? 젊은이들이 남녀 관계의 긍정적인 모델을 찾지 못하고, 자신의 성에 대해서도 성경적인 멘토링을 받지 못하게 된 이유는 무엇인가?

- 동성애적 성향을 지닌 친구를 진심으로 사랑한다는 것은 어떤 의미인가?

자세히 주의하여 행하기 위해 우리는 문제들을 양극화시켜 축소시키기보다는 그 속에 내재하는 복잡성을 제대로 인식해야 한다.[11]

바르트의 주장을 수정하는 두 번째 방법은 왜 우리에게 그토록 많은 '뉴스'가 필요한지 질문하는 것이다. 대부분의 뉴스는 우리가 아무것도 할 수 없게 만들 뿐이고, 특히 텔레비전 뉴스는 지나칠 정도로 재난과 참사에만 초점을 맞춘다. 예를 들어보자. 최근 나는 중서부의 어느 소도시에서 심야 뉴스를 보게 되었다. 단정하게 머리를 손질하고 세련되게 차려입은 한 여성 앵커가 살인과 성폭력 사건을 반쯤

---

11 이 주제에 접근하는 최고의 윤리적 접근 방식이자 하나님의 백성들이 성경에 의해 양육될 수 있도록 돕는 성경 해석을 담은 책은 바로 이것이다. Richard B. Hays, *The Moral Vision of the New Testament: A contemporary Introduction to New Testament Ethics*(San Francisco: HarperSanFrancisco, 1996), pp. 379-406. *Thomas E. Schmidt's Straight and Narrow? Compassion and Clarity in the Homosexuality Debate*(Downers Grove, IL: InterVarsity Press, 1995)도 참고하라. 이 책은 여러 문제에 대한 사회적, 정치적, 의학적, 그리고 성경적인 시각을 차분하고 명쾌하게 설명해놓았다. 『신약의 윤리적 비전』(IVP), 하지만 최근 그가 쓴 책 *The Widening of God's Mercy*에서 동성애에 대한 자신의 기존 입장을 수정하면서, 기존 책에 대한 재평가가 이루어지고 있다.

은 생생하게, 그러나 짧게 여섯 건이나 보도한 후에 환하게 웃으면서 상냥한 목소리로 말했다. "그럼 내일 뵙겠습니다." 나는 방금 전까지 평생 들어도 될 만큼의 살육과 파괴 소식을 들은 참이었다. 그런데 또다시 그런 뉴스를 시청하러 다음날 봐야 할 이유가 무엇이란 말인가?

진정한 '교회가 되는 것(be Church)'은 앞에서 제시한 두 가지 수정안을 모두 실천에 옮기도록 우리를 도울 수 있다. 교회는 온 세상에 존재하기 때문에 우리는 온 세상에 관한 폭넓은 관점을 얻을 수 있다. 우리는 온 세상 각 나라에 거주하는 믿음의 형제자매들의 이야기를 들음으로써 민족들의 사정을 더 깊이 알 수 있다. 더 나아가 진정한 '교회가 되는 것'은 세상의 비극적인 재난과 파국을 목격하면서도 절망에 빠져 익사하지 않게 해준다. 그리스도가 여전히 우주의 통치자시고, 언젠가 하나님께서 모든 슬픔과 다툼을 영원히 종식하실 것이며, 성령님께서 지금도 우리를 세상 속에서 정의와 치유와 평화를 위한 대리인으로 세워 능력을 더하고 계심을 기억하기 때문이다.

우리의 문화와 우리가 섬기고자 하는 사람들을 보다 깊이 알 수 있는 또 하나의 방법은 소설을 읽는 것이다. 예를 들어, 더글러스 커플랜드(Douglas Coupland)의 『제너레이션 X』는 모든 인간의 깊은 갈망을 잘 보여준다. 특히 20대와 30대의 젊은이들이 경험하는 현실을 제대로 투영하고 있다.[12] 그의 또다른 소설 『하나님을 따르는 생활(Life

---

12 Douglas Coupland, *Generation X: Tales for an Accelerated Culture*(New York: St. Martin's Press, 1991). "The Needs of Our Being," chapter 3 of Marva J. Dawn, *A Royal "Waste" of time: The Splendor of Worshiping God and Being Church for the World* (Grand Rapids:

after God)』은 용서와 새로운 창조,[13] 하나님의 은혜와 자비 그리고 교회를 통해 대가 없이 제공되는 은사에 대한 화자(narrator)의 절망을 깊이 있게 표현하고 있다.

아이들을 위해 쓰인 이야기들은 우리 사회의 절박한 문제들을 심각하게 드러낸다. 『이혼 문화(The Divorce Culture)』의 저자 바바라 대포우 화이트헤드(Barbara Dafoe Whitehead)에 따르면, 1977년에 발간된 한 도서 목록에는 이혼 가정의 아이들이 겪는 상실과 분리의 문제를 다루는 아동 도서들이 200페이지가 넘게 실려 있었는데, 1989년에는 500페이지가 넘었다.[14] 이런 사실은 우리의 교회들로 하여금 이와 같은 고통과 슬픔에 대해 진정한 긍휼과 돌봄의 사역으로 응답하도록 부르고, 세상과는 다른 윤리적 선택과 실천을 감행하도록 자극한다. 당신의 교회는 주변에 있는 이혼 가정의 아이들을 위해 어떤 일을 하고 있는가?

'자세히 주의하여 행하는 것'은 우리가 세상 문화에 의해 형성되지 않도록 지켜줄 뿐 아니라(그것과는 전혀 다른 기준에 우리 마음을 맞추기 때문에), 진정으로 이웃을 섬기도록 이끌어준다(전혀 다른 차원의 기준에서 주어지는 선물을 그들에게 제공하는 것이다). 우리 문화가 안고 있는 큰 문제 중 하나는 (유진 피터슨 교수가 시엔티아라 부른) 정보의 과잉이

Wm. B. Eerdmans Publishing Co., 1999), pp. 21-36.

13 Douglas Coupland, *Life after God*(New Youk: Simon and Schuster, 1994).

14 Barbara Dafoe Whitehead, *The Divorce Culture: Rethinking Our Commitments to Marriage and Family*(New York: Alfred Knopf, 1997).

불필요한 목회자

다. 그것은 진정한 깨달음으로 옮겨가지 않으며 더더욱 사피엔티아(지혜)에 이르지는 못한다. '자세히 주의하여 행하는 것'은 하나님께서 쓰신 정경적 내러티브가 정한 해석의 틀 안에서 살아간다는 것이다. 우리가 그 내러티브에 의한 '형성'을 모색하고 있다면, 우리의 성경을 세상의 틀에 끼워맞추기 위해 억지로 바꾸려 하지 말아야 한다. 오히려 성경이 우리를 위해 세상을 다시 서술하도록 해야 한다. 우리는 성경적인 재서술을 통해 이웃과 주변 환경, 그리고 그들에게 우리가 제공하는 선물을 바르게 이해할 수 있다.

세월을 아끼라 때가 악하니라(엡 5:16).

"세월을 아끼라(redeeming [또는 buying back] the time)"는 표현이 어떤 의미인지 자세히 살펴보자. 헬라어 본문에서는 단순한 연대기적 시간을 가리키는 '크로노스(chronos)'를 사용하지 않고 '기회' 또는 '중요한 시기'를 가리키는 '카이로스(kairos)'를 사용했다. 이를 고려하여 여러 영어 번역본은 이 구절을 "기회를 최대한 활용하라(making the most of the opportunity)"는 식으로 번역해놓았다. 요하네스 로우(Johannes P. Louw)와 유진 니다(Eugene A. Nida)가 함께 작업한 번역 지침서는 위의 관용구가 "어떤 기회를 최대한 잘 활용하라"(SD 65.42)는 의미라고 유사하게 제안한다. 그러면서도 거기에 더해 "강렬함과 긴급함을 가지고 무언가를 하라"(SD 68.73)는 충고도 담고 있다고 덧붙여놓았다.

많은 그리스도인들이 이 구절을 일중독이 되라는 명령으로 받아들인다. 그러나 나는 우리에게 허락된 시간을 가장 잘 활용하는 최고의 비결은 안식일을 지키는 것이라고 확신한다. 쉬지 않고 일하는 것이 시간을 가장 잘 활용하는 것은 아니다(우리가 그렇게까지 필요한 존재라고 생각하지 말기 바란다). 그것은 스스로를 고갈시키는 첩경이다. 충분한 성찰 없이 일에만 몰두하고, 우리 몸을 돌보라는 하나님의 설계를 어기며, 일종의 메시아가 되려는 잘못된 시도를 통해 세상을 향해 나쁜 모범을 보이게 될 것이기 때문이다.

다른 한편, 안식일 준수는 하나님께서 우주의 주관자이심을 상기시킬 뿐 아니라, 그분의 계획의 완성을 위해 우리를 사용하시되 주어진 시간 안에서 우리가 할 수 있는 것 이상을 결코 바라지 않으신다는 사실을 상기시켜준다. 일주일에 하루 우리의 일을 멈추는 것은, 우리로 하여금 그것을 하나님의 은혜라는 관점에서 바라볼 수 있게 해준다.[15] 우리는 일상의 분주함에서 물러나 하나님께서 우리 삶의 방식을 결정하도록 맡겨드려야 한다.

이와 유사하게, 우리가 기도 가운데 살아가는 것은 우리의 시간을 가장 잘 활용하는 방법이다. 마르틴 루터가 이런 말을 했다고 한다. "나는 해야 할 일이 너무 많아서, 하루에 최소 세 시간은 기도하

---

15 거룩한 날의 선물과 행동에 대한 좀더 깊은 의미를 알려면 다음 책을 참고하라. *Keeping the Sabbath Wholly: Ceasing, Resting, Embracing, Feasting*(Grand Rapids: Wm. B. Eerdmans Publishing Co., 1989). 『안식』(IVP). *The Sense of the Call: Kingdom Shalom for Those Who Serve the Church*(Grand Rapids: Wm. B. Eerdmans Publishing Co.).

불필요한 목회자

지 않으면 도저히 다 끝낼 수 없다." 아직까지 루터의 저술 속에서 그런 내용을 구체적으로 찾아낸 사람은 아무도 없지만, 그것은 그의 성품을 잘 드러내는 말이다. 그는 자신이 모든 것을 하나님의 인도하심 아래 맡기지 않는다면, 잘못된 일을 하며 시간을 낭비하게 되리라는 것을 알고 있었다. 그는 삶의 마지막에 이르러 병이 점점 심해지고 점점 더 신랄해지며 때로는 극도로 무모해졌을 때, 몇몇 논문들(예를 들면 유대인들을 반대하는 글)을 썼다. 오늘날의 루터교인들이 사과한 바 있는 그 글들은 하나님의 인도하심을 전혀 반영하고 있지 않다. 하지만 그의 글들은 우리가 '필요한' 존재라는 생각을 품지 않게 하고, 더 많은 기도로 우리의 부르심을 끊임없이 재발견해야 한다는 사실을 상기시켜준다.

시간을 되사는 것(buy back the time)은 곧 시간을 하나님께 되돌려 드리는 일이다. 사실 우리 스스로는 시간을 구속할 수(redeem) 없다. 모든 시간은 그리스도가 십자가와 빈 무덤에서 통치와 권세들을 물리치심으로써 이미 되찾아주셨다. 그러므로 우리가 기도로, 수고로, 평안한 마음으로 하나님의 충만한 때와 영원한 기회들 속에 참여할 때, 시간은 우리를 위해 온전히 구속될 것이다.[16]

우리는 시간을 최대한 활용해야 한다. 다시 말하면, 세월을 아껴

---

16 이 주제에 대한 심도 있는 연구를 위해 다음 책을 진심으로 추천한다. Robert Banks, *The Tyranny of Time: When 24 Hours Is Not Enough*(Eugene, OR: Wipf and Stock Publishers, 1997). 『시간의 횡포』(요단). *Redeeming the Routines*(Grand Rapids: Baker Books, 1993). 『일상생활 속의 그리스도인』(IVP)

야 한다. 16절에서 말하는 것처럼 때가 악하기 때문이다. 인류가 타락한 이후로 때가 악하다는 증거는 항상 분명했다. 악은 시대마다 다른 모습으로 나타나지만, 폭력과 탐욕과 정욕과 자기 도취는 언제나 넘쳐났다. 따라서 우리는 우리의 사역을 강렬함과 긴급함으로 감당해야 한다. 개인적이든 공동체적이든, 국지적이든 세계적이든 언제 어디서든 발생하는 악에 저항하고 피하고 바꾸기 위해서다. 에베소서 5장 17절은 지금과 같은 시대에 어떤 자세를 취해야 하는지 잘 말해준다.

하나님의 뜻을 이해하라

그러므로 어리석은 자가 되지 말고 오직 주의 뜻이 무엇인가 이해하라
(엡 5:17).

주의 뜻이 무엇인지 어떻게 알 수 있을까? 우리가 모든 일을 열심과 인내를 품고 깊이 있게 감당하려면, 하나님의 뜻을 가능한 한 분명하게 알 수 있어야 한다.[17]

나는 청소년 수련회를 인도할 때마다 "신학자에게 무엇이든 물어보세요"라는 순서를 넣는다. 그때 십대들과 청년들이 던지는 질문은 놀라울 만큼 통찰력 있고 배려심 있으며 때로는 도발적이기도 하다.

---

[17] 한센(David Hansen)은 그의 책 3장 '성령'에서 하나님의 뜻을 알기 위해 성령의 음성에 귀기울이는 놀라운 통찰력을 제공해주었다. *The Art of Pastoring: Ministry Without All the Answers*(Downers Grove, IL: InterVarsity Press, 1994), pp. 42-59.

그들이 가장 많이 던지는 질문은 "어떻게 하나님의 뜻을 알 수 있는 가?"라는 것이다. 그런 질문을 받을 때마다 나는 특별한 기쁨을 감추지 못한다. 그들의 간절한 열망이 하나님께 순종하는 것이라는 사실이 너무 놀랍지 않은가?

그러나 불행하게도 그런 질문에 대한 대답은 종종 하나님의 표적(sign)을 찾으라는 식으로 제시된다. 사사기 6장에서 기드온이 양털을 놓고 하나님을 시험하듯 요구했던 내용이 모범적인 사례로 이용된다. 그러나 본문을 보면 기드온은 하나님께서 명령하신 일을 낮에 하지 않고 밤에 행함으로써 용기가 부족한 모습을 드러냈다(27절). 하나님께서는 기드온에게 무엇을 원하시는지 이미 분명하게 말씀하셨고(11-16절), 이미 그에게 표적도 보여주었으며(19-23절), 하나님의 영이 그에게 임하기도 했다(34절). 그런데도 기드온은 더 많은 표적을 원했다(36-40절).

마치 이렇게 말하는 것이나 다름없다. "하나님, 아직 확실하지 않습니다. 이렇게 하는 것은 어떨까요? 제가 양털을 여기에 놓겠습니다. 그 양털만 젖게 해주십시오. 그러면 하나님께서 저에게 정말로 미디안을 치라고 말씀하셨음을 확신하겠습니다." 하나님께서는 기드온의 연약함을 받아주셨다. 하지만 기드온은 여전히 확신하지 못했다. 그래서 다시 이렇게 말한다. "이번에는 더 어렵게 해보겠습니다. 땅은 젖게 하시되 양털은 마른 채로 있게 해주십시오."

나도 어린 시절에 이와 비슷한 '하나님의 표적' 게임을 했던 기억이 난다. 초등학교 4학년 때 신문을 배달했는데, 어느 날 하나님께서 내게 무엇을 원하시는지 확신이 서지 않을 때 이렇게 말했다. "하나님, 만일 (그 일을 하는 것이) 주님의 뜻이라면, 제가 신문을 던졌을 때 다음 집 현관 문을 딱 맞히게 해주세요." 그러나 작고 가벼웠던 신문은 바람에 밀려 빗나갔다. 그러면 나는 이렇게 말했다. "좋아요, 하나님. 그러면 세 번 던져서 두 번 맞히는 걸로 하겠습니다."

내가 말하고자 하는 요점은, 우리가 원하는 방향을 미리 정해놓고 거기에 맞춰 하나님의 표적을 쉽게 조작할 수 있다는 것이다. 사실 표적처럼 보이는 것을 어떻게 읽어야 하는지도 잘 알지 못한다. 정말로 그것이 하나님의 표적이긴 한가? 그러므로 나는 '기드온과 양털' 이야기가 좋은 본보기라고 생각하지 않는다. 하나님께서는 기드온이 이스라엘의 지도자로서 섬기기 원하신다는 것을 분명하게 말씀하셨다. 오히려 그 이야기는 어떻게 하나님께서 두려움에 떨며 믿음이 없는 인물을 사용하시어 당신의 목적을 성취하시는지 보여준다. 기드온 이야기는 놀라운 메시지를 담고 있지만, 우리가 하나님의 뜻을 아는 데는 직접적인 답을 주지는 않는다.

하나님의 뜻을 이해하는 더 좋은 방법이 몇 가지 있다. 물론 가장 중요한 방법은 하나님의 말씀이다. 하나님의 뜻은 하나님 자신과 절대로 상충되지 않는다. 누군가 "하나님께서 내게 이 불륜을 허락하셨다"고 말한다면, 우리는 그 메시지가 하나님께로부터 오지 않았다는 것을 쉽게 판별한다. 하나님께서는 결혼 서약 안에서 성적 순결을 지키라고 일관되게 명령하시기 때문이다. 우리의 삶이 말씀 속에 깊이 뿌리내리고 있다면, 우리는 하나님의 성령을 힘입어 더욱 진실하게 살아갈 수 있으며, 그 과정에서 자주 하나님의 뜻을 발견하게 될 것이다.

게다가 우리는 종종 잘못된 질문을 던진다. 하나님의 뜻을 단지 '내 개인의 삶'에만 국한시키려 하기 때문이다. 톰 사인(Tom Sine)은 『겨자씨 음모(The Mustard Seed Conspiracy)』에서, 하나님께서 이 세상에서 어떤 일을 행하시는지 깨닫고 하나님의 일에 동참하고자 애써야 한다고 강조한다.[18] 하나님께서는 우리가 이웃을 사랑하고 그들의 필요를 돌보기 원하신다는 것을 우리 모두 알고 있다. 굶주린 이들을 먹이고, 헐벗은 자를 입히며, 거할 곳이 없는 자들을 보호하고, 평화를 이루며, 정의를 수호하고, 그리스도 안에서 구원의 복된 소식을 널리 전파하기 원하신다는 것도 알고 있다. 이것이 백성들을 향한 하나님의 분명한 뜻이라면, 우리는 어떻게 이 부르심에 더욱 온전히 참여할 수 있을까?

때로는 열려 있는 문들이 하나님의 뜻을 드러내기도 하지만, 항상 그런 것은 아니다. 우리는 누가 그 문을 열었으며, 우리가 그 문을 실제로 통과해야 하는지 말아야 하는지 끊임없이 물어야 한다. 열린 문역시 표적과 같아서, 약간 모호하면서도 언제나 신뢰할 수 있는 것은 아니다.

내가 보기에 하나님의 뜻은 어떤 사건이 일어난 이후에 결과적으로 알게 되는 것 같다. 그런 사실을 두려워할 필요는 없다고 생각한

---

18 Tom Sine, *The Mustard Seed Conspiracy*(Waco, TX: Word Books, 1981).

다. 예를 들어, 내가 신학을 최종적으로 택했으므로 대학과 대학원에서 미국 문학을 전공한 것이 시간 낭비처럼 보일 수도 있다. 하지만 하나님께서는 그 시간들을 낭비로 여기지 않으셨다. 영문학은 책을 집필하는 데 큰 도움을 주었을 뿐만 아니라 성경을 문학적으로 읽는 기술을 내게 부여해주었다. 일반적으로 그러한 영역은 신학 과정에서 가르쳐주지 않는 분야다.

영문학 석사를 취득하기 위해 아이다호대학의 대학원 과정을 선택하게 된 동기도 마냥 순수하지는 않았다. 나는 수영을 정말 좋아했고, 아이다호 북부에는 세계에서 가장 아름다운 호수가 여러 개 있었기 때문이다. 그러나 하나님께서는 나의 그런 소소한 취향이나, 학위를 받아 학생들을 가르치고 싶다는 나의 열망까지도 사용하셔서, 최종적으로는 내가 영문학부에서 '성경 문학'을 가르치도록 이끄셨다. 그리고 그 속에서 나의 삶은 신학이라는 길로 방향을 틀게 되었다. 나는 이런 결정과 결과들이 단순한 우연이라고 생각하지 않는다(그렇다고 우리가 어떤 운명에 매인 채 특정한 결정을 내리도록 '정해져 있다'고도 믿지 않는다). 분명 나는 아이다호로 옮겨갈 때, 영어 대신 신학으로 방향을 바꾸겠다는 생각을 품고 간 것은 아니었다.

하나님의 지혜는 우리의 보잘것없는 지성과 비교할 수 없을 정도로 탁월하시다. 우리의 중요한 결정보다 더 높은 차원에서 정해지는 하나님의 목적들은, 우리가 결과적으로 뒤늦게나마 파악할 수 있는 신비로운 선물들을 통해 희미하게 알 수 있을 뿐이다. 그렇기 때문에 하나님의 뜻을 분별하는 과정에서 꼭 필요한 두 가지 요소가 있다.

바로 겸손과 평안이다. 우리는 하나님의 목적을 성취해야 한다는 압박감에 시달릴 필요가 없다. 모르드개가 에스더에게 했던 말을 기억하라. "이때에 네가 만일 잠잠하여 말이 없으면 유다인은 다른 데로 말미암아 놓임과 구원을 얻으려니와 너와 네 아비 집은 멸망하리라. 네가 왕후의 위를 얻은 것이 이때를 위함이 아닌지 누가 아느냐"(에 4:14). 다른 말로 하면, 하나님의 목적은 우리가 그 성취 과정에 참여하든 하지 않든 간에 반드시 이루어진다는 의미다. 하지만 바로 그 이유 때문에 우리가 지금의 이 자리에 있다는 것도 잊지 말아야 한다. 이런 사실은 우리의 부담을 덜어준다.

그런 부담은 종종 공포와 두려움을 가져온다. 어떤 젊은이가 다음과 같이 말하는 것을 들은 적이 있다. "아, 혹시라도 내가 하나님의 뜻을 놓쳐버린다면, 모든 일이 엉망이 되고 말 거야."

하나님은 주권자시다. 이 진리는 우리의 연약한 자유의지와 변증법적 긴장 가운데 함께 존재한다. 우리는 그릇된 선택을 할 수도 있다. 그러나 하나님은 우리의 실수 때문에 모든 일을 망쳐버릴 만큼 약한 분이 아니시다. 오히려 하나님께서는 분명히 약속하셨다. 하나님의 뜻을 구하는 자들에게는 결국 모든 것이 합력하여 선을 이루게 하겠다고 말이다.

나는 모르드개가 보여준 용기와 소망을 무척 사랑한다. 하나님께서 에스더가 있든 없든 구원을 성취하실 것이라는 그의 확신은, 우리가 "이것이 정말 하나님이 원하시는 바로 그 일인지" 강박적으로 매달려야 한다는 압박감에서 우리를 자유롭게 한다. 또한 하나님의 뜻이 반드시 어떠할 것이라는 개인적인 취향을 고집하려는 태도에서 벗어나도록 도와준다. 그 대신 우리는, 우리가 분별해낸 바가 하나님의 뜻이라고 확신하는 것을 기쁨과 열정으로 따라가면 된다. 이것이 바로 마르틴 루터의 유명한 말 속에 담긴 중요한 의미다. "담대하게 죄를 지으라. 그러나 더욱 담대하게 하나님을 믿으라."

우리가 하나님의 뜻을 찾아 헤매느라 공황 상태에 빠지지 않도록 자유함을 주는 또다른 말씀이 있다. 하박국 선지자의 진술이다.

여호와께서 내게 대답하여 이르시되

너는 이 묵시를 기록하여 판에 명백히 새기되

달려가면서도 읽을 수 있게 하라.

이 묵시는 정한 때가 있나니

그 종말이 속히 이르겠고 결코 거짓되지 아니하리라.

비록 더딜지라도 기다리라. 지체되지 않고 반드시 응하리라.

보라, 그의 마음은 교만하며 그 속에서 정직하지 못하나

의인은 그의 믿음으로 말미암아 살리라(합 2:2-4).

하박국 선지자는 이스라엘의 불의와, 그것에 대한 하나님의 징계 수단으로서 바벨론 유수에 관한 묵시를 받았다. 위의 본문에서 말하고자 하는 요점은, 우리가 기다리게 되는 경우가 종종 있더라도, 하나님의 계획은 반드시 성취된다는 것이다. 하박국 선지자는 하나님의 목적이 너무 늦거나 너무 이르지 않은 지정한 때에 성취될 것을 확신

불필요한 목회자

할 수 있었다. 실제로 히브리 성경에 기록된 이 본문의 두 번째 줄을 문자적으로 해석하면 "묵시가 자기 성취의 때를 헐떡인다"는 뜻이다. 마치 보호자의 움직임을 보면서 산책 나갈 것을 기다리는 강아지가 숨가쁘게 기대하는 것처럼, 하나님의 뜻은 열렬하게 기다려지고 반드시 성취될 것이다.

우리는 삶의 모든 사건 속에서 동일한 확신을 품을 수 있다. 하나님의 때와 뜻이 드러나기를 기다리면서 조급해할 필요가 없다. 시험을 치를 때 당황하면, 이미 알고 있던 것마저 머릿속에서 사라져버린다. 우리가 알지 못하는 것에만 집중하기 때문이다. 마찬가지로, 하나님의 뜻을 찾는 일에 조급해하면, 오히려 표적과 통찰과 성경의 진리를 놓치고 말 것이다. 불안에 휘둘리지 않고 잠시 멈출 수 있다면, 우리는 하나님께서 우리에게 그 뜻을 드러내기를 기뻐하신다는 사실을 발견하게 될 것이다. 하나님께서 정하신 가장 완벽한 때에, 우리는 반드시 우리가 알아야 할 것들을 알게 될 것이다. 물론 우리의 마음이 성령님의 새롭게 하심에 닫혀 있지 않고, 우리의 삶이 하나님의 행하심에 오롯이 집중되어 있을 때에 한해서 말이다.[19]

아이다호대학교에서 대학원 2년차를 보내며 가르쳤던 경험은, 당황하지 않고 하나님의 뜻을 아는 법에 대해 내게 중요한 교훈을 주었

---

19 성령의 인도하심에 귀기울이고 우리를 통해 역사하시는 하나님의 행동을 깨닫는 중요한 방법은 영적으로 관리를 받는 것이다. 이 주제에 대한 유진 피터슨의 글은 많은 도움을 준다. *Working the Angles: The Shape of Pastoral Integrity*(Grand Rapids: Wm. B. Eerdmans Publishing Co., 1987). 『균형있는 목회자』(좋은씨앗)

다. 마지막 학기를 앞두고, 나는 한 학기 동안 한 과목만 가르칠지 두 과목을 맡을지 선택해야 했다. 한 과목만 맡으면 350편의 과제를 덜 채점하면 되었으니, 분명 지혜로운 선택처럼 보였다. 그러나 내가 가르치던 과목은 '성경 문학'이었고, 자칭 무신론자라며 수강한 학생들 가운데 많은 이들이 수업을 통해 하나님을 만나고 그분의 사랑을 경험하곤 했다. 내가 두 번째 과목을 맡지 않으면, 35명의 학생들이 성경을 공부할 기회와 삶이 변할 수 있는 기회를 잃게 될 수도 있었다. 과연 당신이라면 어떻게 결정하겠는가?

나는 학과장 교수에게 내 입장을 전달해야 하는 당일까지도 여전히 결정을 내리지 못했다. 학과장 사무실로 들어가자마자 그가 물었다. "결정했습니까?" "아직 잘 모르겠습니다"라고 대답하자, 그는 지금까지 나처럼 어리석은 사람은 본 적이 없다고 했다. 그냥 한 반만 맡고 말지 몇 명 되지도 않는 다른 반까지 맡을지 고민하는 모습이 바보처럼 보인다고 했다. 그 순간 나는 외쳤다. "학과장님, 고맙습니다. 제가 어떤 선택을 해야 할지 답을 주시는군요. 두 반 모두 맡겠습니다." 이런 나의 대답을 듣고 학과장은 적잖이 놀랐다.

그가 두 반 모두를 맡는 것이 어리석은 선택이라고 말하는 순간, 이런 성경 구절이 떠올랐다. "육에 속한 사람은 하나님의 성령의 일들을 받지 아니하나니 이는 그것들이 그에게는 어리석게 보임이요, 또 그는 그것들을 알 수도 없나니 그러한 일은 영적으로 분별되기 때문이라"(고전 2:14). 마치 하나님께서 나를 위해 칠판에 정답을 적어주시는 것 같았다. 사안의 영적 의미를 모르는 사람에게 두 개의 반을 맡

불필요한 목회자

는 것이 어리석어 보였다면, 어쩌면 그것이 성령님께서 내게 보여주시는 통찰의 방식이었을지도 모르겠다.

우리는 하나님의 비전이 드러나고 성취될 때까지 기다리는 법을 배울 수 있는가? 혹여 지체되는 것 같더라도, 그 시간 속에서 인내하며 그분을 신뢰하는 법을 배울 수 있을까?

성경 외에도 하나님의 뜻을 발견할 수 있는 중요한 수단이 있는데, 많은 그리스도인들은 그것을 모른다. 나는 박사 과정을 이수하던 시절 메노나이트(Mennonite, 16세기 네덜란드 북부의 프리슬란드 주에서 일어난 개신교의 일파) 공동체에서 그 중요한 수단을 배웠다. "하나님의 뜻은 신앙 공동체의 권면을 통해 드러난다."

박사 과정을 계속 이수해야 할지를 놓고 혼란스러운 시기에, 메노나이트 교회 목사님께 기도해달라고 부탁했다. 그는 의외의 대답으로 나를 놀라게 했다. "더 좋은 방법이 있습니다. 성령의 뜻을 분별하기 위한 모임을 소집합시다." "뭐라고요?" 나는 너무 놀랐다. 그런 모임에 대해 들어본 적이 없었기 때문이다. 더욱 놀란 것은, 열 명 남짓의 교우들이 저녁 시간을 내어 기꺼이 나를 위해 모여주었고, 여러 질문과 기도로 함께해주었다는 사실이다. 모임은 잠시의 대화가 이어지다가 한동안은 침묵이 흐르고, 그러다 누군가 질문을 던지면 다시 대화가 이어지고 그 끝에 함께 기도하는 방식으로, 모두들 한마음으로 하나님의 뜻을 찾도록 힘을 보탰다.

처음에는 아무 진전이 없는 것처럼 보였지만, 점점 무언가 한 방향으로 모아지는 것 같은 느낌을 받기 시작했다. 각 사람들의 의견이나 질문을 통해 문제의 해결책에 다가가는 것 같았다. 아이다호대학교에서 학과장 교수와 대화하던 때를 제외하면, 마치 전구가 켜지듯, 하나님의 뜻을 깨닫는 '번쩍거림'의 순간을 경험한 적이 없었다. 그런데 그날밤 한 여성 교우의 질문과 대화가 내게 돌파구를 열어주었다.

그녀가 물었다. "자신의 삶을 시각적으로 표현한다면, 무엇입니까?" 내가 대답했다. "이쪽과 저쪽을 이어주는 다리라고 생각합니다. 보수주의자와 자유주의자, 불신자와 신자, 루터교와 다른 교파, 특히 신학자와 평신도 사이를 잇는 다리 말입니다." "좋습니다. 다리는 강의 양쪽에 든든히 기초를 내리고 있어야 안전합니다." 그 순간 번쩍거리는 듯한 깨달음이 다가왔다. 내가 박사 과정을 끝까지 이수해야 한다는 것이 분명해지는 순간이었다.

그날 저녁의 놀라운 모임 이후로, 나는 앞으로 중요한 결정은 절대 혼자서 내리지 않겠다고 다짐했다. 절대로!

1989년 1월 15일 마이런 샌드버그가 청혼했을 때, 그에게 말했다. "성령의 뜻을 분별하기 위한 모임을 소집합시다." 이번에는 주변에 신앙 공동체가 없었기 때문에, 그 과정은 2주 동안 계속되었다. 그 대신 우리는 여러 지역에 거주하고 있는 신뢰할 만한 그리스도인 친구들에게 편지를 보내 우리 두 사람을 위해 기도해달라고 요청했다. 그리고 우리에게 궁금한 점들을 질문하고, 성령님께서 그들에게 일러주시는 말씀들을 나누어달라고 부탁했다. 우리는 결혼이 우리 두 사람과 각자의 사역을 위해 하나님께서 정하신 최선의 길이라는 확신을 갖고 싶었다. 그리고 믿음 안에서 형제 자매 된 친구들의 권면과 응답은 우리의 결정을 뒷받침해주었다.

　우리는 결혼에 반대할 것이라고 예상되는 두 사람에게 의도적으로 그들의 생각을 물었다. 한 사람은 목회자인데 내가 자유롭게 사역하려면 독신으로 남아야 한다고 권면했다. 다른 사람은 "만일 마이런이 너에게 청혼하면, 나도 너에게 청혼할 기회를 달라"고 농담하곤 했던 막역한 친구였다. 먼저 언급했던 목회자는 사모님과 기도하다가, 마이런이 나의 일을 훌륭하게 뒷받침해줄 것이라는 확신이 들어 생각을 바꿨다고 했다. 두 번째의 친구는 마이런은 좋은 남편이 될 거라고 인정하면서, 그래도 결혼식에 꼭 초대해달라고 했고, 결혼 후에도 여전히 좋은 친구로 남고 싶다고도 했다. 실제로 나는 지금도 그와 좋은 친구로 지낸다.

　나는 친구들의 사소한 말도 빠짐없이 기록해놓았다. 왜냐하면 그들의 기도와 의견은 신앙 공동체의 권면이 가진 엄청난 가치에 대한 확신을 심어주었기 때문이다. 우리가 도움을 청했던 이들은 결혼하려는 우리의 결정을 더욱 확고하게 하는 새로운 통찰력을 제공해주었다. 마이런과 나는 그런 방법이 아니면 도무지 얻을 수 없는 깊은 의미들을 얻을 수 있었다. 우리가 하나님의 뜻을 발견하고 하나님 나라를 위해 여러 결정들을 내리기 전에 공동체에 도움을 청한다면, 많은 결정들을 든든하고 올바른 토대 위에서 내릴 수 있으리라 믿는다.

　지인들에게 도움을 청한 2주 동안, 나는 두 곳의 기독교 대학에서

'성적 인격(sexual character)[20]을 주제로 강의하면서, 학생들에게 이렇게 말했다. "결혼이나 직업, 혹은 다른 중요한 사안들에 대해, 기독교 공동체의 도움 없이 중대한 결정을 내리지 마십시오." 마이런과 내가 밟고 있던 신중한 분별 과정에 대해 이야기할 때, 나는 학생들이 우리에게 미쳤다고 말할 것이라 생각했다. 오히려 그들은 이렇게 말했다. "우리에게는 그런 도움을 받을 만한 공동체가 없어요."

정말 부끄러운 일이 아닌가! 교회 안에서 청년들이 몸 된 공동체와 함께 모여 조언과 권면을 얻을 수 있는 소중한 기회를 누리지 못하고 있는 것이 말이다. 나는 교수직을 맡아달라는 제의 같은 중요한 문제들을 놓고 이에 대한 하나님의 뜻을 발견하고자 할 때, 도움을 얻기 위해 신앙 공동체에 많은 질문을 던진다. 하지만 더욱 간절히 바라는 바는, 우리의 지역 공동체가 성령을 분별하는 모임을 열 수 있을 만큼 성숙함을 갖추는 것이다.[21]

성령 충만한 삶

에베소서 5장의 나머지와 6장 1-9절은 다음 말씀과 연결된다.

---

20 성(性) 영역에서 드러나는 인격 즉, 성을 기술 내지 스킬로 보지 않고 관계와 책임, 미덕으로 규정하고 이런 영역에서 빚어진 사람의 품성을 가리킨다.

21 신앙 공동체의 형성이라는 컨텍스트 속에서 하나님의 뜻을 발견하는 것에 대한 내용은 다음 책을 참고하라. "The Constant Adventure of Discovering God's Will," chapter 6 of my *Truly the community: Romans 12 and How to Be the Church*(Grand Rapids: Wm. B. Eerdmans Publishing Co., 1992 ; reissued 1997), pp. 46-55.

불필요한 목회자

술 취하지 말라. 이는 방탕한 것이니 오직 성령으로 충만함을 받으라 (엡 5:18).

18절은 두 가지 중요한 동사를 담고 있는데, 두 가지 모두 현재진행 명령형이다. 첫 번째 동사는 번역하기 까다롭다. 그 단어가 '술을 마구 마시다'라는 동사의 수동태이기 때문이다. 술에 취하지 말라고 강한 어조로 충고하는 이유는 술 취함이 '방탕한 행위를 낳기' 때문이다(SD 88.96). 하나님을 온전히 섬기고자 한다면, 무분별하고 생각 없는 삶을 살아서는 안 된다.

이 본문은 특별히 목회자들에게 매우 중요하다. 목회자들 역시 모종의 중독 상태에 빠져 결과적으로 돌이키기 힘든 행동을 저지르는 경우가 많기 때문이다. 어떤 이들은 일중독을 겪는다. 자신을 지나치게 '필요한' 존재로 여김으로써 메시아 콤플렉스에 빠지는 것이다. 이런 태도는 결국 '탈진(burnout)'으로 이어진다. 나의 경우는 종종 책에 중독된다. 책을 소유하고, 읽고, 그 내용을 알고, 저술하는 일을 '필수적인 우상'으로 만들어버림으로써, 다른 사람을 돌보는 일을 소홀히 하게 되었다. 우리의 우상이 무엇이든, 바울은 다른 어떤 것이 아닌 성령의 충만함을 받으라고 권면한다.

모든 것이 성령님께 달려 있다. 우리가 성령님께 전적으로 의지할 때에만, 자신이 반드시 필요한 존재라고 여기는 태도로부터 자유로워질 수 있다. 성령의 충만함은 그 반대편에 있는 경험과는 너무나 대조적이다. 술 취함은 거짓 자유함과 결과적으로 생겨나는 후회를 가져올 뿐이지만, 성령 충만함은 데오시스(theosis), 곧 하나님께서 우리를 통해 일하시게 하는 자유함을 가져다준다.

19-21절은 성령 충만한 삶의 결과들을 구체적으로 열거해놓았다.

> 시와 찬송과 신령한 노래들로 서로 화답하며
>
> 너희의 마음으로 주께 노래하며 찬송하며
>
> 범사에 우리 주 예수 그리스도의 이름으로
>
> 항상 아버지 하나님께 감사하며
>
> 그리스도를 경외함으로 피차 복종하라.

각 항목은 그리스도인의 '형성'을 위해 중요하다.

"시와 찬송과 신령한 노래들"에 관한 권면은 바울이 골로새서 3장 16절에서도 반복하는 내용이다. 이 세 가지 명사의 결합은 시간과 공간을 초월한 모든 하나님의 백성들이 올리는 찬양의 느낌을 준다.[22] 우리가 "마음으로 주님께 노래"해야 한다는 말씀은 하나님을 예배하는 것이 우리의 감정에 달려 있지 않음을 상기시켜준다. '마음'에 해당하는 헬라어 단어 '카르디아(kardia)'는 감정보다는 의지에 따른 행동을 더 강조한다. 그러므로 우리는 하나님께서 우리의 찬양을 받기에

---

22 이것은 교회를 오직 '현대적인' 음악만을 원하는 사람들과 '전통적인' 음악을 선호하는 사람들로 나누는 것에 반대하는 논거처럼 보인다. 우리가 왜 그리고 어떻게 이러한 분열을 넘어설 수 있고 또 넘어서야 하는지에 대한 보다 깊은 논의는 A Royal "Waste" of Time의 2, 13-17, 26장을 보라. 『고귀한 시간 '낭비'-예배』(이레서원)

합당하신 분이라는 사실 때문에 찬양을 해야 한다. 비록 감정이 따라주지 않을 때에도, 감정이 어떠하든, 우리는 성령의 능력을 힘입어 하나님을 찬양할 수 있다.

성령의 내주하심으로 인한 또다른 결과는 "감사"다. 20절에서 중요한 사실은 여기에 사용된 헬라어 전치사가 '휘페르(huper, '…에 대하여[about]' 또는 '…을 바라보며[in view of]')'라는 점이다. 이는 원인이나 이유를 의미하는 '디아(dia, '때문에[on account of]')'와는 다르다. 내가 이 부분을 언급하는 이유는, 어떤 신앙 공동체는 문자 그대로 '모든 것'에 대해 하나님께 감사해야 한다고 주장하기 때문이다. 심지어 나의 신체적 장애가 치유되지 않은 것이, 내가 그 장애에 대해 하나님께 감사하지 않았기 때문이라고 말하는 사람들도 있었다. 그러나 나는 하나님께서 악한 것들, 곧 전쟁이나 비극, 질병이나 고통과 같은 것들 자체에 대해 감사하라고 명하신다고 믿지 않는다. 대신 우리는 모든 일을 '마주하며(in the face of)', 모든 일을 '바라보며(in view of)' 감사한다. 곧 질병에 맞서고 악을 대적하여 싸우면서도, 그 가운데서 혹은 그러한 것들을 넘어 역사하시는 하나님의 뜻이 이루어지는 것에 대해 감사해야 하는 것이다.[23]

마지막으로 성령 충만의 결과는 "피차 복종"이다. 이 구절은 에베소서 5장 22절부터 6장 9절에 이르는 본문의 토대가 된다. 여기서 그

---

23 이 주제는 내가 쓴 다음 책에 더 자세하게 설명되어 있다. *Joy in Our Weakness: A Gift of Hope from the Book of Revelation*(St. Louis: Concordia Publishing House, 1994). 『약할 때 기뻐하라』(복있는사람).

본문 전체를 깊이 다룰 수는 없지만, 교회들에 의해 자주 오용되어 온 구절이므로 잠시 살펴보아야 할 것 같다.[24] 특별히 여성들을 위해 그리고 여성들을 제대로 이해하지 못하는 교회들을 위해 언급할 필요가 있어 보인다. 이런 교회들은 성경에 충실하려는 의도는 있지만, 종종 고린도전서 14장 34-35절과 디모데전서 2장 11-15절 같은 본문들을 지나치게 문자적으로 해석한다. 그들은 본문의 교정적 가르침이 나오게 된 역사적 맥락을 고려하지 못하는 것이다. 결과적으로 여성들은 지도자의 위치에서 발휘할 수 있는 영적인 은사들을 활용하지 못하도록 제지당한다. 그와 유사하게 에베소서 5장 21-33절은 아내의 '복종'이라는 특정한 개념을 정당화하는 근거로 사용되는데, 이 본문은 실제로는 "피차 복종"이라는 명령으로 시작한다는 점에서, 그러한 해석은 본문에 충실하지 못한 것 같다.

앞장에서 유진 피터슨 교수의 다이애나/아데미에 대한 설명과 에베소에서 벌어지고 있던 일들은 디모데전서 2장 11-15절의 난해한 본문의 역사적 배경을 밝히는 데 도움이 된다. 거기서 바울은 이단에 빠진 여성들이 다른 사람을 가르치지 못하도록 디모데에게 충고했다. 그 여인들의 '가르침'은 아데미 종교와 관련이 있었고, 그들은 하와가 온 세상, 심지어 아담(그리고 하나님까지)을 낳았다고 믿었다. 아담이 제일 먼저 창조되었다는 성경의 기록을 정면으로 거부하는 주장이다. 디모데전서의 본문은 아담이 먼저 창조되었으므로 남성이 여성보다

---

24 이처럼 어려운 본문에 대한 자세한 주해는 나의 설교 녹음 테이프를 활용하라. #330, "A New Look at Ephesians 5:21-33."

우월하다는 것을 말하고 있는 것이 아니다. 단지 성경 계시를 제대로 이해하지 못한 여성들이 교회에서 가르치지 못하도록 명한 것뿐이다. 바울이 시대를 막론하고 모든 여성들은 교회에서 말하거나 가르칠 수 없다는 뜻으로 그런 권면을 한 것은 더더욱 아니다. 왜냐하면 성경에서 유일하게 이름이 언급된 뵈뵈라는 여성 지도자를 칭찬한 사람이 바로 바울이었기 때문이다. 게다가 고린도전서 11장에서 바울은 여성들이 회중 앞에서 공적으로 '기도'하거나 '예언'할 때 단정하게 옷 입을 것을 권하기도 했다.[25]

우리는 인간의 행동에 보편적으로 내재된 문제를 인식할 수 있다 (그런 문제들은 어린아이들에게서 그리고 청소년들이 대학에 입학했을 때 두드러지게 나타난다). 즉, 여러 가지 속박에서 막 풀려난 사람은 쉽게 유혹을 받거나 자유를 남용하는 경향을 보인다는 점이다. 그와 유사한 이유로, 바울은 예전에는 남성들에게 차별당하고 유대 사회와 로마/헬라 사회에서 교육도 제대로 받지 못했던 여성들이 신앙 공동체 속에서 새롭게 누리게 된 특권들에 도취되어 지나치게 행동하지 않도록 주의를 주어야 했다. 고린도전서 14장에서는 여성들의 '말하는 것(랄레오, laleō)'이 예배를 방해했고, 디모데전서 2장에서는 여성들이 권위

---

25 에베소에서 행해진 그릇된 가르침에 대한 세심한 논의와 디모데전서 2장의 설명을 위한 함의들을 보려면 다음 책을 참고하라. Richard Clark Kroeger and Catherine Clark Kroeger, *I Suffer Not a Woman: Rethinking I Timothy 2:11-15* in Light of Ancient Evidence(Grand Rapids: Baker Book House, 1992). 내가 쓴 다음 책에 있는 "Hermeneutical Considerations for Biblical Texts"와 "I Timothy 2:8-15"를 참고하라. *Different Voices/ Shared Vision: Male and Female in the Trinitarian Community*, ed. Paul Hinlicky(Delhi, NY: American Lutheran Publicity Bureau, 1992).

를 빼앗는 듯한 태도를 보였으며, 디모데전서 2장과 고린도전서 11장은 여성들이 그리스도인으로서 합당하지 않은 머리 모양이나 옷차림을 하고 있었음을 시사한다.

자유가 오용되거나 곡해될 수 있다는 인식은 에베소서 5장 21-33절과 관련된 문제들로 이어진다. 일반적인 전제와는 달리, 이 본문은 아내가 남편에게 복종하는 것에 대해 주로 말하고 있지 않다. 본문을 주의 깊게 읽고, 그리스도의 이름이 사용된 부분, 교회에 대한 언급, 남편과 아내에 대한 모든 교훈들을 차례로 열거해보면, 이 구절이 실제로는 그리스도께서 교회를 어떻게 돌보시는지에 대해 말하고 있다는 것을 알게 된다. 또한 결혼 관계가 그리스도와 교회의 연합의 신비를 상징하고 모방했다는 것도 깨닫게 된다.

이 편지가 기록될 당시 에베소에 있던 그리스도인 공동체에서 여성들은 주변 문화의 억압적 관습으로부터 새로운 자유를 얻고 있었다. 어쩌면 남성들은 그 과정에서 성경적이지 않은, 즉 '잘못된 자유'를 경계할 필요가 있었는지도 모르겠다. 그리스와 로마 사회에서 많은 남성들은 그들의 아내를 사랑하지 않았고, 오히려 고급 창기들과 어울리면서, 아내는 집에 두어 집안의 대를 이를 자녀를 낳고 기르는 역할만 강요했다. 그런데 이 편지는 그리스도인 남성들을 향해 아내와의 관계를 그리스도께서 교회를 사랑하신 것에 비추어 바라보도록 교훈했다. 아내를 자기 몸처럼 사랑하고, 단순히 자녀 양육의 도구로서가 아니라 존귀한 존재로 아끼는 것, 이것이야말로 당시 사회 속에서 그리스도인 공동체가 보여준 놀라운 차별성이었다.

한편, 여성들은 억압적 사회 역할로부터 해방되어 남편과 함께 예배에 참여하게 되었고, 초기 교회는 그들의 은사 사용을 장려했다. 그러나 그 자유를 오용할 위험도 있었다. 성경은 아내들의 일방적 복종이 폐지된 것이 아니라, 남편과 아내의 상호적 복종으로 새롭게 바뀌었음을 보여주고 있다.

헬라어 본문에서 사용된 동사 '휘포타소메노이(*hupotassomenoi*)'를 통해 이러한 사실을 확인할 수 있다. 21절에 나오는 그 단어는 자신을 복종시키거나 복종하기로 결정한다는 의미를 내포하고 있으며, 상호성을 강조하고 '상호 복종'의 개념을 소개한다. 그러나 22절에 나오는 동사는 형태가 앞의 것과 같지 않다. 22절에 나오는 동사는 아내들에게 새롭게 얻은 자유를 남용하지 말고 오히려 남편에게 자신을 맡기는 태도를 계속 유지할 것을 상기시키는 것으로 보인다. 남편들도 이제는 동일하게 아내를 섬기는 역할을 감당하기 시작했기 때문이다.

고린도전서 14장에서 보면 교양 없는 여자들은 이해되지 않는 것이 있을 때마다 집회 장소에서 큰 소리로 남편들을 불러 예배를 방해했다(고전 14:34-35). 그와 유사하게 에베소의 여성들도 부부 간 상호 복종의 경계를 넘어 지나치게 자유를 행사한다면 교회에 문제를 일으킬 수 있었다. 그래서 바울은 예배의 질서를 위해, 여성들에게 궁금한 것이 있으면 집에 가서 남편에게 물어보라고 권면했다. (아마도 이 말씀은 지금 시대에 새롭게 적용해볼 수 있을 것이다. 요즘 아이들은 집 밖에서 큰소리로 떠들거나 예배 시간에 무질서하게 행동하는 것은 적절치 못하다는 기본 예절을 부모로부터 배우지 못한 경우가 많기 때문이다.) 일상 생활의 질서를 위해서라도, 바울은 여성들이 상호적 복종 관계에 있어 자신의 역할을 잊지 말 것을 촉구하며, 동시에 남편들에게는 아내를 진심으로 사랑하는 법을 배우라고 가르친다.

지금까지 말한 내용이 에베소서 5장 후반부의 전반적인 어조와 의도라면, 이 본문은 과격한 페미니스트들이 주장하듯 전적으로 폐기해야 할 구절도 아니고, 반대로 극단적 보수주의자들이 주장하듯 여성을 억압하는 구실도 될 수 없다. 이러한 양극화는 역사적으로 '대각성'의 시기에 흔히 나타나는 반응이다. 일부 학자들은 지금 시대가 4차 대각성 운동을 향하고 있다고 믿는다. 대각성은 조나단 에드워즈의 시대처럼 사회가 불안하고 요동칠 때 도래한다. 윌리엄 포어(William Fore)는 대각성이 일어나는 패턴을 다음과 같이 설명한다.

가장 먼저 개인적 혼란의 시기가 찾아온다. 이때 사람들은 어디로 가야 할지 방향을 잡지 못하고, 정신적 또는 육체적 질병에 시달리고, 가족과 친구 또는 권위에 대해 폭력을 행사하고, 냉담하고 정상적으로 기능하지 못하게 된다. 사람들은 술과 마약, 또는 자살로 스스로를 파괴하기도 한다. 가정은 해체되고, 아이들은 학대당한다.

이런 시점에 이르면 언제나 여러 면에서 전통주의 운동이 일어난다. 성격이 경직되었거나 구시대의 질서를 유지해야 할 이해 관계를 가진 이들이, 혼란을 바로잡을 해법은 과거의 믿음, 가치, 행동 방식을 더욱 철저히 고수하는 것뿐이라고 주장한다 … 마지막 단계에 이르면, 전통주의자들은 극단적인 다른 대안을 제시하고, 대부분의 대중은 그 대안

불필요한 목회자

을 거부한다. 이때 새로운 지도자들이 등장하여 새로운 세계관을 제시하고, 사회는 그에 따라 여러 제도들을 재건하기 시작한다.[26]

오늘날 여성과 남성을 둘러싼 문제는 무수히 많다. 생명, 권리, 책임, 낙태 문제와 얽힌 페미니즘의 복잡성, 남성 중심 직업군에서 능력 있는 여성들이 겪는 '유리천장' 문제, 아버지의 부재로 인한 다양한 사회 문제, 성적 유혹으로 범람하는 문화 속에서 남녀가 진정한 관계를 맺기 어려운 현실 등이다.

포어의 관찰은 우리가 사회의 불안 요소를 인식하는 데 유익할 뿐 아니라, 극단적이고 전통주의적인 반응들이 사회를 양극화시킨다는 사실을 알 수 있도록 도와준다. 지금의 상황은 도무지 종잡을 수 없을 정도로 복잡하여 사회 구성원들은 서로에게서 소외되고, 사회는 격분한 페미니스트들과 극렬 보수주의자들이라는 양극단으로 나뉠 지경이 되었다. 페미니스트들은 '자신들의 적이며 원수인 남성과는 결코 협력하지 않으려' 하고, 극보수주의자들 역시 여성과 남성 사이의 관계에 대한 건전하고 바람직한 대안을 제시하지 못하고 있다.

우리 문화는 새로운 방향을 필요로 한다. 교회가 성경적인 증언을 명확하고 자비롭게 사회에 제시할 수 있다면 분명 많은 유익을 끼칠 수 있을 것이다. 말씀으로 '형성된' 목회자들은 하나님의 은혜를 세상에 나타내기 위해 각자의 은사를 선한 청지기처럼 사용하도록 부르

---

26 William F. Fore, *Television and Religion: The Shaping of Faith, Values, and Culture*(Minneapolis: Augsburg, 1987), pp. 74-75.

심을 받았다(벧전 4:10). 영적 은사에 대해 말하는 성경의 규범적인 (normative) 본문들은 특정한 성(性)을 더 중시하지 않는다. 하나님과 이웃을 위해 '누가 무엇을 할 수 있는가'라는 제한도 없다. 게다가 성경에는 여성들이 여러 면에서 지도력을 발휘했음을 증거하는 본문들이 많다. 선지자(훌다), 찬양과 예배 인도자(미리암), 사사(드보라), 선교사(요한복음 4장에 등장하는 사마리아 여인), 부활의 첫 증인(막달라 마리아), 예수님의 가르침을 받은 제자(마르다의 동생 마리아), 집사(뵈뵈) 등이 그러한 사례에 해당한다.

그러므로 디모데전서 2장과 고린도전서 14장 그리고 에베소서 5장의 세 본문이 성경의 서술적이고 규범적인 본문들과 (특별히 예수님께서 여성들에게 보이신 태도에서) 다른 의미로 읽힌다면, 우리는 그 본문에 제시된 교훈과 권면들의 배경이 된 당시의 특정한 문화와 역사적 맥락에서 어떤 일들이 있었는지 질문해야 하는 해석학적 책임을 떠안고 있다. 아데미 숭배는 더 이상 교회가 대적해야 할 문제가 아니고, 오늘날의 여성들은 남성들과 동일하게 교육을 받으며, 오늘날의 결혼 역시 또다른 새로운 사회적 압력들로 고통을 받고 있다. 따라서 목회자들은 성경의 본문들이 교회와 세상 문화 속에서 함께 살아가는 남성과 여성들을 위해 '형성'이라는 측면에서 얼마나 귀중한 지침을 제공할 수 있을지 깊이 성찰해야 한다.

에베소서는 그리스도 안에 있는 우리 모두에게 세상과 다른 모습으로 살아가라고 강권한다. 신앙 공동체의 구성원들이 성실한 결혼 생활과 진정한 사랑과 상호 복종의 원리에 적대적인 사회 풍조에 맞

불필요한 목회자

설 수 있는 힘을 갖추도록 돕는 것은 지금 시대의 목회자들에게(세상이 보기에는 아주 불필요한 목회자들에게) 맡겨진 중요한 역할 가운데 하나다. 이 부분은 곧바로 이어지는 권면들과 긴밀히 연결되어 있다. 즉 그리스도인은 마땅히 세상에서 두루 살펴 신중하게 행동하고, 때를 분별하고, 시간을 아끼며, 하나님의 뜻을 발견하고, 항상 성령 충만함을 받으라는 초청이다. 이 초청은 강력한 명령들이다. 우리를 둘러싼 세상은 우리가 이와 같은 말씀들로 '형성'되기를 그 무엇보다 필요로 한다. 그러나 성령 충만은 우리가 그 안에서 자유함을 누리며 살아가게 한다. 우리 안에 내주하시는 하나님께서 친히 역사하셔서 이러한 삶으로 우리를 형성해가실 것이다.

기도: 승천하신 주님, 우리로 하여금 주님의 참된 교회가 되게 하소서. 우리가 개인적으로 또한 한 몸 된 공동체의 지체로서 주님의 뜻을 따라 우리의 기능을 감당하게 하옵소서. 죄에 대해 죽고 주님 안에서 새로운 생명으로 일으키소서. 우리를 성령으로 충만케 하시고 주께서 우리 안에 일으키시는 삶의 방식으로 기뻐하게 하소서. 성경의 신앙 언어들을 가르치시고, 그것으로 우리를 형성시켜 주소서. 우리의 이웃을 위해, 우리 속에 그리고 우리를 통하여 주님의 임재를 나타내소서. 주님께 존귀와 영광과 찬양을 영원토록 돌립니다. 아멘.

목회서신, 특히 디도서는 그리스도인 공동체가 어떻게 성장하고 유지되며, 그리고 성도들이 세상 속에서 일상을 어떻게 살아가야 하는지에 대해 이야기한다. 성경의 다른 책들보다도, 교회 공동체가 세상 속에서 어떻게 살아가야 하는지, 매우 구체적이고 실제적인 삶의 문제들에 특별한 관심을 두고 있다.

　　그러나 공동체 문제를 본격적으로 다루기 전에 현재의 조건들을 요약해보자. 우리는 그리스도인 공동체에 대해 전혀 알지 못하는 세상 문화 속에 있다. 그러나 우리가 얻은 구원은 반드시 공동체 안에서 바르게 살아내야만 한다. 세상 속에서 '각자도생' 내지는 '무법천지' 같은 삶의 방식에 길들여진 사람들이 복음을 듣고 교회에 들어오지만, 그들의 마음과 귀에는 여전히 세상의 소리가 크게 울리고 있는 것이다.

　　세상 문화는 거짓말과 자기 탐닉과 폭력의 본거지다. 그레데가 그랬고 우리의 문화도 그렇다. 폭력과 자기 탐닉은 거짓에서 비롯된다. 우리 문화가 겪는 대부분의 파괴는 거짓말에서 생겨난 것들이다. 창조와 구원과 공동체의 뿌리인 언어도 지속적으로 불경하게 남용되고 변질돼왔다.

8
디도와 그레데: 공동체 형성을 위한 패러다임

유진 피터슨

목회자들은 극도로 어려운 사역을 감당하고 있다. 많은 목회자들이 낙담한 나머지 사역을 그만두려고 하는 것도 놀라운 일이 아니다. 겉으로는 그렇게 보이지 않을지 몰라도 목회자들은 여러 모로 핍박을 받고 있다. 기독교에 적대적인 국가보다 더 심각한 상황이라는 말은 과장이 아니다. 우리의 문화는 목회자들을 강압적으로 몰아부치지는 않는다. 대신 목회자들을 외딴 곳으로 밀어내면서 서서히 중성화시켜버리고, 생명력 있던 부분을 제거한 후 그 자리에 "친절하고 미소 짓는 얼굴"을 붙여놓는다. 그러고는 목회자들을 '필요한 일들'이라는 감옥에 가둬 온전하게 살아가지 못하도록 한다.

러시아의 시인 이리나 라투신스카야(Irina Ratushinskaya, 회고록 『희망은 회색빛이다』, 시집 『Pencil Letter』의 저자)는 공산주의를 반대하는 내용이 아닌 단지 진실을 말하는 시를 썼다는 이유로 강제 수용소에 수감되었다. 수용소에 갇혀 있던 7년 동안 그녀에게는 누군가가 다가와 "말은 힘을 가진다"고 설명해줄 필요가 없었다. 수용소 자체가 그것을 입증했기 때문이다. 그곳에서도 그녀는 계속 글을 썼다. 비누에 시를 새겨 넣고 그것을 외우거나, 손에 닿는 휴지 쪼가리를 주워 거기에 시를 적어두었다. 그녀는 자신의 처지가 절망적이라는 것을 알고 있었지만, 자유를 위해 자신의 언어를 사용했다. 강제 수용소에서 경험했던 자기 혼자만의 자유가 아니라 러시아 국민들의 자유를 위해 시를 썼다.

라투신스카야가 자신이 처한 상황의 절박함을 알고 있었던 것과 대조적으로, 적지 않은 목회자들은 자신들이 처한 위기 상황에 거의 무감각하다. 목회자로 살아가는 대부분의 날들 동안 '융숭한' 대우를 받아온 탓에, 자신들이 적진 한가운데 있다는 사실을 망각하고 말았다. 다른 나라에 있는 시인들과 목회자들에게는 그들이 처한 상황의 절박함을 상기할 필요가 없는 반면, 우리 같은 목회자들은 절박한 위기 상황임을 상기시킬 필요가 있다. 몇 번이든 거듭해 퍼뜩 정신을 차리게 해야 한다. 목회자들은 자신들이 처한 위기 상황을 아무 저항 없이 받아들여서는 안 된다. 목회자는 자유의 복음을 선포하는 자들이다. 목회자들은 복음의 자유함 안에서 목회의 언어와 은사를 사용하도록 부름 받았다. 우리 시대의 문화가 요구하는 '필요성'에 얽매이지 않아야 한다. 그러므로 우리는 새롭게 결심하고 기도하며 인내하고 두루 살피는 경계심을 품고서, 복음의 능력을 앗아가는 이 세대의

불필요한 목회자

문화에 순응하는 일을 멈추어야 한다.

일반 대중들의 여론과는 정반대로, 목회자는 세상 모든 경향을 추구하는 자가 되지 말아야 한다. 목회자들은 오랜 시간 동안 악의는 없으나 무지한 요구들로 인해 충분히 괴롭힘을 당했다. 목회자라면 반드시 이런 저런 일을 해야 하며, 이런 저런 프로그램에 '필요한' 존재가 되어야 한다는 식의 온갖 요구들로 말이다. 모든 사람들과 심지어 그들의 애완동물까지 목회자에게 그들이 감당해야 한다는 '직무 기술서'를 써준다. 목회자라면 응당 무슨무슨 일을 해야 진정한 목회자라는 평가를 받을 수 있다고 생각한다.

이것만 해도 문제인데, 상황을 더욱 복잡하게 만드는 것은 '필요한' 존재가 된다는 것이 의외로 기분이 좋다는 사실이다. 우리의 문화와 회중이 모두 목회자의 사역을 규정해주고, 어떻게 사역을 펼쳐나가야 하는지에 대해 온갖 지침을 주면서 관심을 보이는 것이 가슴뿌듯한 일로 여겨진다. 이렇게 많은 사람들과 다양한 영역에서 '필요한' 존재가 된다는 것은 무조건 좋은 일처럼 보인다. 하지만 곧 알게 된다. 그 수많은 직무 기술서가 서로 일치하지 않는다는 것을 말이다. 더욱 심각한 것은 그 직무 기술서를 써서 제공하는 이들 대부분이 실제로는 우리 믿음의 텍스트인 성경을 읽지 않으며, 목회자의 사역을 규정하는 본문을 찾아보거나 들어본 적도 없다는 사실이다. 목회자의 정체성을 선포하는 안수식에 참석한 경우는 더더욱 없다. 그런 연유로 목회자들은 영광스럽지만 고난 가득한 삶 위에 '필요한' 존재라는 짐이 하나 더 얹혀진다.

마르바와 내가 이 책을 쓴 이유가 바로 여기에 있다. 우리 시대의 목회자들을 향해 쏟아지는, '필요한' 존재가 되어야 한다는 무거운 압박감으로부터 자유함을 제공하는 것이다. 예수님이나 성경의 권위로부터 자유롭게 하려는 것이 아니다. 그리스도의 종이 되는 것은 세상 문화의 노예가 되는 것보다 비교할 수 없을 만큼 좋다.

복음이 막 전파된 그레데 섬에서, 디도는 영적 공동체나 제자도의 삶에 대해 거의 알지 못하는 문화 속에서, 기독교 공동체의 기초를 세우는 책임을 맡게 되었다.

앞서 우리는 로마에 있던 바울을 살펴보았다. 그는 교회의 지도자로서 로마의 그리스도인들에게 우리에게 가장 잘 알려진 편지를 보낸 적이 있고, 이제는 로마에서 사역을 마무리하는 시점에 다다르고 있었다. 그의 글과 삶이 절묘하게 교차하는 순간이다. 초기 기독교의 가장 두드러진 선교사이자 목회자가 이제 막 무대에서 내려가려 하고 있었다. 여기서 중요한 점은 바울의 선교 사역과 반드시 연관되어 등장하는 단어는 '고난'이라는 것이다. 게다가 그는 결코 우리 문화가 인정하는 '성공적인' 사역을 한 적이 없지만, 언제나 자유로웠고 생명력이 넘쳤다.

우리는 에베소에서 사역한 디모데도 살펴보았다. 그는 하나님에 의해 창조되고 구원받고 은혜를 입는다는 진리를 제대로 알지 못해 혼란을 겪는 회중 속으로 들어갔다. 그 유명한 에베소 교회도 어려움에 처해 있었다. 아무리 훌륭한 교회일지라도 죄로 인한 분열과 해체

불필요한 목회자

로부터 자유로울 수는 없다. 디모데는 다른 사람들이 일으킨 혼란 상황을 수습하는 목회적 사역을 감당했다. 디모데의 방법은 단순했다. 그는 건전하고 생명을 주는 진리를 가르치는 일에 몰두했다.

이제 디도를 살펴볼 차례다. 바울과 로마, 그리고 디모데와 에베소에 비해 디도와 그레데에 대해서는 알려진 것이 거의 없다. 실제로 우리는 단서를 조금 얻을 수 있을 뿐이다. 하지만 그 작은 단서만으로도 디도가 어떤 상황에서 사역했는지 알 수 있다. 그리고 그 상황은 지금도 여전히 우리의 목회 사역에 상존하는 전형적 특징이다. 디도서의 초점은 공동체를 세우는 것과 리더십 확립에 있다. 이 두 가지는 반드시 함께 묶여야 하는 개념이다.

디모데가 에베소에 남겨진 것처럼(딤전 1:3), 디도 역시 그레데에 남겨졌다(대체로 목회자들은 자신의 사역지를 선택하지 않는다. 사역이 목회자에게 주어지고, 위임을 받는다. 출생지와 성장한 지역과, 물려받은 신체와 정해진 부모처럼, 우리에게 태어난 자녀처럼, 목회자는 자기에게 주어진 것을 받아들인다). 이미 세워졌지만 혼란에 빠진 교회를 개혁하도록 남겨진 디모데와 달리, 디도는 아직 제대로 갖춰지지 않은 교회를 질서 있게 확립하도록 책임을 맡았다. 그것은 그레데 섬 전체에 있는 여러 교회들에 장로들을 세우는 일이었다(딛 1:5). 복음이 전파되는 곳에는 신앙 공동체가 형성된다. 바울은 복음 전파 사역을 통해 씨앗을 뿌렸고 공동체들이 생겨났다. 하지만 거기서 끝이 아니다. 이 공동체들은 돌봄의 손길이 필요하다. 디도는 새로 탄생한 여러 신앙 공동체들을 보살피고 양육해야 했다.

어떤 의미에서 보면 씨를 뿌리는 것은 가장 쉬운 일이다. 농사에서 가장 힘든 일은 잘 자라도록 경작하는 것이다. 파종은 훌륭한 일이지만, 목회자들은 주로 경작과 추수라는 힘든 일(여기에는 고난도 포함된다)을 위해 부름 받았다. 따라서 지속적인 리더십을 세우는 것은 목회 사역에서 중요한 부분이다. 고든 피(Gordon Fee)는 이렇게 결론 내렸다. "그레데 섬의 교회들은 보다 최근에 생겨난 공동체였다…그러므로 그레데 교회들에 대한 디도의 관심은 거짓 교사들보다는 교회가 세상 속에서 하나님의 백성으로 존재하는 것에 더 초점이 맞춰져 있었다."[1]

나는 디모데가 감당한 목회적 과업을 '가르침,' 특히 단순한 지식 전달이 아니라 지혜의 가르침으로 규정했다. 그것은 하나님과 그분의 길에 대한 지식을 우리의 육체와 정신, 생각과 감정, 가정과 일터의 삶에 깊이 새겨 넣는 가르침이었다. 에베소는 온갖 사상과 종교가 난무하는 곳이었고, 실제 삶과는 동떨어진 말들이 쏟아졌다. 말에 있어서는 흥미롭고 '심오하고' 심지어는 취하게 만들 만큼 강렬했지만, 정작 사람들은 그 요란한 말과는 상관없이 자기 마음대로 살아가는 곳이었다. 삶으로 연결되지 않는 말의 잔치, 그것이 에베소였다.

나는 디도가 감당한 목회적 과업을 공동체 속에서 복음의 가치를

---

1 Gordon Fee, *1 and 2 Timothy, Titus, A Good News Commentary*(San Francisco: Harper & Row, 1984), pp. xxiii-xxiv.

불필요한 목회자

드러내는 리더십을 세우는 것이라고 규정하고 싶다. 복음을 바로 세운 후에(디모데의 사역), 그 다음 단계는 공동체를 바로 세우는 것(디도에게 주어진 사역)이다. 학자들의 평가대로, 복음이 그 자체로 '수이 제네리스(*sui generis*, 유일무이한 것, 비교종교학으로는 설명할 수 없는 고유한 것)'이듯, 예수 그리스도인 공동체 역시 마찬가지로 유일무이한 것이다.

우리를 빚어가시는 예수님의 능력 아래 '형성'되지 않은 공동체는, 강력한 카리스마를 가졌으되 예수님과 아무 상관없는 권위적 인물에게 언제든지 휘둘릴 위험이 있다. 그러므로 목회의 중요한 과제 중 하나는 바로 '대항적 리더십(counter-leadership),' 성령이 이끄시는 공동체의 리더십을 발전시키는 것이다. 이는 우리 문화가 선호하는 권세에 기반한 관리 방식을 거부하는 반문화적 리더십이기도 하다.

바울이 그레데 섬을 방문했다는 기록은 성경에 단 한 번 나온다 (행 27장). 그것도 죄수의 신분으로 로마로 압송되는 도중에 미항이라는 항구에 잠시 들른 정도였다. 바울이 디도서의 저자라고 믿는 이들은, 바울이 로마에서 1차 수감 생활을 마치고 잠시 석방되어, 성경에 기록되지 않은 몇 년의 선교 여행을 수행했을 것이라고 추정한다. 그들은 바울이 그 기간에 오래전부터 고대하던 스페인을 방문하고 그레데 섬에도 찾아가 복음을 전하고 여러 교회를 세웠을 것이라고 생각한다. 이러한 복음 전파/선교 활동이 디도서의 배경일 것이라 추측하지만, 안타깝게도 이에 관한 구체적인 이야기나 근거가 전해지지 않고 있다.

그레데 : 개척 시대의 서부

나는 그레데를 일종의 1세기판 와일드 웨스트, 즉 사회적 교양이라곤 찾아볼 수 없으며, 사람들은 제각각의 기준으로 살아가고, 무정부 상태나 마찬가지의 사회로 풍자하고 싶은 유혹이 든다. 스스로의 힘으로 문제를 해결해야만 하는 외로운 레인저들, 유콘 지역으로 황금을 캐러 몰려든 광부들, 텍사스 카우보이, 서스캐처원 개척농, 몬태나 민병대원들이 한데 뒤섞인 형국인 것이다. 바울은 바로 그런 사람들 사이에서 성령의 공동체의 씨앗을 심었다.

물론 그레데는 오랜 문명이 존재하는 곳이었다. 고고학자들은 바울 시대보다 천 년이나 앞선 시기에 그 섬에 예술과 언어에 뛰어난 능력을 가진 사람들이 거주했다는 사실을 증명하는 유적을 발굴했다. 이와 관련한 현대 언어학의 인상적인 성과는 그레데의 초기 언어인 미노아 문자의 해독에 관한 것이었다. 1953년, 영국의 언어학자 벤트리스(Ventris)와 채드윅(Chadwick)은 고대 그레데 언어인 선형문자 B를 해독하여 초기 그리스어 연구를 위한 새로운 장을 열었다. 말하자면 그레데는 가장 세련된 언어 연구의 중심에 해당하는 지역인 것이다. 하지만 그것은 이미 과거의 일일 뿐이다. 1세기 당시 사람들의 눈에 비친 그레데는 오히려 내가 비유하는 개척 시대의 서부 이미지에 가까웠다. 미노스 신화가 바로 그 분위기를 전해준다.

그레데(크레타) 왕 미노스는 한 마리 황소를 무척 아꼈다. 그레데에서는 황소 타기와 황소 뛰어넘기가 성행했는데, 이는 미노아 토기

불필요한 목회자

(Minoan pottery)에 남은 그림에서도 확인된다. 그러나 신들 가운데 한 명이 미노스가 황소를 독점하는 것에 화가 나서, 그의 아내 파시파에가 황소에 대한 열정에 사로잡히도록 만들었다. 파시파에는 잠시 소로 변신해 황소와 관계를 맺었고, 결국 반은 인간이고 반은 황소인 괴물, 전설의 미노타우르스를 낳았다.

난폭하고 잔인한 미노타우르스는 오직 살아있는 사람만을 먹었다. 미노스는 자기 자신과 왕국을 보호하기 위해 다이달로스(미노스 왕을 위해 그레데의 미궁을 만든 아테네의 명공)와 그의 아들 이카루스로 하여금 미노타우르스를 가둬놓기 위한 미궁을 만들게 했다. 미궁은 정교하게 만들어졌기 때문에 그 속에 일단 발을 들여놓은 사람은 출구를 찾지 못해 결국 미노타우르스의 먹이가 되었다. 한편, 미노스 왕은 그리스 본토의 아테네를 정복하여 매년(어떤 사람은 9년에 한 번씩이라고 말한다)마다 일곱 명의 처녀와 일곱 명의 젊은 남자를 바치게 했다. 그들은 미노타우르스의 먹이가 되었다.

이때 영웅이 등장한다. 아테네 왕의 아들이었던 테세우스는 더 이상 참을 수 없어 미노타우르스를 죽이겠다고 결심하고 배를 타고 그레데로 향했다. 섬에 도착한 그는 미노스 왕의 딸 아리아드네를 만났고, 그녀는 테세우스를 본 순간 사랑에 빠져들었다. 테세우스가 미노타우르스와 싸우기 위해 미궁으로 들어가기 직전, 아리아드네가 그에게 실타래를 건네주며 미궁에서 길을 잃지 않게 했다. 지금까지 어느 누구도 생각지 못한 방법이었다.

결국 작전은 성공했다. 테세우스는 미노타우르스를 죽이고 아리아드네의 실을 따라 무사히 미궁을 빠져나왔다. 그는 아리아드네를 데리고 배를 타고 황혼이 내리는 바다로 나아갔다. 이야기는 더 이어지지만, 여기까지만 해도 분위기를 알 수 있다.

이보다 더 전형적인 와일드 웨스트 이야기가 있을까? 폭력과 낭만을 미화하는 이야기, 흉포한 괴물, 그리고 홀로 나타나 매년 안타깝게 죽어가던 젊은 남녀를 구해내는 외로운 영웅. 게다가 아름다운 아리아드네를 그녀의 짐승 같은 아버지의 손아귀에서 빼앗아 달아나는 결말까지. 그 이야기가 매년 캘거리 축제 때마다 재현되지 않는 것이 오히려 이상할 정도다.

이런 점에서 그레데는 그 시절 캐나다와 미국 서부와 크게 다르지 않다. 원주민들과 용감한 개척자들의 전설과 신화가 가득하지만, 오늘 우리의 삶과는 이어지지 않는 과거의 이야기일 뿐이다. 과거는 신화로만 존재하고, 그것은 삶에 색깔을 입혀주지만 실질적인 연결점은 없다. 현재의 모습은 어떠한가? 거칠고, 자기만을 생각하며, 독자적이고, 개인의 특성만을 강조한다.

디도서에서 내가 이러한 추측을 뒷받침할 수 있는 단서로 발견한 구절이 있다. 매우 불명예스러운 표현이다. 바로 주전 6세기의 종교적 스승이었던, 크노소스의 시인 에피메니데스(Epimenides)가 남긴 격언이다. 그는 그레데인들의 명성을 이렇게 요약한다. "그레데인들은 항상 거짓말쟁이며 악한 짐승이며 배만 위하는 게으름뱅이라"(딛 1:12).[2]

---

2 J. N. D. Kelly, *A Commentary on the Pastoral Epistles*(London: Adam and Charles Black, 1963), p. 235. 이외에도 바울은 메난더(고전 15:33)와 아라투스(행 17:28)의 글을 인용했

불필요한 목회자

켈리(J. N. D. Kelly)는 "고대 세계에서 그레데 사람들은 거짓말을 잘하기로 유명했다는 충격적인 평판"에 대해 언급한다. "이것이 얼마나 널리 퍼져 있었던지, '그레데인처럼 행동하다(to Cretize)'가 '거짓말하고 속이다'라는 의미의 속어로 사용될 정도였다."[3] 그레데 사람들은 거짓말을 잘했을 뿐만 아니라 "악한 짐승이며 배만 위하는 게으름뱅이"로 통했다. 이 표현 역시 그레데 섬 전체를 무례하고 난폭한 자들로 우글대는 집단으로 풍자하는 표현이었다. 디도는 바로 이런 땅에 성령의 공동체의 씨앗을 심고 가꾸라는 부름을 받았던 것이다.

그레데와 그레데 사람들은 목회 사역이 마주하는 특정한 상황을 보여준다. 목회자들은 성경이나 예수님에 대해 아무것도 모르고 윤리적인 삶에 대해서도 관심이 없는 사람들 사이에서 사역할 때가 많다. 그레데 사람들은 종교적으로 교양있고 학식이 높았던 에베소 사람들과 달랐다. 그들은 투박하고 거칠었으며 인내와 사랑과 겸손 같은 문제에는 완전히 초보자였다. 신앙 공동체를 세우기에는 적절한 바탕이 아니었다. 그들은 하나님의 방식은 고사하고 사람들과 어울리는 데 필요한 최소한의 예절조차 제대로 갖추지 못한 사람들이었다.

어떤 면에서 보면 이런 점은 신선하다. 아예 처음부터 시작할 수 있기 때문이다.

는데, 이는 그가 은유와 시를 얼마나 사랑했는지 다시금 보여준다.

3   Kelly, *A Commentary on the Pastoral Epistles*, p. 235.

8. 디도와 그레데: 공동체 형성을 위한 패러다임 • 331

나의 친구이자 훌륭한 목회자인 페리 먼로(Perry Monroe)는 2차 세계대전 중 우연한 기회로 그리스도인이 되었다. 교회에 다닌 적이 전혀 없었지만, 전쟁이 끝나고 뉴욕으로 돌아오자마자 그는 목회자가 되기로 결심했다. 가톨릭 신자들이라고는 해도 교회를 떠난 지 이미 오래였던 그의 친구들은 그나마 사제들에 대한 일말의 존경심이 남아 있었던지, 그의 결심을 나름대로 지지해주었다. 그래서 프린스턴 신학교로 떠나기 전날 밤, 그를 위한 성대한 파티를 열어주었다. 페리는 친구들이 기념으로 따라주는 술을 모두 받아마시고 만취 상태가 되었다. 열차의 차장이 목적지에서 그를 내려주지 않았더라면 한없이 기차를 타고 갔을 것이다. 어찌 된 영문인지 다음 날 아침에 그는 다행히도 프린스턴 역에서 눈을 떴고, 정신을 차리자마자 곧바로 학교로 가서 결국 목회자가 되었다. 그것도 훌륭한 목회자가 되었다.

페리는 그리스도인이 되는 것이 무엇을 의미하는지 바닥부터 배워야 했다. 그는 신앙에 대해 아는 것이 하나도 없었다. 그는 술에 취하는 것이 잘못된 일이라는 것조차 몰랐다. 그가 아는 것은 단 하나, 무언가 중대한 결심을 내리면 파티를 연다는 사실뿐이었다. 페리는 무엇보다 세상의 방식에 익숙했던 자신을 세탁해야 했고, 그것은 이른바 탈문화화(de-culturalization)라고 불렸다. 그의 그 시절들은 나로 하여금 목회자에 대해 교회 안에서 내가 당연하다고 여겼던 것들로부터 나 스스로를 세탁하도록 만들었다. 말하자면 그를 통해 나는 목회자라는 부르심이 무엇을 의미하는지에 대한 지속적인 탈문화화 과정을 처음으로 경험했다.

바울의 가르침을 따라 디도가 맡았던 그레데 교인들은 마치 페리 면로처럼 새롭게 구원받았으나 여전히 술에 취해 있는 것 같은 무리들이었다.

이런 상황에서는 목회자가 모든 일을 혼자 감당해나갈 수 없다. 공동체를 성장시키기 위해서는 경건한 리더십이 반드시 있어야 한다. 그러므로 우리는 공동체 형성과 그 리더십을 세우는 하나의 패러다임으로 디도서를 살펴보도록 하겠다.

예수님의 지도 방법

리더십 함양에 관한 서적들은 수없이 많다. '리더십'이라는 제목을 가진 유명 잡지도 등장했다. 리더가 되는 법에 관한 조언은 끝없이 이어진다. 하지만 그런 모든 방법들은 성경을 잣대로 점검해봐야 한다. 세상에는 여러 좋은 개념들이 많이 있지만, 그런 것들이 우리의 중심을 차지해버리면, 우리는 어느새 알아차리지도 못하는 순간 강제수용소에 갇힌 듯한 박해를 겪게 될 것이다.

우리는 모든 리더십 이론을 물리치고 먼저 예수님께 집중해야 한다. 그러나 예수님의 말씀과 행동에서 단순히 리더십 기술을 뽑아내려고만 할 것이 아니라, 그분이 살았던 세상 속으로 들어가고, 그분이 맺으셨던 관계들을 경험하며, 그분의 방식을 따라가야 한다. 성경적인 리더십은 예수님에 대한 관심 없이, 그리고 예수님을 제대로 알지 못한 상태로 복음서를 피상적으로 읽고 추려낸 기술과 전략이 아니다.

예수님께서 보여주신 리더십의 정신, 지도자의 마음, 감수성 등이 성경적인 리더십에 가깝다. 예수님의 리더십은 권력을 행사하거나 추종자를 끌어모으는 것에는 현저히 관심이 떨어진다.

헨리 나우웬(Henri J. M. Nouwen)은 그런 점을 잘 포착했다.

나는 장래에 나타날 그리스도인 지도자가 세상에서 완전히 무의미한 존재가 되어, 오직 자신의 연약한 모습만을 드러내야 한다는 사실을 깊이 확신한다. 예수님께서 하나님의 사랑을 드러내러 오신 방식이 바로 그러했다. 하나님의 말씀을 맡은 자로서, 그리고 예수 그리스도를 따르는 자로서 목회자들이 전해야 하는 위대한 메시지는 하나님께서 우리를 사랑하신다는 것이다. 우리가 무엇을 행하거나 성취했기 때문에 사랑하시는 것이 아니다. 그저 우리를 너무나 사랑하시기에 창조하시고 구원하셨으며, 인생의 진정한 근원으로서 바로 그 사랑을 전파하도록 택하셨다는 것이다.[4]

이것이 바로 복음이며, 나는 진정으로 복음을 믿는다. 한 학생의 학기말 리포트에 다음과 같은 내용이 있었다.

내가 목회자들이 원하는 대로 행동하지 않았을 때, 나에 대한 그들의 태도가 변하는 것을 직접 경험했다. 당신이 목회자들이 조작하는 기계

---

4   Henri J. M. Nouwen, *In the Name of Jesus: Reflections on Christian Leadership*(New York: Crossroad Publishing Company, 1989), p. 17. 『예수님의 이름으로』(두란노)

의 부속품이 아니라면, 그들은 당신이 지닌 고귀함을 함부로 내팽개칠 것이다… 리더십은 리더십에 대한 그릇된 개념을 지니고 있는 사람들이 독차지하고 있는 것처럼 보인다.

그리스도 안에서 신앙 공동체를 세우기 위해 목회자는 예수님께서 사람들을 대하셨던 방식으로 그들을 대해야 한다. 동시에 세상 문화가 사람들을 다루는 방식대로 대하지 않도록 주의해야 한다. 세상은 조직적이고 기능적으로 사람들을 다룬다. 복음은 관계적이며 인격적인 차원에서 사람들을 바라본다. 복음은 "두세 사람이 내 이름으로 모인 곳에 나도 그들 중에 있느니라"고 말한다. 세상은 "두세 사람이 모이면, 한 사람은 우두머리가 되고 다른 사람은 별볼일 없는 존재가 되어야 한다"고 말한다.

예수님의 리더십을 강화하기 위해 성경은 두 가지 언어를 우리에게 제시한다. '세례'와 '하나님의 형상'이 그것이다. 우리가 리더십에 대한 이해를 시작하는 출발점은 세례다. 세례는 우리가 행하는 무언가가 아니라 우리에게 행해지는 것이며, 모두에게 동일하게 주어진다. 우리는 세례를 받은 자들, 새롭게 태어난 자들, 하나님께 속한 자들, 거룩한 성도들이다.

그 다음에 이어지는 것은 하나님의 형상이다. 이 표현은 하나님의 흔적이 우리 모두 안에 지워지지 않도록 새겨져 있음을 상기시킨다. 다시 한번 말하지만, 이것은 우리가 무엇을 성취하느냐와 무관하며, 하나님께서 우리를 어떻게 지으셨고, 어떻게 바라보시며, 얼마나 사랑하시는지와 관련된 것이다.

세례와 하나님의 형상을 잊지 말라. 우리가 하나님께서 친히 씻기시고 그분의 형상을 새기신 사람들을 기능적으로만 다루려 한다면 큰 화를 면치 못할 것이다. 그들이 아무리 그레데 사람들과 같을지라도 말이다. 그러나 우리가 이 두 가지, 곧 철저히 반문화적인 방식으로 사람들을 대하려 할 때, 우리는 그들을 향해 그리스도의 마음을 품을 수 있을 것이다.

구원: 기독교 공동체 리더십의 신학적 토대

공동체에 적합한 신학을 세우는 일은 반드시 필요하다. 또한 목회서신서들이 '구원'에 집중하고 있다는 것도 잊지 말아야 한다. 성경 학자들은 목회서신에서 구원이 신학적 중심이라는 데 동의한다. 필립 타우너(Philip Towner)는 이를 목회서신 메시지의 '중심점'이라고 했다.[5]

프랜시스 영은 이렇게 썼다. "목회서신의 특징 가운데 하나는 하나님을 '구주(savior)'라 부르는 것이다. 신약 전체에서 하나님을 구주라 칭하는 경우는 겨우 여덟 번인데, 그 가운데 여섯 번이 목회서신에서 나타난다. '구원하다'라는 동사는 여섯 번 사용된다. 예수 그리스도가 '구주'로 나타나는 경우도 네 번이다."[6]

---

5 Philip Towner, *The Goal of Our Instruction* (Sheffield, Eng.: JSOT Press, 1989).

6 Frances M. Young, *The Theology of the Pastoral Epistles* (New York: Cambridge University Press, 1994), p. 50.

즉, 구원은 목회자와 지도자들이 행하는 사역의 토대가 되는 하나님/예수님의 역사다. 그러므로 지도력을 세워갈 때 우리는 이 토대 위에서 일해야 한다. 그렇지 않으면 예수님의 공동체의 정체성과 아무 상관없는 지도력을 세우게 될 것이다. 목회서신에 나타난 구주/구원 중심의 관점을 간략하게 정리해보자.

딤전 1:1 첫 인사. 바울을 "우리 구주 하나님과 우리의 소망이신 그리스도 예수의 명령을 따라 그리스도 예수의 사도 된" 자로 묘사했다.

딤전 2:3-4 '이것', 즉 모든 경건과 단정함으로 고요하고 평안한 생활을 하는 것이 "우리 구주 하나님 앞에 선하고 받으실 만한 것"이라고 밝혔다. "하나님은 모든 사람이 구원을 받으며 진리를 아는 데 이르기를 원하시느니라."

딤전 4:10 살아 계신 하나님께 소망을 두는 것에 대해 말한다. 하나님은 모든 사람, 특히 믿는 자들의 구주시다.

딤후 1:9 "하나님이 우리를 구원하사 거룩하신 소명으로 부르심은 우리의 행위대로 하심이 아니요 오직 자기의 뜻과 영원 전부터 그리스도 예수 안에서 우리에게 주신 은혜대로 하심이라." 이어서 "이 은혜가 영원 전부터 그리스도 예수 안에서 우리에게 주어졌으며, 이제는 우리 구주 그리스도 예수의 나타나심으로 말미암아 나타났다"고 덧붙인다.

딤후 2:10 바울은 "그들도 그리스도 예수 안에 있는 구원을 영원한 영광과 함께 받게 하려는" 목적 때문에 모든 것을 견딘다.

딤후 4:18 "주께서 나를 모든 악한 일에서 건져내시고 또 그의 천국에 들어가도록 구원"하시리라는 확신을 표현했다.

딛 1:2-4 인사말은 "이 전도는 우리 구주 하나님이 명하신 대로 내게 맡기신 것이라"고 하며, "하나님 아버지와 그리스도 예수 우리 구주로부터 은혜와 평강이 네게 있을지어다"로 끝맺는다.

딛 2:10 종들은 모든 참된 신실성을 나타내야 한다. 그래야 "범사에 우리 구주 하나님의 교훈을 빛나게" 하기 때문이다.

딛 2:11-13 "모든 사람에게 구원을 주시는 하나님의 은혜"에 대해 말한다. 이 구원의 은혜는 "경건하지 않은 것과 이 세상 정욕을 다 버리고 신중함과 의로움과 경건함으로 이 세상에 살[도록]" 가르친다고 한다. 또한 "복스러운 소망과 우리의 크신 하나님 구주 예수 그리스도의 영광이 나타나심"을 바라보게 한다.

딛 3:4-6 "우리 구주 하나님의 자비와 사람 사랑하심"의 나타남에 대해 노래한다. 하나님께서는 "우리를 구원하시되 우리가 행한 바 의로운 행위로 말미암지 아니하고 오직 그의 긍휼하심을 따라 중생의 씻음과 성령의 새롭게 하심으로" 하셨다. 그리고 이 성령을 "우리 구주 예수 그리스도로 말미암아 우리에게 풍성히 부어" 주셨다.

프랜시스 영은 다음과 같이 말한다. "여기에서 주목할 만한 사실은, 본문에 속한 공동체가 하나님을 가리켜 '우리 구주 하나님'이라는 특별한 방식으로 언급하고 있다는 것이다. 그러면서도 보편적인 관점을 놓치지 않는다. 이 하나님께서는 모든 사람이 구원받기를 원하신다."[7]

이 본문들과 더불어 목회서신에는 다섯 개의 '미쁘신 말씀(로고스 피스토스, *logos pistos*)'이 나오는데, 모두 구원을 중심으로 하고 있다.

미쁘다 모든 사람이 받을 만한 이 말이여, 그리스도 예수께서 죄인을 구원하시려고 세상에 임하셨다 하였도다. 죄인 중에 내가 괴수니라(딤전 1:15).

미쁘다 이 말이여, 곧 사람이 감독의 직분을 얻으려 함은 선한 일을 사모하는 것이라 함이로다(딤전 3:1)

육체의 연단은 약간의 유익이 있으나 경건은 범사에 유익하니 금생과 내생에 약속이 있느니라. 미쁘다 이 말이여, 모든 사람들이 받을 만하도다(딤전 4:8-9).

미쁘다 이 말이여, 우리가 주와 함께 죽었으면 또한 함께 살 것이요 참으면 또한 함께 왕 노릇 할 것이요 우리가 주를 부인하면 주도 우리를 부인하실 것이라. 우리는 미쁨이 없을지라도 주는 항상 미쁘시니 자기를 부인하실 수 없으시리라(딤후 2:11-13).

---

7 Young, *The Theology of the Pastoral Epistles*, p. 52.

우리를 구원하시되 우리가 행한 바 의로운 행위로 말미암지 아니하고 오직 그의 긍휼하심을 따라 중생의 씻음과 성령의 새롭게 하심으로 하셨나니 우리 구주 예수 그리스도로 말미암아 우리에게 그 성령을 풍성히 부어주사 우리로 그의 은혜를 힘입어 의롭다 하심을 얻어 영생의 소망을 따라 상속자가 되게 하려 하심이라. 이 말이 미쁘도다. 원하건대 너는 이 여러 것에 대하여 굳세게 말하라. 이는 하나님을 믿는 자들로 하여금 조심하여 선한 일을 힘쓰게 하려 함이라. 이것은 아름다우며 사람들에게 유익하니라(딛 3:5-8).

프랜시스 영은 위의 구절들에 대해 이렇게 설명한다.

'미쁘신 말씀'은 구원의 말씀이다. 목회서신에 구원을 그와 같이 정의해 놓은 내용은 없지만, 이 구절들을 주의 깊게 살펴보면 구원이 무엇을 포함하는지 파악할 수 있다. 가장 명확한 진술은 디도서 2장 11-14절이다. 여기서는 하나님의 구원의 은혜가 나타난 것에 대해 말하고 있다. "모든 사람에게 구원을 주시는 하나님의 은혜가 나타나 우리를 양육하시되 경건하지 않은 것과 이 세상 정욕을 다 버리고 신중함과 의로움과 경건함으로 이 세상에 살고 복스러운 소망과 우리의 크신 하나님 구주 예수 그리스도의 영광이 나타나심을 기다리게 하셨으니 그가 우리를 대신하여 자신을 주심은 모든 불법에서 우리를 속량하시고 우리를 깨끗하게 하사 선한 일을 열심히 하는 자기 백성이 되게 하려 하심이라."[8]

프랜시스 영은 이런 내용을 덧붙인다. "이 케리그마적 내용(즉, 구원)은 저자가 공동체를 향해 새로운 삶을 살도록 촉구하는 부름의 기초를 놓기 위해 제시되었다."[9]

구원은 단순히 영원성에 관한 문제가 아니다. 천국에 가고, 하나님으로부터 영원히 분리되는 것으로부터 '벗어나는' 차원에만 그치는 문제가 아니라는 말이다. 구원은 공동체 속에서 나타나야 하는 삶의 방식이다. 목회자는 '구원받은' 자들, 즉 세례를 받고, 하나님의 형상을 지닌 남자와 여자와 아이들을 지도하면서 그들을 돌본다. 우리는 '선한 일을 열심히 하는 하나님의 백성'이다. 구원은 개인과 하나님 사이에 한정된 문제가 아니다. 개인과 하나님과 가정과 아이들과 직장과 일상 생활 등이 구원과 연결되어 있다. 구원받은 삶이란 하나님이 현재와 영원한 미래의 근본 토대가 되시는 삶의 방식을 일컫는다.

이 포괄적인 구원의 세계를 뒷받침하는 다른 본문들도 있다. 이 본문들은 기독론적이다. 즉 우리 가운데서 이 구원을 이루시는 예수님께 집중한다. 그 본문들은 예배 때 신앙고백이나 찬송으로 사용된 흔적이 있으며, 이는 곧 '노래로 불린 신학'인 셈이다. 그리스도인 공동체를 세울 때, 가장 기본적인 일은 예배다. 그리스도가 중심이 되시고

---

8   Young, *The Theology of the Pastoral Epistles*, p. 57.

9   Young, *The Theology of the Pastoral Epistles*, p. 118.

구원에 기반을 둔 예배를 세워야 한다. 아래의 구절들이 그 증거다.

하나님은 한 분이시요 또 '하나님과 사람 사이에 중보자도 한 분이시니' 곧 사람이신 그리스도 예수라 '그가 모든 사람을 위하여 자기를 대속물로 주셨으니' 기약이 이르러 주신 증거니라(딤전 2:5-6).

'그는 육신으로 나타난 바 되시고' 영으로 의롭다 하심을 받으시고 천사들에게 보이시고 만국에서 '전파되시고' 세상에서 '믿은 바 되시고' 영광 가운데서 올려지셨느니라(딤전 3:16).

'만물을 살게 하신' 하나님 앞과 본디오 빌라도를 향하여 선한 증언을 하신 그리스도 예수 앞에서 내가 너를 명하노니 '우리 주 예수 그리스도께서 나타나실 때까지' 흠도 없고 책망 받을 것도 없이 이 명령을 지키라. '기약이 이르면 하나님이 그의 나타나심을 보이시리니' 하나님은 복되시고 유일하신 주권자이시며 만왕의 왕이시며 만주의 주시요 오직 그에게만 죽지 아니함이 있고 가까이 가지 못할 빛에 거하시고 어떤 사람도 보지 못하였고(딤전 6:13-16).

하나님이 '우리를 구원하사' 거룩하신 소명으로 부르심은 우리의 행위대로 하심이 아니요 오직 자기의 뜻과 영원 전부터 그리스도 예수 안에서 우리에게 주신 은혜대로 하심이라. 이제는 '우리 구주 그리스도 예수의 나타나심으로 말미암아 나타났으니' 그는 사망을 폐하시고 복

불필요한 목회자

음으로써 생명과 썩지 아니할 것을 드러내신지라(딤후 1:9-10)

미쁘다 이 말이여, '우리가 주와 함께 죽었으면 또한 함께 살 것이요' 참으면 또한 함께 왕 노릇 할 것이요 우리가 주를 부인하면 주도 우리를 부인하실 것이라. 우리는 미쁨이 없을지라도 주는 항상 미쁘시니 자기를 부인하실 수 없으시리라(딤후 2:11-13).

'우리 구주 하나님의 자비와 사람 사랑하심이 나타날 때에' 우리를 구원하시되 우리가 행한 바 의로운 행위로 말미암지 아니하고 오직 그의 긍휼하심을 따라 중생의 씻음과 성령의 새롭게 하심으로 하셨나니 '우리 구주 예수 그리스도로 말미암아' 우리에게 그 성령을 풍성히 부어 주사 우리로 그의 은혜를 힘입어 의롭다 하심을 얻어 영생의 소망을 따라 상속자가 되게 하려 하심이라. 이 말이 미쁘도다(딛 3:4-8).

목회서신의 이 본문들은 철저히 '예수님께서 이루신 구원'에 물들어 있으며 이 맥락 안에서 목회자들이 감당하는 공동체 세우기와 리더십 양성을 이해하도록 자극한다. 그런데 만일 우리 가운데 역사하시는 하나님의 이 지속적인 구원 역사를 인식하고 날마다 확신하는 일에 실패한다면, 우리의 사역은 자기 주장과 자기 과시로 가득한 잘못된 리더십에 쉽게 흔들리고 말 것이다. 우리 사역의 모든 세밀한 부분까지 구원의 개념에 흠뻑 물들어 있지 않으면, 참된 그리스도인 공동체는 세워질 수 없다. 구원으로 추동되는 예배는 필수 조건이다.

프랜시스 영은 이렇게 설명한다. "이 핵심 구절들은 종종 송영이나 찬송가처럼 끼어들어 있어, 번역이 어렵고 숨은 뜻이 많다. 따라서 명확한 주해가 쉽지 않다 … 이 시적 표현들은 교회의 예배 전통에서 나온 것이어서, 체계적인 교리의 관점에서 분석하는 것이 어렵다."[10]

공동체 양육과 리더십

신학을 올바로 확립해놓지 않으면 공동체를 온전히 세울 수 없다. 그러나 하나님의 임재와 구원 역사에 의해 형성된 이 신학적 토대를 인식할 때, 비로소 우리는 공동체와 그 리더십이라는 주제를 다룰 수 있게 된다.

목회서신, 특히 디도서는 그리스도인 공동체가 어떻게 성장하고 유지되며, 그리고 성도들이 세상 속에서 일상을 어떻게 살아가야 하는지에 대해 이야기한다. 성경의 다른 책들보다도, 교회 공동체가 세상 속에서 어떻게 살아가야 하는지, 매우 구체적이고 실제적인 삶의 문제들에 특별한 관심을 두고 있다.

그러나 공동체 문제를 본격적으로 다루기 전에 현재의 조건들을 요약해보자. 우리는 그리스도인 공동체에 대해 전혀 알지 못하는 세상 문화 속에 있다. 그러나 우리가 얻은 구원은 반드시 공동체 안에서 바르게 살아내야만 한다. 세상 속에서 '각자도생' 내지는 '무법천

---

10   Young, *The Theology of the Pastoral Epistles*, p. 61.

지' 같은 삶의 방식에 길들여진 사람들이 복음을 듣고 교회에 들어오지만, 그들의 마음과 귀에는 여전히 세상의 소리가 크게 울리고 있는 것이다.

세상 문화는 거짓말과 자기 탐닉과 폭력의 본거지다. 그레데가 그랬고 우리의 문화도 그렇다. 폭력과 자기 탐닉은 거짓에서 비롯된다. 우리 문화가 겪는 대부분의 파괴는 거짓말에서 생겨난 것들이다. 창조와 구원과 공동체의 뿌리인 언어도 지속적으로 불경하게 남용되고 변질돼왔다. 시편 12편은 오늘날과도 맞닿아 있다.

여호와여 도우소서.

경건한 자가 끊어지며

충실한 자들이 인생 중에 없어지나이다.

그들이 이웃에게 각기 거짓을 말함이여,

아첨하는 입술과 두 마음으로 말하는도다.

여호와께서 모든 아첨하는 입술과

자랑하는 혀를 끊으시리니

그들이 말하기를 우리의 혀가 이기리라

우리 입술은 우리 것이니

우리를 주관할 자 누구리요 함이로다.

여호와의 말씀에 가련한 자들의 눌림과

궁핍한 자들의 탄식으로 말미암아

내가 이제 일어나 그를 그가 원하는

안전한 지대에 두리라 하시도다.

여호와의 말씀은 순결함이여,

흙 도가니에 일곱 번 단련한 은 같도다.

여호와여 그들을 지키사 이 세대로부터

영원까지 보존하시리이다.

비열함이 인생 중에 높임을 받는 때에

악인들이 곳곳에서 날뛰는도다.

이에 반해, 구원은 하나님을 드러내는 말씀—곧, 참된 말씀이신 예수님—에 뿌리를 내리고 있으며 공동체를 창조한다. 우리의 영원한 운명을 좌우하는 그 구원은 동시에 우리를 공동체 관계 속으로 몰아넣는다. 서로에게 자신을 드러내고, 서로를 책임지는 수단인 언어는 그리스도인 공동체에 본질적인 요소다.

그러므로 이제 이러한 맥락—공동체를 전혀 알지 못하는 세상 문화, 그리고 공동체 속에서 살아내기를 요구하는 구원—을 바탕으로, 목회서신(특히 디도서)이 공동체의 리더십을 어떻게 세워가는지 살펴볼 준비가 되었다.

바울은 교회 공동체를 '하나님의 집'으로 비유했다. 그는 디모데에게 이렇게 썼다. "만일 내가 지체하면 너로 하여금 하나님의 집에서 어떻게 행하여야 할지를 알게 하려 함이니 이 집은 살아 계신 하나님의 교회요 진리의 기둥과 터니라"(딤전 3:15).

불필요한 목회자

바울은 "하나님의 집에서 어떻게 행해야 하는가"를 가르치기 위해, 1세기의 다른 문서들 속에서도 자주 등장하는 문학 형식을 사용한다. 이것은 '가정 교훈(haustafel)'이라 불리며 그리스도인들이 가정과 사회에서 지켜야 할 윤리적 의무와 지침 목록을 의미한다. "가정 교훈에서 가장 중요한 주제는 올바른 관계, 공동체 안에서의 의무와 책임에 있다. 그리스도인 공동체야말로 하나님의 말씀을 따라 배움과 가르침이 행해지고, 덕스러운 삶의 본을 보이고 권위 있는 가르침을 따르기에 적합한 곳으로 간주된다."[11]

내가 강조하고 싶은 점은, 목회서신에서 사람들이 언급되는 방식이 기능이나 재능이 아닌 사회적 관계와 정체성에 따른다는 것이다. 목회자들은 교회의 구성원들을 "무엇을 할 수 있는가?"라는 능력에 준해 규정할 때가 많다. 십일조를 하는가, 리더십이 있는가 등등. 어떤 경우에는 교인들의 재능과 경험을 확인하는 시스템을 만들어 목록으로 만든다. 주일학교 교실을 단장할 사람이 필요할 때, 청소년 지도자가 필요할 때, 승합차가 필요할 때, 사무 능력이 필요할 때, 재정 관리가 필요할 때, 꽃꽂이가 필요할 때, 찬양 인도자가 필요할 때마다 파일을 열어 마땅한 사람을 찾는다. 물론 교회에서 해야 하는 일이 많으므로, 목회자는 누가 무슨 재능이 있는지 파악해서 적절히 배치할 수 있어야 한다. 나 역시 그렇게 해왔고 앞으로도 그럴 것이다.

문제는 이런 방식은 공동체 안의 그리스도인들을 기능적으로만

---

11   Young, *The Theology of the Pastoral Epistles*, p. 83.

바라보게 만든다는 점이다. 그들이 공동체 안에서 '누구인가'가 아니라, '무엇을 할 수 있는가'에만 치우치게 되기 때문이다. 그러나 목회서신이 공동체의 구성원을 언급할 때는 언제나 관계 속에서, 그리고 인격적인 방식으로 다룬다. 바울이 찾은 것은 언제나 재능이 아니라 인격이었다.

목회서신에는 다섯 쌍의 사회적 관계가 언급되어 있다. 남자와 여자, 남편과 아내, 부모와 자녀, 주인과 종, 시민과 국가. 그리고 열 가지 사회적 정체성이 제시되었다. 젊은 남자, 젊은 여자, 나이든 남자, 나이든 여자, 과부, 감독, 장로, 집사, 부유한 자, 가난한 자. 이 정체성들은 사람을 평가하거나 유용성, 능력, 가치의 척도로 삼기 위한 기준이 아니다. 오히려 공동체 안에서 인격을 세우고 성품을 형성하도록 인도하고 격려하기 위해 주어진 것이다.

사람들을 기능적으로만 규정하면, 그들은 기능으로 전락한다. 목회자는 교인들을 '무엇을 할 수 있는가'로 아는 것이 아니라 그들이 '누구인가'로 알아야 한다. 공동체를 세우는 것은 조직적인 과업이 아니라 관계적인 일이다. 공동체를 세우는 것은 교인들이 서로, 그리고 예수님과 어떤 관계를 맺고 있는지를 이해하고, 사랑과 용서와 소망과 은혜를 베푸는 선함과 바른 습관을 기르는 것이다.

파스칼은 이와 관련해 멋진 비유를 제시했다. "우리는 사람 다루는 일을 오르간을 연주하는 것과 같다고 생각한다. 사람이 오르간인 것은 사실이다. 그러나 도무지 음계가 맞지 않는 건반을 가진 기묘하고 변화가 심한 오르간이다. 평범한 오르간만 다룰 수 있는 사람은

불필요한 목회자

그 이상한 오르간을 결코 조율하지 못할 것이다. 어디에 건반이 있는지를 알아야 한다."[12]

이제 '가정 교훈' 가운데 하나로, 디도서에 나오는 장로 임명에 관한 부분을 집중적으로 살펴보고자 한다. "내가 너를 그레데에 남겨둔 이유는 남은 일을 정리하고 내가 명한 대로 각 성에 장로들을 세우게 하려 함이니"(딛 1:5). 디도의 필수 임무는 "섬 전체의 그리스도인 공동체들을 맡을 책임 있는 사역자들을 세우고 조직하는 것"이었다.[13]

때때로 그리스도인들은 목회서신의 이 부분을 교회를 어떻게 조직해야 하는가에 대한 성경적 근거로 읽는다. 하지만 대다수의 주석가들과 마찬가지로, 나는 디도서(또는 디모데전후서)가 교회 질서를 위한 권위 있는 청사진을 제공한다고 보지 않는다. 확신할 수 있는 것은 단 하나, 교회 질서를 세우는 일은 필수적이라는 것이다. 다만 그 질서가 어떤 형태를 갖추어야 하는지는 알 수 없다. 성경에는 권위 있는 교회 질서가 제시되어 있지 않으며 체계화할 만큼 충분한 정보도 없다. 아마도 이런 데에는 의도가 담겨 있으리라고 본다. 디도서에는 장로가 언급되고, 디모데서에는 집사가 언급된다. 감독과 장로가 명확하게 구분되지도 않는다. 물론 우리는 오늘날 감독과 장로와 집사가 교회에서 어떤 일을 하는지 알지만, 그런 직무 설명을 1세기의 신약

---

12 Pascal, *Pensées* 172 ; Hans Urs von Balthasar, *The Glory of God*, vol. 3(San Francisco: Ignatius Press, 1986), p. 206에서 인용.

13 Kelly, *A Commentary on the Pastoral Epistles*, p. 229.

성경에 거꾸로 적용할 수는 없다. 자료도 충분치 않다.

성경에서 교회의 조직도나 운영도를 찾으려는 시도와 더불어 목회자들은 종종 '교인들의 은사를 발견한다'고 말한다. 하지만 이것은 사실상 "아직 동원되지 않은 교인들을 어떻게 쓸까"라는 완곡한 표현일 뿐이다. 교인들에게 은사가 있음을 부인하지는 않겠다. 성령님께서 실제로 은사를 주신다. 그러나 우리는 성령님께서 일하고자 하시는 방식에서 도리어 멀어져, 관리 방식과 조직 목표를 추구해왔다. 성령님은 은사를 주시면서 인격적으로 다루시는데, 목회자들은 사람들을 너무 쉽게 기능화해버리는 것이다. 따라서 목회자들이 직무 설명이나 은사 파악을 중단하게 된다면, 본문이 말하는 것에 주목할 수 있을 것이다.

성경에 제시된 장로들을 위한 규범은 이렇다.

책망할 것이 없고

한 아내의 남편이며

방탕하다는 비난을 받거나 불순종하는 일이 없는

믿는 자녀를 둔 자라야 할지라(6절).

감독들을 위한 규범은 아래와 같다(여덟 가지는 긍정적이고 다섯 가지는 부정적인 항목이다).

책망할 것이 없고

제 고집대로 하지 아니하며

급히 분내지 아니하며

술을 즐기지 아니하며

구타하지 아니하며

더러운 이득을 탐하지 아니하며

오직 나그네를 대접하며

선행을 좋아하며

신중하며

의로우며

거룩하며

절제하며

미쁜 말씀의 가르침을 그대로 지켜야 하리니

이는 능히 바른 교훈으로 권면하고

거스려 말하는 자들을 책망하게 하려 함이라(7-9절).

위의 항목들 가운데 마지막 항목을 제외하면, 어떤 것도 직무 설명이나 능력에 관한 것이 아니라는 사실이다. 규범 가운데 마지막 항목은 부분적으로 예외일 수 있다. "능히 바른 교훈으로 권면"할 줄 알아야 한다고 했다. 그러나 그 항목을, 성경 말씀에 의해 삶이 형성되고, 그 형성된 삶에서 언어가 흘러나오는 사람으로 이해한다면, 가르치는 일이 기술보다는 인격의 문제라는 것을 쉽게 알 수 있다. 이것은 우리가 6장에서 살펴본 지혜, 곧 살아낸 진리, 살아낸 복음이다. 바로 이런 사람이 지도자로 합당하다. 그리스도인의 삶의 방식이 곧 리더십의 자격이 있게 하거나 그렇지 않게 한다.

여기서 우리가 발견하는 것은 직무 설명이 아니라 인격 형성에 대한 관심이다. 목회자의 임무 중 하나는 신앙 공동체를 올바르게 대할 줄 아는 사람들을 길러내는 것이다. 본문은 이 지도자들이 무엇을 해야 하고 어떻게 해야 하는지를 말하지 않는다, 지도자는 기능이나 오늘날 우리가 말하는 '은사'로 구별되지 않는다. 인격이 가장 중요하다.

신앙 공동체에서 지도자를 양육하는 사역에 임할 때 목회서신의 내용을 충실히 따른다면, 쉽게 활용할 수 있는 재능 있는 사람을 우선적으로 찾으려 하지 않을 것이다. 신뢰할 수 있고 신실한 믿음을 지닌 성숙한 사람을 먼저 찾을 것이다.

요즘 교회에서 행해지는 리더십 개발 과정의 현실과는 동떨어진 말처럼 들릴지도 모르겠다. 그러나 아마도 오늘날 우리가 겪는 어려움의 주된 원인이기도 하다 공동체가 약화될수록 리더십에 대한 열망은 더 커지지만, 그 리더십은 대개는 사람들을 기능화시켜 공동체를 파괴한다. 지도자가 더 '효율적'일수록 공동체는 덜 생겨난다.

그리스도인 공동체는 성령님께서 관계 안에서 성숙해진 사람들을 사용하심으로 세워가신다. 신실한 믿음으로 삶을 살아가는 습관을 가진 이들을 통해 세워가신다. 우리가 일반적으로 '리더십 능력'이라 일컫는 것은 실제 리더십과 무관한 것이 태반이다. 신앙 공동체를 그리스도 안에서 세우고자 한다면, 우리는 오늘날 리더십에 대해서 들었던 대부분의 내용을 버려야 한다. 카리스마가 아니라, 인격을 추

불필요한 목회자

구하라.

교회에서 지도자를 택하고자 할 때에는, 그리 중요해 보이지 않는 사람, 평범한 사람, 눈에 두드러지지 않는 사람들에 초점을 맞추는 것이 바람직하다. 그들은 세상의 기능주의에 덜 물들었을 가능성이 크고, 자신들이 행한 일이나 업적으로 스스로를 드러내려 하지 않을 가능성도 크기 때문이다. 그들은 인격이 더 성숙했을 가능성이 크다. 물론 언제나 그런 것은 아니다.

'심령이 가난한 자'를 찾으라. 칭찬을 받으려 하고, 열정적으로 큰 일을 해내며, 회중 가운데 활력을 과시하는 이들 가운데서 리더십을 찾지 말라. 그런 리더십도 유익할 수 있고, 우리는 마땅히 감사하려 한다. 그러나 그리스도인 공동체를 세우려 할 때 필요한 것은, 진실한 사랑이 그 속에 역사하며 허다한 죄를 덮을 수 있는 그런 사람이다.

정치가나 최고 경영자가 높이 평가하고, 눈에 두드러지고 '효율적인' 능력을 발휘하는 리더십에 현혹되지 말라. 그레데에서는 그러한 리더십이 미노스와 테세우스로 상징되었다. 바울은 디도에게 그와 같은 신화적 지도자와 맞먹는 기독교적 지도자를 찾으라고 말하지 않는다. 그는 무슨 대단한 일을 '해낼 수 있는' 사람이 아니라, 아무도 주목하지 않아도 늘 '그곳에 있는' 사람을 찾아야 한다. 교회 공동체에는 다른 기준과 다른 목표가 있다. 특출난 사람들을 지도자로 세우는 것은 거의 언제나 실수로 드러난다. 대신 평범한 그리스도인들을 찾으라. 실제로 우리 주변에는 대부분 그런 사람들뿐이다. 그러나 그들을 귀하게 여기고 가치 있게 평가하며 지도자로 세우라.

그리스도인 공동체를 함께 세워갈 사람을 찾고자 할 때, 그 사람이 이룩한 성취나 업적을 보지 말라. "오히려 그가 얼마나 깊이 숨겨 두었든 간에, 어린 시절부터 순수하고 온전하게 지켜온 마음, 즉 주님 앞에서 변하지 않는 심령의 본질을 소유하고 있는 사람을 찾아내 그에게 사역을 맡기라."[14]

---

[14] Georges Bernanos, *Hans Urs von Balthasar, Bernanos*(San Francisco: Ignatius Press, 1996), p. 32에서 인용.

불필요한 목회자

이 화목과 세움의 모든 과정에 우리가 얼마나 불필요한 존재인지 기억하라. 예수 그리스도께서 친히 자기 육체로, 자기의 십자가로, 삼위일체 하나님의 화평을 선포하고 성취하심으로써 모든 것을 다 이루셨다. 이것은 우리가 늘 새롭게 발견해야 하는 어려운 역설이기도 하다. 즉 우리는 그리스도 안에서 함께 지어져가는 일의 완성에 어떤 기여도 하지 못하는 전혀 불필요한 존재임에도 불구하고, 하나님께서 전적으로 몸소 행하신 일을 날마다 기억하고, 그리스도께서 이루신 화목을 누리며 살도록 부름받았기 때문이다. 이 일에 전적으로 무능력한 우리가 하나님의 은혜에 의한 세우심과 빚으심을 적극적으로 받아들이는 것이 본질적으로 중요한 이유는, 우리의 세상에서 드러나는 많은 분열과 불일치를 보면 세상이 스스로는 화평을 이룰 능력이 없다는 사실을 여실히 보여주기 때문이다.

하나님께서 성전을 세우시는 일에 우리가 적극적으로 참여한다는 것은, 우리 자신을 필요한 존재로 여겨야 한다는 의미가 아니다. 이는 성전—우리 역시 그 성전의 일부다—을 세워나가시는 하나님의 사역을 자세히 살핀다면 얼마든지 깨달을 수 있는 내용이다. 그리스도는 유대인과 이방인 사이의 장벽을 무너뜨리시고, 우리 사이의 담을 허시며, 우리를 법조문으로 된 계명의 율법으로부터 자유케 하셨다. 우리 모두를 동일한 하나님의 권속으로 삼으시고, 우리 사이에 있는 모든 적대감을 제거하시며, 사도와 선지자의 기초를 놓으셨고, 친히 모퉁잇돌이 되어 건물이 온전히 세워질 수 있게 하셨다. 우리를 하나로 연결하고, 성장할 수 있도록 양육하시며, 아버지와 화목하게 하셨고, 성령을 보내어 우리 안에 거하게 하셨다.

9

공동체를 세우라는 부르심

마르바 던

앞에서 했던 것처럼, 이번 장도 기도로 시작하겠다. 이번에는 『기도 지침서(A Guide to Prayer)』에서 두 가지 내용을 빌려왔다. 그 기도들은 지금까지 우리가 에베소서를 다루면서 밟아온 여정과, 이 마지막 장에서 얻고자 하는 내용을 잘 요약해준다. 시작하기 전에 우리가 하나의 공동체로서 함께 사역하고 있다는 사실을 먼저 기억하기 바란다.

하나님께서는 당신과 함께하신다.

전능하신 하나님, 주님께서는 우리를 교회로 부르시고 한 가족이 되게 하셨습니다. 성령의 능력으로 우리를 도우셔서 하나님의 모든 자녀들과 더불어 하나가 되고 화평 가운데 살아가게 하소서. 오늘 우리의 행동이 주님의 나라를 향한 믿음의 열매가 되게 하소서. 예수님의 이름으로 기도합니다. 아멘.

전능하신 하나님, 주님께서는 우리를 창조하시고, 부르시고, 택하셔서 주님의 백성으로 삼아주셨습니다. 이제 우리는 주님의 인도하심과 복된 말씀을 받고자 기다립니다. 우리의 귀를 열어 듣게 하시고, 눈을 열어 보게 하시며, 믿음을 주셔서 주님의 사랑과 이끄심에 응답하게 하소서. 예수 그리스도의 이름으로 기도합니다. 아멘.[1]

인간은 공동체로 함께 모여 드리는 예전(public ritual)에 대한 강한 필요를 가지고 있다.[2] 예배 공동체가 함께 드리는 기도에서, 인도자가 "주여, 긍휼을 베푸소서"라고 말할 때, 회중이 일제히 "우리의 기도를 들어주소서"라고 응답하면, 우리는 단순히 기도를 듣는 것이 아니라 공동체로서 전체가 입술을 모아 기도에 참여하는 경험을 하게 된다.

나는 공동체로서 함께 모여 탄식을 나누는 것에 대해서도 깊은

---

1 Rueben P. Job and Norman Shawchuck, eds., *A Guide to Prayer: For Ministers and Other Servants*(Nashville: The Upper Room, 1983), pp. 178, 173. 이 기도들은 리젠트신학교 컨퍼런스를 전후한 기간인 교회력 주간에 사용된 것이다. 문법적인 정확성을 위해 문장부호를 약간 수정했으며, 교회라는 단어를 대문자(Church)로 표기하여, 시간과 공간을 넘어 존재하는 하나의 거룩하고 보편적이며 사도적인 교회를 의미하도록 했다.

2 이것은 리젠트신학교에서 처음 한 말인데, 오리건 주 스프링필드에서 일어난 고등학교 총기 난사 사건을 언급하던 중에 나왔다. 컨퍼런스 참석자 중 한 명이 그 고등학교 근처에서 목회를 하고 있었다. 우리는 슬픔에 잠긴 그 지역을 섬기는 그와 그의 사역을 위해 함께 기도하기도 했다. 교회나 지역 사회에서 그러한 비극적이 사건이 발생할 때, 우리는 모두가 실제로 언어를 통해 공동 기도에 참여할 수 있도록 하는 공동체적인 예전(rituals)이 필요하다. 그렇게 함께 드리는 예배를 통해 공동체는 슬픔을 나누게 되고, 개인적으로 당하는 엄청난 혼란과 고통에서 벗어날 길을 찾을 수 있다.

갈망을 늘 느낀다. 아마도 내 삶의 가장 큰 열망이 공동체를 찾는 것이기 때문일 것이다. 자유롭게 강연하며 저술 활동을 하는 나로서는 지역 교회 공동체로부터 떨어져 지내는 시간이 많다.

이 책의 모태가 된 목회자 컨퍼런스가 캐나다 밴쿠버의 리젠트신학교에서 열렸을 때, 나는 공동체 안에 깊이 잠겨 큰 치유와 위로를 경험했다. 그들이 공동체로서 나에게 베풀어준 은사들은 교회 안에서 이루어지는 공동체적 삶이 어떠해야 하는지에 대한 훌륭한 본보기가 된다.

예를 들어, 유진 피터슨은 리젠트신학교에서 누구나 좋아하는 스승이었고, 나는 거의 무명에 가까웠다. 하지만 유진은 나를 자신의 동역자로 따뜻하게 맞아주었고, 컨퍼런스 참석자들 역시 그랬다. 그것은 나에게 공동체적 삶의 중대한 시작점이 되었다. 그전까지 다녀본 컨퍼런스에서는 전혀 다른 상황에 부딪혔기 때문이다. 참석자들은 무명 강사들의 강의 시간에는 거의 참석하지 않았고, 강사들도 나와 동역자로서 협력하기보다는 경쟁하려는 것처럼 보였다.

2년 전 여름에 내가 리젠트에서 가르쳤던 학생 몇 명은 나를 자기 집으로 초대해 자신들의 장래에 대한 염려를 나누고 함께 대화할 수 있는 포용의 장을 마련해주었다. 또 다른 학생은 자신이 섬기는 교회 사역자들과 함께 식사하는 자리에 나를 불러, 자신이 어떤 일을 하고 있으며 공동체는 어떤 비전을 품고 있는지 깊이 있는 나눔의 시간을 갖게 해주었다. 이런 경험들은 단순한 강의라는 형식적 관계를 넘어 동역자들의 삶을 더 깊이 나눌 수 있는 기회를 제공해주었다(나는 프

불필요한 목회자

리랜서로서 영적 동반자가 되어줄 지역 동료가 없기 때문에 이것이 더욱 소중했다). 게다가 리젠트신학교의 컨퍼런스 참석자들은 강의가 시작될 때마다 "하나님께서 여러분과 함께하십니다"라는 나의 말에 매우 열광적으로 "하나님께서 당신과 함께하십니다"라고 응답했다. 그 말을 들으며 나는 진심으로 기쁨을 경험했다.

이와 같은 모든 특별한 경험들은 우리가 교회에서 어떻게 공동체를 세워가야 하는가에 대한 단서들을 제공해준다. 우리는 함께 다음과 같은 은사들을 실천해볼 수 있다. 먼저 대접하기를 힘쓰고, 의미 있는 말들을 사용하고, 각자의 관심사와 미래에 대한 꿈들을 나누는 것이다. 그런 관심사와 비전에 대해 함께 기도하며, 어떻게 하면 하나님의 부르심에 충실할 수 있는지 함께 토론할 수도 있다. 당신이 속한 교회의 성도들은 세상에서 감당하는 자신의 사역에 대해 얼마나 심도 있게 당신과 대화를 나누는가?

당신이 맡은 목회 사역 가운데 교인들로 하여금 공동체를 경험하도록 이끄는 것은 무엇인지 잠시 생각해보라. 만일 공동체가 그러한 교제의 은혜를 누리지 못하고 있다면, 그 이유는 무엇인가?

리젠트 목회자 컨퍼런스 기간 동안, 몇몇 참석자들과 나는 브리티시 컬럼비아 대학 극장에서 열린 클래식 연주회를 관람했다. 콘서트홀에서 안내를 맡고 있는 극장 직원들은 매우 친절했다. 그들은 나에게 신체 장애가 있음을 전해듣고 무대와 가까운 곳에 몇 좌석을 마련해주었다. 그런 친절한 배려 덕분에 교향악단과 협연하는 기타리스트를 아주 가까운 거리에서 볼 수 있었다.

한 가지 아쉬운 점이 있었다면 우리 일행 모두가 앉기에는 앞에 있는 좌석이 부족했다는 것이다. 하는 수 없이 몇 사람은 뒤쪽에 앉아야 했다. 콘서트가 진행되는 동안, 나는 일종의 특혜를 누리는 나의 자리가 혹시라도 공동체에 해를 끼칠까 봐 공연 내내 마음 한켠이 불편했다. 이 경험은 우리 모두가 공동체의 구성원으로서 공동체를 세우는 일에 도움이 될 수도 있고, 반대로 공동체를 깨뜨릴 수도 있다는 사실에 민감해야 한다는 사실을 일깨워주었다.

좌석 배치에 대한 다른 이들의 반응은 더 깊은 교훈으로 이어졌다. 그들은 무대에서 서로 멀리 떨어진 위치에서 콘서트를 관람했지만, 모두가 열린 마음으로 함께 연주회를 즐겼다. 좌석 사이의 거리가 구성원들 사이까지 멀어지게 만들지는 못했다. 덕분에 공동체는 별다른 해를 입지 않았다. 오히려 그 일은 실질적으로 공동체의 결속력을 강화시켜주었다. 공동체를 세우려면 광범위한 영역에서 다양한 노력이 뒷받침되어야 한다. 질투나 분노를 경계하고, 남을 먼저 대접하고 적극적으로 환대하며, 허물없이 대화를 나누고, 서로를 위해 지속적으로 기도하는 긍정적인 수고가 반드시 함께해야 한다.[3]

---

3 공동체 형성에 대한 집중적인 주해와 논의는 다음 책을 참고하라. Marva J. Dawn, *Truly the Community: Romans 12 and How to Be the Church*(Grand Rapids: Wm. B. Eerdmans Publishing Co., 1992 ; reissued 1997). 『희열의 공동체』(복있는사람)

공동체를 해치는 사회적인 요인

우리의 문화가 그 자체로 공동체를 줄곧 파괴하면서도 동시에 끊임없이 공동체를 이야기하는 이유는 바로 그것에 굶주려 있기 때문이다. 우리 문화가 어떻게 진정한 공동체성을 상실하게 되었는지를 이해하는 데 가장 큰 도움을 준 학자는 자크 엘륄이다.[4] 이제 창조로부터 시작해, 세상 문화 속에서 관계라는 것이 어떻게 달라져왔는지에 대한 그의 통찰을 살펴보자.

창세기 1장은 하나님께서 얼마나 철저히 이 세상을 조화롭고 질서 있게 창조하셨는지 잘 보여준다. 모든 만물이 서로 연결되고 하나님과도 바른 관계를 유지하고 있었다. 물론 이 조화로움은 '타락'으로 인해 깨어졌고, 바로 이것이 지금의 우리가 공동체를 상실하게 된 근본 원인이다.

세계의 역사가 흘러오는 과정에서, 사회는 전반적으로 소규모 무리, 즉 씨족, 부족, 가문, 민족 집단 등으로 형성되었다. 나는 이 집단들을 이상적인 것으로 받아들이지 않지만(지나치게 폭력적이었다), 기본적으로 이러한 사회적 구조는 공동체 생활에 유리하게 작용했다고

---

4   Jacques Ellul, *The Technological Society*, trans. John Wilkinson(New York: Vintange Books, 1964).『세상 속의 그리스도인』(대장간) ; *The Technological System*, trans. Joachim Neugroschel(New York: Continuum, 1980).『기술 체계』(대장간); *The Technological Bluff*, trans. Joyce Main Hanks(Grand Rapids: Wm. B. Eerdmans Publishing Co., 1990).『기술 담론의 허세』(대장간) ; *The New Demons*, trans. C. Edward Hopkin(New York: Seabury Press, 1975).

본다. 대개는 자연의 적대적 세력에 맞서 살아남기 위해서였다.

이러한 가정과 지역 중심의 긴밀한 공동체 구조는 인류 역사에서 산업 혁명 이전까지 이어졌다. 가족은 함께 일하면서 동일한 걱정과 관심사를 함께 나누었다. 예를 들어, 농사를 짓던 집안을 생각해보자 (20세기 들어 시작된 집단화되거나 조직화된 거대 농업 이전의 시대). 모든 가족 구성원은 가족 전체의 행복을 위해 각자에게 할당된 일을 담당했다. 집안 사람들은 날씨나 곡물의 가격 등 같은 고민거리를 안고 있었다. 어린아이들은 부모를 보며 일을 배웠고, 가족에 대한 책임감을 물려받고 집안의 재산을 관리하는 기술을 전수받았다.

여러 가지 종류의 직업들이 그러한 공동 사회를 위한 환경을 제공했다. 내가 어릴 적에도 우리 모든 가족들은 부모님이 운영하시는 기독교 학교에 관여하고 있었다. 아버지는 교장이고, 어머니는 교감이었다. 아버지는 중학교 2학년을, 어머니는 초등학교 3학년을 가르쳤다. 우리는 대부분의 시간을 학교(운동장)에서 보냈고 학교가 발전하도록 최선의 노력을 기울였다. 오빠들과 나는 다른 아이들이 매우 가난하다고 생각했다. 그 아이들은 우표 수집책도 없고 책상도 없었기 때문이다.

그처럼 공동체 형성을 용이하게 하는 사회 구조는 산업 혁명으로 시작된 근대 사회에 접어들면서 깨지기 시작했다. 집안에서 운영하는 구두 가게에서 일하는 대신, 아버지는 구두 공장에 일자리를 얻었다. 아버지는 직장 생활 때문에 나머지 가족들과 분리된 공동체에 머물러야 했다. 결과적으로 아버지는 가족과 다른 심리적인 부담과 경제

불필요한 목회자

적인 관심사를 갖게 되었고, 가족이 아닌 다른 사람들과 어울리는 시간이 많아졌다. 그가 가정과 별개인 세계로부터 집에 다시 돌아와도, 가족들 사이에 예전처럼 친밀한 분위기는 형성되지 않았다. 아버지의 정체성이 부분적으로 다른 공동체에 속해 있었기 때문이다.

공동체 파괴 현상은 2차 세계대전과 더불어 극적으로 증가했다. 이제 여자들도 돈을 벌기 위해 직장에 나갔다. 예전에는 여자들의 일이 가정이나 집안의 사업에 집중되어 있었다. 하지만 이제 여자들도 남편이 다른 곳에서 일하는 동안 자신의 사무실에서 일했다. 어머니는 사무실에서, 그리고 아버지는 공장에서 일했다(아이들도 패스트푸드 음식점에서 일했다). 집안 식구들이 모두 다른 직업, 다른 감정과 생각, 상이한 재정적 관심사, 다른 친구들과 동료들, 다른 작업 환경을 갖게 되었다. 식구들이 집으로 돌아와도, 친밀함을 유지하는 데 필요한 요소가 전처럼 많지 않았다. 사회 환경은 가정과 직장을 한데 묶어주지 않고 오히려 공동체의 분산을 부추겼다. 생활의 산만함은 자동차의 보급이나(가족들이 각자의 삶의 터전을 더욱 넓힐 수 있게 했다) 청소년 스포츠 팀(놀이를 이웃과 아무 관련이 없는 조직화된 활동으로 경험했다)과 같은 요소들의 발전으로 더욱 가중되었다.

사회 구조의 파괴는 기술 과학의 급속한 발전에 발맞춰 더욱 가속화되었다. 자크 엘륄은 '기술화'가 타락만큼이나 인류에게 극단적인 단절을 가져왔다고 말한다. 그 말은 약간의 과장이 가미된 엘륄 특유의 표현이다. 물론 죄에 빠진 인간의 타락만큼 파괴적인 것은 없지만, 엘륄이 지적하듯 우리의 현재 환경이 공동체적 구조를 정말이지 끔찍하게(그리고 미묘하게) 파괴하고 있다고 주장한다. 그 이유는 우리가 일할 때 사용하는 도구들과 놀 때 즐기는 장난감들이 우리를 서로에 게서 떼어놓기 때문이라는 것이다.

예를 들어 식기 세척기를 생각해보자. 우리는 그 기계가 여러 모로 노동력을 절감시키는 장치라고 여긴다. 그러나 그것이 가정에서 친밀함의 일부를 훔쳐갔다는 사실은 쉽게 눈치채지 못한다. 나는 어렸을 적에 오빠들과 함께 설거지를 하면서 3부 화음을 맞춰 노래를 불렀다. 그런 친밀감을 지나치게 과장하거나 낭만적으로 묘사하고 싶지는 않다(우리는 수건 한 장 때문에 싸운 적도 많았다). 그러나 즐겁게 노래하고 기분 좋게 대화하는 잠재력이 그런 시간을 통해 배양되었다.

우리는 위스콘신에 있는 할아버지 댁에 가면서 차 안에서 부모님과 한 목소리로 노래하기도 했다. 대학에 다닐 때에는(오빠들과 떨어져 살던 때), 휴일마다 집으로 돌아오는 기차 속에서 가장 친했던 오빠와 함께 푸가(fugue)를 작곡하기도 했다. 요점은 우리가 꾸준히 교제의 관계를 형성하고 설거지를 하는 도중에도 그런 교제를 나누었다는 것이다. 집안에 식기 세척기가 들어오면, 설거지는 한 사람의 일이 되고 만다. 기술적으로 정교하게 만든 물건들도 좋은 사례다. 휴대용 전자기기와 컴퓨터 게임과 같은 것들은 다른 사람과 어울려 노래하지 못하도록 방해한다.

기술 사회의 또다른 측면 역시 공동체를 파괴하는 힘을 가지고 있다. 아이들은 부모를 보고 배울 수 없다. 어머니는 사무실에 나가고 자기 식사는 알아서 해결해야 한다. 가족들이 모여 과자를 만드는 일

불필요한 목회자

은 더 이상 없다. 이제 어린 소녀들은 장난감 작은 밀대를 가지고 어머니를 흉내내지 않는다. 아버지가 공장에 출근하면서, 남자 아이들은 축사에 작은 착유기를 들고 가서 아버지를 흉내내지 않는다(우리 부모님은 성 역할에 고정관념을 갖게 하지 않으려고 여자인 나에게는 축구와 야구를 하게 했고, 오빠들에게는 요리와 청소를 하게 했다).

텔레비전도 빼놓을 수 없는 사례에 속한다. 내가 어렸을 적에는 집안에 텔레비전이 없었다. 그 대신 우리는 함께 놀이를 하고 다양한 운동을 즐겼다. 요즘 어떤 집에서는 저녁 시간에 3대의 텔레비전을 각기 다른 방에 설치해놓고 각자의 채널을 시청하는 경우도 자주 본다. 저녁 시간을 그처럼 제각각 보내면서 가족들이 서로 친밀한 관계를 유지하는 것이 어떻게 가능하겠는가?

나는 기술적 도구들에 감사하는 마음을 갖고 있다(나는 기계화 반대론자가 아니다). 문제는 우리가 기계들이 주는 유익에 완전히 속박되어 그것들이 얼마나 좋은 요소들을 우리에게서 빼앗아가는지 묻지 못하게 하는 데 있다. 예를 들어보자. 컴퓨터는 책을 저술하는 일에 타자기보다 훨씬 빠르고 유용하다. 틀린 글을 수정한 후 모든 것을 다시 타이핑하지 않고 쉽게 '프린트' 버튼만 누르면 된다는 사실이 기쁘다. 하지만 컴퓨터도 우리가 인식하는 것보다 훨씬 심각하게 인간 소외에 한몫하고 있다.

도서관 사서인 한 친구는 이제는 더 이상 사람들을 직접 대면하지 않는다고 한다. 그녀는 이제 작은 칸막이 공간에 앉아 모든 것을 네트워크로 보낸다. 이와 유사하게, 한 시사 잡지는 최근에 대기업들이 과거에는 원격 근무를 많이 활용했지만 그때문에 직원들이 창의성을 자극하던 지난날의 편안한 상호작용을 결여하고 있음을 발견했다는 기사를 실었다. 결과적으로 그들은 새로운 본사 건물을 작은 마을처럼 짓고 있는데, 그 안에는 가게, 공원 벤치, "거리 모퉁이들"이 있어 새로운 아이디어와 더 큰 직무 만족을 가져오는 대화가 이루어질 수 있도록 유도하려는 것이다.

우리 문화는 공동체에 굶주려 있다. 친밀함을 증진시키는 법을 배울 수 있는 기초적인 사회 관계망이 없고, 그것을 배울 시간도 없기 때문이다. 우리는 진정한 친밀함을 갈망하고 있다. 요즘 사람들이 성적인 부분에 그토록 집착하는 가장 큰 이유는 그들이 사회적인 친밀감에 목말라 있지만 그것을 만들어내는 법을 모르기 때문이다.[5]

거기에 덧붙여, 대중 매체는 친밀함을 형성할 수 있는 유일한 방법은 누군가와 침대에 함께 눕는 것이라는 메시지를 하루에 95번 이상 내보낸다. 많은 젊은이들은 사랑을 찾으려는 절박한 마음에서 이성과의 성적인 결합에 정신없이 빠져든다. 영어 단어에는 '사랑'을 표현하는 단어가 하나(love)밖에 없기 때문에, 많은 사람들이 '섹스'만이 유일한 사랑의 방법이라고 착각한다. 영원한 결혼 서약 안에서 성적으로 결합하는 것이 하나님의 뜻인데, 많은 사람들은 거기에서 벗어

---

5 이것은 내가 저술한 다음 책의 기본 주제다. *Sexual Character: Beyond Technique to Intimacy*(Grand Rapids: Wm. B. Eerdmans Publishing Co., 1993). 이 책은 젊은이들과 친밀함에 대해 긍정적으로 대화할 수 있는 방법을 제시한다. 또한 우정이나 결혼 안에서 진정한 사랑을 이루기 원하시는 하나님의 고귀한 계획에 대한 설명도 담고 있다.

불필요한 목회자

나 성관계에만 집착한 결과, 섹스를 통해 궁극적인 만족을 거의 얻지 못한다.

헬라어는 '사랑'을 표현하는 단어가 '에로스' 외에도 여러 가지가 있다. 친밀함에도 다양한 종류가 있음을 우리에게 알려주려는 듯하다. 사랑을 뜻하는 다른 단어들을 자세히 살펴보자.

- 스토르게(storge) – 자녀를 향한 부모의 사랑. '혈연적 사랑.' 가정이 붕괴되면서 우리 문화에서 점점 사라지고 있다.
- 필리아(philia) – 우정에 기초한 사랑. 오늘날에는 공통의 관심사를 함께 나눌 시간이 부족하고, 경쟁이나 출세지상주의 같은 장애물들로 인해 동료들이 진실한 친구가 되지 못하고 있다. 그 때문에 이 단어도 우리 문화에서 점점 사라지고 있다.[6]
- 필라스토르게(Philastorge) – 우애(롬 12:10), 친구 사이의 우정이 마치 피로 맺어진 것처럼 단단하게 결속된 상태.
- 필라델피아(Philadelphia) – 형제/자매의 사랑. 이것은 기독교 공동체에서 서로를 '자매' '형제'라 부를 수 있을 때 가장 잘 드러난다.
- 아가페(agape) – 아무런 대가를 바라지 않고 일방적으로 주기만 하는 사랑. 깊은 이해를 바탕으로 분명한 목적에 의해 베풀어지며, 항

---

6 목회자의 '우정'으로서의 사역에 관해서는 다음을 참조하라. chapter 8 of David Hansen, *The Art of Pastoring: Ministry Without All the Answers*(Downers Grove, IL: InterVarsity Press, 1994), pp. 117-133. 한센은 "목회자의 우정은 본질적으로 사람들에게 불필요하다는 것을 인정하는 편이 더 낫다"(123)고 충고한다.

상 상대편의 필요를 향해 움직인다.

마지막의 아가페 사랑이 가장 풍성하고 뛰어난 사랑이다. 고대 그리스 철학자들은 아가페가 관심을 끌지 못한다는 이유로 별로 중요하게 생각하지 않았지만, 그리스도인 공동체는 아가페가 우리를 향한 하나님의 사랑을 표현하는 가장 적합한 용어라고 인식했다. 성경에 나타난 "서로 사랑하라"는 명령에도 아가파오(agapao)라는 동사가 사용되었다. 우리가 공동체의 구성원과 이웃에게 줄 수 있는 최고의 친밀함은 아낌없이 풍성하게 내리시는 하나님의 너그러운 사랑이다.

세상 문화는 이처럼 다양한 종류의 사랑을 알지 못하므로, 신앙 공동체가 진정한 사랑의 모임이 되게 하려면 지속적인 훈련이 필요하다. 순수하고 정결한 친밀함은 신중하고 부단한 연습을 요구한다. 교회라는 이름만 가지고 있다고 해서 우리가 진정한 공동체가 되는 것은 아니다.

나는 여러 교회를 다녀보았지만, 진정한 그리스도인 공동체를 이루기 위해 진지하게 헌신하는 교회는 좀처럼 찾아보기 힘들었다. 나는 최근 한 교회의 여전도회가 주최한 만찬에 참석해서 그리스도인 공동체가 된다는 말이 무슨 뜻이냐고 물어보았다. 여러 가지 대답이 나왔다. "우리는 서로를 보살펴줍니다." "가진 것을 함께 나눕니다." 계속해서 물었다. "그래요, 그러고요?" 그들은 내 말에 점점 짜증이 나는 것 같았다. 잠시 후 나는 솔직하게 말했다. "여러분 가운데 아무도 '우리는 서로를 위해 죽을 수도 있습니다'라고 말하지 않는 것이 참

이상하군요." 그들은 크게 불편해하는 듯 보였고 나는 더 밀어부쳤다. "우리는 서로에게 얼마나 철저히 묶여 있습니까? 그리고 우리는 이웃을 얼마나 철저히 환대합니까?"

"나그네를 대접하라"는 말씀을 교회에서 가르쳐야 한다. 왜냐하면 우리는 폭행당하지 않을까 하는 두려움 때문에 아이들에게 낯선 사람과 절대 말하지 말라고 가르치기 때문이다. 전혀 모르는 사람이 교회의 주일 예배에 참석했다면, 교인 가운데 "제 옆에 앉으셔서 함께 예배드리시지요"라고 기꺼이 청할 사람이 있는가? 그 사람이 홀로 앉아 있다면, 옆에 앉은 교인이 그쪽으로 몸을 기대며 "저희 교회에 오신 것을 환영합니다. 예배 순서가 어떻게 진행되는지 알려드리겠습니다"라고 말할 수 있는가?

나는 20년 이상 프리랜서로 활동하면서, 그 기간 동안 절반 이상 다른 교회에서 예배를 드렸다. 솔직히 말하자면 거의 대부분의 교회가 낯선 사람을 환대하는 데 지나칠 정도로 무심했다. 나는 몸에 향수도 뿌렸고 기본적으로 온화한 사람이라 나의 출현이 큰 문제가 되지는 않았으리라고 생각한다. 내가 말하려는 요점은 공동체적 삶의 기술은 이제 더 이상 우리 사회에서 배울 수 없다는 것이다. 만일 교회가 진정으로 하나님의 교회가 되고, 우리 문화가 필사적으로 갈망하는 친밀감과 넉넉한 환대를 배우고자 한다면, 다양한 교육과 성화와 희생과 고통이 뒤따라야 할 것이다.

우리가 공동체가 되고 공동체를 세우는 일을 위해 매우 실천적으로 해나갈 수 있는 방법은 많다. 가장 필수적인 요소는 헌신된 자발성이다. 우리는 이 주제에 관해서만큼 너무 쉽게 '낮은 정보-실천 비율'을 보인다. 교회 안에서 온전한 공동체를 이루는 데 실패했다는 말을 너무 많이 들어 더 이상 의욕을 내지 못하는 상황에 이르렀다. 그렇더라도 지금 당장 시작하라. 책을 내려놓고 교인들에게 믿음의 형제 자매들을 진정으로 돌보고 싶은 깊은 열망을 일으킬 방법을 생각해보라. 어디에서부터 시작할 수 있는가? 교회 안에 진정한 공동체성을 확립하기 위한 첫 걸음은 무엇이라 생각하는가?

성경을 복수형으로 읽으라

그리스도인들에게 참된 공동체에 대하여 가르치는 첫 단계는 성경의 많은 부분이 복수형(plural)으로 기록되었다는 사실을 가르치는 것이다. 그 다음에 그러한 복수성(plurality)을 실천하도록 준비시키는 것이다. 나는 대학에서 성경공부를 인도하다가 이처럼 중요한 진리를 우리가 오랫동안 간과하고 있었다는 것을 처음 알게 되었다.

빌립보서 4장 4절에 대해 토론하고 있을 때, 바로 옆자리에 앉아 있던 여학생이 불만을 터뜨렸다. "저는 못할 것 같은데요." "무엇을 못하겠다는 말이죠?"라고 내가 묻자 그녀가 대답했다. "주 안에서 항상 기뻐하는 것 말이에요."

"이 본문은 자매님에게 말하고 있지 않습니다." 내가 대답하자, 그녀는 곧바로 응수했다. "아니에요, 잘 보세요. 두 번이나 그렇게 말하고 있잖아요. '주 안에서 항상 기뻐하라 내가 다시 말하노니 기뻐하라'고요"

그러나 실제로 그 본문은 그렇게 명령하지 않는다. 바울은 "너희 모두, 기뻐하라"고 말하고 있다(좀더 정확히 옮기면, "계속해서 기뻐하라, 너희 모두"다. 명령형이 현재진행형이기 때문이다). 우리는 성경을 정확하게 읽어야 한다. 성경의 세계 속에서 살아간다는 것은 '너(단수)'가 아니라 '너희 모두(복수)'로 살아가는 것을 말하기 때문이다.[7]

성경에서 거의 유일하게 개인을 향한 가르침은 디모데, 디도, 빌레몬에게 주어진 것뿐이다. 이 세 사람은 공동체가 아닌 개인적인 편지를 받았기 때문이다. 성경의 나머지 대부분의 설명과 명령은 복수 형태로 되어 있다. "너희(모두)를 박해하는 자를 축복하라"(롬 12:14). "내 형제들아 너희(모두)가 여러 가지 시험을 당하거든 온전히 기쁘게 여기라"(약 1:2). "(너희 모두는) 성령을 소멸하지 말며"(살전 5:19).

교회 구성원들이 성경을 이런 방식으로 읽으려면 강력한 훈련이 밑받침되어야 한다. 지난 수년 동안 나는 한 소그룹 성경공부를 인도

---

7 영어 단어 가운데 'thee'와 'ye' 사이의 대명사 구분을 지워버린 것은 일종의 언어적 퇴행이라고 생각한다. 일부 유럽 언어들도 더 이상 단수 형태에서는 격식을 갖춘 존칭형(그 언어들에서는 흔히 복수형과 같은 형태를 사용한다)을 요구하지 않음으로써 같은 길을 따르고 있다. 오늘날 우리는 이러한 존중을 표현하는 어휘를 잃어버리는 과정에서, 동시에 우리보다 나이가 많고 보통은 더 지혜로운 이들로부터 여전히 가르침을 받아야 한다는 사실을 상기시켜주던 호칭(예를 들면 'Sir'나 'Mrs.'나 'Professor') 또한 포기해버렸다. 우리의 이러한 언어 변화는 우리 문화 속에서 공동체가 쇠퇴하고 있다는 사실을 드러내는 징후일 뿐 아니라 쇠퇴를 부추기는 요인이기도 하다. 친밀한 지인을 가리키는 'you,' 존경하거나 아직 충분히 친밀하지 않은 관계라서 약간 어색한 투로 말하는 'you,' 그리고 나도 그중의 일부인 더 큰 집단을 가리키는 'you'를 구별하는 것은, 내가 전체 속에서 차지하는 나의 위치를 보다 진실하게 인식하도록 도와준다.

했다. 모임의 일원이었던 한 여인은 오랜 기간의 공부를 마치면서 이렇게 말했다. "당신은 항상 '우리'에 대해 말씀하시는군요. 이제야 그 의미를 알겠어요." '우리' 교회라는 개념을 희석시킴으로써 오늘날 무엇보다 심각하게 교회를 망치고 있는 강력한 개인주의 문화를 극복하는 데에는 오랜 시간이 필요하다.

우리 각 사람이 예수 그리스도와 개인적인 관계를 맺는 것이 필수적이며, 우리가 하나님의 심판대 앞에 개인적으로 선다는 사실이 기본 진리임을 부인하는 것은 아니다. 하지만 믿음에 관한 강조가 '개인적인' 면에 너무 치우치다 보니 우리 모두가, 그리고 우리의 믿음이 그리스도인 공동체 안에서 형성된다는 사실을 어느새 망각하게 만들었다.

우리가 자신을 개인주의 문화의 관점에서 생각하기를 멈추고, 믿음 안에서는 모든 일이 공동체적이고 상호 의존적이며 전체적이라는 사실을 인식한다면, 힘든 인생과 고난과 수고를 견디기가 훨씬 수월해질 것이다. 내가 암에 걸리고 너무 아파서 노래를 부를 수조차 없었을 때, 나는 내 곁에서 나를 대신해 노래를 불러줄 누군가가 필요했다.[8]

---

8 고난받는 자들에게 공동체가 왜 중요한지에 대한 더 많은 논의는 다음 책을 참고하라. *Joy in Our Weakness: A Gift of Hope from the Book of Revelation*(St. Louis: Concordia Publishing House, 1994). 『약할 때 기뻐하라』(복있는사람)

불필요한 목회자

그리스도인 공동체가 대안 사회다

이 소제목은 지금까지 내가 했던 말이나 썼던 글 가운데 가장 중요한 문구다. 그러니 만일 이 책을 조용히 읽고 있다면, 큰 소리로 읽어보길 권한다. "그리스도인 공동체는 대안 사회다."

교회에서 공동체 생활을 세워나가는 또 다른 중요한 걸음은, 교회 안에서 드러나는 공동체적 활력이 세상 문화의 그것과 전혀 다른 무수한 가치들을 포함하고 있다는 사실을 인식하는 것이다. 당신이 지금까지 이 책의 내용을 제대로 읽어왔다면, 거의 모든 페이지에서 이러한 개념을 발견했을 것이다. 피터슨 교수와 내가 품고 있는 '대안 공동체'에 대한 공동의 관심은 그와의 우정 속에서 기쁨과 감사를 느끼게 하는 주요 원천이다. 우리는 계속되는 대화를 통해 '교회가 된다는 것'은 그 부르심의 온갖 의외성에도 불구하고 예수님을 따르는 것이라는 공통된 전제를 확립해갔다. 이것은 내 식대로 표현한 것이고, 유진은 이보다 더 훌륭하게 표현해냈다.[9]

그러나 '대안성(alternativity)'을 강조하는 것만으로는 충분하지 않다. 그러므로 여기에 '병행성(parallel)'이라는 단어를 덧붙여서, 다시 큰 소리로 이렇게 말해보자. "그리스도인 공동체는 대안적이면서 동시에 병행적인 사회다.

---

9   Eugene H. Peterson, *Subversive Spirituality*, ed. Jim Lyster, John Sharon, and Peter Santucci(Grand Rapids: Wm. B. Eerdmans Publishing Co., 1997). 『거룩한 그루터기』(포이에마).

우리는 이러한 변증법적 균형을 필요로 한다. '대안적'이라는 단어와 '병행적'이라는 단어는 우리를 서로 다른 방향으로 끌어당기는데, 이것이야말로 우리가 성경적으로 형성되었다면 살아내야 하는 역동적 긴장을 보다 적절히 보여주기 때문이다. 우리는 세상의 방식에 저항할 뿐 아니라, 세상이 필요로 하는 은사를 제공할 수 있기 위해 충분히 대안적이어야 한다. 다른 한편 우리는 자신을 병행적이라고 생각해야 한다. 그래야 세상과 여전히 가까이 있으면서 그 세상 속에서 증인으로 살아갈 수 있기 때문이다. 더욱이 '병행적'이라는 용어가 의미하듯 우리는 결코 세상과 결코 분리될 수 없다는 사실을 받아들여야 한다. 그러므로 우리는 여전히 세상의 유혹에 빠지고 세상의 방식을 따라 그릇된 길로 가기도 한다.

여기서 균형을 유지하기란 힘든 일이다. 저항하되 호의를 베풀고, 증인으로 살아가되 인정할 것은 인정하는 것 말이다. 예수님께서는 그런 긴장 관계를 "세상 안에 있으나 세상에 속하지 않는다"는 말로 설명하셨다. 우리는 너무나도 어렵지 않게 세상 문화에 융합될 수 있다(병행이 아니라). 그렇게 되면 우리는 세상과 뒤섞인 채로 살아가느라 기독교가 왜 그토록 중요한지 세상이 이해할 수 있는 어떤 대안적 은사도 갖지 못하게 된다. 반대로, 우리는 너무나도 어렵지 않게 극단적으로 치우쳐서(대안이 아니라), 이웃과 철저히 단절된 채로 살아가느라 우리가 가진 선물을 제공하지 못할 수 있다.[10]

---

10 이러한 변증법적 균형을 설명하는 다른 표현들은 다음 책에 제시되어 있다. Confident Witness — Changing World, ed. Craig Van Gelder(Grand Rapids: Wm. B. Eerdmans

하나님의 사람들이 복음의 능력에 의해 '형성'될 때, 우리 사회에 얼마나 놀라운 대안들을 제시할 수 있는지를 생각해보라. 세상은 더 많은 권력형 성공 모델을 필요로 하지 않는다. 이미 충분히 많다. 대신 우리가 고난 받는 종의 모습을 드러내는 것이 얼마나 중요한지 생각해보라. 우리의 문화는 더 많은 거대 자본 기업을 필요로 하지 않는다. 오히려 세상 속에서 하나님의 정의를 실천하기 위해 기꺼이 선택한 '가난'과 '단순함'을 보여주는 것이 정말 소중할 것이다. 우리 사회는 더 많은 폭력을 필요로 하지 않는다. 대신 화해와 평화를 이루기 위해 헌신한 이들의 선한 영향력은 넉넉한 감화를 준다. 우리의 이웃들은 더 많은 거짓을 필요로 하지 않는다. 그들 모두에게 영원한 진리가 필요하며, 그 진리를 찾고 있다.

메리 조 레디(Mary Jo Leddy)는 "담대한 증언―세상을 변화시키자"라는 주제로 '복음과 현대 문화 네트워크'가 주최한 컨퍼런스의 폐막 강연에서 '병행 문화(parallel culture)'라는 개념을 설명했다. 그것은 바츨라프 하벨(Václav Havel)과 체코슬로바키아와 철의 장막에 갇혀 있던 반체제 인사들에 의해 제기된 질문에 대한 응답이기도 했다. 그들은 이렇게 질문했다. "근본적으로 거짓된 토대 위에 세워진 문화 속

Publishing Co., 1999). 윌리엄 버로우(William Burrow)는 "Witness to the Gospel and Refounding the Church," pp. 189-202에서 '심금을 울리는 진실'을 지닌 교회를 특별한 '지역(zones)'이라는 개념으로 이해했다. 더글러스 존 홀(Douglas John Hall)은 "Metamorphosis: From Christendom to Diaspora," pp. 67-79에서 '디아스포라 같은 존재'라는 이미지를 제시했다. 메리 조 레디(Mary Jo Leddy)는 "The People of God as a Hermeneutic of the Gospel," pp. 303-313에서 바츨라프 하벨과 체코슬로바키아의 '병행 문화'에 대한 설명을 인용했다.

에서 어떻게 진리를 포기하거나 외면하지 않고 살아갈 수 있는가?"
레디는 이렇게 답변했다.

> 그들은 비밀 스터디 그룹을 결성했습니다. 플라톤을 공부하고 연극을
> 공연했습니다. 음악 그룹도 시도했습니다. 소설과 시를 썼고, 비밀리에
> 출판했습니다… 시간이 흐를수록 진리는 더욱 강력해졌고, 어떤 시점
> 에 이르러 사람들은 거리로 뛰쳐나와 체제에 항거하며 외쳤습니다. "우
> 리는 더 이상 이 체제를 믿지 않는다." 그리고 그 체제는 붕괴되었습니
> 다. 서구의 핵무기의 힘이 아니라 체제 내부에서 "우리는 더 이상 이 체
> 제를 믿지 않는다"고 외친 이들에 의해 무너졌습니다. 그것은 바로 그
> '병행 문화' 속에서 배양된 비전이 있었기 때문입니다. 그 비전이 체제
> 를 무너뜨린 원동력이 되었습니다.[11]

이것이야말로 우리의 교회가 드러내야 할 가장 바람직한 모습 중
하나가 아니겠는가? 교회는 병행 사회로서, 주일 아침마다 가장 중대
한 일을 위해 한자리에 모인다. 세상 문화가 결코 행할 수 없는 유일
한 일을 위해 함께 모인다. 바로 예배다!

---

11 Leddy, "The People of God," p. 311. 레디는 다음 책을 인용했다. Miroslav Václav Havel, *Living in Truth*, ed. Jon Vladislav(London and Boston: Faber and Faber, 1989). 그녀가 인용한 에세이는 1978년에 나온 "The Power of the Powerless"다. Václav Havel, *Open Letters: Selected Writings 1965-1990*, ed. Paul Wilson(New York: Alfred A. Knopf, 1991), pp. 125-214. 이 책은 다른 에세이에 실려 있는 '병행 문화'와 '병행 구조'에 대한 추가적인 언급과 설명을 몇 가지 담고 있다.

불필요한 목회자

그리고 우리가 예배할 때,

우리는 우리의 기도를 드린다;

우리는 세상의 언어와 다른 언어로 말하는 우리의 노래를 부른다;

우리는 우리의 이야기, 곧 언약의 하나님께서 주인공으로 등장하는

놀랍고 장대한 이야기를 읽는다.

우리는 그 메타내러티브로부터 하나님께서 (지금도 여전히) 이스라엘의 역사 전반을 통해 (심지어 역사를 거슬러서까지) 어떻게 신실한 모습을 드러내셨고, 예수 그리스도의 부활과 승천 그리고 성령의 보내심으로 자신의 약속을 어떻게 극적으로 성취하셨는지를 배운다. 또한 이렇게 약속을 성취하시는 모습을 통해 우리는 하나님께서 영원토록 자신의 약속을 지키실 것이라는 확신을 어떻게 우리에게 주시는지를 배우게 된다.

우리가 서로에게 이 이야기를 계속 들려주고, 우리의 간구를 기도하며, 우리의 찬송을 부를 때, 우리는 하나님의 진리를 너무도 분명히 배워서 세상에 나아가 이렇게 말할 수 있다. "우리는 더 이상 당신들의 거짓을 믿지 않는다." 그러고 나서 우리는 세상이 갈망하던 우리의 진실한 선물을 제공하게 된다.

세상의 모든 사람들은 자신의 정체성을 찾으려 애쓴다. "나는 누구인가?" 삼위일체를 믿는 우리는 그들에게 복음의 진리, 특히 우리가 받은 세례의 진리에 대해 자세히 말해준다. 곧 각 사람은 하나님의 사랑을 받는 존재이며, 그분의 형상을 따라 창조되었고, 그분의 은혜

를 힘입어 그분의 자녀로 입양되어 가족의 일원이 되었다는 것이다.

세상의 모든 사람들은 자신의 뿌리를 찾기 위해 애쓴다. 더 장대한 이야기, 핵심 설명, 확장된 역사를 찾고 있다. 그것은 한 사람의 삶을 이해하게 하며 "이 모든 것이 어떻게 연결되는가?"라는 질문에 답을 준다. 우리의 기독교적 메타내러티브는 세상의 창조로부터 시작되었고, 하나님께서 세상을 위해 자신을 위한 특별한 백성을 창조하신 일에(아브라함과 사라, 그리고 그들의 모든 믿음의 자녀들을 통해) 초점이 맞추어졌다.

세상의 모든 사람들은 사랑과 신실함을 갈망한다. 그리고 "나는 누구에게 속해 있는가?" "나는 누구를 온전히 신뢰할 수 있는가?"라는 질문 속에 담긴 외로움과 갈망에 대한 확실한 해결책을 찾고 있다. 우리의 교회는 온전히 신뢰할 수 있는 진정한 공동체라는 선물을 제공할 수 있다(설령 그렇지 못할 때라도, 우리는 고백과 용서를 제공한다). 또한 우리 모두를 품으신 신실하신 하나님에 대한 진리를 최고의 선물로 줄 수 있다.

세상의 모든 사람들은 참된 가치를 탐구하며 "나는 무엇을 위해 살아야 하는가"라고 질문한다. 하나님의 백성인 우리는 우리의 시간과 재물, 우리의 우정과 결혼, 우리의 직업과 소명 의식, 우리의 우선 순위와 방향성에 대한 바람직한 삶의 방식을 소유하고 있다.

세상의 모든 사람들은 살아남기 위해 언제나 권력을 추구하며, 문제 해결을 위한 방법을 찾으려 애쓴다. "나는 세상의 혼돈을 어떻게 감당할 수 있을까?" "나는 다른 사람들을 상대하며 어떻게 나의 길을

불필요한 목회자

만들어나갈 수 있을까?" 예수님을 따르는 우리는 모든 권력이 하나님께로부터 말미암는다는 것을 알고 있다. 따라서 우리는 세상 권력이 온전한 기능을 발휘할 때 거기에 복종하고, 필요하다면 그 권력에 저항하되 폭력을 배제하며, 우리에게 주어진 권력을 은혜롭게 행사할 수 있다.

세상의 모든 사람들은 삶의 의미를 추구하고 "내 삶의 목적은 무엇인가?"라는 질문의 답을 찾으려 온갖 노력을 기울인다. 우리는 교회 안에서 우리의 존재 목적을 발견했다. 곧 하나님을 사랑하고 영원토록 그분을 영화롭게 하기 위해 우리의 삶을 영위하는 것이다.

세상의 모든 사람들은 소망을 찾아 헤맨다. 그들은 "나는 어떻게 계속 살아갈 용기를 찾을 수 있을까?"라는 간절한 열망을 품은 채 하루하루를 버텨내고 있다. 우리 그리스도인들은 하나님의 사랑의 품 안에 안겨 장래에 대한 그분의 약속을 신뢰한다. 하나님께서 언젠가 악을 영원히 제거하실 그날을 기다리기에, 우리는 하나님의 통치가 최종적으로 완성될 것을 기대하면서 오늘도 그분의 통치를 실현하기 위해 순종하며 나아간다.[12]

이것들은 우리가 세상 가까이에 머물되 그 안에 속하지 않은 채로 구별되어 살아갈 때(믿음 안에 머물며 증거하고 환대하고 돌아볼 수 있을

---

[12] 모든 인간이 지닌 일곱 가지 욕구는 상당히 정확하고 실증적이다. Douglas Coupland, *Generation X: Tales for an Accelerated Culture*(New York: St. Martin's Press, 1991), in "The Needs of Our Being," chapter 3 of my book, *A Royal "Waste" of Time: The Splendor of Worshiping God and Being Church for the World*(Grand Rapids: Wm. B. Eerdmans Publishing Co., 1999), pp. 21-36.

때) 세상에 줄 수 있는 대안적 선물의 일부다. 이를 위해 우리는 끊임없이 우리의 "사랑 넘치는 공동체"[13]로 돌아가서 우리의 소중한 이야기를 다시 기억하고, 우리의 진리를 다시 노래하며, 우리의 이웃을 위해 일상 속에서 복음을 즉흥적으로 풀어낼 수 있도록 능력을 간구해야 한다.

화목의 재발견

세상의 눈에는 불필요하게 보이는 목회자의 주요 역할 가운데 하나는 성도들이 사회 속에서 화목의 사역을 감당하도록 준비시키고 그들이 서로 화목한 상태로 지내도록 하는 것이다. 목회자가 언제나 드러내야 하는 진리는, 그리스도께서 공동체의 분열을 조장하고 이웃을 단절시키는 특정한 무리나 원인들 사이를 잇는 다리가 되신다는 것이다.

에베소서에서 화목에 관한 중요한 본문은 2장 14-22절이다. 이 책의 7장에서 이미 언급한 11-13절을 다시 기억해보자.

그러므로 생각하라. 너희는 그때에 육체로는 이방인이요 손으로 육체에 행한 할례를 받은 무리라 칭하는 자들로부터 할례를 받지 않은 무리라 칭함을 받는 자들이라. 그때에 너희는 그리스도 밖에 있었고 이스

---

13 메리 조 레디는 "The People of God," p. 312에서 시인이자 농부인 웬델 베리(Wendell Berry)의 "beloved country"에 나오는 이 구절을 인용했다.

불필요한 목회자

라엘 나라 밖의 사람이라 약속의 언약들에 대하여는 외인이요 세상에서 소망이 없고 하나님도 없는 자이더니 이제는 전에 멀리 있던 너희가 그리스도 예수 안에서 그리스도의 피로 가까워졌느니라(엡 2:11-13).

이제 사람들 사이에 놓인 모든 장애물을 제거할 수 있는 토대에 대한 통찰을 위해 다음 본문을 살펴보자.

그는 우리의 화평이신지라 둘로 하나를 만드사 "원수 된 것 곧 중간에 막힌 담을 자기 육체로 허시고"(SD 20.53) 법조문으로 된 계명의 율법을 폐하셨으니 이는 이 둘로 자기 안에서 한 새 사람을 지어 화평하게 하시고 또 십자가로 이 둘을 한 몸으로 하나님과 화목하게 하려 하심이라. 원수 된 것을 십자가로 소멸하시고 또 오셔서 먼 데 있는 너희에게 평안을 전하시고 가까운 데 있는 자들에게 평안을 전하셨으니 이는 그로 말미암아 우리 둘이 한 성령 안에서 아버지께 나아감을 얻게 하려 하심이라(SD 33.72). 그러므로 이제부터 너희는 외인도 아니요 나그네도 아니요 오직 성도들과 동일한 시민이요 하나님의 권속이라(SD 11.77). 너희는 사도들과 선지자들의 터 위에 세우심을 입은 자라 그리스도 예수께서 친히 모퉁잇돌이 되셨느니라. 그의 안에서 건물마다 서로 연결하여 주 안에서 성전이 되어 가고 너희도 성령 안에서 하나님이 거하실 처소가 되기 위하여 그리스도 예수 안에서 함께 지어져 가느니라(엡 2:14-22).

이 화목과 세움의 모든 과정 가운데 우리가 얼마나 불필요한 존재인지 기억하라. 예수 그리스도께서 친히 자기 육체로, 자기의 십자가로, 삼위일체 하나님의 화평을 선포하고 성취하심으로써 모든 것을 다 이루셨다. 이것은 우리가 늘 새롭게 발견해야 하는 어려운 역설이기도 하다. 즉 우리는 그리스도 안에서 함께 지어져가는 일의 완성에 어떤 기여도 하지 못하는 전혀 불필요한 존재임에도 불구하고, 하나님께서 전적으로 몸소 행하신 일을 날마다 기억하고, 그리스도께서 이루신 화목을 누리며 살도록 부름받았기 때문이다(우리가 그렇게 살 수 있는 것도 사실은 성령님의 오심을 통해 하나님께서 우리 안에 거하시는 것으로만 가능하다). 이 일에 전적으로 무능력한 우리가 하나님의 은혜에 의한 세우심과 빚으심을 적극적으로 받아들이는 것이 본질적으로 중요한 이유는, 우리의 세상에서 드러나는 많은 분열과 불일치를 보면 세상이 스스로는 화평을 이룰 능력이 없다는 사실을 여실히 보여주기 때문이다.

하나님께서 성전을 세우시는 일에 우리가 적극적으로 참여한다는 것은, 우리 자신을 필요한 존재로 여겨야 한다는 의미가 아니다. 이는 성전—우리 역시 그 성전의 일부다—을 세워나가시는 하나님의 사역을 자세히 살핀다면 얼마든지 깨달을 수 있는 내용이다. 그리스도는 유대인과 이방인 사이의 장벽을 무너뜨리시고, 우리 사이의 담을 허시며, 우리를 법조문으로 된 계명의 율법으로부터 자유케 하셨다. 우리 모두를 동일한 하나님의 권속으로 삼으시고, 우리 사이에 있는 모든 적대감을 제거하시며, 사도와 선지자의 기초를 놓으셨고,

친히 모퉁잇돌이 되어 건물이 온전히 세워질 수 있게 하셨다. 우리를 하나로 연결하고, 성장할 수 있도록 양육하시며, 아버지와 화목하게 하셨고, 성령을 보내어 우리 안에 거하게 하셨다.

그러나 삼위일체 하나님께서 이 건축의 모든 요소들을 친히 성취하셨음에도 불구하고, 많은 교회들이 여전히 그 성전을 붕괴시키려 하고 공동체를 분열시키려 하고 있다. 우리는 하찮은 문제들 때문에 나눠지고 '화해할 수 없는'(우리 관점에서 볼 때) 극단으로 분열된다. 내가 요즘 자주 하는 말이 있다. "이제부터 너희는 외인도 아니요 나그네도 아니요"라는 말씀은 이렇게 풀어써야 한다. "이제부터 너희는 구세대도 아니요 신세대도 아니요, 찬송가 우선주의자도 아니요 CCM 선호가도 아니요, 기타 연주자도 아니요 오르간 연주자도 아니요"라고 말이다. 우리의 음악적 취향이 모두 다름에도 불구하고 그리스도는 우리를 하나로 묶어 그분을 찬양하게 하실 수 있음은 분명해 보인다. 하지만 여전히 많은 교회들은 예배의 '형식' 문제를 놓고 분열을 자초하고 있다. 분열 대신 우리는, 그리스도께서 막힌 담을 허무시고 한 백성으로 만드셨음을 깨닫게 하는 공동체적 분별의 과정을 진지하게 감당할 수는 없을까?[14]

---

14 만일 당신이 몸담고 있는 교회가 예배 문제로 분열되어 있다면, *A Royal "Waste" of Time*에 나온 질문과 통찰을 활용하기를 다시 한번 권한다. 그 책은 교회 예배에서도 연합을 이루기 위한 작업을 진행하는 과정을 자세히 설명한다. 그 책의 인세는 젊은 그리스도인 음악가들을 위한 장학금으로 제공되며, 그들이 음악을 통해 일치를 배우도록 격려한다. 책에 소개된 교회 음악 훈련은 고등학교의 성악과 기악 연주자들을 위해 Lutheran Music Program이 주최한 여름 강좌에서 진행되었다. 『고귀한 시간 '낭비'-예배』(이레서원)

교회는 어떤 모습으로 드러나야 하는가? 오래전에 어느 작은 도시에 있는 작지만 활기찬 교회에서 봉사한 적이 있다. 그 도시에는 두 개의 대학 캠퍼스 외에 그리 눈에 띄는 것이 없었다. 여름 방학이면 많은 교수들이 연구를 위해 떠나고 학생들은 집으로 돌아갔다. 그러면 남아 있는 두 캠퍼스의 모든 연령대의 교인들이 한 공간에 모여 예배를 드렸다.

어느 주일에 우리는 교회를 지었다. 나는 앞에 앉은 아이들에게, 성경 시대에는 성전 건축을 하려면 가장 먼저 모퉁잇돌이 필요하다고 설명했다. 모퉁잇돌은 건물 전체를 지탱하는 가장 중요한 기초가 되며, 직각 형태의 돌을 선택한다. 나는 커다란 성경을 모퉁잇돌로 생각해보라며 들어 보이면서, 그 돌을 한 귀퉁이에 놓으면 그에 따라 벽이 세워질 위치가 정해지고 수직으로 세울 수 있게 된다고 설명했다. 그런 다음 모퉁잇돌 되시는 예수 그리스도를 소개하고, 아이들 앞에 커다란 성경을 내려놓으면서, 그분이 어떻게 교회의 모퉁잇돌로서 모든 것의 판단 기준이 되시는지 이야기했다.

그러고 나서 사도들과 선지자들의 기초를 놓았다. 아이들은 성경 서신서와 예언서를 기록한 저자들의 이름을 하나씩 말하면서 자신들이 가지고 온 성경을 기초석처럼 깔았다.

이 기초 위에 아이들은 다시 각자 집에서 가져온 신발 상자를 벽돌처럼 쌓아 교회를 지었다. 누구랄 것 없이 그 자리에 함께한 모두가 교회를 짓는 일에 참여했고, 신발 상자에는 각자의 이름과 교회를 위해 사용하고픈 자기만의 은사를 그림이나 색으로 표현하게 했다. 신

　　　　　　　　　　　　　불필요한 목회자

발 상자를 기초석 위에 쌓아 올리기 전, 자기를 소개하고 교회를 위해 어떻게 자신이 하나의 벽돌로 사용될 수 있을지 말해보게 했다.

여섯 살짜리 마이클은 아직도 잊지 못한다. 마이클은 매주 금요일마다 나와 함께 요양원에 가서 노래를 불렀는데, 그때마다 어떤 어르신의 손을 잡아주어야 하는지 정확하게 아는 듯한 비상한 재능을 유감없이 보여주었다. 그날 예배에 참여한 모든 교인이 신발 상자를 쌓아 교회를 지을 때, 마이클은 자기 상자에 커다란 스마일 모양을 그려 넣었다. 교회 한 가운데 그 상자를 놓으면서 모든 사람이 들을 수 있도록 크게 외쳤다. "저는 사람들을 행복하게 해주고 싶어요." 마이클은 자신과 자신이 가진 은사가 그리스도인 공동체에 얼마나 중요한지 알고 있었다.

교회의 모든 구성원이 자기가 빠지면 교회가 완전해질 수 없음을 깨닫게 된다면, 어떤 일이 일어날까? 한 사람이라도 자기 자리를 비우려 하겠는가? 그리스도인 공동체로서 우리 모두가 서로에게 필요한 존재라는 것을 알게 하고, 공동체의 행복을 위해 필수적이라는 사실을 강조하려면 어떻게 해야 하는가? 어떻게 하면 공동체 안에서 복수형의 언어로 서로를 바라보고 인정할 수 있을까?

언젠가 내가 섬기던 교회에 찬양을 유난히 좋아하는 한 사람이 있었다. 하지만 그는 거의 음치에 가까웠다. 그가 교회에 나오지 못한 어느 주일, 성가대의 찬양은 엉망이었다. 나는 성가대의 수준이 오히려 떨어지는 것을 보고 의아하게 생각했다. 그 다음 주일 예배가 시작될 때 성가대를 자세히 살폈다. 그가 성가대에 서서 다른 대원들과 함께 큰 소리로 노래하고 있었다. 그러나 그의 열정은 다른 모든 이들로 하여금 마찬가지로 큰 소리로 노래하게 만들었다. 아마도 다른 대원들은 (음치인 그에 비하면) 자신들의 목소리가 그리 나쁘지 않다고 생각했던 것 같다. 아니면 그의 불협화음을 자신들의 목소리로 묻어버리려 했을 수도 있을 것이다. 이유야 어떻든 간에, 그가 성가대에 함께 섰을 때 그의 열정은 다른 대원들로 하여금 더 열심히 노래하도록 자극했다. 공동체 전체가 그의 존재 덕분에 혜택을 입었다.

참으로 이상한 은사가 아닌가? 하지만 이것은 유진 피터슨 교수가 8장에서 언급한 내용과 정확히 맞아떨어진다. 그는 대단한 사람들보다는 '그리 뛰어나지 않은 사람들'이 공동체를 세워나가는 데 극적인 역할을 담당한다고 말했다. 게다가 그들이 그 역할을 감당하는 방식은 종종 아주 놀라울 정도라는 것이다. 뛰어난 재능을 가지고 공동체와 예배를 인도하는 사람들도 많다. 그들의 공헌도를 깎아내릴 의도는 없다. 그럼에도 불구하고 그러한 기술들이 '필수적이지' 않다는 것을 인식해야 한다. 그런 기술들은, 하나님께서 구원받은 죄인들의 무리를 모아 공동체를 세우시는 일에서 사용하시는 성령님의 주된 수단이 아니기 때문이다. 하나님의 성령이 아니었다면, 그들은 그 자리에 설 수도 없었다.

나는 교회 안에서 교인들에게 어떤 성령의 은사가 있는지 측정하기 위해 치르는 간단한 테스트를 전혀 신뢰하지 않는다. 그런 테스트를 만들어내는 사람들은 바울과 베드로가 제시한 은사의 목록이 상징적이라는 사실을 알지 못한다. 바울은 로마서 12장에서 일곱 가지

불필요한 목회자

(유대인들 사이에서 완전함을 의미하는 상징적인 숫자) 은사를 언급하는데, 그것은 나머지 다른 모든 은사를 대표하기 위한 목적이 있다.

모든 영적 은사는 은혜의 수단이다. 은사에 해당하는 헬라어 '카리스마타(Charismata)'는 '카리스(charis)', 즉 '은혜'에서 파생된 복수형이다. 성령님께서는 은혜를 전달하기 위해 은사를 사용하신다. 은사를 받는 그 사람을 통해 은사를 사용하셔서 그로 인한 열매를 얻는 사람들에게 더 많은 은혜를 나눠주려 하신다. 따라서 우리는 영적인 은사들이 무수히 많다는 것을 상상할 수 있다.

내가 아주 좋아하는 은사가 있다. 교회에서 식사를 마친 후에 기쁜 마음으로 설거지를 하는 바람에 주변의 다른 사람들이 주방일을 거들고 싶게 만드는 은사다.

이런 은사가 포함된 목록을 본 적이 있는가? 하지만 나는 그런 은사를 가진 사람을 알고 있다. 그녀는 내가 만난 그 누구보다도 솜씨좋게 비눗방울을 통해 더 많은 은혜를 흘려보낸다. 모든 교회 공동체를 세우는 데에는 그런 사람이 반드시 필요하다.

교회를 세우기 위한 리더십

에베소서 2장에서는 사람들 사이를 갈라놓았던 장벽들이 허물어지고, 바른 각도의 모퉁잇돌이 놓이며, 그 위에 다양한 벽돌들이 함께 어울려 성전을 이루는 멋진 그림이 그려졌다. 에베소서 3장 1-13절은 진정한 공동체를 이끌어나가는 데 필요한 리더십에 대해 설명한다.

유진 피터슨 교수가 이미 충분히 설명했으므로, 여기에서는 에베소서가 보여주는 목회적 성품의 주요 요소들을 간단히 살펴보려 한다. 바울과 교회의 다른 지도자들과 더불어, 우리 역시 이런 모습이기를 원한다.

- 남을 위하여 기꺼이 갇힌 자가 된다(1절).
- 다른 사람을 위하여 우리에게 부여하신 하나님의 그 은혜의 경륜(오이코노미아, *oikonomia*)을 정확히 인식한다(2절).
- 계시를 통해 알게 하신 하나님의 비밀(뮈스테리온)을 기꺼이 받아들인다(3절).
- 다른 사람들이 깨달을 수 있도록 그리스도의 비밀을 알리고 싶은 열망을 지닌다(4절).
- 하나님의 계시의 비밀에 관한 메타내러티브를 알고 있고, 하나님의 그 원대한 계획 속에서 자신의 위치를 안다(5절).
- 이방인들도 복음으로 말미암아 그리스도 예수 안에서 함께 상속자(쉼클레로노모스, *sugkleronomos*)가 되고 함께 지체(쉬쏘마, *sussōma*)가 되고 함께 약속에 참예하는 자(쉼모테코스, *summetochos*)가 되는 것을 확신한다(6절).
- 우리를 은혜의 선물을 따라 하나님의 일꾼으로 만드시는 하나님의 능력에 관심을 기울인다(7절).
- 그리스도의 풍성을 전하여 다른 이들에게 영적 빛을 비추는 특권을 갖기에 자신이 부족하다는 것을 겸손히 인정한다(8-9절).

불필요한 목회자

- 만물을 창조하신 그 하나님 속에 영원부터 감추어졌던 비밀의 경륜을 드러내기 위해 우리를 사용하신다는 것을 깨닫는다(9절).
- 하늘에서 통치와 권세들에게 하나님의 각종 지혜를 알게 하도록 교회를 부르셨다는 사실을 인식한다(10절).
- 하나님께서 그리스도 예수 안에서 예정하신 뜻을 성취하셨다는 것을 깨닫고 그에게 순종한다(11절).
- 그리스도 안에서 그를 믿음으로 말미암아 담대함과 확신을 가지고 하나님께 나아간다(12절).
- 하나님을 위한 사역을 담당하는 자들에게는 환난이 곧 영광이라는 것을 확신한다(13절).

나는 헬라어 본문에서 이런 목록을 발췌하면서 하나님을 섬기는 목회자들이 누리는 엄청난 특권에 놀랐다. 목회자들은 하나님의 비밀의 경륜을 날마다 더 배우고, 신앙 공동체를 세우고 양육하며, 하나님의 약속에 이미 참여한 사람이나 아직도 그 약속에 접붙임을 받아야 하는 이들에게 하나님의 복된 소식을 선포하는 특권을 얻었다.

본문을 자세히 보면 하나님의 경륜에 공동체가 반드시 포함된다는 것을 알게 된다. 우리 가운데 어느 누구도 자기 혼자서 하나님의 다채로운 지혜를 충분히 알 수 없다. 하나님의 비밀은 우리가 깨닫기에는 너무나 광대하므로, 우리는 언제나 공동체의 한 부분으로서만 섬길 수 있다. 우리는 늘 공동 참여자, 공동 상속자, 하나님의 풍성한 은혜를 함께 나누는 자로서만 섬긴다.

공동체의 아이콘으로서의 가정

우리는 에베소서 5장 21-33절이 교회에서 남성과 여성의 바람직한 모습에 대해 어떻게 말하고 있는지 간단히 살펴보았다. 이제 그 본문의 내용을 좀더 넓은 관점에서 다시 살펴보려 한다. 그리스도와 그의 몸된 교회의 관계를 부부 관계에 대비시켜 생각해보려는 것이다.

이 본문은 특별히 나에게 깊은 울림으로 다가온다. 나는 몸이 많이 깨어진 아내이지만, 남편 마이런은 그의 교회를 돌아보시는 그리스도를 본받아 자기 몸처럼 나를 사랑해준다. 이런 결혼 생활에서 나는 남편 마이런을 통해 하나님께서 그리스도 안에서 나타내신 신실함을 선명하게 볼 수 있었다. 우리의 결혼은 일종의 아이콘이다.

우리는 늦은 나이에 결혼했다. 결혼한 순간부터 마이런은 완전 불구가 된 나의 다리를 대신해 항상 내 옆에 변함없이 서 있었다. 다리는 더이상 정상 기능을 못하므로 목발을 짚거나 휠체어를 의지할 수밖에 없다. 한쪽 귀는 청각을 상실했고, 한쪽 눈은 보이지 않는다. 암에 걸리고 신장 기능도 약화되었다. 다리 신경은 마비되었고 장 기능도 원활하지 못하다. 턱 관절이 약해지고, 상체를 지탱하는 뼈도 힘을 잃어간다. 마이런이 변함없이 나를 돌봐주는 것이 놀랍지 않은가? 우리 부부는 매달마다 결혼 기념일을 지킨다. 50번째와 100번째 달은 특별히 거창하게 기념했다. 오늘은 119번째 달의 5일째 되는 날이다. 이 모든 시간 동안 우리의 결혼은, 내게 있어 하나님께서 나의 깨어짐을 오래 참으시고, 자비롭게 돌보시며, 양육하시는 사랑의 가장 중요한 아이콘이었다.

에베소서 5장 21-33절은 결혼이 그리스도와 교회의 관계를 보여주는 아이콘이라고 가르쳐준다. 그러므로 교회는 공동체의 삶 속에서 결혼을 풍성히 기뻐해야 한다. 이 중요성을 인식한다면, 우리의 결혼 준비 교육을 어떻게 할 수 있을까? 결혼 예식을 어떻게 거행하고, 결혼 기념일을 어떻게 축하해야만 하는가? 그리스도를 교회의 신랑으로 이해하는 이미지는, 우리의 공동체 안에서 독신자들의 성적 순결을 어떻게 더 잘 존중하고 지지할지를 가르쳐줄 수 있지 않을까? 이 두 가지 영웅적인 역할—충실한 결혼 생활과 순결한 독신 생활—은[15] 죄로 병들고 고독하며 헌신하지 못하고 혼란스러운 우리 사회에 절대적으로 필요한 요소다. 그리스도인 공동체는 서로 복종하며 진정으로 사랑하고 완전한 용서로 특징되는 관계를 보여줌으로써 이웃에게 하나님의 은혜로운 신실하심을 나타내는 아이콘을 제시할 수 있어야 한다.

우리 문화는 성적인 만족을 인간 존재의 가장 중요한 요소로 만들어놓았다. 그와 반대로 대안 사회로서의 그리스도인 공동체는 단순히 '핵가족화'를 주장하지 않고, 얌전을 빼면서 성적인 결합을 반대

---

15 그리스도인의 결혼을 설명하기 위해 사용한 '영웅적'이라는 표현은 스탠리 하우어워스(Stanley Hauerwas)가 쓴 글에서 빌려왔다. "The Public Character of Sex: Marriage as a Heroic Institution," in *A Community of Character: Toward a Constructive Christian Social Ethic*(Notre Dame: University of Notre Dame Press, 1981), pp. 184-193. 나는 그 표현 속에 성적 순결을 향한 하나님의 뜻에 신실한 독신자들도 포함시켰다. 순결함을 지키며 독신으로 살아간다는 것은, 가정 붕괴와 성적 우상숭배가 만연한 이 사회에서 부부 생활 못지않게 힘든 것이기 때문이다.

하지도 않는다. 우리는 단순히 '섹스'를 성취감이나 친밀감의 원천으로 여기는 것이 맹목적인 우상 숭배이자 환상에 불과하다는 사실을 알고 있을 뿐이다.

성적 결합은 더욱 위대한 사실—그리스도와 교회의 신비—의 아이콘임을 안다. 따라서 교회가 제시하는 대안에서는 결혼한 사람은 물론이고 독신자 그리고 대가족도 더 큰 공동체의 일부가 된다. 하나님의 권속들이 함께 모인 공동체에서 모든 성인들은 모든 어린아이들을 돌보는 책임을 함께 지는 것이다.

이것은 기독교 공동체가 함께 논의하고 분별해야 하는 매우 실제적인 문제다. 주일 아침에 몇 명의 청소년들과 대화를 나누는가? 예배 시간에 서로에게 인사하면서, 아이들은 지나치고 어른들끼리만 시선을 맞추지 않는가? (나는 지금까지 초청받아 방문했던 교회에서 공동체의 어린 구성원들이 예배 때 이런 방식으로 종종 외면받는 상황을 자주 목격했다) 아이들을 진심으로 사랑하고 양육하여 그들 역시 하나님의 사랑을 받는 자들이며 공동체의 소중한 구성원이라는 것을 깨닫게 해주는 '어른들'은 과연 몇 명이나 되는가? "너희 자녀를 노엽게 하지 말고 오직 주의 교훈과 훈계로 양육하라"(엡 6:4)[16]는 교육적 소명을 심각하게 받아들이는 사람은 얼마나 될까?

에베소서 5장 21절에서 6장 9절에 제시된 모든 인간 관계는 우리

---

[16] 교회에서 아이들을 양육해야 하는 목회자와 부모의 심정에 대한 묵상과 토의를 위한 질문은 다음 책을 참고하라. *Is It a Lost Cause? Having the Heart of God for the Church's Children*(Grand Rapids: Wm. B. Eerdmans Publishing Co., 1997).

불필요한 목회자

를 향한 하나님의 사랑과 우리가 몸담고 있는 공동체의 사랑을 드러내는 기호이자 상징이다. 그렇다면 이 말씀은 진정한 사랑의 공동체를 열망하는 이웃들에게 굉장한 선물이다. 급격한 패러다임 변화의 과정 속에서 교회는 그리스도의 사랑이란 주인이 종들을 더 이상 노예로 여기지 않고 믿음의 형제 자매로 받아들이는 것이라고 배웠다. 교회가 하나님의 사랑을 입은 자들의 온전한 공동체 안에서 결혼, 부모 역할, 독신, 가족, 직장 내 관계에 대한 하나님의 뜻을 바르게 배울 수 있다면, 관계의 문제로 힘들어 하는 우리의 이웃들에게 가장 좋은 선물을 전해줄 수 있지 않겠는가?

공동체의 부르심과 덕목

에베소서에서 공동체를 세우는 것에 대해 가장 강력하게 말하는 본문은 4장에 있다. 바울은 자신이 감옥에 갇히게 된 원인이기도 한, 바로 그 일을 행하라고 에베소의 그리스도인들에게 간청한다. 에베소서 3장 14-21절은 바울의 위대한 기도와 찬양을 담고 있다. 그 본문에서 "모든 성도와 함께" 공동체를 세움으로써 하나님의 사랑의 충만함을 깨닫기를 기도했던 바울은 이제 에베소 교인들에게 그들의 부르심을 완수하라고 진지하게 부탁한다.

> 그러므로 주 안에서 갇힌 내가 너희를 권하노니 너희가 부르심을 받은 일에 합당하게 행하여(엡 4:1).

이것은 우리의 교회에 절대적으로 필요한 인식의 전환이다. 사람들은 목회 지도자를 '필요불가결한' 존재처럼 여기고 싶어한다. 그래야 자신들은 '만인 제사장직'의 책임에서 벗어날 수 있기 때문이다. 그러나 목회자들이 목회적 소명을 재발견하게 된다면, 목회자의 일이란 모든 교인들을 단지 준비시키고 자극하며 격려하여 교회에서 각자의 소명을 완수하도록 돕는 자에 불과하다는 사실을 깨달을 것이다. 그리하면 어느 누구도 다른 사람에 비해 더 '필요한' 존재가 되지 않고, 모든 구성원이 온전히 '교회가 되어' 제사장으로 부름 받은 소명에 합당한 모습으로 살아가게 될 것이다.

이와 같은 성경의 가르침은 오늘날에 와서 더욱 중요해졌다. 경제적이고 정치적인 거대 집단들이 사회를 혼란스럽게 만들면서 수많은 사람들의 직업이 위협을 받고 있기 때문이다. 세계적으로 빈부 격차가 날로 심해지고, 대기업 최고경영진은 터무니없이 높은 연봉을 받는 데 비해 일반 노동자들은 실직의 위협에 시달리고 있다. 대학 졸업자의 절반 이상이 자기가 원하는 곳에서 정규 일자리를 얻지 못하고, 작업 위험도가 높은 많은 직업군에 들어가 갈수록 비정규직화하고 있다. 이런 현실적인 요소들은 우리가 살아가는 세상이 직업이라는 측면에서 매우 열악한 곳임을 단적으로 드러낸다.

그렇기에 교회가 이와 관련한 패러다임의 전환을 이룰 수 있다면 얼마나 놀라운 변화가 가능하겠는가? 교회 구성원들로 하여금 우리의 직업은 하나님 나라를 위해 각자의 부르심을 감당하는 자리라는 사실을 일깨워주는 것이다. 바울이 고린도후서 5장 17절에서 설명한 것처럼, 우리가 그리스도 안에 있으면 새로운 피조물이 된다. 이전 것은 지나가고 모든 것이 새롭게 된다. 그로 말미암아 우리는 하나님께서 다스리시는 나라의 대사로서 세상에서 하나님을 섬기며 살아가도록 부르심을 받았다.

복음서 기자들은 예수님의 설교를 처음 기록하면서 헬라어 동사의 완료형을 사용했다. 예수님께서 전하신 메시지를 문자적으로 이해하면 "때가 찼고(지금도 찬 채로 있으며) 하나님의 나라가 가까이 왔다(지금도 가까이 머물고 있다)"(마가복음 1장 14-15절을 보라). 예수 그리스도는 성육신을 통해 새로운 창조, 새로운 시대를 이 세상 속으로 가져오셨고, 그것은 지금도 여전히 세워진 상태로 있어서 우리가 지금 그 나라에 참여하고 다른 이들에게도 전할 수 있다. 우리는 그 나라의 클라이막스는 아직 모르지만 예수님께서 세우신 하나님 나라를 미리 맛보면서 이미와 아직 사이의 '중간 시대(meanwhile times)'에 살아간다. 요한계시록 11장에서 말하는 것처럼 일곱째 천사가 나팔을 불 때에 하늘에서 큰 음성들이 들려올 것이다.

세상 나라가 우리 주와 그의 그리스도의 나라가 되어
그가 세세토록 왕 노릇 하시리로다 하니(계 11:15).

그때 하늘의 이십사 장로들은 하나님 앞에 엎드려 얼굴을 땅에 대고 경배하며 찬양할 것이다.

감사하옵나니

옛적에도 계셨고 지금도 계신 주 하나님

곧 전능하신 이여

친히 큰 권능을 잡으시고 왕 노릇 하시도다(계 11:17).

이러한 종말론적인 비전이 지금 우리의 공동체적 부르심을 일깨워준다. 그리스도가 이미 하나님 나라를 시작하셨고, 그 나라는 지금도 우리 가운데 있으며, 언젠가 완전한 승리를 거두게 될 것을 알기에, 지금 하나님 나라의 임재와 목적 안에서 살아가고, 우리가 가는 곳마다 그 사실을 전한다. 우리는 예나 지금이나 변함없이 기쁨으로 살아가는 하나님 나라의 제사장들이다.

그렇다면 목회자들은 어떻게 공동체의 모든 성도들로 하여금 하나님 나라의 대사로서 자신들의 사역을 위한 비전과 재능을 갖추게 할 수 있을까? 목회자들은 성도들이 어디를 가든지, 어떻게 살든지, 어떤 직장에서 일하든지 하나님의 제사장인 것을 어떻게 하면 잊지 않게 할 수 있을까? 우리는 하나님 나라가 언제, 어디서, 어떻게 이 세대 속으로 꿰뚫고 들어올지 알 수 없다.

목회자로서 소명을 새롭게 발견하게 될 때, 우리는 교회 공동체를 끊임없이 초청할 수 있다. 설교와 찬송과 대화와 기도를 통해 교회 공동체가 자신들의 제사장직을 받아들이고 기뻐하고 새롭게 되도록 지속적으로 인도할 수 있다. (7장에서 언급한) 등잔의 교훈에 입각해, 그들을 자유롭게 함으로써 밝게 빛을 발하도록 인도할 수 있다. 하나

불필요한 목회자

님께서는 우리 등잔에 불을 밝혀주시고, 우리를 각자의 등경 자리에 두시며, 사람들을 생명으로 인도하게 하신다. 무엇보다도 우리는 각자가 하나님 나라를 나름대로 드러내며 밝힘으로써 하나님의 기쁨에 동참한다.

아시시의 성 프란치스코는 이렇게 말했다. "항상 복음을 전하라. 필요하다면 말을 사용하라." 목회자로 부르심을 받은 자들은 건전하고 숙련되고 신학적으로 다듬어진 말씀을 사용해 하나님 나라의 복음을 전파한다. 동시에 목회자들은 하나님 나라에 대해 어떻게 말해야 할지 걱정할 필요가 없다는 것을 알려주어 성도들을 자유케 해야 한다. 하나님께서는 우리가 무슨 말을 해야 할지 알게 하겠다고 약속하셨기 때문이다.

더 나아가 우리가 하나님의 임재를 연습하며 어디를 가든 하나님 나라의 대사로 살아갈 때, 하나님께서는 우리의 모든 삶을 그분의 목적에 맞게 사용하신다. 이와 같은 부르심의 비전을 그리스도인 공동체 구성원들에게 일깨우는 것이야말로 진실한 목회자로서 마땅히 누려야 하는 부르심이라는 것은 실로 기쁨 그 자체가 아닌가!

에베소서 4장의 둘째 구절은 모든 성도의 제사장직에 대한 설명에 여러 가지 덕목을 부가시킨다.

모든 겸손과 온유로 하고 오래 참음으로 사랑 가운데서 서로 용납하고 (엡 4:2).

이 책 2장에서 다룬 내용을 기억하라. 그리스도인 공동체를 제사장직에 알맞게 구비시키는 목회적 소명을 재발견하려면 세상 문화의 화려함을 단호히 거부할 수 있어야 한다. 목회자는 겉만 화려한 이미지들로 성도들을 장식하려 하지 말고, 온전한 성품과 인격—우리가 불필요한 존재라는 겸손한 인식, 온유한 태도와 행동, 오래 참고 견디는 능력—을 갖추도록 구비시켜야 한다. 그래야 그리스도인 공동체에 속한 모든 성도들과 함께 하나님 나라를 온전히 전하며 살아갈 수 있다.

하나님께서 하나 되게 하신 것을 굳게 지키라는 부르심

우리의 부르심에는 하나의 역설이 있다. 한편으로 하나님께서 이미 교회의 하나 됨을 이루셨으므로, 그 일에 있어 우리는 전적으로 불필요한 존재다. 다른 한편, 우리는 에베소서에서 그 하나 됨을 지키기 위해 할 수 있는 모든 일을 하라는 도전을 받는다. 겸손과 온유, 인내와 오래참음은 결국 이것을 위한 덕목인 셈이다.

평안의 매는 줄로 성령이 하나 되게 하신 것을 힘써 지키라(엡 4:3).

하나 됨을 지키기 위해서는 지속적인 관심과 열심 있는 노력이 필요하다. 하나 됨을 방해하려는 많은 권세들이 존재하고, 죄에 물든 인간의 욕망과 행동도 분열을 조장하려는 성향을 지니고 있기 때문이다. 하나님의 샬롬 안에 지속적으로 참여하려면 공동체 전체의 헌신이 있어야 한다. 모든 구성원이 함께 관심을 기울이고, 서로 화목하며, 서로를 돌아보고, 서로를 권면하며, 오랜 시간 서로에게 헌신하는 것이다.

프린스턴 출신의 뛰어난 기독교 사회학자 로버트 워스나우(Robert Wuthnow)는 미국의 소그룹에 대한 연구에서, 대부분의 모임이 정도 차이는 있지만 진정한 의미에서 서로를 지지하는 데 실패하고 있음을 발견했다. 대부분의 모임은 그저 편안한 분위기를 제공하고 반대 의견 없이 감정을 나누는 공간으로 기능한다. 만일 모임에서 누군가가 자신을 책망하거나 권면하면서 책임을 묻는다면, 그는 기존 그룹을 떠나 자기를 '더 지지해줄'[17] 다른 모임을 찾아 떠난다. 하나님의 성령 안에서 하나 됨을 이룬다는 말은 구성원들이 단순히 서로 등을 두드려주면서 각자의 탐욕과 우상숭배를 계속하는 것을 의미하지 않는다.

진정으로 하나가 되었다는 것은 하나님의 샬롬이라는 공통된 유대 안에서 결속되는 것이다. 이 샬롬은 거짓 신들을 용납하지 않으며, 여기에는 불일치가 상존하는 현실을 기만하거나 희석함으로써 얻은 '편안함'이라는 신도 포함한다. 그리스도인 공동체는 언제나 하나님 말씀에 비추어 자신들의 하나 됨을 점검하고 성령의 하나 됨으로 진실하게 매여 있는지 분별한다. 그리고 그 안에서 발생하는 성경적이

---

17 Robert Wuthnow, *Sharing the Journey*(New York: Free Press, 1994).

지 않은 태도와 말과 선택과 행동으로 인해 하나 됨이 깨어질 때, 모든 구성원은 서로에게 책임을 묻고 바로잡는다.

오늘날 문화의 지배적인 가치들에 부응한 결과, 우리 공동체는 '교회 쇼핑족' 사회가 되고 말았다. 사람들은 '자신들의 욕구를 최대한 충족시켜주는' 교회를 찾아다니고, '보다 신나는 음악'을 사용하는 교회에 더 높은 별점을 매긴다. 공동체가 조금이라도 자신들에게 부담감을 줄 것 같으면, 편안하게 느낄 수 있는 다른 곳을 찾아 떠난다. 이것은 '교회'의 모습이 아니다. 많은 목회자들이 교회를 마케팅이라는 시각에서 바라보고 규정하는 잘못된 언어에 미혹되어 있다. 교회와 관련한 마케팅 개념을 가능한 한 신속히 사람들의 머리에서 몰아내야 한다.

제자도는 마케팅의 대상이 아니고 구매할 수 있는 상품도 아니다. 교회는 사람들의 욕구와 기호, 또는 취향에 맞춰 '종교적인 재화와 서비스를 공급하는 판매업자'가 아니다. 교회는 하나님 나라를 전파하기 위해 '보냄을 받은 한 무리의 사람들'로 위임을 받았다.[18] 그러므로 우리는 역경이 닥쳤을 때 떠나지 않고, 오랜 시간 긴 여정을 함께하는

---

18 George Hunsberger, "Sizing Up the Shape of the Church," in *The Church Between Gospel and Culture: The Emerging Mission in North America*, ed. George R. Hunsberger and Craig Van Gelder(Grand Rapids: Wm. B. Eerdmans Publishing Co., 1996), pp. 333-346. 이 책은 '선교적 교회' 회복을 위해 Gospel and Our Culture Network에서 출판한 자료집 시리즈 가운데 첫 번째 책이다. 다른 자료들은 다음과 같다. Darrell L. Guder, ed., *Missional Church: A Vision for the Sending of the Church in North America*(Grand Rapids: Wm. B. Eerdmans Publishing Co., 1998), and Craig Van Gelder, ed., *Confident Witness — Changing World.*

불필요한 목회자

선교적 백성들을 길러내야 한다. 갈등이나 긴장, 혼란이나 문제가 발생했을 때 그것은 진정한 그리스도인 공동체란 무엇을 의미하는지 배울 수 있는 아주 좋은 시간이다. 다만 여기에는 우리가 그 상황을 철저히 성경적으로 다루고 해결하기 위해 온 힘을 쏟는다는 전제 조건이 붙는다.

우리의 하나 됨을 기뻐하라

에베소서 4장의 이어지는 세 구절은 읽기보다 차라리 춤으로 표현하는 것이 더 잘 어울린다는 느낌을 준다. 본문의 각 명사들은 기독교 공동체의 삶에 내포된 다양한 측면을 하나의 발레처럼 단일한 관점에서 펼쳐 보여주는 깊은 상징이다. 하나님께서 우리 안에 이루신 하나 됨은 다음과 같은 요소로 이루어져 있다.

> 몸이 하나요 성령도 한 분이시니 이와 같이 너희가 부르심의 한 소망 안에서 부르심을 받았느니라(엡 4:4).

한 몸, 한 성령, 한 소망. 이렇게 4절에 나오는 각 명사구를 꼭짓점에 둔 삼각형을 그려보자. 이 시점에서 우리가 한 성령을 충분히 논하기에는 너무 방대하지만, 그 이름만으로도 우리는 성령님의 놀라운 사역에 경이를 느끼게 된다. 우선 성령님께서 어떻게 이렇게 기묘하게 뒤섞인 사람들의 모임을 한 몸으로 모으실 수 있는지 그 자체로도 분

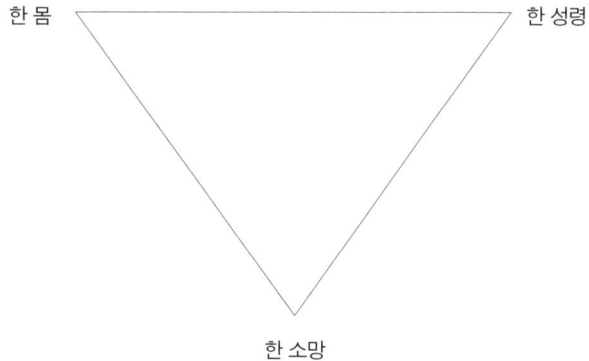

명 하나님의 비밀임에 틀림없다.

어떤 그리스도인들은 교회 안에서 모든 사람과 사이좋게 지내야 한다는 부담감을 갖는다. 그것은 잘못된 생각이다. 그럼에도 나는 하나님께서 원수를 사랑하라는 말씀의 실천을 위해 가끔은 의도적으로 우리를 도저히 함께 있기 힘든 사람들과 하나로 묶어놓으실 때가 있다고 생각한다. 우리는 그리스도의 몸(교회)을 이루는 일에 전적으로 불필요한 존재들이다. 이것은 우리의 결정이나 계획이 아니라 철저히 성령의 일하심에 의해서만 가능한 일이다. 우리가 '교회를 선택하기' 전에 우리의 기준이 아니라 하나님이 원하시는 기준에 더 귀를 기울인다면, 성령님께서 우리의 부르심을 통해 얼마나 더 큰 일을 행하실지 궁금하다.

바울이 본문에서 말한 '부르심의 한 소망'은 무엇을 의미하는가? 그는 에베소서 1장 18절에서도 그런 표현을 사용했다. 신약성경에는

불필요한 목회자

우리의 영원한 소망(일시적 위로나 관계적 만족을 넘어서는)을 묘사하는 다양한 이미지들로 가득 차 있다. 무엇보다 우리는 하나님 안에 소망을 둔다(벧전 1:21). 그밖에 어떤 소망이 있는지 구체적으로 살펴보자.

- 만민에게 전파된 복음의 소망(골 1:23)
- 믿음으로 말미암는 의의 소망(갈 5:5)
- 하나님께서 우리를 버리지 않으신다는 소망(시 16편, 행 2장에 인용)
- 하나님의 약속이 지켜지리라는 소망(행 26:6-7)
- 살든지 죽든지 그리스도가 우리 몸에서 영화롭게 되리라는 소망(빌 1:20)
- 고난의 때에도 위로를 얻으리라는 소망(고후 1:7)
- 구원의 소망(살전 5:8)
- 부활의 소망(행 23:6, 24:15, 벧전 1:3)
- 끝까지 견디는 소망(히 3:6, 6:11), 그리고 마지막 때에 임할 은혜를 기다리는 소망(벧전 1:13)
- 하나님이신 구주 예수 그리스도의 영광스러운 나타나심을 기다리는 복된 소망(딛 2:13)
- 하늘에 쌓아둔 소망(골 1:5)과 영생의 소망(딛 1:2, 딛 3:7)

이 모든 것들은 예수 그리스도께서 우리의 소망이시라는 진리로 요약된다(딤전 1:1). 또한 그리스도께서 우리 안에 계시기 때문에, 우리는 하나님의 영광에 대한 소망을 갖는다(롬 5:2, 골 1:27). 성령께서는 이 공통의 소망을 우리 모두에게 전달해주심으로써, 한 몸 안의 모든 지체들이 하나로 연합되게 하신다. 우리는 이 소망 안에서 하나가 된다.

삼위일체의 두 번째 위격(예수 그리스도)에 관련된 내용에서도 삼각형을 이끌어낼 수 있다.

주도 한 분이시요 믿음도 하나요 세례도 하나요(엡 4:5).

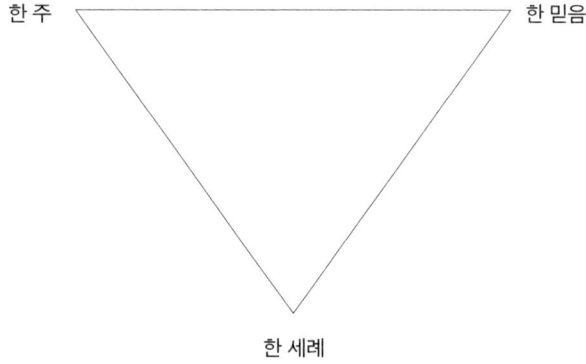

우리의 공통된 믿음은 예수님께서 우리를 대신하여 행하신 사역에 중심을 두고 있으며, 삼위 하나님께서 우리와 어떤 관계를 맺으시는지 그 본질을 계시해주신 데 있다. 우리는 세례를 통해 예수님을 믿는 자들의 공동체 속에 들어왔고, 그 세례는 곧 우리가 그리스도와 함께 죽었다가 다시 살아났음을 의미한다. 그 결과 우리는 그리스도

불필요한 목회자

안에서, 그리고 그분의 임재로 인해 새로운 공동체의 삶을 살아가게 된 것이다. 이렇게 심오한 상징들을 춤추듯 묵상하면서, 우리는 우리의 믿음이 오직 예수 그리스도 한 분께 있음을 고백하고, 세례를 통해 그분이 우리 안에 들어오셨음을 축하하며 기뻐한다.

그리스도인의 연합을 노래하는 이 구절에서 우리는 다양한 이미지들을 찾아볼 수 있다. 각 용어 하나하나가 우리의 공동체적 삶을 규정하는 완전한 교리들을 담고 있기 때문이다. 이 구절들은 우리가 하나가 될 수 있는 근거를 제시하며, 공동체를 분열시키려는 모든 흐름에 저항할 수 있는 기준을 제공한다.

또한 믿음에 대한 성경의 표현들을 앞서 소망의 경우처럼 자세히 들여다보면, 다양한 이미지와 은유들이 모두 우리를 삼위 하나님과의 관계 속으로 이끌기 위해 예수 그리스도와 그분의 사역에 초점을 맞추고 있음을 발견할 수 있다. 더 나아가 세례에 대한 여러 교파들의 다양한 이해를 살펴보면, 저마다 고유한 그들만의 공헌이 있다는 것도 알 수 있다.

그러나 이 자리에서는, 예수 그리스도 안에서 받은 세례가 전세계 그리스도인들을 하나로 묶어줄 그런 날을 간절히 고대해보자. 우리는 모두 세례를 통해 한 분이신 예수님과 더불어 죽음으로써 구습을 좇는 옛사람을 벗어버린 자들이다(엡 4:22). 우리는 우리 안에 거하고 우리를 통해 역사하시는 그리스도로 인해 새롭게 된 자들이다(엡 4:23). 우리는 하나님을 따라 의와 진리의 거룩함으로 지으심을 받은 새 사람을 입은 자들이다(엡 4:24).

모든 시대와 장소를 초월한 세례받은 그리스도인들은 하나의 공동체, 곧 교회에 속해 있다. 예수님께서는 우리 모두가 공동의 믿음을 소유하고 있으며 동일한 삶의 길을 가는 자들인 것을 깨닫는 수준까지 이끌어가기를 원하신다. 그분은 이렇게 말씀하셨다. "또 이 우리에 들지 아니한 다른 양들이 내게 있어 내가 인도하여야 할 터이니 그들도 내 음성을 듣고 한 무리가 되어 한 목자에게 있으리라"(요 10:16).

하지만 우리는 참으로 심각하게 분열되어 있다. 초기에는 '하나의, 거룩한, 보편적이고 사도적인 교회'가 신학적 차이에 의해 교파로 나뉘었고 지금은 도덕적 선택이나 예배 형식의 차이 같은 것들로 더 깊은 분열이 일어났다. 심지어 그 분열은 동일한 교단 안에서도 생겨나고 있다.

우리는 평안의 매는 줄로 성령의 하나 되게 하신 것을 힘써 지켜야 한다. 예수님께서 말씀하신 것같이, 우리는 하나가 되어야 세상으로 하여금 하나님 아버지께서 예수 그리스도를 보내신 것을 믿게 할 수 있다(요 17:21). 그러므로 우리는 이렇게 질문해야 한다. 어떻게 하면 우리는 교파의 벽을 뛰어넘어 함께 협력하며, 예수님께서 말씀하신 '하나 됨'을 세상 앞에 드러낼 수 있을까? 어떻게 우리는 믿음을 해치는 본질적인 불일치와, 덜 중요한 차이점을 구별함으로써 세상에 전하는 복음의 증거를 훼손시키지 않을 수 있을까? 어떻게 우리는 서로가 지닌 도덕적 차이에 대한 복잡한 논의들을 더 철저하고, 부드럽고, 경청하며, 성령에 이끌리고, 성경적으로, 자비롭고, 신실하게 나눌 수 있을까?

마지막 절은 명사가 아닌 세 개의 전치사 구로 구성된 특이한 삼위일체적 구절로 이 '상징의 춤'을 마무리한다. 그리스도인 공동체는 하나이신 하나님에 의해 단단히 밀착되어 있다.

하나님도 한 분이시니 곧 만유의 아버지시라 만유 위에 계시고 만유를 통일하시고 만유 가운데 계시도다(엡 4:6).

성부 하나님은 끊임없이 공동체를 창조하신다. 그분은 만유 위에 계시고 만유를 통일하시고 만유 가운데 계신 분이기 때문이다. 목회자들은 신앙의 공동체를 끊임없이 추구하며 유지할 수 있다. 그 이유는 공동체의 성립이 목회자의 능력이 아닌 하나님으로부터 오기 때문이다. 즉 이러한 일에서 목회자는 본질적으로 '불필요한' 존재들이다. 6절에서 성부 하나님이 언급되면서, 4절부터 시작한 삼위일체에 관한 언급이 마무리된다.

나는 약 20년 전에 렌스키(R. C. H. Lenski)의 주장에 깊은 감명을 받았다. 그는, 에베소서 4장 4-6절에서 바울이 아홉 가지 항목을 언급하면서, 하나(한)라는 말을 일곱 번이나 사용했다고 지적한 바 있다. 렌스키는 그 숫자들이 우연히 제시된 것 같지 않다고 했다. 3×3의 합성수인 9는 그리스도인 공동체에서 이루어야 할 하나 됨의 근거로서 삼위일체를 철저히 강조하는 것이고, 더 나아가 7(유대인들의 완전수)은 3(삼위일체)과 4(유대인들의 사상에서 땅 전체를 상징하는 수)의 결합으로 이루어진다. 따라서 7이란 숫자는 하나님과 그의 백성들을 하나

로 묶어주는 최고의 연합을 의미한다는 것이 렌스키의 주장이다.[19]

　　그로부터 몇 년 후, 나는 이 놀라운 삼위일체적 연합과 하나 됨의
기초를 축하하기 위해 세 개의 삼각형(삼위일체)과 일곱 개의 점('하나'
라는 단어의 사용을 상징함)을 조합한 도식을 그려보았다.

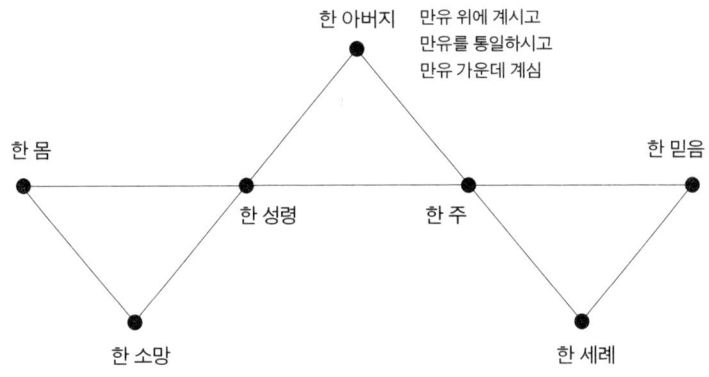

　　다시 한 번 기억해야 할 것은, 이처럼 풍성한 상징들을 따라 추는
춤이 우리로 하여금 스스로를 필요한 존재로 여기는 착각에서 벗어
나게 한다는 점이다. 몸, 믿음, 소망 그리고 세례의 삶(하나 됨과 관련된
인간의 네 영역)은 이미 삼위일체 하나님의 연합 안에 자리하고 있다.
삼위 하나님께서는 서로 간의 조화와 협력과 일치를 이루시며, 우리
를 그 친밀함 속으로 초대하시고, 하나님께서 우리를 위하여, 우리 안

19　R. C. H. Lenski, *The Interpretation of St. Paul's Epistles to the Galatians, Ephesians, and Philippians*(Minneapolis: Augsburg Publishing House, 1937), pp. 510-511.

에서, 우리를 통하여 그리고 우리를 초월하여 행하신 역사 속으로 참여하도록 부르신다. 우리의 하나 됨이 이미 하나님 안에서 존재한다는 사실을 기억한다면, 삼위 하나님께서 그분의 은혜를 자기 백성들 안에, 그리고 그들을 통해 확장해가실 때, 우리는 틀림없이 하나님의 그 연합 안에서 하나가 된다는 사실을 확신하고 신뢰할 수 있다.

공동체의 은사

그리스도의 몸 안에서의 이 연합은 그분이 주시는 은사에 의해 유지할 수 있다. 에베소서 4장 4-6절에서 보여준 놀라운 연합을 우리가 어떻게 보존하며 참여할 수 있을까 궁금해지려는 바로 그 순간, 성경은 이 또한 은혜에 달려 있음을 알려준다.

> 우리 각 사람에게 그리스도의 선물의 분량대로 은혜를 주셨나니
>
> 그러므로 이르기를
>
> 그가 위로 올라가실 때에 사로잡혔던 자들을 사로잡으시고(SD 55.24)
>
> 사람들에게 선물을 주셨다 하였도다.
>
> 올라가셨다 하였은즉 땅 아래 낮은 곳으로 내리셨던 것이 아니면 무엇이냐. 내리셨던 그가 곧 모든 하늘 위에 오르신 자니 이는 만물을 충만하게 하려 하심이라. 그가 어떤 사람은 사도로, 어떤 사람은 선지자로, 어떤 사람은 복음 전하는 자로, 어떤 사람은 목사와 교사로 삼으셨으니(엡 4:7-11).

이 본문은 삼위일체 안에서 우리의 하나 됨을 설명한 이전의 내용에 덧붙여진 영광의 찬송이라 해도 무방하다. 성육신, 권세들에 대한 그리스도의 승리, 승천, 성령을 보내심 등 이와 같은 전체적인 복음은 그리스도의 몸된 교회에 있는 각 사람이 그의 은혜의 충만함으로 은사를 받았다는 확신을 위한 기초로 제시되었다. 우리 각 사람은 그리스도의 몸 안에서 그분의 선물의 분량대로 은혜를 받았으므로, 한 몸인 공동체 안에 있는 다른 이들을 시샘할 필요가 없다. 나는 이 구절을 각 사람에게 주어진 분량이 더할 나위없이 완전하다는 의미로 받아들인다. 세례를 받은 성도들 안에 그리스도가 충만히 거하시기 때문이다.

하나님의 백성들이 서로에 대한 시샘에서 자유로울 수 있다는 것은 정말 놀라운 일이 아닐 수 없다. 만일 당신과 내가 그리스도의 충만함을 받았다면, 그리스도가 당신 안에서, 그리고 당신을 통해 내가 가지고 있지 않은 은사를 드러내신다 하더라도 무슨 상관이 있겠는가? 그리스도 그분이 최고의 은사이며 선물이다. 비록 그분의 은혜가 우리 안에, 우리를 위해, 우리와 함께, 우리를 통해 드러나는 방법은 다를지라도, 우리 모두는 그분으로 말미암아 충만함을 누린다.

나는 이런 진리를 친구인 팀으로부터 배웠다. 그가 신장이 좋지 않아 투석을 하는 동안, 나는 그의 곁에서 오랫동안 이야기했다. 몇 년 전에 내가 수련회에서 돌아와 흥분한 목소리로 전화에 대고 너무 좋았다고 호들갑을 떨었을 때, 그는 내가 재잘거리는 소리를 상냥하게 들어주었다. 내가 말을 마치고 한숨 돌리자, 그가 말했다. "우리가

불필요한 목회자

함께 신앙 생활을 하고 있다는 사실이 '정말' 기쁘다."" 왜 그런 말을 하는데?" 내가 물었다. "왜냐하면 네가 말한 모든 일들을 나도 경험한 것이나 다름없기 때문이지."

교회가 그와 같은 진정한 나눔(시샘이나 질투 없는)을 실천하고 다른 지체가 받은 은사와 축복을 함께 기뻐하고 진심으로 축하할 수 있다면 어떤 결과가 따르겠는가? 어떻게 하면 믿음의 형제 자매들이 자신들의 은사를 다른 사람의 눈치를 보지 않으면서 마음껏 발휘하게 할 수 있을까? 모든 교인들이 우리가 좀더 충만한 은혜에 사로잡혀 살 수 있다는 가능성을 인식한다면 어떤 일이 일어날까? 모든 사람이 자유롭게 자신이 소유한 '그리스도의 선물의 분량'을 드러내고, 공동체의 구성원들은 그것을 은혜로 받아들여 그 은사가 나머지 사람들을 위해 거침없이 발휘될 수 있게 한다면, 어떤 결과가 나타나겠는가?[20]

공동체에 속한 모든 구성원들의 은사를 은혜롭게 드러내려면 그들을 기능적으로 대하지 말아야 한다. 그리스도인에게 영적인 은사를 마음껏 발휘하고 자신이 진정으로 누구인지 충분히 발견해나가며 하나님의 백성으로 신실하게 살아가는 것보다 더 큰 기쁨은 없다. 성경은 우리가 자신의 영적 은사를 사용하고 우리 안에서, 그리고 우리

---

20 영적 은사의 개발과 나눔에 대한 설명은 내가 쓴 다음 책에 자세히 설명되어 있다. *Truly the Community*, chapters 11-15(pp. 92-138). 교인들로 하여금 은사를 개발하게 하는 그러한 목회 사역은 다음 책에 설명되어 있다. 『희열의 공동체』(복있는사람), *The Sense of the Call: A Sabbath Way of Life for Those Who Serve God, the Church, and the World*(Grand Rapids: Wm. B. Eerdmans Publishing Co., 2006).

를 통해 역사하시는 하나님의 은혜를 깨달을 때 가장 큰 만족을 누리고 가장 기뻐한다고 분명히 가르쳐준다. 우리의 공동체에 몸담고 있는 모든 이들이 진정한 자신의 모습을 발견함으로써 기뻐하고, 하나님께서 그리스도를 통해 그들에게 부여하신 은사를 충분히 사용할 수 있다면, 그보다 더 영광스럽고 기쁜 일이 어디 있겠는가?

나는 리젠트 컨퍼런스에서 에베소서 4장을 강의하면서, 이 본문에서 인용한 시편 68편이 전체 흐름과 아주 잘 어울린다고 생각했다.

그가 위로 올라가실 때에 사로잡혔던 자들을 사로잡으시고(SD 55.24)
사람들에게 선물을 주셨다 하였도다(엡 4:8, 시편 68편 18절 인용).

본문에서 인용한 시편은 거의 모든 주석가들이 주해하기 까다롭다고 인정한다. 시편 본문에는 구약성경 다른 어디에도 나타나지 않는 단어들이 포함되어 있고, 게다가 서로 어울릴 것 같지 않은 다양한 자료가 섞여 있기 때문이다. 왜 바울은 은사에 관한 본문 속에 이처럼 난해한 구절(아람어 역본에서만 발견되는 형태[21])을 인용했을까?

로버트 데이빗슨(Robert Davidson)의 글에서 상당히 바람직한 해석의 방향을 안내받을 수 있다.

시편의 각 부분은 하나님의 승리를 과거 현재 미래의 다양한 관점에서

---

[21] Robert Davidson, *The Vitality of Worship: A Commentary on the Book of Psalms*(Grand Rapids: Wm. B. Eerdmans Publishing Co., 1998), p. 214.

불필요한 목회자

조명하고 있는 듯하다. 특히 18절의 마지막 부분에 사용된 표현에서 시점의 변화가 일어나고 있음을 주목해야 한다. 시편의 전반부에는 '오시는' 하나님, '앞으로 나아가시는' 하나님에 대한 표현들이 등장한다. "하나님이 일어나시니"(1절) "하나님이 … 이끌어내사"(6절) "하나님이여 주의 백성 앞에서 앞서 나가사"(7절) "시내산 성소에 계심 같도다"(17절) "주께서 높은 곳으로 오르시며"(18절). 18절 이후로는 하나님께서 자기 백성과 함께 계심에 초점을 둔다. "날마다 우리 짐을 지시는 주"(19절) "성소로 행차하시는"(24-25절) 하나님, "대회 중에"(26절) "예루살렘에 있는 주의 전"(29절)에 계신 하나님을 노래한다.

시편 68편의 두 부분은 다음과 같은 신학적인 강조점을 상호 보충하고 있다. "그의 백성 앞에서 그들을 이끌어가시는 하나님의 모습과 백성들 사이에 거하시며 성소에서 그들을 만나시는 하나님의 모습을 동시에 보여준다."

바울도 이와 유사하게 두 가지 신학적인 개념을 하나로 묶어놓았다. 그리스도의 몸된 교회의 하나 됨을 위해 행동하시는 삼위일체의 하나님(엡 4:4-6)과, 그리스도의 분량에 따라 그가 베푸신 은사를 통해 공동체의 구성원들 가운데 거하며 성령을 부으심으로써 교회를 세우시는 하나님(엡 4:7-16)의 모습을 동시에 제시하고 있다.

위에서 설명한 개념이 정말로 바울의 마음속에 있었는지의 여부를 떠나서, 바울이 승천에 대한 강조를 위해 시편 본문을 인용했다는 점은 확신할 수 있다. 바울은 시편 본문을 인용함으로써 하나님의 승리를 강조하는 구약의 내용—시편 68편 18절의 표현이나 "하나님께서 즐거운 함성 중에 올라가심이여"(시 47:5)라는 표현이 강조하는 것 같은—과 그리스도가 행하신 전체 구원 사역의 최고 절정으로서 예수님의 승천을 연결시켰다.

바울은 그의 정교한 삽입구에서 구원 사역의 요소들을 자세하게 설명한다.

> 올라가셨다 하였은즉 땅 아래 낮은 곳으로 내리셨던 것이 아니면 무엇이냐 내리셨던 그가 곧 모든 하늘 위에 오르신 자니 이는 만물을 충만하게 하려 하심이라(엡 4:9-10).

이 구절은 그리스도가 "땅 아래 낮은 곳으로 내리셨다"고 진술함으로써 성육신을 말하는 것처럼 보인다. 하지만 바울은 성육신과 더불어 죽음으로의 하강 또는 "옥에 있는 영들"(벧전 3:19)에게 전파하기 위한 지옥으로의 하강을 말하려 했던 것은 아닐까? 또한 그는 "만물을 충만하게 하려" 하시는 그리스도의 승천에 성령의 부어주심을 암시한 것은 아닐까?

바울이 기록한 난해한 삽입구를 지나치게 확대 해석하는지도 모르겠다. 그러나 분명한 것은, 바울이 다른 서신들 곳곳에서 더 길게 설명한 교리 전체를 여기서 암시하고 있다는 점이다. 무엇보다 11절은 이렇게 말하고 있다.

불필요한 목회자

그가 어떤 사람은 사도로, 어떤 사람은 선지자로, 어떤 사람은 복음 전하는 자로, 어떤 사람은 목사와 교사로 삼으셨으니.

이 구절은 오순절 사건으로 우리를 이끌어간다. 예수님을 따르던 사람들은 그분이 승천하시기 직전에 "성령이 너희에게 임하시면 너희가 권능을 받으리라"(행 1:8)는 약속을 들었다. 그 사건이 있기 전, 부활하신 날의 저녁에 예수님께서는 제자들에게 명령하셨다. "볼지어다, 내가 내 아버지께서 약속하신 것을 너희에게 보내리니 너희는 위로부터 능력으로 입혀질 때까지 이 성에 머물라 하시니라"(눅 24:49). 그러므로 그분의 몸(교회) 안에서 우리가 맡은 사명을 감당할 수 있는 것은 오직 그리스도의 승천과 뒤이어 성령을 통하여 은사가 주어졌기 때문이다.

그리스도는 신앙의 지도자를 교회에 선물로 주셨다

이 책의 마지막 부분은 교회의 여러 지도자들을 임명하는 문제에 대한 언급으로 시작한다. 11절의 강조점은 이런 저런 은사를 '준다'는 사실이 아니라 "누가 그 은사를 주는가" 또는 그들을 "누가 임명하는가" 하는 데에 맞춰져야 마땅하다. 왜냐하면 그리스도가 목사와 교사, 그리고 나와 당신 같은 목회자들을 교회에 선물로 주셨기 때문이다. 얼마나 큰 위로와 격려가 되는 말씀인가! 목회자가 스스로를 '필요한' 존재로 여기지 않도록 도와주는 동시에 목회자의 소명을 재발견하는 길을 제시해주는 말씀이다.

먼저 본문에 담긴 격려의 내용에 초점을 맞추겠다. 분명히 이 책을 읽고 있는 어떤 분들은 소명의 문제로 고민하며 낙담하고 있을 것이기 때문이다. 먼저 내가 목회자들을 얼마나 존경하는지 말하지 않을 수 없다. 나는 영어학 석사 과정을 마치고 신학대학원 과정을 다닐 때부터 교회를 맡아 섬겼다. 졸업하고 나서도 얼마 동안 두 교회에서 사역한 경험이 있다. 따라서 목회가 얼마나 힘든 일인지 조금은 알고 있다. 더구나 지금은 그때보다 훨씬 더 사역하기 어렵다. 때때로 나는 다른 목회자들이 감당하는 일들을 해낼 정도로 강하지 못하기 때문에 이런 사역으로 부르심을 받은 것이 아닌가 하는 생각을 한다.

당신은 지금 목회 현장에 있다. 진정한 목회 사역을 방해하는 그릇된 기대와 세상 문화의 압력에도 불구하고 흔들림없이 사역에 임하고 있다. 그런 목회자들에게 이렇게 말해주고 싶다. 당신은 그리스도가 지금 섬기는 교회에 허락하신 귀한 선물이다.

그리스도가 당신을 교회에 주셨고, 당신을 임명하셨다. 당신은 지금 맡고 있는 교회와 보편적 교회에게 허락된 그리스도의 선물이다. 어느 누구도 이토록 거룩한 소명을 빼앗아갈 수 없다. 만일 당신이라는 선물이 밀려난다면, 사람들은 당신을 밀쳐내는 것이 아니라 당신을 보내신 분을 거부하는 것이다. 이 사실이 당장은 당신의 마음을 위로하지 못할 수도 있겠지만, 틀림없는 사실이다.

교회가 외부적으로 아무리 혼란스럽다 하더라도, 교회의 근본에 흐르는 진리는 하나님께서 목회자를 선물로 교회에 주셨다는 것이다. 자신이 그리스도의 선물임을 아는 것은 자유함을 얻게 한다. 이런 저런 기대들로 둘러싸여 꼼짝없이 '필요한' 존재가 되도록 강요받고 있을지라도, 하나님께서 당신을 헛되이 그 자리에 두지 않으셨다는 확신 속에서 당신의 영혼은 자유함을 누릴 수 있다. 주님 안에서 행하는 당신의 수고가 결코 땅에 떨어지지 않으리라는 무한한 확신 속에서 말이다. 이 자유함은 당신을 굴복시키려는 통치와 권세로부터의 해방일 수도 있다. 또는 지금 벌어지고 있는 많은 일들을 분별할 수 있는 진리를 깨닫고, 그 결과로 하나님의 백성들을 위한 진정한 선물로서 자유함을 누리는 것일 수도 있다.

이 본문의 나머지 구절들은 당신이 교회의 선물로서 맡은 역할과, 그 결과로 몸 된 백성에게 일어나는 변화를 더욱 분명히 보여준다. 그리스도는 어떤 이는 사도로, 혹은 선지자로, 혹은 복음 전하는 자로, 혹은 목사와 교사로 세우셨다.

[12] 이는 성도를 온전하게 하여 봉사의 일을 하게 하며 그리스도의 몸을 세우려 하심이라. [13] 우리가 다 하나님의 아들을 믿는 것과 아는 일에 하나가 되어 온전한 사람을 이루어 그리스도의 장성한 분량이 충만한 데까지 이르리니 [14] 이는 우리가 이제부터 어린아이가 되지 아니하여 사람의 속임수와 간사한 유혹에 빠져 온갖 교훈의 풍조에 밀려 요동하지 않게 하려 함이라. [15] 오직 사랑 안에서 참된 것을 하여 범사에 그에게까지 자랄지라. 그는 머리니 곧 그리스도라. [16] 그에게서 온몸이 각 마디를 통하여 도움을 받음으로 연결되고 결합되어 각 지체의 분량대로 역사하

여 그 몸을 자라게 하며 사랑 안에서 스스로 세우느니라(엡 4:12-16).

12절은 성경에서 목회자의 역할을 가장 명확하게 설명해놓은 구절이다. 하지만 흠정역(KJV)이 서로 다른 세 개의 헬라어 전치사를 모두 'for'로 번역하는 바람에 종종 혼란이 생겼다.

새로운 번역본에서는 성도를 온전하게 하는(준비시키는) 목회의 일과, 성도들이 봉사(섬김)의 일(에르곤 디아코니아스, *ergon diakonias*)을 하는 것을 명확히 구분하기 위해, 헬라어 '프로스(*pros*)'를 '~하기 위하여(in order to)'로 번역하고 헬라어 에이스('*eis*)'는 '~ 위하여(for)'로 옮겼다. 우리가 목사와 교사로서 하는 사역이 성도들을 온전히 세우고 준비시키는 것이라면, 사실상 우리는 (점차적으로) 스스로를 일자리에서 밀어내는 사역을 하고 있는 셈이다.

언젠가 아버지도(내 삶에 가장 뛰어난 스승이다) 내게 이와 비슷한 지혜로운 말씀을 하신 적이 있다. 내가 아이다호 대학에서 욥기를 처음 가르치기 전날 밤, 아버지는 전화를 걸어 이런 말씀을 해주셨다. "만일 네가 없어서는 안 될 역할을 맡았다고 생각한다면, 그것은 매우 위험한 생각이다. 네가 할 일은 사람들로 하여금 온전한 실력을 갖추게 하여 그들이 더 이상 너를 필요로 하지 않게 만드는 것이다."

목회자는 성도들이 기도하는 법과 성경을 연구하고 자녀에게 가르치는 법을 배우도록 훈련시킨다. 그리하여 그들이 가정에서 영적 훈련을 계속할 수 있게 한다. 목회자는 성도들에게 하나님의 원대한 비전을 보여줌으로써 그들이 복음을 전파할 수 있도록 준비시킨다.

목회자는 성도들에게 먼저 본을 보여 그들이 세상 속에서 자신의 사명을 감당할 수 있게 해야 한다.

성도를 온전하게 하는 이 부르심 때문에, 나는 오늘날의 예배와 전도에서 일어나는 혼란이 매우 우려스럽다. 왜냐하면 예배야말로 목회자가 성도를 세우고 준비시키는 주된 자리이기 때문이다. 즉 성도들의 복음 증거의 일을 위해, 교회로서 이웃에게 복음을 전하도록 하기 위해 말이다.[22] 모든 성도가 그리스도의 몸을 세우기 위해 자신에게 맡겨진 사역을 충실히 감당한다면, 우리 교회가 얼마나 성장(외적인 성장만을 말하는 것은 아니다)하게 될지 생각해보라. 목회자는 예배를 인도하는 것뿐 아니라, 성경을 가르치고 다양한 방식으로 함께하며, 훈련하는 것으로도 성도들을 세우고 준비시킨다. 그리고 그들이 하나님의 사랑받는, 세례를 받은 자녀이자 하나님의 형상대로 창조된 존귀한 존재임을 일깨워주는 것으로도 성도들을 세우고 준비시킨다.

이처럼 누군가를 준비시키는 사역에 대한 멋진 사례를 리젠트 컨퍼런스 참가자들과 함께 관람했던 콘서트에서 목격했다. 세계 최고의 클래식 기타 연주자인 페페 로메로(Pepe Romero)가 제자인 알렉산더 던(Alexander Dunn)과 합주곡을 연주했다. 연주회가 시작되기 전에 두 연주자에 대한 설명을 대충 훑어볼 시간조차 없었기 때문에, 나는 팜플렛에 실린 그들의 사진도 보지 못했다.

---

22 *A Royal "Waste" of Time*의 9장 "Don't Let the People Cop Out of Witnessing,"과 29-30 장 "Worship to Form a Missional Community"와 "Always Be Ready to Give an Account" 를 보라. pp. 120-134, 333-352. 『고귀한 시간 '낭비'-예배』(이레서원)

공연이 진행되는 동안 나는 두 사람을 헷갈려서 생각했다. 실제로는 제자인 알렉산더가 첫부분을 연주했고, 스승인 페페는 "와! 나도 저렇게 연주할 수 있으면 얼마나 좋을까" 하는 듯한 표정을 짓고 있었기 때문이다. 제자의 연주 실력을 인정하고 제자가 더욱 빛날 수 있도록 자리를 내어준 스승의 모습이었다. 공연이 끝나고 페페가 앙코르 곡을 연주할 때에 비로소 그 사람이 스승이었고 그가 정말 뛰어난 기타리스트라는 것을 알았다.

그 연주회는 나에게 놀라운 교훈을 주었다. 페페는 기쁨과 두려움 없는 마음으로 다른 이를 빛나게 했다. 우리도 이처럼 성도들의 은사를 개발하고 온전하게 준비시키는 사람이 될 수 있다면 얼마나 좋겠는가! 우리가 시기심이나 위협을 느끼지 않고, 다른 사람 안에서 최선의 것을 이끌어낼 수 있다면, 그리하여 성도들이 봉사의 일을 통해 가장 큰 기쁨을 누릴 수 있다면 얼마나 감사하겠는가!

13절은 종종 잘못 이해된다. 사람들은 흔히 "나는 성숙한 믿음의 사람이 되기 위해 열심히 노력해야지"라고 말한다. 그러나 이 말은 두 가지 사실을 간과한 것이다. 첫째, 우리를 믿음 안에서 성숙하게 하시는 분은 하나님이시라는 것이다. 둘째, 이것은 한 개인의 목표가 아니라 공동체 전체의 목표가 되어야 한다는 것이다. 13절은 한 개인이 아니라 그리스도의 몸 전체의 성숙에 관한 말씀이다. "장성한 분량이 충만한 데까지" 이르는 것은 궁극적으로 그리스도의 몸이며, 오직 그리스도만이 교회의 성숙을 가늠하는 기준이 되신다. 바로 이것이 "하나님의 아들을 믿는 것과 아는 일에 하나가 되어 온전한 사람을 이루

불필요한 목회자

어 그리스도의 장성한 분량이 충만한 데까지 이르는" 것이다.

우리 가운데 어느 누구도 자기 혼자서 성숙에 이를 수 없다. 공동체가 우리를 품고 양육한다. 공동체는 그 구성원들이 이러한 사실을 함께 배우고 깨달을 때 더욱 온전한 하나가 된다. 바울 역시 15절에서 이런 사실을 지적하며, "오직 사랑 안에서 참된 것을 하여 범사에 머리이신 그리스도에게까지 자라야 한다"고 강조했다.

14절은 이렇듯 공동체 안에서 성도들을 온전히 준비시키는 목회자들의 목회 및 교사로서의 부르심의 중요성을 강조한다. "이는 우리가 이제부터 어린아이가 되지 아니하여 사람의 속임수와 간사한 유혹에 빠져 온갖 교훈의 풍조에 밀려 요동하지 않게 하려 함이라." 우리는 온갖 거짓 가르침과 여러 종류의 부정, 위선, 계략, 기만의 풍조가 밀려오는 시대에 살고 있다. 물론 교회의 모든 성도들이 공동체가 어린아이로 머물지 않도록 돕는 데 힘을 보탤 것이다. 하지만 특별히 목회자는 영적인 지혜 안에서 훈련을 받은 자들이므로, 성도들이 복음에 반하는 세속적인 물결을 거슬러 헤엄칠 수 있도록 온전히 세우고 준비시키는 목회적 부르심을 심각하게 받아들여야 한다.

지금 우리가 살펴보는 에베소서 4장 11-16절의 대부분은 목회적 소명을 새롭게 발견하도록 돕지만, 유독 16절은 궁극적으로 목회자가 교회에서 다른 어느 지체들보다 더 '필요한' 존재가 아니라는 사실을 상기시켜준다. 하지만 이 구절에 담긴 수수께끼를 해결하는 데에는 상당한 시간이 들었다.

그에게서 온몸이 각 마디를 통하여 도움을 받음으로 연결되고 결합되어 각 지체의 분량대로 역사하여 그 몸을 자라게 하며 사랑 안에서 스스로 세우느니라.

문제는 이 구절의 동사 '자라게 하며(cause the growth)'의 주어가 무엇인가 하는 것이었다.

이제 와서 하는 말이지만, 나는 바울의 헬라적 신학 구조를 직접 풀어내고 싶은 욕심에 영어 번역본을 아예 들여다보지 않아서 괜한 고생을 죽도록 했다. 어쨌거나 결국 나는 '자라게 하며'의 주어가 '온몸(whole body)' 혹은 '모든 지체들'이라는 것을 깨달았다. 처음에는 "몸이 몸을 자라게 한다"는 결론이 헬라어 문법에 맞지 않는 것 같았지만, 점차 그 표현이 옳은 의미를 담고 있음을 알게 되었다. 실제로 우리 몸도 그 몸의 세포가 몸을 자라게 한다. 이러한 사실을 깨달으면 마지막 비밀에 도달할 수 있다.

다시 한번 우리는 다음과 같은 역설에 도달한다. 즉 우리 모두가 몸을 자라게 하지만 우리 모두는 전적으로 이 일에 '불필요한' 존재들이라는 것이다. 우리의 몸을 생각해보라. 우리 몸의 세포들이 날마다 더 많은 세포들을 만들어내지만 어떻게 그런 일이 가능할까? 우리 몸의 자연적인 성장은 궁극적으로 우리를 지으신 위대하신 설계자, 우주의 창조주이신 하나님에게 속한 영역이다. 하나님께서 우리를 이런 방식으로 존재하고 성장할 수 있도록 지으셨기 때문이다. 그러므로 우리는 하나님 안에서 존재하고 성장할 수밖에 없다.

불필요한 목회자

에베소서 4장 15절과 16절을 연결지어 읽어보면 이런 사실을 명확하게 확인할 수 있다.

… 범사에 그에게까지 자랄지라. 그는 머리니 곧 그리스도라. [16] 그에게서 온몸이 각 마디를 통하여 도움을 받음으로 연결되고 결합되어 각 지체의 분량대로 역사하여 그 몸을 자라게 하며 사랑 안에서 스스로 세우느니라.

각 마디와 각 지체는 분량대로 역사하지만, 모든 것은 '온몸의 머리 되시는 그리스도'에게 의존할 때, 몸은 몸으로서 기능하며 자랄 수 있다.

이제 우리는 다시 출발점으로 돌아왔다. 우리 교회의 모든 지체가 공동체 전체의 유익을 위해 절대적으로 중요하다는 사실이다. 이러한 깨달음은 우리를 에베소서 서두의 송영으로 다시 이끌어간다. 우리 가운데 누구도 '필요한' 존재가 아니며, 우리 가운데 어느 누구도 공로를 주장할 수 없다. 모든 것은 오직 우리를 위해 우리 안에서 우리를 통하여 이루신 삼위일체 하나님의 놀라우신 사역에 전적으로 의존할 뿐이다.

사실 우리 모두는 이 사실을 잘 알고 있다. 몰랐던 게 아니다. 그러나 이렇게 본문을 하나하나 짚으며 다시금 되새기는 것이 우리에게 유익할 뿐 아니라, 다음 두 가지 진리를 하나님의 모든 백성에게 날마다 전파하도록 격려하고 자극하기 때문이다.

- 모든 것은 하나님께 달려 있다. 그러므로 우리는 '불필요한' 존재들이다.
- 그럼에도 불구하고 하나님께서는 우리를 사용하신다. 그러므로 우리는 각자 그리고 공동체로서 함께 우리의 부르심을 새롭게 발견해야 한다.

그리스도로 말미암아 우리는 한 몸의 지체가 될 가능성을 부여받는다. 성령으로 말미암아 우리는 하나님 아버지의 부르심에 따라 속하게 된 몸의 한 지체로서 우리의 역할을 감당할 힘을 얻는다. 그러나 우리가 그 부르심을 완수할 때, 우리는 그 몸을 '자라게 한다.' 우리 모두는 사랑 안에서 몸을 세워간다. 만일 이 책이 목회자인 당신 안에서 그러한 사역을 불러일으킨다면, 그것은 다른 이들 안에서도 동일한 사역을 불러일으킬 것이다. 하나님께 찬송을 돌리자!

에베소서에서 우리가 이끌어낸 주요 주제들을 다시 살펴볼 때, 이러한 변증법은 더욱 강화된다.

1. 송영은 모든 것이 은혜이며, 우리가 혼자서는 사역을 감당할 수 없으며, 우리는 전적으로 '불필요한' 존재임을 드러낸다.
2. 통치와 권세들은 우리를 우리의 역할에서 멀어지게 만들고, 우리가 '필요한' 존재라고 착각하게 만들며, 우리의 부르심을 잊거나 혼동하게 하며, 선한 것들을 그 적절한 한계 너머로 확대시키려 한다.

3. 성경의 내러티브는 우리가 주변 문화에 대해 얼마나 '불필요한' 존재인지 보여주고, 우리를 그 불필요한 역할 속에서 형성하며, 우리의 부르심에 대한 하나님의 뜻을 가르치고 상기시켜준다.

4. 한 공동체로서 우리는 우리의 '불필요성'을 더욱 깊이 깨닫는다. 모든 것은 우리의 머리이신 그리스도에게 달려 있기 때문이다. 한편으로, 우리는 우리 각자가 지극히 중요하다는 것도 배운다. 왜냐하면 우리는 전체의 일부, 곧 그리스도의 몸을 이루는 지체이며, 서로 협력하여 그 몸이 자라게 하기 때문이다.

이 진리들이 한데 어우러져 그리스도의 교회를 이루는 많은 공동체에 새로운 활력을 불어넣어주기를 바란다. 그리스도의 교회는 세상이 필요로 하는 것을 정확히 제시할 수 있는 대안 사회, 병행 사회다. 하나님께 감사를 돌리자!

기도: 오 삼위일체 하나님, 주님의 말씀은 진리입니다. 우리 모두 그 말씀 속에 함께 거하게 하시고 우리가 진실로 주님의 제자가 되어 주님의 진리를 깨닫게 하소서. 주님의 말씀으로 변화되어 진실로 자유함을 누리며 살아가게 하시고, 주님이 뜻하고 부르신 대로 교회를 이루며 교회의 청지기들이 되게 하옵소서. 이런 일이 속히 이루어지기를 원합니다. 결코 포기하지 않는 용기와 소망을 주옵소서. 아멘.

불필요한 목회자(『껍데기 목회자는 가라』 개정판)

초판 1쇄	2001년 7월 10일
개정판 1쇄	2025년 9월 30일
지은이	유진 피터슨, 마르바 던
옮긴이	차성구
펴낸이	신은철
펴낸곳	좋은씨앗
출판등록	제4-385호(1999. 12. 21)
주소	서울시 서초구 바우뫼로 156(MJ 빌딩) 402호
주문 전화	(02)2057-3041 주문 팩스 / (02)2057-3042
이메일	good-seed21@daum.net
페이스북	facebook.com/goodseedbook

ISBN 978-89-5874-422-1 03230